Thomas Kaul

Multiple lineare Regression & High Performance Computing

Methodik und Software-Implementation komplexer Analysemodelle

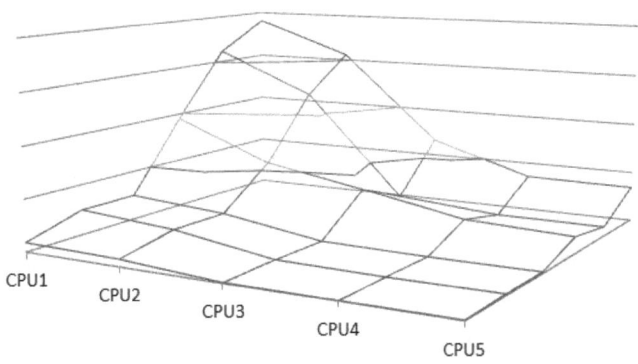

5.Auflage

Über den Autor

Thomas Kaul, Jahrgang 1969, absolvierte von 1993 bis 1997 ein Studium der Wirtschaftsinformatik an der Nordakademie in Elmshorn mit einem Abschluss als Diplom-Wirtschaftsinformatiker (FH). Sein nebenberufliches Zweitstudium der Psychologie absolvierte er von 2008 bis 2014 an der FernUniversität Hagen zur Erlangung eines Abschlusses als Bachelor of Science (B.Sc.).

Die auf der Titelseite abgebildete Grafik visualisiert die durch parallele Programmierung und Optimierung von Algorithmen auf fünf unterschiedlichen Mikroprozessoren erzielten, massiven Performanzgewinne von bis zu 99.991% unter Anwendung eines Acht-Kern-Mikroprozessors. Die Daten basieren auf einer in diesem Buch diskutierten Versuchsreihe.

Impressum
Kaul, Thomas
Multiple lineare Regression & High Performance Computing.
Methodik und Software-Implementation komplexer Analysemodelle.
2015, 5.Auflage
Herstellung und Verlag:
BoD – Books on Demand, Norderstedt
ISBN 978-3-7347-4361-0

Inhaltsverzeichnis

Abkürzungsverzeichnis 6

Tabellenverzeichnis 7

Abbildungsverzeichnis 10

Formelverzeichnis 13

1. Über dieses Buch 15
2. Ausgewählte mathematische Grundlagen 18
   - 2.1. Univariate Maße 19
   - 2.2. Bivariate Maße 23
   - 2.3. Zentrierung und Standardisierung von Variablen 25
   - 2.4. Ausgewählte Grundlagen der Matrixalgebra 29
3. Das einfache lineare Regressionsmodell 45
   - 3.1. Methodik 46
   - 3.2. Voraussetzungen 51
   - 3.3. Beispiel 52
4. Das multiple lineare Regressionsmodell 58
   - 4.1. Methodik 58
   - 4.2. Voraussetzungen 65
   - 4.3. Beispiel 66
   - 4.4. Modelldiagnose 85
   - 4.5. Exkurs: Das Bootstrapping-Verfahren 95
5. Software-Implementation 104

5.1.	Datenstrukturen	104
5.2.	Beschreibung der Algorithmen	105
5.3.	Theoretische Betrachtungen zum Rechenaufwand	118
5.4.	Experiment 1: Laufzeitsimulation als Baseline	126
5.5.	Experiment 2: Algorithmische Optimierung	134
5.6.	Experiment 3: Parallellverarb.ohne algorithm. Optimierung	140
5.7.	Experiment 4: Parallelverarb. und algorithm. Optimierung	162
5.8.	Zusammenfassung der vier Experimente	167
5.9.	Berechnung komplexerer Regressionsmodelle mit $p>10$	170
5.10.	Weitere Optimierungen durch lineare Transformationen	172
5.11.	Zusammenfassung	181
5.12.	Energieverbrauch und „Green IT" in der Praxis	184
5.13.	Weitere Effizienzsteigerungen	187
5.14.	Implementation im Cluster Computing	200
5.15.	Implementation mit Bootstrapping und Modelldiagnose	232
5.16.	Praktische Hinweise zur Verwendung eines Compilers	238
6.	Ein praktischer Anwendungsfall	244
6.1.	Beschreibung der Studie	244
6.2.	Explorative Datenanalyse	247
6.3.	Prüfung von Hypothesen zu Moderatoreffekten	251
6.4.	Bootstrap-Analysen	268
6.5.	Kritik und Einschränkungen	279
Literaturverzeichnis		280

Anhang 281

A-1: Quellcode zum Versuch 1 281

A-2: Quellcode zum Versuch 2 300

A-3: Quellcode zum Versuch 3 317

A-4: Quellcode zum Versuch 4 336

A-5: Quellcode zum Versuch 5 353

A-6: Quellcode zum Versuch 6 370

A-7: Quellcode zum Versuch 7 388

A-8: Quellcode inklusive Dateiverwaltung 409

A-9: Quellcode zum Kommunikationsprotokoll 433

A-10: Quellcode zur Lösung mit Cluster Computing 445

A-11: Quellcode optimiertes Cluster Computing 488

A-12: Quellcode mit Bootstrapping und Modelldiagnose 532

A-13: Testdaten 599

B-1: Bootstrapping zur Hypothese 1a (vollst.Datensatz) 600

B-2: Bootstrapping zur Hypothese 1a (bereinigter Datensatz) 608

Abkürzungsverzeichnis

ANOVA	Analysis of variances, Varianzanalyse
CPU	Central Processing Unit
df	degrees of freedom, Freiheitsgrade
MPI	Message Parsing Interface Standard
MQE	Mean of squares explanatory, erklärte Varianz
MQR	Mean of squares residual, nicht erklärte Varianz
OCB	Organizational Citizenship Behavior
OpenMP	Open Multi-Processing-Standard
SQE	Sum of squares explanatory, Quadratsumme zur erklärten Varianz
SQR	Sum of squares residual, Quadratsumme zur Restvarianz
SQT	Sum of squares total, Quadratsumme zur Gesamtvarianz
TOL	Toleranz eines Prädiktors (Maß für Multikollinearität)
VIF	Varianzinflationsfaktor (Maß für Multikollinearität)
Vpn	Versuchsperson

Tabellenverzeichnis

Tabelle 1 Das arithmetische Mittel zu realen Messdaten 20
Tabelle 2 Empirische Varianz und Standardabweichung 22
Tabelle 3 Kovarianz in realen Messdaten 24
Tabelle 4 Zentrierung von Variablen 26
Tabelle 5 Standardisierung von Variablen 28
Tabelle 6 Rechenaufwand zur Determinanten-Berechnung 38
Tabelle 7 Varianzanalyse zur Prüfung der Modellgüte 51
Tabelle 8 Stichprobendaten 52
Tabelle 9 Geschätzte vs. gemessene Erschöpfung 54
Tabelle 10 Varianzanalyse zum Beispiel 55
Tabelle 11 Varianzanalyse zur Prüfung der Modellgüte 61
Tabelle 12 Stichprobendaten 66
Tabelle 13 Daten zur Varianzanalyse 70
Tabelle 14 Varianzanalyse zum Beispiel 72
Tabelle 15 Daten für die Unterregressionsanalyse zu b_1 73
Tabelle 16 Daten zur Varianzanalyse 76
Tabelle 17 Daten für die Unterregressionsanalyse zu b_2 78
Tabelle 18 Daten zur Varianzanalyse 81
Tabelle 19 Zusammenfassung der Analyseergebnisse 84
Tabelle 20 Daten zur Residualanalyse 86
Tabelle 21 Standardisierte Daten zur Residualanalyse 87
Tabelle 22 Vollständige Rohdaten mit zehn Versuchspersonen 90
Tabelle 23 Rohdaten unter Ausschluss der Versuchsperson 9 91
Tabelle 24 Regressionsparameter bei Ausschluss einzelner Vpn 92
Tabelle 25 Residuen u. Malhanobis-Distanzen der Versuchspersonen 94
Tabelle 26 Ursprüngliche Stichprobe mit zehn Versuchspersonen 97
Tabelle 27 Bootstrapping von chron.Stress und Anzahlen resamples 100
Tabelle 28 Regression mit einem Prädiktor (p=1) 119

Tabelle 29 Regression mit zwei Prädiktoren (p=2) 120
Tabelle 30 Regression mit drei Prädiktoren (p=3) 120
Tabelle 31 Prognose des Rechenaufwandes 125
Tabelle 32 Versuchsaufbau zur Runtime-Simulation 126
Tabelle 33 Experiment 1 (Baseline) 128
Tabelle 34 Performanz der Matrix-Inversionen im Experiment 1 129
Tabelle 35 Performanz Determinanten-Berechnungen Experiment 1 130
Tabelle 36 Experiment 2 (nur algorithmische Optimierung) 136
Tabelle 37 Performanz der Matrix-Inversionen im Experiment 2 137
Tabelle 38 Performanz der Determinanten-Berechnungen im Exp.2 138
Tabelle 39 Experiment 3 (nur Parallel Computing) 156
Tabelle 40 Performanz der Matrix-Inversionen Experiment 3 157
Tabelle 41 Performanz der Determinanten-Berechnungen Experiment 3 .. 158
Tabelle 42 Performanzanstieg durch Parallelverarbeitung im Exp.3 160
Tabelle 43 Experiment 4 (algorithm.Optimierung und Parallelverarb.) 163
Tabelle 44 Performanz der Matrix-Inversionen im Experiment 4 164
Tabelle 45 Performanz der Determinanten-Berechnungen im Exp.4 165
Tabelle 46 Performanzanstieg im Experiment 4 166
Tabelle 47 Absolute Runtime der Experimente 1 bis 4 168
Tabelle 48 Relative Runtime der Experimente 1 bis 4 169
Tabelle 49 Experiment 5 (komplexere Regressionsmodelle) 170
Tabelle 50 Experiment 6 (komplexere Regressionsmodelle) 178
Tabelle 51 Extrapolierte Rechenzeit bei hochkomplexen Modellen 180
Tabelle 52 Zusammenfassung der Runtimes 181
Tabelle 53 Zusammenfassung der Performanzgewinne 182
Tabelle 54 Energieverbrauch der Rechner 184
Tabelle 55 Experiment 7 (hochkomplexe Regressionsmodelle) 198
Tabelle 56 Ausmaß der Effizienzsteigerung der 8-Kern-CPU 199
Tabelle 57 Versuchsaufbau zum Cluster-Computing 225
Tabelle 58 Experiment 8 (Lastverteilung in Variante A) 226

Tabelle 59 Experiment 8 (Lastverteilung in Variante B) 227

Tabelle 60 Experiment 9 (optimierte Lösung im Cluster) 230

Tabelle 61 Größe und Laufzeiten der Kompilate 242

Tabelle 62 Messdaten zur Studie (unstandardisierte Werte) 245

Tabelle 63 Messdaten zur Studie (standardisierte Werte) 246

Tabelle 64 Vorhersage von Disengagement 247

Tabelle 65 Vorhersage von Erschöpfung 249

Tabelle 66 Summenscores (zentrierte Werte) 252

Tabelle 67 Summenscores und Interaktion (zentrierte Werte) 255

Tabelle 68 Summenscores (zentrierte Werte) 257

Tabelle 69 Summenscores (zentrierte Werte) 260

Tabelle 70 Messdaten zur Studie (standardisierte Werte) 264

Tabelle 71 Bereinigter Datensatz (vormals zentrierte Werte) 271

Tabelle 72 Summenscores (zentrierte Werte) 274

Tabelle 73 Summenscores (bereinigter Datensatz) 276

Abbildungsverzeichnis

Abbildung 1: Messreihe zum chronischen Stress...20
Abbildung 2: Empirische Kovarianz..25
Abbildung 3: Standardisierte Variablen. 29
Abbildung 4: Ausgabe einer Statistiksoftware...56
Abbildung 5: Regressionsgerade im Beispiel. 57
Abbildung 6: Programmausgabe. 84
Abbildung 7: Residualplot. 87
Abbildung 8: Q-Q-Plot zur Normalverteilung der Residuen. 88
Abbildung 9: Einfluss spezifischer Versuchspersonen..............................94
Abbildung 10: Verteilung der Messwerte zum chron.Stress......................98
Abbildung 11: Ausgabe des Bootstrapping. 99
Abbildung 12: Ermittlung des Rechenaufwands bis Stufe p=20.............. 124
Abbildung 13: Prognose des Rechenaufwands. 124
Abbildung 14: Verlauf der Runtime im Experiment 1. 128
Abbildung 15: Performanz der Matrix-Inversionen im Experiment 1...... 129
Abbildung 16: Performanz Determinanten-Berechnungen Experiment 1.. 131
Abbildung 17: Quellcode zur optimierten Determinanten-Berechnung. ... 135
Abbildung 18: Verlauf der Runtime im Experiment 2. 136
Abbildung 19: Performanz d.Matrix-Inversionen im Experiment 2......... 137
Abbildung 20: Performanz Determinanten-Berechnungen Experiment 2.. 138
Abbildung 21: Sequentielle Verarbeitung. 141
Abbildung 22: Parallele Verarbeitung, grundsätzliches Prinzip............... 142
Abbildung 23: Auslastung eines Dual-Core-Prozessors........................... 144
Abbildung 24: Auslastung eines Quad-Core-Prozessors. 145
Abbildung 25: Verlauf der Runtime im Experiment 3. 156
Abbildung 26: Performanz Matrix-Inversionen Experiment 3................. 157
Abbildung 27: Performanz Determinanten-Berechn. Experiment 3......... 158
Abbildung 28: CPU4 in sequentieller Programmphase. 161

Abbildung 29: CPU4 in paralleler Programmphase. 161

Abbildung 30: Verlauf der Runtime im Experiment 4. 163

Abbildung 31: Performanz d.Matrix-Inversionen im Experiment 4. 164

Abbildung 32: Performanz Determinanten-Berechn. Experiment 4. 165

Abbildung 33: Absolute Runtime in den Experimenten 1 bis 4. 168

Abbildung 34: Relative Runtime in den Experimenten. 169

Abbildung 35: Runtime bei komplexeren Analysen. 171

Abbildung 36: Runtime komplexer Analysen (logarithmisch). 172

Abbildung 37: Erzielte Performanzgewinne. 182

Abbildung 38: Energieverbrauch bei Modellen begrenzter Komplexität... 185

Abbildung 39: Kommunikationsdatei. 214

Abbildung 40: Lastverteilung (Variante A). 222

Abbildung 41: Lastverteilung (Variante B). 223

Abbildung 42: Ergebnisse zum Experiment 8. 226

Abbildung 43: Ergebnisse zum Experiment 8. 227

Abbildung 44: Installationswizard der TDM-C Suite. 240

Abbildung 45: Programmausgabe. 248

Abbildung 46: Pfaddiagramm für Disengagement. 248

Abbildung 47: Programmausgabe. 250

Abbildung 48: Pfaddiagramm für Erschöpfung. 250

Abbildung 49: Programmausgabe. 253

Abbildung 50: Programmausgabe. 254

Abbildung 51: Programmausgabe. 256

Abbildung 52: Programmausgabe. 258

Abbildung 53: Programmausgabe. 258

Abbildung 54: Programmausgabe. 259

Abbildung 55: Programmausgabe. 261

Abbildung 56: Programmausgabe. 262

Abbildung 57: Programmausgabe. 263

Abbildung 58: Programmausgabe. 265

Abbildung 59: Programmausgabe 266

Abbildung 60: Programmausgabe 267

Abbildung 61: Bootstrap-Analyse zu Hypothese 1a. 268

Abbildung 62: Modelldiagnose: Residuen. 269

Abbildung 63: Modelldiagnose: Mahalonobis-Distanzen. 270

Abbildung 64: Bootstrap-Analyse zum bereinigten Datensatz. 272

Abbildung 65: Einzelne Regressionsanalyse zum bereinigten Datensatz. . 273

Abbildung 66: Einzelne Regressionsanalyse zur Hypothese 1b. 275

Abbildung 67: Ergebnis der multiplen Regression. 277

Abbildung 68: Ergebnis der Bootstrap-Analyse. 278

Formelverzeichnis

Formel 1: Arithmetisches Mittel 19
Formel 2: Schwerpunkteigenschaft des arithmetischen Mittels 19
Formel 3: Empirische Varianz 21
Formel 4: Empirische Standardabweichung 21
Formel 5: Empirische Kovarianz 23
Formel 6: Zentrierung einer Variablen 26
Formel 7: Standardisierung einer Variablen 28
Formel 8: Matrix vom Typ (m, n) 30
Formel 9: Quadratische Matrix n-ter Ordnung 30
Formel 10: Spaltenvektor 30
Formel 11: Zeilenvektor 30
Formel 12: Haupt- und Nebendiagonale 31
Formel 13: Skalarprodukt zur Matrizenmultiplikation 32
Formel 14: Determinante einer 1-reihigen Matrix 33
Formel 15: Das algebraische Komplement 34
Formel 16: Berechnung einer n-reihigen Determinante 35
Formel 17: Anzahl zu berechnender Unterdeterminanten 37
Formel 18: Inverse Matrix 38
Formel 19: Modellgleichung der einfachen linearen Regression 46
Formel 20: Regressionsgleichung der einfachen linearen Regression 46
Formel 21: Bestimmungsformel für b_1 47
Formel 22: Bestimmungsformel für b_0 47
Formel 23: Standardisierter Regressionskoeffizient 48
Formel 24: Varianzzerlegung 48
Formel 25: Determinationskoeffizient R^2 48
Formel 26: Standardschätzfehler eines Regressionsmodells 49
Formel 27: korrigierter Standardschätzfehler eines Regressionsmodells 49

Formel 28: Prüfstatistik 51
Formel 29: Modellgleichung der multiplen linearen Regression 58
Formel 30: Regressionsgleichung der multiplen linearen Regression 58
Formel 31: Regressionskoeffizenten in multipler Regression..................... 58
Formel 32: Standard. Regressionskoeffizient in der multiplen Regression.. 59
Formel 33: Varianzzerlegung 60
Formel 34: Determinationskoeffizient R^2... 60
Formel 35: Standardschätzfehler eines Regressionsmodells....................... 60
Formel 36: korrigierter Standardschätzfehler eines Regressionsmodells..... 60
Formel 37: Prüfstatistik 61
Formel 38: Bestimmtheitsmaß zur Unterregressionsanalyse 63
Formel 39: Standardschätzfehler des Regressionskoeffizienten 63
Formel 40: Prüfstatistik zum Regressionskoeffizenten 63
Formel 41: Toleranz eines Regressionskoeffizienten................................. 64
Formel 42: Varianzinflationsfaktor des Regressionskoeffizienten.............. 64
Formel 43: Die Mahalanobis-Distanz. 90
Formel 44: Rechenaufwand (Determinanten)... 121
Formel 45: Rechenaufwand (Matrixinversionen) 122

1. Über dieses Buch

für meine Frau Gesa

Dieses Buch hat zum Ziel, die in der empirischen Forschung häufig verwendete Methode der multiplen linearen Regressionsanalyse in nachvollziehbarer Weise darzulegen. Als Hilfsmittel hierfür wird die schrittweise Entwicklung einer performanten Software mit der weitverbreiteten Programmiersprache C unter Rückgriff auf Konzepte der parallelen Programmierung und des Cluster Computing herangezogen. Hierzu werden zunächst relevante mathematische Zusammenhänge aufgegriffen, die auch ohne größere Vorkenntnisse für den Leser nachvollziehbar sein sollten.

Es werden Betrachtungen zur Effizienz von Algorithmen vorgenommen, welche für die Analyse von komplexen Modellen und von umfangreichen Datenmengen („big data") unabdingbar sind. Im Buch wird anschaulich erläutert, wie die Berechnung eines komplexen Prognosemodells mit 20 Eingangsvariablen -abhängig von der konkreten Software-Implementation- entweder über 8000 Jahre oder unter 8 Minuten Rechenzeit benötigt. Beispielhaft werden mit der erstellten Analysesoftware empirische Daten einer vom Autor im Sommer 2014 durchgeführten psychologischen Feldstudie zur Burnout-Forschung an Beschäftigten im deutschen Gesundheitswesen untersucht.

Das Buch integriert methodische Ansätze aus den Disziplinen Informatik und Psychologie und enthält 72 Tabellen, 67 Abbildungen sowie 45 Formeln.

Anmerkungen zur 5. Auflage

Zur weiteren Laufzeitoptimierung wurde eine zusätzliche Parallelisierung der Hauptregressionsanalyse auf im Cluster verfügbare Computer mit Mehrkernprozessoren umgesetzt (Kap. 5.14). Mit dem zusätzlich vorgenommenen Experiment 9 konnten nunmehr weitere Performanzgewinne von zusätzlich 35% nachgewiesen werden. Dabei wurde z.b. die Berechnung eines komplexen Regressionsmodells mit 20 Prädiktoren in einer Durchlaufzeit von weniger als acht Minuten auf einer experimentellen Clusterumgebung mit 16 verfügbaren Prozessorkernen abgeschlossen. Diese Performanzgewinne ermöglichten die Simulation hochkompexer Regressionsmodelle mit 24 Prädiktoren mit einer Durchlaufzeit von weniger als neun Stunden. In methodischer Hinsicht erfolgte im Kap. 4.4 eine Berücksichtigung der Modelldiagnose von Residuen und Mahalonobis-Distanzen. Anhand eines konkreten Beispiels wurden die Auswirkungen von Ausreißern und einflussreicher Datenpunkte auf die Parameterschätzungen und die Modellpassung einer Regressionsanalyse veranschaulicht. Im Kap. 4.5 wurde das Bootstrapping-Verfahren anhand eines nachvollziehbaren Beispiels eingearbeitet und die Grundlage zur späteren Anwendung dieser Technik in der multiplen linearen Regression gelegt.

Zudem wurde im Kap. 5.16 eine vergleichende Betrachtung zwischen verschiedenen C-Compilern und deren Auswirkungen auf die Performance der Software eingearbeitet und experimentell nachvollzogen.

Dätgen, im April 2015

Anmerkungen zur 4.Auflage

Als weitere Ergänzung wurde das Konzept des Cluster Computing im Kap. 5.14 berücksichtigt. Die vorgestellte Software-Lösung wurde um ein simples Protokoll zur Rechnerkommunikation im Cluster in Kombination mit paralleler Ausführung auf beteiligten Mehrkern-Prozessoren erweitert. Im Zuge dessen wird auch die Lastverteilungs-Problematik näher diskutiert.

Anmerkungen zur 3.Auflage

Mit der 3.Auflage erfolgte eine weitere Optimierung der Software zur effizienten Berechnung komplexer Regressionsmodelle und damit einhergehend eine Erweiterung des Kapitels 5.9. Zudem wurde in Kap.0 ein weiterer Hypothesentest der zugrundeliegenden Studie aufgenommen. Im Anhang A-8 wurde zusätzlich eine um eine simple Dateiverwaltung erweiterte Softwareversion aufgenommen, welche eine wiederholte Eingabe von Messdaten überflüssig macht.

Anmerkungen zur 2.Auflage

In der 2.Auflage erfolgte eine Überarbeitung von Kap. 2.4 mit genaueren Erläuterungen zur linearen Transformation von Matrizen. Zudem wurde das Kap. 5.10 und der Anhang A-6 mit optimierten Programmroutinen zur linearen Transformation von Matrizen und zur Berechnung von Determinanten aktualisiert. Der Abschnitt zur praktischen Anwendung der multiplen linearen Regression (Kap.0) wurde um die Prüfung einer weiteren Hypothese aus der zugrundeliegenden Studie ergänzt.

2. Ausgewählte mathematische Grundlagen

Mit korrelativen Analysen können lediglich ungerichtete Zusammenhänge zwischen Merkmalen untersucht werden. Sachlogische Überlegungen können jedoch häufig eine Richtung der Beeinflussung nahelegen (Fahrmeir, Künstler, Pigeot & Tutz, 2007, S. 153). In der Regressionsanalyse muß entschieden werden, welche Variablen (die sog. Prädiktoren, meist mit X_i bezeichnet) welche Variable (das sog. Kriterium, meist mit Y bezeichnet) vorhersagen sollen (Sedlmeier & Renkewitz, 2013, S.237).

Für die lineare Regressionsanalyse sind ausgewählte mathematische Grundlagen von Bedeutung. Aus der deskriptiven Statistik werden sowohl univariate Maße (auf ein Merkmal bezogen), bivariate Maße (auf zwei Merkmale bezogen), als auch multivariate Maße (auf mehr als zwei Merkmale bezogen) benötigt.

2.1. Univariate Maße

Das arithmetische Mittel aus n vorliegenden Messwerten x_i (der sog. Urliste) ist in Formel 1 für metrische Merkmale definiert (Fahrmeir et al., 2007, S. 53-54). Bedeutsam für die lineare Regression ist die Schwerpunkteigenschaft des arithmetischen Mittels, d.h. alle Abweichungen der einzelnen Messwerte von ihrem gemeinsamen Mittelwert heben sich zu Null auf (vgl. hierzu die Formel 2).

$$\bar{x} = \frac{1}{n}\sum_{i=1}^{n} x_i$$

Formel 1: Arithmetisches Mittel

$$\sum_{i=1}^{n}(x_i - \bar{x}) = 0$$

Formel 2: Schwerpunkteigenschaft des arithmetischen Mittels

Beispiel. Messreihe zum chronischen Stress von zehn Probanden.

Tabelle 1 *Das arithmetische Mittel zu realen Messdaten*

Person	Messwert chron.Stress (x_i)	$(x_i - \bar{x})$
1	35	9.5
2	28	2.5
3	25	-0.5
4	22	-3.5
5	19	-6.5
6	23	-2.5
7	38	12.5
8	19	-6.5
9	29	3.5
10	17	-8.5
n=10	$\bar{x} = \frac{1}{10}\sum_{i=1}^{n} x_i = 25.5$	$\sum_{i=1}^{n}(x_i - \bar{x}) = 0$

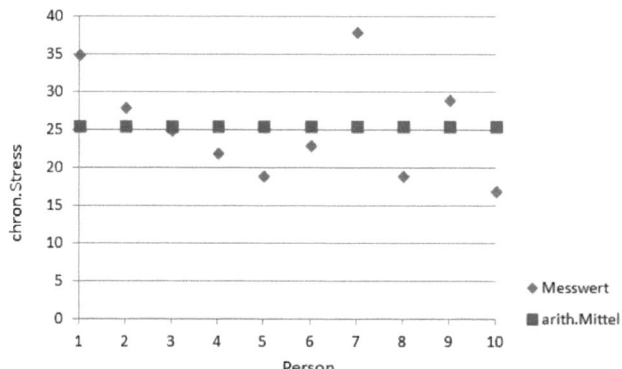

Abbildung 1: Messreihe zum chronischen Stress.

Tabelle 1 und Abbildung 1 demonstrieren anschaulich die Schwerpunkteigenschaft des arithmetischen Mittels. Die Messwerte einzelner Personen weichen mehr oder weniger vom aus allen Personen errechneten Mittelwert ab. Dabei heben sich die Über- und Unterschreitungen der Einzelpersonen vom Mittelwert zu Null auf.

Eine weitere, für die lineare Regression bedeutsame univariate Kenngröße ist die Streuung der Messwerte eines Merkmals, die empirische Varianz. Sie steht im Zusammenhang mit dem arithmetischen Mittel und ist nur für metrische Merkmale sinnvoll einsetzbar (Fahrmeir et al., 2007, Kap. 2.2.3). Es ist wichtig festzuhalten, daß die empirische Varianz (Formel 3) aus der mittleren quadrierten Abweichung vom Mittelwert errechnet wird, und somit nicht mehr in der ursprünglichen Maßeinheit des Messwertes vorliegt. Die empirische Standardabweichung (Formel 4) hingegen, die sich aus der Quadratwurzel der empirischen Varianz ergibt, indiziert die durchschnittliche Streuung um den Mittelwert in der ursprünglichen Maßeinheit.

$$\tilde{s}^2 = \tilde{s}_{xx} = \frac{1}{n}\sum_{i=1}^{n}(x_i - \bar{x})^2$$

Formel 3: Empirische Varianz

$$\tilde{s} = \tilde{s}_x = \sqrt{\tilde{s}^2}$$

Formel 4: Empirische Standardabweichung

Beispiel. Messreihe zum chronischen Stress von zehn Probanden.

Tabelle 2 *Empirische Varianz und Standardabweichung*

Person	Messwert chron. Stress (x_i)	$(x_i - \bar{x})$	$(x_i - \bar{x})^2$
1	35	9.5	90.25
2	28	2.5	6.25
3	25	-0.5	0.25
4	22	-3.5	12.25
5	19	-6.5	42.25
6	23	-2.5	6.25
7	38	12.5	156.25
8	19	-6.5	42.25
9	29	3.5	12.25
10	17	-8.5	72.25
n=10	$\bar{x} = \frac{1}{10}\sum_{i=1}^{n} x_i = 25.5$	$\sum_{i=1}^{n}(x_i - \bar{x}) = 0$	$\tilde{s}^2 = \frac{1}{n}\sum_{i=1}^{n}(x_i - \bar{x})^2 = 44.05$ $\tilde{s} = \sqrt{\tilde{s}^2} = \sqrt{44.05} = 6.64$

Wie aus der Tabelle 2 hervorgeht, beträgt die empirische Standardabweichung der Messwerte 6.64 in Maßeinheiten zum chronischen Stress[1]. Die empirische Varianz beträgt 44.05 und liegt in quadrierter Maßeinheit vor.

---

[1] Das verwendete Messverfahren erstreckt sich über einen Wertebereich von 0 bis 48.

2.2. Bivariate Maße

Bivariate Maße betreffen den Zusammenhang zwischen zwei Merkmalen. Für die lineare Regression wird die empirische Kovarianz herangezogen. Diese beschreibt die Streuung zweier Variablen (hier: x_1, x_2) um ihre jeweiligen arithmetischen Mittel und basiert auf dem durchschnittlichen Produkt ihrer Abweichungen vom Mittelwert (Fahrmeir et al., 2007, S.135-136, Sedlmeier & Renkewitz, 2013, S.209).

$$\tilde{s}_{xy} = \frac{1}{n}(x_i - \bar{x})(y_i - \bar{y})$$

Formel 5: Empirische Kovarianz

In Tabelle 3 wird neben dem bereits eingeführten Messwert zum chronischen Stress (x_{1i}) nun ein weiterer Messwert (x_{2i}) für jede Person aufgenommen, und zwar deren Grad der subjektiv wahrgenommenen Erschöpfung. Es ist anzumerken, dass die Maßeinheiten dieser beiden Variablen verschieden sind[2]. Aus der Tabelle ist die Berechnung der empirischen Kovarianz von x_1 und x_2 direkt ersichtlich.

---

[2] Für Erschöpfung erstrecken sich die verwendeten Maßeinheiten von 1 bis 4.

Beispiel. Messreihe zum chronischen Stress und Erschöpfung von zehn Probanden.

Tabelle 3 *Kovarianz in realen Messdaten*

Person	chron. Stress (x_{1i})	Er- schöpfung (x_{2i})	$(x_{1i} - \overline{x_1})$	$(x_{2i} - \overline{x_2})$	$(x_{1i} - \overline{x_1}) * (x_{2i} - \overline{x_2})$
1	35	2.75	9.5	0.725	6.8875
2	28	2	2.5	-0.025	-0.0625
3	25	2	-0.5	-0.025	0.0125
4	22	1.375	-3.5	-0.65	2.275
5	19	2.125	-6.5	0.1	0.65
6	23	1.875	-2.5	-0.15	0.375
7	38	3	12.5	0.975	12.1875
8	19	1.875	-6.5	-0.15	0.975
9	29	1.625	3.5	-0.4	-1.4
10	17	1.625	-8.5	-0.4	3.4
n=10	$\overline{x_1} = 25.5$	$\overline{x_2} = 2.025$			$\sum = 24$ $\tilde{s}_{xy} = \frac{24}{10} = 2.4$

Die Kovarianz von chronischen Stress und Erschöpfung ist aufgrund der unterschiedlichen Maßeinheiten und des Produktterms $(x_{1i} - \overline{x_1}) * (x_{2i} - \overline{x_2})$, der auch als Produkt-Moment bezeichnet wird, nicht direkt interpretierbar. Festzustellen ist dennoch, dass die Streuung des Merkmals chronischen Stress mit einem gewissen Anteil der Streuung des Merkmals Erschöpfung zusammen hängt.

Die Abweichungen des spezifischen Produkt-Moments der zehn Probanden von der empirischen Kovarianz (also des mittleren Produkt-Moments) von x_1 und x_2 sind in Abbildung 2 dargestellt.

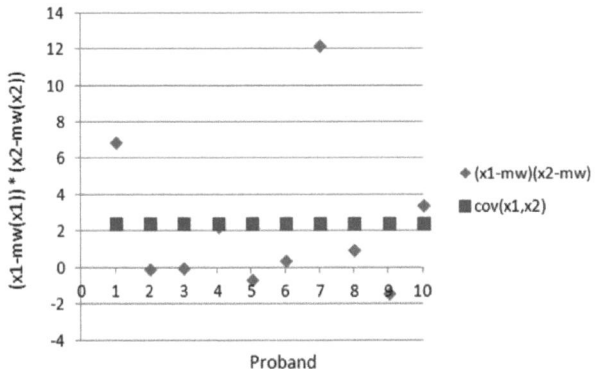

Abbildung 2: Empirische Kovarianz.

2.3. Zentrierung und Standardisierung von Variablen

Wie bereits angerissen wurde, bringt der Umgang mit mehreren Merkmalen, die jeweils mit unterschiedlichen Maßeinheiten gemessen werden, Probleme hinsichtlich der Interpretier- und Vergleichbarkeit mit sich. Abhilfe leisten Verfahren zur Transformation und Normierung von Variablen, die hier kurz dargestellt werden.

Zentrierung einer Variablen bedeutet eine „Ausrichtung" der einzelnen Messwerte an ihrem arithmetischen Mittel. Somit ändert sich der Mittelwert einer zentrierten Variable auf den Wert 0. Außerdem erhalten unterdurchschnittliche Messwerte einen negativen, und überdurchschnittliche Messwerte einen positiven Wert. Dieses erleichtert die Interpretierbarkeit von Messwerten, man sieht unmittelbar den Bezug zum Durchschnittswert. Die Varianz bzw. Standardabweichung einer Variablen ändert sich durch Zentrierung hingegen nicht. In Tabelle 4 werden nochmals die Variablen chronischer Stress und Erschöpfung zentriert, dieser Schritt wurde bereits zur Berechnung der empirischen Varianzen und Standardabweichungen vorgenommen.

$$zx = x_i - \bar{x}$$

Formel 6: Zentrierung einer Variablen

Tabelle 4 *Zentrierung von Variablen*

Person	chron. Stress (x_{1i})	Er- schöpfung (x_{2i})	$z_{x1} = (x_{1i} - \overline{x_1})$	$z_{x2} = (x_{2i} - \overline{x_2})$
1	35	2.75	9.5	0.725
2	28	2	2.5	-0.025
3	25	2	-0.5	-0.025
4	22	1.375	-3.5	-0.65
5	19	2.125	-6.5	0.1
6	23	1.875	-2.5	-0.15
7	38	3	12.5	0.975
8	19	1.875	-6.5	-0.15
9	29	1.625	3.5	-0.4
10	17	1.625	-8.5	-0.4
n=10	$\bar{x_1} = 25.5$	$\bar{x_2} = 2.025$	$\overline{zx_1} = 0$ $\widetilde{s_{x_1}} = 6.64$	$\overline{zx_2} = 0$ $\widetilde{s_{x_2}} = 0.477$

Man sieht unmittelbar, dass sich die empirischen Varianzen und Standardabweichungen bei Zentrierung nicht ändern *können*, weil sie definitionsgemäß auf den quadrierten Produkt-Momenten beruhen. Für eine zentrierte Variable entspricht deren Produkt-Moment genau dem Messwert, weil der Mittelwert einer zentrierten Variable Null ist. Für die beiden zentrierten Variablen bleibt die Varianz bzw. die Standardabweichung also unverändert. Weiterhin fällt auf, daß die empirischen Standardabweichungen für die jeweiligen Variablen auf deren unterschiedliche Maßeinheiten bezogen sind.

$$\widetilde{s_{x1}}^2 = \frac{1}{n}\sum_{i=1}^{n}(x_{1i} - \bar{x})^2 = 44.05; \quad \widetilde{s_{x_1}} = \sqrt{\tilde{s}_{x_1}^2} = \sqrt{44.05} = 6.64$$

$$\widetilde{s_{x2}}^2 = \frac{1}{n}\sum_{i=1}^{n}(x_{2i} - \bar{x})^2 = 0.2275; \quad \widetilde{s_{x_2}} = \sqrt{\tilde{s}_{x_2}^2} = \sqrt{0.2275} = 0.477$$

Dieser Problematik kann man durch eine *Standardisierung* von Variablen begegnen. Die „Ausrichtung" einer Variablen erfolgt hier anhand des Mittelwertes in Einheiten ihrer jeweiligen Standardabweichung. Führt man dieses mit mehreren Variablen aus, die ursprünglich in verschiedenen Maßeinheiten vorlagen, so werden die Skalen durch eine Standardisierung vergleichbar. Eine Standardisierung einer Variable führt zu folgenden nützlichen Eigenschaften: (a) ihr Mittelwert beträgt wie bei der Zentrierung Null und (b) ihre Standardabweichung beträgt Eins.

Tabelle 5 und Abbildung 3 illustrieren die Standardisierung der bereits bekannten Variablen chronischer Stress und Erschöpfung.

$$stand.\, x = \frac{x_i - \bar{x}}{\widetilde{s_x}}$$

Formel 7: Standardisierung einer Variablen

Tabelle 5 *Standardisierung von Variablen*

Person	chron. Stress (x_{1i})	Er- schöpfung (x_{2i})	stand$_{x1}$ = $(x_{1i} - \overline{x_1})/\widetilde{s_{x_1}}$	stand$_{x2}$ = $(x_{2i} - \overline{x_2})//\widetilde{s_{x_2}}$
1	35	2.75	9.5 / 6.64 = 1.43	0.725 / 0.477 = 1.52
2	28	2	2.5 / 6.64 = 0.38	-0.025 / 0.477 = -0.05
3	25	2	-0.5 / 6.64 = -0.08	-0.025 / 0.477 = -0.05
4	22	1.375	-3.5 / 6.64 = -0.53	-0.65 / 0.477 = -1.36
5	19	2.125	-6.5 / 6.64 = -0.98	0.1 / 0.477 = 0.21
6	23	1.875	-2.5 / 6.64 = -0.38	-0.15 / 0.477 = -0.31
7	38	3	12.5 / 6.64 = 1.88	0.975 / 0.477 = 2.04
8	19	1.875	-6.5 / 6.64 = -0.98	-0.15 / 0.477 = -0.31
9	29	1.625	3.5 / 6.64 = 0.53	-0.4 / 0.477 = -0.84
10	17	1.625	-8.5 / 6.64 = -1.28	-0.4 / 0.477 = -0.84
n=10	$\overline{x_1}$ = 25.5 $\widetilde{s_{x_1}}$ = 6.64	$\overline{x_2}$ = 2.025 $\widetilde{s_{x_2}}$ = 0.477	$\overline{stand.x_1}$ = 0 $\widetilde{s_{stand.x_1}}^2 = 1$	$\overline{stand.x_2}$ = 0 $\widetilde{s_{stand.x_2}}^2 = 1$

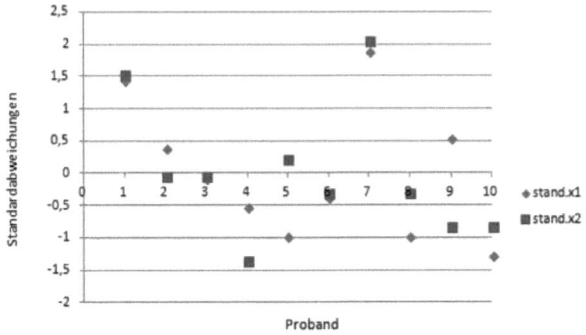

Abbildung 3: Standardisierte Variablen.

2.4. Ausgewählte Grundlagen der Matrixalgebra

Die für die multiple Regression relevanten Grundlagen der Matrixalgebra können aus den entsprechenden Formelsammlungen, wie z.B. Papula (1994, Kap. 7) entnommen werden. Kommt man bei der Darlegung von Regressionsmodellen mit einer bzw. zweier Vorhersagevariablen (Prädiktoren) noch mit der üblichen Notation für Gleichungssysteme aus, so ist bei Regressionsmodellen mit mehr als zwei Prädiktoren der Rückgriff auf matrixalgebraische Berechnungen wesentlich praktikabler. In diesem Kapitel werden lediglich die zur multiplen Regressionsanalyse unmittelbar benötigten Definitionen und Rechenoperationen thematisiert.

Eine Matrix vom Typ (m, n) ist eine Anordnung von einzelnen Werten (den Matrixelementen) aus m waagerechten Zeilen und n senkrechten Spalten. Die Position eines bestimmten Matrixelements

a_{ik} befindet sich in der *i*-ten Zeile und *k*-ten Spalte der Matrix. Eine Matrix vom Typ (*m*, *n*) umfaßt also *m* * *n* Matrixelemente.

$$A = \begin{pmatrix} a_{11} & a_{12} & \cdots & a_{1n} \\ a_{21} & a_{22} & \cdots & a_{2n} \\ \cdots & \cdots & \cdots & \cdots \\ a_{m1} & a_{m2} & \cdots & a_{mn} \end{pmatrix}$$

Formel 8: Matrix vom Typ (*m*, *n*)

Eine Matrix mit nur einer Zeile wird als Zeilen- und eine Matrix mit nur einer Spalte als Spaltenvektor bezeichnet. Hat eine Matrix gleich viele Zeilen und Spalten (*m* = *n*), so handelt es sich um eine quadratische Matrix *n*-ter Ordnung.

$$A = \begin{pmatrix} a_{11} & \cdots & a_{1n} \\ \cdots & \cdots & \cdots \\ a_{n1} & \cdots & a_{nn} \end{pmatrix}$$

Formel 9: Quadratische Matrix *n*-ter Ordnung

$$a = \begin{pmatrix} a_1 \\ \cdots \\ a_m \end{pmatrix}$$

Formel 10: Spaltenvektor

$$b = (b_1 \quad \cdots \quad b_n)$$

Formel 11: Zeilenvektor

Eine gegebene Matrix A vom Typ (*m*, *n*) überführt man in ihre transponierte Matrix A^T, indem die Zeilen der ursprünglichen Matrix als Spalten der neuen Matrix bzw. die Spalten der ursprünglichen Matrix als Zeilen der neuen Matrix angeordnet werden. Die transponierte Matrix A^T ist somit vom Typ (*n*,*m*). Die

Matrixelemente a_{ik} der Matrix A werden zu den Matrixelementen a_{ki} der Matrix A^T, d.h. die Zeilen- und Spaltenindizes werden vertauscht.

Beispiel: $\quad A = \begin{pmatrix} 1 & 22 & 7 \\ 4 & 2 & 6 \end{pmatrix}; \quad A^T = \begin{pmatrix} 1 & 4 \\ 22 & 2 \\ 7 & 6 \end{pmatrix}$

Die Hauptdiagonale einer quadratischen Matrix besteht aus den Matrixelementen $a_{11}, a_{22}, a_{33}, \ldots, a_{22}$ und verläuft zwischen der linken, oberen und der rechten, unteren Ecke der Matrix. Die Nebendiagonale hingegen besteht aus den Matrixelementen $a_{n1}, a_{n-1,2}, a_{n-2,3}, \ldots, a_{1n}$ und verläuft zwischen der linken, unteren und der rechten, oberen Ecke der Matrix.

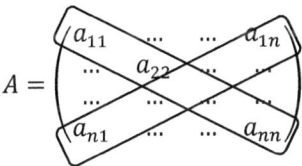

Formel 12: Haupt- und Nebendiagonale

Bei einer quadratischen Matrix, deren Matrixelemente symmetrisch zur ihrer Hauptdiagonalen angeordnet ist, handelt es sich um eine *symmetrische Matrix*. Eine symmetrische Matrix hat die Eigenschaft, identisch mit ihrer zugehörigen transponierten Matrix zu sein.

Beispiel (die Hauptdiagonale ist in fett dargestellten Zahlen visualisiert):

$$A = \begin{pmatrix} \mathbf{19} & 5 & 6 & 9 \\ 5 & \mathbf{12} & 17 & 3 \\ 6 & 17 & \mathbf{4} & 8 \\ 9 & 3 & 8 & \mathbf{24} \end{pmatrix} =$$

$$A^T = \begin{pmatrix} \mathbf{19} & 5 & 6 & 9 \\ 5 & \mathbf{12} & 17 & 3 \\ 6 & 17 & \mathbf{4} & 8 \\ 9 & 3 & 8 & \mathbf{24} \end{pmatrix}$$

Das Produkt C zweier (auch nicht quadratischer) Matrizen A und B kann unter der Voraussetzung, daß Ihre Typen miteinander für die Matrixmultiplikation verträglich sind, berechnet werden. Die Typen beider Matrizen sind miteinander für eine Multiplikation verträglich, wenn die Spaltenanzahl von A der Zeilenanzahl von B entspricht. Das heißt, daß dazu A vom Typ (m,n) und B vom Typ (n,p) sein muß. Das sich daraus ergebende Produkt, die Matrix C ist somit vom Typ (m,p). Jedes Matrixelement c_{ik} vom Matrixprodukt C errechnet sich aus dem Skalarprodukt des i-ten Zeilenvektors von A und des k-ten Spaltenvektors von B.

$$c_{ik} = a_{i1} * b_{1k} + a_{i2} * b_{2k} + \ldots + a_{in} * b_{mk}$$

Formel 13: Skalarprodukt zur Matrizenmultiplikation

Beispiel: $A = \begin{pmatrix} 2 & 4 & 3 \\ 8 & 1 & -1 \end{pmatrix}$; $B = \begin{pmatrix} 1 & 3 & 6 \\ 4 & 1 & 7 \\ 5 & 2 & 4 \end{pmatrix}$

Die Matrix A hat den Typ (2,3) und die Matrix B den Typ (3,3). Da die Anzahl der Spalten von A der Anzahl der Zeilen von B entspricht, ist eine Multiplikation möglich, somit entsteht als Produkt die Matrix C vom Typ (2,3):

$$C = A*B =$$

$$\begin{pmatrix} (2*1)+(4*4)+(3*5) & (2*3)+(4*1)+(3*2) & (2*6)+(4*7)+(3*4) \\ (8*1)+(1*4)+(-1*5) & (8*3)+(1*1)+(-1*2) & (8*6)+(1*7)+(-1*4) \end{pmatrix}$$

$$= \begin{pmatrix} 33 & 16 & 52 \\ 7 & 23 & 51 \end{pmatrix}$$

Für quadratische Matrizen sind ihre Determinanten bestimmbar. Zunächst kann festgestellt werden, daß für eine 1-reihige Matrix ihre Determinante dem Wert ihres (einzigen) Matrixelements entspricht. Prinzipiell kann bei der Bestimmung der Determinante einer n-reihigen Matrix die Berechnung letztlich auf Determinanten von 1-reihigen Matrizen zurückgeführt werden.

$$det(a_{11}) = a_{11}$$

Formel 14: Determinante einer 1-reihigen Matrix

Die *Unterdeterminante* D_{ik} zu einer Determinante *Det (A)* einer quadratischen, n-reihigen Matrix A ist die Determinante der n-1-reihigen, quadratischen Matrix (A_2), welche durch Eliminierung der i-ten Zeile und k-ten Spalte von A entsteht.

Beispiel. Zu einer konkreten 3-reihigen Matrix $D_{1,2}$ existieren $3^2=9$ Unterdeterminanten bezogen auf 2-reihige Matrizen, die nach Elimination jeweils einer Zeile und Spalte entstehen. $D_{1,2}$ ist eine dieser neun Unterdeterminanten.

$$D_{1,2}\begin{pmatrix} 1 & 2 & 3 \\ 5 & 8 & 4 \\ 7 & 11 & 25 \end{pmatrix} = Det \begin{pmatrix} 5 & 4 \\ 7 & 25 \end{pmatrix}$$

Zu $Det \begin{pmatrix} 5 & 4 \\ 7 & 25 \end{pmatrix}$ und den anderen acht Unterdeterminanten gibt es jeweils $2^2=4$ weitere, nunmehr 1-reihige Unterdeterminanten, z.B. die (neue) $D_{1,1} = (25)$. Dieses bedeutet, dass zu der Determinanten einer 3-reihigen Matrix genau 9 * 4 = 36 1-reihige Unterdeterminanten mit verschiedenen Spaltenanzahlen gehören.

Das algebraische Komplement A_{ik} hängt eng mit der Definition der Unterdeterminante zusammen und weist eine Vorzeichenkomponente abhängig vom Zeilen- und Spaltenindex auf.

$$A_{ik} = (-1)^{i+k} * D_{ik}$$

Formel 15: Das algebraische Komplement

Eine *n*-reihige Determinante kann z.B. aus ihrer ersten Zeile durch Multiplikation der *n* Matrixelemente dieser einzelnen Zeile mit ihren zugehörigen *n* algebraischen Komplementen berechnet werden. Es wird deutlich, daß die Berechnung rekursiv erfolgt. Zur Berechnung der Determinanten einer *n*-reihigen Matrix sind mehrere

Determinanten-Berechnungen erforderlich, sofern man die Berechnung letztlich auf 1-reihige Unterdeterminanten zurückführt.

$$\det(A) = \sum_{k=1}^{n} a_{ik} * A_{ij}$$

Formel 16: Berechnung einer n-reihigen Determinante

Beispiel. Exemplarische Berechnung der Determinante einer 3-reihigen Matrix, Entwicklung aus der ersten Zeile.

$$A = \begin{pmatrix} 1 & 2 & 3 \\ 5 & 8 & 4 \\ 7 & 11 & 25 \end{pmatrix};$$

$$\det(A) = \mathbf{1} * A_{11} + \mathbf{2} * A_{12} + \mathbf{3} * A_{13}$$

$$= 1 * ((-1)^{1+1} D_{11})) + 2 * ((-1)^{1+2} D_{12})) + 3 * ((-1)^{1+3} D_{13}))$$

$$= 1 * 1 * D_{11} + 2 * (-1) * D_{12} + 3 * 1 * D_{13}$$

$$= D_{11} - 2 * D_{12} + 3 * D_{13}$$

$$= det\begin{pmatrix} 8 & 4 \\ 11 & 25 \end{pmatrix} - 2 * det\begin{pmatrix} 5 & 4 \\ 7 & 25 \end{pmatrix} + 3 * det\begin{pmatrix} 5 & 8 \\ 7 & 11 \end{pmatrix}$$

$$= \mathbf{8} * (-1)^{1+1} D_{11} + \mathbf{4} * (-1)^{1+2} D_{12}$$

$$-2 * (\mathbf{5} * (-1)^{1+1} D_{11} + \mathbf{4} * (-1)^{1+2} D_{12}))$$

$$+3 * (\mathbf{5} * (-1)^{1+1} D_{11} + \mathbf{8} * (-1)^{1+2} D_{12})$$

$$= 8 * \det(25) - 4 * \det(11) - 2 * (5 * \det(25) - 4 * \det(7))$$

$$+ 3 * (5 * \det(11) - 8 * \det(7))$$

$$= 200 - 44 - 2 * (125 - 28) + 3 * (55 - 56)$$

$$= 156 - 194 - 3 = -41$$

Rechenaufwand.

Das Beispiel verdeutlicht den hohen Rechenaufwand, der bereits für eine 3-reihige Determinante zu betreiben ist. Im Zuge der Berechnung müssen hier nämlich 9 Unterdeterminanten berechnet werden, obwohl jeweils lediglich aus der ersten Zeile die algebraischen Komplemente heran gezogen werden (drei 2-reihige Unterdeterminanten und für jede der drei 2-reihigen Unterdeterminanten wiederrum je zwei 1-reihige Unterdeterminanten), also 3 + 3*2 = 9 Unterdeterminanten. Für eine 4-reihige Determinante müssen 4 3-reihige, dazu 4*3 2-reihige und dazu 4*3*2 1-reihige Unterdeterminanten berechnet werden, insgesamt also 4+12+24=40 Unterdeterminanten. Analog wären zur Bestimmung einer 5-reihigen Determinante 5 + 5*4 + 5*4*3 + 5*4*3*2 = 5+20+60+120 = 205 Unterdeterminanten zu berechnen, und so weiter. Es ergibt sich die rekursive Formel, welche zur exemplarischen Berechnung der ersten 6 Stufen in Tabelle 6 angewendet wird.

$$\text{unt. det.} \, ops_1 = 1;$$
$$\text{unt. det.} \, ops_2 = 2;$$
$$\text{unt. det} \, ops_n = n * (\text{unt. det.} \, ops_{n-1} + 1) \, ; \, \textit{für } n \geq 3$$

Formel 17: Anzahl zu berechnender Unterdeterminanten

Die Gesamtzahl der Determinanten-Berechnungen ist um den Wert 1 zu erhöhen, da nicht nur die Unterdeterminante errechnet wird, sondern letztlich auch die *n*-reihige Determinante der höchsten Ebene der Ausgangsmatrix. Es gilt: $\det. ops_1 = 1 \, und \, \det. ops_n = n * \det. ops_{n-1} + 1) \, für \, alle \, n > 1$.

Tabelle 6 *Rechenaufwand zur Determinanten-Berechnung*

n-reihige Determinante	zu berechnende Unterdeterminanten (unt.det.ops$_n$)	zu berechnende Determinanten (det.ops$_n$)
1	1	1
2	2	3
3	9	10
4	40	41
5	205	206
6	1236	1237
...	...	...

Für die multiple lineare Regression ist eine weitere matrixalgebraische Operation relevant, nämlich das Invertieren einer Matrix. Zunächst gibt es eine Bedingung, die für die Invertierbarkeit einer Matrix *A* notwendig ist: ihre Determinante muß ungleich 0 sein, weil aus sie als Quotient Bestandteil der Formel 18 ist und eine Division durch Null nicht zulässig ist. Ist die Bedingung *det(A) <> 0* erfüllt, so kann die inverse Matrix *A⁻¹* berechnet werden.

$$A^{-1} = \frac{1}{\det(A)} \begin{pmatrix} A_{11} & A_{21} & ... & A_{n1} \\ A_{12} & A_{22} & ... & A_{12} \\ ... & ... & ... & ... \\ A_{1n} & A_{2n} & ... & A_{nn} \end{pmatrix}; \quad \det(A) <> 0$$

Formel 18: Inverse Matrix

Die inverse Matrix errechnet sich also aus den n^2 algebraischen Komplementen multipliziert mit *1/det(A)*. Man beachte, daß die Zeilen- und Spaltenindizes der algebraischen Komplemente vertauscht sind, d.h. die Formel beinhaltet „automatisch" eine Matrix-Transponierung.

Beispiel: Bestimmung der inversen Matrix aus einer 3-reihigen Matrix A.

$$A = \begin{pmatrix} 1 & 0 & 3 \\ 5 & 2 & 3 \\ 1 & 6 & 2 \end{pmatrix}$$

Zunächst wird die Determinante der Matrix berechnet. Der Zwischenschritt (Auflösung der 2-reihige Unterdeterminanten und die zugehörigen 1-reihigen Unterdeterminanten) ist zur besseren Übersichtlichkeit hier nicht dargestellt.

$$1 * D_{11} - 0 * D_{12} + 3 * D_{13} = \det\begin{pmatrix} 2 & 3 \\ 6 & 2 \end{pmatrix} + 3 * \det\begin{pmatrix} 5 & 2 \\ 1 & 6 \end{pmatrix}$$
$$= -14 + 3 * (28) = 70$$

Die Determinante von A beträgt 70, somit ist die Matrix invertierbar.

$$A^{-1} = \frac{1}{70} \begin{pmatrix} A_{11} & A_{21} & A_{31} \\ A_{12} & A_{22} & A_{32} \\ A_{13} & A_{23} & A_{33} \end{pmatrix}$$

Zur Invertierung der n-reihigen Matrix A müssen <u>alle</u> $n^2=9$ algebraische Komplemente berechnet werden, hier genügt die Entwicklung nach der ersten Zeile nicht, um zu einer vollständigen inversen Matrix zu kommen. Der Zwischenschritt über die Auflösung in 1-reihige Unterdeterminanten ist wiederum nicht dargestellt. Die algebraischen Komplemente sind:

$$A_{11} = (-1)^{1+1} \det\begin{pmatrix} 2 & 3 \\ 6 & 2 \end{pmatrix} = -14;$$

$$A_{21} = (-1)^{2+1} \det\begin{pmatrix} 0 & 3 \\ 6 & 2 \end{pmatrix} = -1 * (-18) = 18;$$

$$A_{31} = (-1)^{3+1} det \begin{pmatrix} 0 & 3 \\ 2 & 3 \end{pmatrix} = -6;$$

$$A_{12} = (-1)^{1+2} det \begin{pmatrix} 5 & 3 \\ 1 & 2 \end{pmatrix} = -1 * 7 = -7;$$

$$A_{22} = (-1)^{2+2} det \begin{pmatrix} 1 & 3 \\ 1 & 2 \end{pmatrix} = -1;$$

$$A_{32} = (-1)^{3+2} det \begin{pmatrix} 1 & 3 \\ 5 & 3 \end{pmatrix} = -1 * (-12) = 12;$$

$$A_{13} = (-1)^{1+3} det \begin{pmatrix} 5 & 2 \\ 1 & 6 \end{pmatrix} = 28;$$

$$A_{23} = (-1)^{2+3} det \begin{pmatrix} 1 & 0 \\ 1 & 6 \end{pmatrix} = -1 * 6 = -6;$$

$$A_{33} = (-1)^{3+3} det \begin{pmatrix} 1 & 0 \\ 5 & 2 \end{pmatrix} = 2;$$

Somit ergibt sich:

$$A^{-1} = \frac{1}{70} \begin{pmatrix} A_{11} & A_{21} & A_{31} \\ A_{12} & A_{22} & A_{32} \\ A_{13} & A_{23} & A_{33} \end{pmatrix} = \frac{1}{70} \begin{pmatrix} -14 & 18 & -6 \\ -7 & -1 & 12 \\ 28 & -6 & 2 \end{pmatrix} = \begin{pmatrix} -0.2 & 0.26 & -0.09 \\ -0.1 & -0.01 & 0.17 \\ 0.4 & -0.09 & 0.03 \end{pmatrix}.$$

Die inverse Matrix hat die Eigenschaft, daß sich bei der Multiplikation der Ausgangsmatrix A (unter der Bedingung $det\ A <> 0$) mit der zugehörigen inversen Matrix A^{-1} die sog. Einheitsmatrix ergibt:

$$A * A^{-1} = \begin{pmatrix} 1 & 0 & 3 \\ 5 & 2 & 3 \\ 1 & 6 & 2 \end{pmatrix} * \begin{pmatrix} -0.2 & 0.26 & -0.09 \\ -0.1 & -0.01 & 0.17 \\ 0.4 & -0.09 & 0.03 \end{pmatrix} = \begin{pmatrix} 1 & 0 & 0 \\ 0 & 1 & 0 \\ 0 & 0 & 1 \end{pmatrix}.$$

Lineare Transformationen einer Matrix.

Durch lineare Transformationen kann eine Matrix so umgewandelt werden, dass sie z.B. in ihrer ersten Spalte genau *einen* Wert aufweist, der ungleich Null ist. Hierzu wird eine Zeile (z.B. die erste Zeile, sofern in deren erste Spalte keine Null steht) als Referenzzeile für die übrigen Zeilen festgelegt.

Es werden nun alle *übrigen* Zeilen (d.h. alle außer der Referenzzeile) transformiert. Hierzu wird ein Faktor berechnet, welcher zur Multiplikation der Spaltenwerte der Referenzzeile dient. Dieses Produkt wird dann zum jeweiligen Spaltenwert der zu transformierenden Zeile addiert.

Durch derartige lineare Transformationen ändert sich die Determinante einer Matrix *nicht*. Der praktische Wert liegt in einer erheblichen Reduzierung des Rechenaufwandes. Berechnet man eine Determinante nach dem Laplaceschen Entwicklungssatz z.B. nach ihrer ersten Spalte, so führt eine vorherige lineare Transformation nur noch zur Berechnung einer *n-1*-reihigen Unterdeterminanten, statt *n*-mal *n-1*-reihige Unterdeterminanten berechnen zu müssen.

Beispiel.

Wie eben gezeigt wurde, beträgt die Determinante *det(A) = 70* für die folgende Matrix *A*:

$$A = \begin{pmatrix} 1 & 0 & 3 \\ 5 & 2 & 3 \\ 1 & 6 & 2 \end{pmatrix}; \quad \det(A) = 70$$

Zur Transformation der zweiten Zeile wird der Faktor *f = (5/1)*-1 =
-5* berechnet. Er setzt sich aus der ersten Spalte der zweiten Zeile und der ersten Spalte der Referenzzeile zusammen. Der gewonnene Faktor -5 wird mit der Referenzzeile multipliziert

$$-5 * (1\ 0\ 3) = (-5\ 0\ -15)$$

und der so berechnete Zeilenvektor (-5 0 -15) zur zweiten Zeile addiert. Das Ergebnis dieser Addition ergibt die transformierte zweite Zeile:

$$(-5\ 0\ -15) + (5\ 2\ 3) = (0\ 2\ -12).$$

Zur Transformation der dritten Zeile wird der Faktor f=(1/1)*-1 = -1 berechnet. Dieser setzt sich aus der ersten Spalte der dritten Zeile und der ersten Spalte der Referenzzeile zusammen. Der so gewonnene Faktor -1 wird mit der Referenzzeile multipliziert

$$-1 * (1\ 0\ 3) = (-1\ 0\ -3)$$

und der so berechnete Zeilenvektor (-1 0 -3) zur dritten Zeile addiert. Das Ergebnis dieser Addition ergibt die transformierte dritte Zeile:

$$(-1\ 0\ -3) + (1\ 6\ 2) = (0\ 6\ -1).$$

Die linear transformierte Matrix lautet nunmehr:

$$A_{lin.transformiert} = \begin{pmatrix} 1 & 0 & 3 \\ 0 & 2 & -12 \\ 0 & 6 & -1 \end{pmatrix}.$$

Wie beabsichtigt, besteht die erste Spalte der linear transformierten Matrix genau aus einem Wert ungleich Null. Die vorgenommenen linearen Transformationen wirken sich nicht auf die Berechnung der Determinante aus, die Determinante der linear transformierten Matrix bleibt: *det($A_{lin.transformiert}$)= det(A) =70*.

3. Das einfache lineare Regressionsmodell

Im einfachen linearen Regressionsmodell geht es darum, eine Formel zur Schätzung bzw. Vorhersage des tatsächlichen Wertes einer abhängigen Variablen y (dem sog. Kriterium) aus *einer* Vorhersagevariablen x (dem sog. Prädiktor) zu erhalten. Die Entwicklung dieser Schätzformel erfolgt anhand erhobener Stichprobendaten (den Messwerten) und soll –abhängig von der Repräsentativität der untersuchten Stichprobe- möglichst für die Gesamtpopulation der Untersuchungssubjekte gelten.

Grundsätzlich gilt hierbei die Annahme, dass die aus der Stichprobe gewonnenen Messwerte in unsystematischer Weise fehlerbehaftet sind, z.B. durch verzerrte Antworten der Probanden und weiterer Störgrößen. Bei der durch eine einfache lineare Regression gewonnenen Formel handelt es sich um eine Schätzung, ihr Ergebnis ist ein vorhergesagter Wert des Kriteriums $\hat{y}$, der nicht zwingend mit dem tatsächlichen Wert y übereinstimmen muss.

3.1. Methodik

Die allgemeine Modellgleichung der einfachen linearen Regression beschreibt, wie sich für eine Person *i* der Gesamtpopulation ihre tatsächliche Ausprägung im Kriterium y_i in Abhängigkeit von der Ausprägung des Prädiktors x für diese Person zusammensetzt.

$$y_i = b_0 + b_1 x_i + e_i$$

Formel 19: Modellgleichung der einfachen linearen Regression

Der bei der Person *i* auftretende Messfehler wird mit e_i auch als Residuum bezeichnet. Die zu ermittelnde Konstante b_0 ist ein Basiswert für das Kriterium y_i, der für alle Personen gilt und auch dann entsteht, wenn eine Person für den Prädiktor x_i die Ausprägung Null aufweist. Die zu ermittelnde Konstante b_1 beschreibt den Anstieg von y_i in Abhängigkeit der Ausprägung von x_i. Die Konstanten b_0 und b_1 werden als Regressionskoeffizienten bezeichnet.

Die Regressionsgleichung des einfachen linearen Regressionsmodells stellt eine Schätzformel dar. Der geschätzte Kriteriumswert für eine bestimmte Person $\hat{y}_i$ beinhaltet etwaige Abweichungen von deren tatsächlichen Wert y_i. Somit entspricht der Messfehler der Abweichung der Schätzung vom tatsächlichen Wert, also gilt $e_i = y_i - \hat{y}_i$.

$$\hat{y}_i = b_0 + b_1 x_i$$

Formel 20: Regressionsgleichung der einfachen linearen Regression

Zur Bestimmung der Regressionskoeffizienten gelten für die einfache lineare Regression die Formel 21 sowie Formel 22. $\tilde{s}_{xy}$ ist die im Kap. 2.2 behandelte Kovarianz von x und y nach Formel 5. $\tilde{s}_{xx}$ entspricht der empirischen Varianz von x nach Formel 3.

$$b_1 = \frac{\tilde{s}_{xy}}{\tilde{s}_{xx}}$$

Formel 21: Bestimmungsformel für b_1

$$b_0 = \bar{y} - b_1 \bar{x}$$

Formel 22: Bestimmungsformel für b_0

Die Werte der Regressionskoeffizienten sind von der Skalierung der beteiligten Variablen abhängig. Diese Abhängigkeit wird durch die Bestimmung standardisierter Regressionskoeffizienten, die mit *beta* bezeichnet werden, eliminiert. Führt man eine Regressionsanalyse mit zuvor zentrierten Variablen durch, würde die Berechnung der Regressionskoeffizienten genau zu diesen *betas* führen. Liegen keine zentrierten Variablen vor, lassen sich jedoch die *betas* auch direkt berechnen. Für die Regressionskonstante b_0 ist die Errechnung eines *betas* müßig, denn es entsteht das Trivialergebnis 0. Zentriert man zuvor die Variablen x und y, so sind deren Mittelwerte jeweils 0. Unter Anwendung der Formel 22 entsteht dann zwangsläufig das Ergebnis 0. Für b_1 hingegen macht eine Umrechnung in einen standardisierten Regressionskoeffizienten Sinn. Dieses geschieht durch die Heranziehung der empirischen Standardabweichungen der Variablen x und y.

$$\beta_1 = b_1 \frac{\tilde{s}_x}{\tilde{s}_y}$$

Formel 23: Standardisierter Regressionskoeffizient

Die Güte der Schätzung ist davon abhängig, inwieweit Messfehler die Schätzung verzerren. Je kleiner die Messfehler, desto geringer sind die Abweichungen zwischen den tatsächlichen und den geschätzten Werten des Kriteriums. Die Streuung (Varianz) des tatsächlichen Wertes y_i aller Personen steht im Zusammenhang mit der Streuung der Schätzwerte $\hat{y}_i$ und der Streuung der Messfehler e_i. Die Varianz von y ist gem. Formel 24 zerlegbar in ihre Bestandteile:

$$\tilde{s}_{yy} = \tilde{s}_{\hat{y}\hat{y}} + \tilde{s}_{ee} \ .$$

Formel 24: Varianzzerlegung

Hieraus ergibt sich die Feststellung, dass eine Schätzung umso besser ist, je mehr die Varianz der tatsächlichen und der geschätzten Werte übereinstimmen, denn dann bleibt weniger Fehlervarianz übrig.

Der Determinationskoeffizient R^2 drückt genau diesen Sachverhalt aus und beschreibt den Anteil der Varianz der Schätzwerte von der Varianz der tatsächlichen Werte. Beträgt sein Wert 1, so ist die Schätzung eine perfekte Vorhersage.

$$R^2 = \frac{\tilde{s}_{\hat{y}\hat{y}}}{\tilde{s}_{yy}}$$

Formel 25: Determinationskoeffizient R^2

Aus der Fehlervarianz lässt sich zudem der Standardschätzfehler des gesamten Regressionsmodells bestimmen. Beträgt sein Wert 0, so ist die Schätzung ebenfalls eine perfekte Vorhersage.

$$SE = \sqrt{\tilde{s}_{ee}}$$

Formel 26: Standardschätzfehler eines Regressionsmodells

In Statistiksoftware wird häufig der korrigierte Standardfehler verwendet:

$$SE = \sqrt{\frac{SQR}{n-p-1}}$$

Formel 27: korrigierter Standardschätzfehler eines Regressionsmodells

Inferenzstatistische Absicherung der Modellgüte.
Es ist zu prüfen, ob die Vorhersagegüte eines Regressionsmodells auch statistisch signifikant ist, und nicht zufällig entstanden ist. Hierzu wird Rückgriff auf eine Varianzanalyse (ANOVA) genommen. Sehr eng verwandt mit den Varianzen
$$\tilde{s}_{yy} = \tilde{s}_{\hat{y}\hat{y}} + \tilde{s}_{ee}$$
sind die Quadratsummen, welche in ihrer Berechnung nur darin von den Varianzen abweichen, dass sie nicht durch die Anzahl der Fälle n geteilt werden. Die totale Quadratsumme, sum of squares total (*SQT*), bezieht sich auf $\tilde{s}_{yy}$, die erklärende Quadratsumme, sum of squares explanatory (*SQE*), bezieht sich auf $\tilde{s}_{\hat{y}\hat{y}}$ und die restliche Quadratsumme, sum of squares residual (*SQR*), bezieht sich auf $\tilde{s}_{ee}$. Es gilt *SQT = SQE + SQR*.

Zudem sind Freiheitsgrade, degrees of freedom (*df*), zu ermitteln. Diese sind notwendig, um einen statistischen Bezug zur *F*-Verteilung herzustellen (Fahrmeir et al, 2007, S.500). Diese hängen von der Größe der Stichprobe n und der Anzahl der Prädiktoren p ab. Im einfachen linearen Regressionsmodell ist die Anzahl der Prädiktoren $p = 1$.

Dividiert man *SQE* und *SQR* durch ihre jeweiligen Freiheitsgrade erhält man die entsprechenden mittleren Quadratsummen *MQE* und *MQR*. Der Quotient von *MQE/MQR* stellt die Prüfgröße gegen die *F*-Verteilung dar. Die Modellvorhersage ist signifikant, wenn die Prüfgröße einen größeren Wert als die Verteilung *F* (*p, n-p*-1) hat.

Tabelle 7 *Varianzanalyse zur Prüfung der Modellgüte*

Quadratsumme	Berechnung	df	Mittlere Quadratsumme
SQT	$\tilde{s}_{yy} * n$	n - 1	
SQE	$\tilde{s}_{\hat{y}\hat{y}} * n$	p	MQE = SQE/df
SQR	$\tilde{s}_{ee} * n$	n - p - 1	MQR = SQR/df

$$F = \frac{MQE}{MQR} > F(p, n - p - 1)$$

Formel 28: Prüfstatistik

3.2. Voraussetzungen

Die lineare Regression unterliegt einigen Voraussetzungen, damit überhaupt betraubare Schätzwerte erzielt werden können: (a) die Kriteriumsvariable *y* muss kontinuierlich (metrisch) sein, (b) die Prädiktorvariable *x* kann kontinuierlich, aber auch dichotom (binär) sein, z.B. mit den Werten 0 oder 1 kodiert werden, (c) die Messfehler müssen sich über alle Personen ausmitteln, d.h. es gibt keinen systematischen Messfehler und (d) eine akzeptabel kleine Fehlervarianz, d.h. eine möglichst kleine Standardabweichung von *e* liegt vor (Standardschätzfehler der Regression).

3.3. Beispiel

In einem Experiment wurden $n=10$ Personen hinsichtlich ihrer chronischen Stressbelastung (x) und ihrer wahrgenommenen Erschöpfung (y) untersucht (Tabelle 7). Aus den vorliegenden Stichprobendaten soll eine Regressionsgleichung erstellt werden, die es erlaubt, das Ausmaß der wahrgenommenen Erschöpfung auch für andere Personen vorherzusagen, sofern man deren chronische Stressbelastung kennt.

Die beiden Variablen wurden mit verschiedenen Messinstrumenten erhoben und haben eine unterschiedliche Skalierung. Die Skala für Erschöpfung hat ihr Minimum im Wert 1, das Maximum im Wert 4. Die Skala für chronischen Stress verläuft von 0 (Minimum) bis 48 (Maximum).

Tabelle 8 *Stichprobendaten*

Person i	Erschöpfung y_i	Chron.Stress x_i
1	2.75	35
2	2.00	28
3	2.00	25
4	1.375	22
5	2.125	19
6	1.875	23
7	3.00	38
8	1.875	19
9	1.625	29
10	1.625	17

Zur Bestimmung der Regressionskoeffizienten in der Regressionsgleichung $\hat{y}_i = b_0 + b_1 x_i$ müssen Mittelwerte und die die empirischen Kovarianzen berechnet werden:

$$\bar{y} = 2.025;\ \bar{x} = 25.5$$
$$\tilde{s}_{xy} = 2.4;\ \tilde{s}_{xx} = 44.05;\ \tilde{s}_{yy} = 0.2275.$$

Somit ergeben sich die Regressionskoeffizienten:

$$b_1 = \frac{\tilde{s}_{xy}}{\tilde{s}_{xx}} = \frac{2.4}{44.05} = 0.0545$$

$$b_0 = \bar{y} - b_1 \bar{x} = 2.025 - 0.0545 * 25.5 = 0.6353.$$

Der standardisierte Regressionskoeffizient lautet:

$$\beta_1 = b_1 \frac{\tilde{s}_x}{\tilde{s}_y} = 0.0545 \frac{\sqrt{44.05}}{\sqrt{0.2275}} = 0.758$$

Durch Einsetzen der nun berechneten (unstandardisierten) Regressionskoeffizienten in die Regressionsgleichung erhält man:

$$\hat{y}_i = 0.6353 + 0.0545 x_i$$

Wendet man die gewonnene Schätzformel auf die Messwerte x_i an, so lässt sich für jede Person i der durch das Regressionsmodell geschätzte Wert berechnen. Der Vergleich zu den gemessenen Erschöpfungswerten erlaubt dann Rückschlüsse zur Modellgüte.

Tabelle 9 *Geschätzte vs. gemessene Erschöpfung*

Person i	Erschöpfung y_i	Erschöpfung $\hat{y}_i$	Fehler $e_i = y_i - \hat{y}_i$	Chron.Stress x_i
1	2.75	2.5428	0.2072	35
2	2.00	2.1613	-0.1613	28
3	2.00	1.9978	0.0022	25
4	1.375	1.8343	-0.4593	22
5	2.125	1.6708	0.4542	19
6	1.875	1.8888	-0.0138	23
7	3.00	2.7063	0.2937	38
8	1.875	1.6708	0.2042	19
9	1.625	2.2158	-0.5908	29
10	1.625	1.5618	0.0632	17

Die empirische Varianz der Schätzwerte beträgt:

$$\tilde{s}_{\hat{y}\hat{y}} = 0.1308.$$

Hiermit lässt sich das Bestimmtheitsmaß errechnen:

$$R^2 = \frac{\tilde{s}_{\hat{y}\hat{y}}}{\tilde{s}_{yy}} = \frac{0.1308}{0.2275} = 0.57.$$

Durch die Anwendung der Schätzformel kann also 57% der Gesamtvariation aufgeklärt werden.

Die empirische Varianz der Fehler e_i beträgt: $\tilde{s}_{ee} = 0.0967$. In Hinblick auf die Voraussetzungen der Regressionsanalyse ist es günstig, dass sich die Fehler über alle i Personen offenbar zu Null ausmitteln, denn $\bar{e}_i = 0$.

Die Varianzzerlegung $\tilde{s}_{yy} = \tilde{s}_{\hat{y}\hat{y}} + \tilde{s}_{ee}$ gilt wie erwartet:

$$\tilde{s}_{yy} = 0.2275 = 0.1308 + 0.0967.$$

Zur inferenzstatistischen Absicherung wird eine Varianzanalyse vorgenommen, die Stichprobengröße beträgt $n=10$, es wurde nur ein Prädiktor x_i berücksichtigt, also gilt $p=1$.

Tabelle 10 *Varianzanalyse zum Beispiel*

Quadratsumme	Berechnung	df	Mittlere Quadratsumme
SQT	$\tilde{s}_{yy} * n = 2.275$	$n - 1 = 9$	
SQE	$\tilde{s}_{\hat{y}\hat{y}} * n = 1.308$	$p = 1$	MQE = SQE/df = 1.308
SQR	$\tilde{s}_{ee} * n = 0.967$	$n - p - 1 = 8$	MQR = SQR/df = 0.121

$$F = \frac{MQE}{MQR} > F(p, n - p - 1)$$

Die Prüfstatistik lautet also $F = \frac{MQE}{MQR} = \frac{1.308}{0.121} = 10.81$.

Aus Tabellenwerken zur F-Verteilung (Fahrmeir et al, 2007, S.585) entnimmt man für $F(1,8)$ mit einer Irrtumswahrscheinlichkeit von 1% den Wert 10.561. Die Prüfgröße ist größer, so dass ein hochsignifikantes Ergebnis vorliegt.

Der Standardschätzfehler der durchgeführten Regression beträgt:

$$SE = \sqrt{\tilde{s}_{ee}} = \sqrt{0.0967} = 0.31 \ .$$

Der korrigierte Standardschätzfehler lautet:

$$SE = \sqrt{\frac{SQR}{n-p-1}} = \sqrt{\frac{0.967}{10-1-1}} = 0.348$$

Die Ausgabe einer Statistiksoftware ist in Abbildung 4 beispielhaft dargestellt.

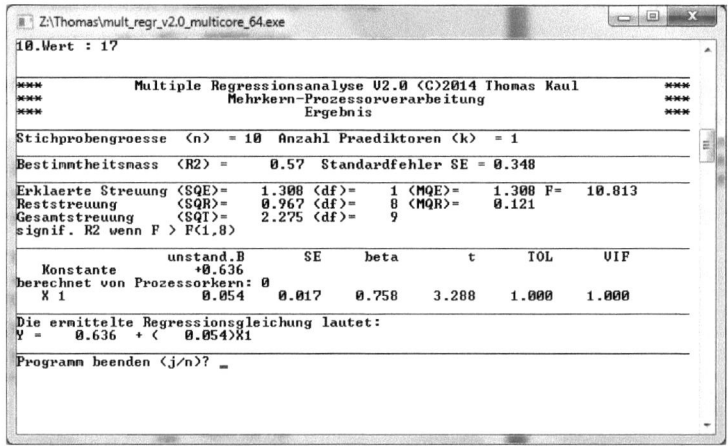

Abbildung 4: Ausgabe einer Statistiksoftware.

Die ermittelte Schätzformel lässt sich als Regressionsgerade (Abbildung 5) darstellen. Die beobachteten Messwerte y_i der einzelnen Personen streuen entsprechend der Fehlervarianz und weichen jeweils mehr oder weniger von der Regressionsgeraden, die aus den geschätzten Werten besteht, ab.

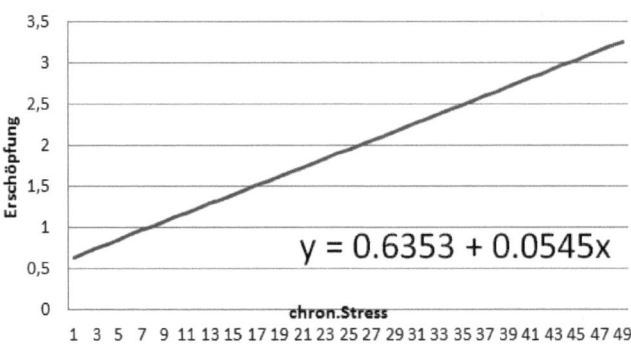

Abbildung 5: Regressionsgerade im Beispiel.

4. Das multiple lineare Regressionsmodell

Das multiple lineare Regressionsmodell erweitert die lineare Regression auf Modelle mit mehreren Prädiktoren.

4.1. Methodik

Die Werte eines Kriteriums y werden auf die Werte mehrerer Prädiktoren x_1, x_2, ..., x_p zurückgeführt. Die Modell- und Regressiongleichungen lauten:

$$y_i = b_0 + b_1 x_{1i} + b_2 x_{2i} + \cdots + b_p x_{pi} + e_i$$

Formel 29: Modellgleichung der multiplen linearen Regression

$$\hat{y}_i = b_0 + b_1 x_{1i} + b_2 x_{2i} + \cdots + b_p x_{pi}$$

Formel 30: Regressionsgleichung der multiplen linearen Regression

Bestimmung der Regressionskoeffizienten.

Die p Regressionskoeffizienten werden unter Zurhilfenahme der Matrixalgebra berechnet, der Ergebnisvektor wird mit b bezeichnet und besteht aus den Regressionskoeffizienten b_0 bis b_p. Die beobachteten Daten des Kriteriums der n Personen werden im Spaltenvektor y zusammengefasst. Für die Matrix X wird die erste Spalte mit der Konstanten 1 gefüllt, die n Messwerte des Prädiktors x_1 werden in die zweite Spalte, die n Messwerte von x_2 in die dritte Spalte eingetragen usw.

$$b = (X * X')^{-1} X' y$$

Formel 31: Regressionskoeffizenten in multipler Regression

$$b = \begin{pmatrix} b_0 \\ b_1 \\ ... \\ b_p \end{pmatrix}$$

$$X = \begin{pmatrix} 1 & x_{11} & x_{21} & ... & x_{p1} \\ 1 & x_{12} & x_{22} & ... & x_{p2} \\ 1 & ... & ... & ... & ... \\ 1 & x_{1n} & x_{2n} & ... & x_{pn} \end{pmatrix}$$

$$y = \begin{pmatrix} y_1 \\ y_2 \\ ... \\ y_n \end{pmatrix}$$

Die unstandardisierten Regressionskoeffizienten $b_0...b_p$ lassen sich analog in standardisierte Regressionskoeffizienten überführen, indem sie mit der Standardabweichung des zugehörigen Prädiktors multipliziert und durch die Standardabweichung des Kriteriums y dividiert werden.

$$\beta_k = b_k \frac{\bar{s}_{x_k}}{\bar{s}_y} \; ; \quad k = 1..p$$

Formel 32: Standard. Regressionskoeffizient in der multiplen Regression

Prüfung der Vorhersagegüte.

Die Zusammenhänge zur Varianzzerlegung, des Bestimmtheitsmaßes R^2 und des Standardschätzfehlers der Regression gelten auch in der multiplen Regression weiterhin.

$$\tilde{s}_{yy} = \tilde{s}_{\hat{y}\hat{y}} + \tilde{s}_{ee}$$

Formel 33: Varianzzerlegung

$$R^2 = \frac{\tilde{s}_{\hat{y}\hat{y}}}{\tilde{s}_{yy}}$$

Formel 34: Determinationskoeffizient R^2

$$SE = \sqrt{\tilde{s}_{ee}}$$

Formel 35: Standardschätzfehler eines Regressionsmodells

$$SE = \sqrt{\frac{SQR}{n-p-1}}$$

Formel 36: korrigierter Standardschätzfehler eines Regressionsmodells

Die Varianzanalyse zur Überprüfung der Vorhersagegüte des Gesamtmodells unterscheidet sich ebenfalls nicht von der einfachen Regression. Eine veränderte Anzahl von Prädiktoren hat Einfluss auf die anzuwendenden Freiheitsgrade der *F*-Verteilung.

Tabelle 11 *Varianzanalyse zur Prüfung der Modellgüte*

Quadratsumme	Berechnung	df	Mittlere Quadratsumme
SQT	$\tilde{s}_{yy} * n$	n - 1	
SQE	$\tilde{s}_{\hat{y}\hat{y}} * n$	p	MQE = SQE/df
SQR	$\tilde{s}_{ee} * n$	n - p - 1	MQR = SQR/df

$$F = \frac{MQE}{MQR} > F(p, n - p - 1)$$

Formel 37: Prüfstatistik

Prüfung der einzelnen Regressionskoeffizienten.
Zur inferenzstatistischen Absicherung der Schätzung jedes Regressionskoeffizienten $b_1,...b_p$ ist jeweils eine weitere Regressionsanalyse (ab nun als „Unterregressionsanalyse" bezeichnet) durchzuführen. Hierzu wird der jeweilige Prädiktor x_k, zu dem der zu betrachtende Regressionskoeffizient b_k zugehörig ist, als Kriterium verwendet. Alle anderen Prädiktoren p_j $(j <> k)$ werden in der Unterregressionsanalyse als Prädiktor verwendet.

Bei einer Regressionsanalyse mit $p=3$ Prädiktoren müssen demnach drei Unterregressionsanalysen durchgeführt werden, und zwar jeweils eine für jeden der zu prüfenden Regressionskoeffizienten:

bezogen auf b_1: $x_1 \leftarrow x_2, x_3$,
bezogen auf b_2: $x_2 \leftarrow x_1, x_3$
bezogen auf b_3: $x_3 \leftarrow x_1, x_2$.

Aus dieser Unterregressionsanalyse ist wiederum das Bestimmtheitsmaß R^2 berechenbar, welches die Enge des Zusammenhangs zwischen dem zu untersuchenden Prädiktor und den übrigen Prädiktoren beschreibt, was durch die Division der SQE_u (Quadratsumme zur erklärten Varianz) durch die SQT_u (Quadratsumme der totalen Varianz) der Unterregressionsanalyse entsteht. Dieses R^2 darf nicht mit dem Bestimmtheitsmaß der eigentlichen Regressionsanalyse $y \leftarrow x_1, x_2, ..., x_p$ verwechselt werden, es wird ja dabei ein anderes Kriterium als y verwendet.

Folglich wird die Notation der Rechenformel eindeutig auf den zu untersuchenden Prädiktor x_k und die Unterregressionsanalyse bezogen, um derartige Verwechselungen auszuschließen.

$$R^2_{y=x_k} = \frac{SQE_U}{SQT_U}$$

Formel 38: Bestimmtheitsmaß zur Unterregressionsanalyse

Im nächsten Schritt ist für jeden in der eigentlichen Regressionsanalyse enthaltenden Prädiktor x_k mit $k = (1..p)$ dessen Schätzfehler zu ermitteln. Dieser basiert auf dem zugehörigen Bestimmtheitsmaß der Unterregressionsanalyse $R^2_{y=x_k}$, auf der mittleren Quadratsumme der Residualvarianz der eigentlichen Regressionsanalyse *MQR*, auf der Stichprobengröße *n* sowie auf der Varianz von x_k.

$$SE_{x_k} = \sqrt{\frac{1}{1-R^2_{y=x_k}}} * \sqrt{\frac{MQR}{n * \widetilde{S_{x_k x_k}}}}$$

Formel 39: Standardschätzfehler des Regressionskoeffizienten

Die Prüfstatistik zur inferenzstatistischen Absicherung anhand der *t*-Verteilung ergibt sich aus der Division des unstandardisierten Regressionskoeffizienten b_k durch den zugehörigen Standardfehler SE_{x_k}.

$$t_{x_k} = \frac{b_k}{SE_{x_k}}$$

Formel 40: Prüfstatistik zum Regressionskoeffizenten

Aus Fahrmeir et al. (2007, S. 584) entnimmt man zur Prüfung die entsprechenden Werte der *t*-Verteilung.

Als Maße für Zusammenhänge zwischen den Prädiktoren, welche zu verzerrten Parameterschätzungen führen können, dient die

Toleranz (*TOL*) und der Varianzinflationsfaktor (*VIF*). Sie betreffen das sog. Multikollinearitätsproblem der multiplen Regression. Kovariieren die verschiedenen Prädiktoren miteinander, so erhöht sich deren Schätzfehler und die Vorhersagegenauigkeit nimmt entsprechend ab.

Die Toleranz eines Regressionskoeffizienten steigt, je geringer das Bestimmtheitsmaß der zugehörigen Unterregressionsanalyse ausfällt. Dieses drückt aus, dass der betreffende Prädiktor, der als Kriterium festgelegt wurde, in weniger starkem Maße auf die verbleibenden Prädiktoren zurückgeführt werden kann.

Der Varianzinflationsfaktor ist der Kehrwert zur Toleranz. Als eine mögliche Konvention kann man Regressionskoeffizienten mit *VIF > 10* als „auffällig" hinsichtlich der Multikollinearität mit den anderen Prädiktoren ansehen.

$$TOL_{X_k} = 1 - R^2_{y=x_k}$$

Formel 41: Toleranz eines Regressionskoeffizienten

$$VIF_{x_k} = \frac{1}{TOL_{X_k}}$$

Formel 42: Varianzinflationsfaktor des Regressionskoeffizienten

4.2. Voraussetzungen

Die lineare Regression unterliegt einigen Voraussetzungen, damit überhaupt betraubare Schätzwerte erzielt werden können: (a) die Kriteriumsvariable y muss kontinuierlich (metrisch) sein, (b) die Prädiktorvariable x kann kontinuierlich, aber auch dichotom (binär) sein, z.B. mit den Werten 0 oder 1 kodiert werden, (c) die Messfehler müssen sich über alle Personen ausmitteln, d.h. es gibt keinen systematischen Messfehler und (d) eine akzeptabel kleine Fehlervarianz, d.h. eine möglichst kleine Standardabweichung von e (Standardschätzfehler der Regression).

In der multiplen linearen Regression führt eine hohe Multikollinearität zur Erhöhung des Standardfehlers der Regressionskoeffizienten und somit zu einer verzerrten Schätzung der Modellparameter.

4.3. Beispiel

Als Erweiterung des Beispiels zur einfachen linearen Regression wird zum Kriterium Erschöpfung (y) und dem bereits bekannten Prädiktor chronischer Stress (x_1) ein weiterer Prädiktor, nämlich Hilfsbereitschaft (x_2) aufgenommen. Es soll untersucht werden, wie sich gezeigte Hilfsbereitschaft einer Person i unter Kontrolle des chronischen Stresses auf die wahrgenommene Erschöpfung auswirkt. Tabelle 12 beinhaltet die Messdaten der zehn Probanden.

Tabelle 12 *Stichprobendaten*

Person i	Erschöpfung y_i	Chron.Stress x_{1i}	Hilfsbereitschaft x_{2i}
1	2.75	35	5.6
2	2.00	28	6.2
3	2.00	25	6.8
4	1.375	22	6.8
5	2.125	19	5.6
6	1.875	23	5.4
7	3.00	38	7
8	1.875	19	6
9	1.625	29	7
10	1.625	17	4
Mittelwert	2.025	25.5	6.04
Varianz $\tilde{s}^2$	0.2275	44.05	0.7984

Hierzu wird das multiple Regressionsmodell mit $p=2$ Prädiktoren gebildet. Somit lautet die Modell- und Regressionsgleichung:

$$y_i = b_0 + b_1 x_{1i} + b_2 x_{2i} + e_i$$

$$\hat{y}_i = b_0 + b_1 x_{1i} + b_2 x_{2i} \ .$$

Bestimmung der Regressionskoeffizienten.
Neben der Konstante b_0 sind die Regressionskoeffizienten b_1 und b_2 zu bestimmen:

$$b = \begin{pmatrix} b_0 \\ b_1 \\ b_2 \end{pmatrix}.$$

Die Matrix X setzt sich aus einer Spalte mit der Konstanten 1, einer Spalte für die zehn Messwerte von x_1 und einer Spalte für die zehn Messwerte von x_2 zusammen.

$$X = \begin{pmatrix} 1 & 35 & 5.6 \\ 1 & 28 & 6.2 \\ 1 & 25 & 6.8 \\ 1 & 22 & 6.8 \\ 1 & 19 & 5.6 \\ 1 & 23 & 5.4 \\ 1 & 38 & 7 \\ 1 & 19 & 6 \\ 1 & 29 & 7 \\ 1 & 17 & 4 \end{pmatrix}.$$

Die zehn Messwerte des Kriteriums bilden den Spaltenvektor y:

$$y = \begin{pmatrix} 2.75 \\ 2 \\ 2 \\ 1.375 \\ 2.125 \\ 1.875 \\ 3 \\ 1.875 \\ 1.625 \\ 1.625 \end{pmatrix}.$$

Der Spaltenvektor der Regressionskoeffizienten wird nach der bekannten Formel berechnet:

$$b = (X * X')^{-1} X' y$$

Die transponierte Matrix von X lautet:

$$X' = \begin{pmatrix} 1 & 1 & 1 & 1 & 1 & 1 & 1 & 1 & 1 & 1 \\ 35 & 28 & 25 & 22 & 19 & 23 & 38 & 19 & 29 & 17 \\ 5.6 & 6.2 & 6.8 & 6.8 & 5.6 & 5.4 & 7 & 6 & 7 & 4 \end{pmatrix}.$$

Das Produkt $X'X$ und dessen Determinante lautet:

$$X'X = \begin{pmatrix} 10 & 255 & 60.4 \\ 255 & 6943 & 1570.8 \\ 60.4 & 1570.8 & 372.8 \end{pmatrix}.$$

det (X'X) = 25805.92

Die inverse Matrix von $X'X$ errechnet sich wie folgt:

$$(X'X)^{-1} = \frac{1}{25805.92} *$$

$$\begin{pmatrix} 1*det\begin{pmatrix}6943 & 1570.8\\1570.8 & 372.8\end{pmatrix} & -1*det\begin{pmatrix}255 & 60.4\\1570.8 & 372.8\end{pmatrix} & 1*det\begin{pmatrix}255 & 60.4\\6943 & 1570.8\end{pmatrix} \\ -1*det\begin{pmatrix}255 & 1570.8\\60.4 & 372.8\end{pmatrix} & 1*det\begin{pmatrix}10 & 60.4\\60.4 & 372.8\end{pmatrix} & -1*det\begin{pmatrix}10 & 60.4\\255 & 1570.8\end{pmatrix} \\ 1*det\begin{pmatrix}255 & 6943\\60.4 & 1570.8\end{pmatrix} & -1*det\begin{pmatrix}10 & 255\\60.4 & 1570.8\end{pmatrix} & 1*det\begin{pmatrix}10 & 255\\255 & 6943\end{pmatrix} \end{pmatrix}$$

$$= \frac{1}{25805.92}\begin{pmatrix} 120937.76 & -187.68 & -18803.2 \\ -187.68 & 79.84 & -306 \\ -18803.2 & -306 & 4405 \end{pmatrix}$$

$$= \begin{pmatrix} 4.6864 & -0.0073 & -0.7286 \\ -0.0073 & 0.0031 & -0.0119 \\ -0.7286 & -0.0119 & 0.1707 \end{pmatrix}.$$

Das Produkt der inversen Matrix und der transponierten Matrix lautet:

$(X'X)^{-1}X'$
$$= \begin{pmatrix} 0.35 & -0.03 & -0.45 & -0.43 & 0.47 & 0.58 & -0.69 & 0.18 & -0.62 & 1.65 \\ 0.03 & 0.00 & -0.01 & -0.02 & -0.01 & -0.00 & 0.03 & -0.02 & -0.00 & -0.00 \\ -0.19 & -0.00 & 0.14 & 0.17 & 0.00 & -0.08 & 0.02 & 0.07 & 0.12 & -0.25 \end{pmatrix}$$

Schließlich wird dieser Term mit dem Kriteriumsvektor y multipliziert:

$$(X'X)^{-1}X'y = \begin{pmatrix} 1.4206 \\ 0.0673 \\ -0.1839 \end{pmatrix}.$$

Somit lautet die Regressionsgleichung zur Berechnung des Schätzwertes $\hat{y}_i$:

$$\hat{y}_i = 1.4206 + 0.0673 x_{1i} - 0.1839 x_{2i} .$$

Aus den unstandardisierten Regressionskoeffizienten b_1 und b_2 errechnen sich die standardisierten *betas* wie folgt.

$$\beta_1 = b_1 \frac{\tilde{s}_{x_1}}{\tilde{s}_y} = 0.0673 * \frac{\sqrt{44.05}}{\sqrt{0.2275}} = 0.936$$

$$\beta_2 = b_2 \frac{\tilde{s}_{x_2}}{\tilde{s}_y} = -0.1839 * \frac{\sqrt{0.7984}}{\sqrt{0.2275}} = -0.345$$

Zur Prüfung der Modellgüte des Gesamtmodells wird eine Varianzanalyse durchgeführt.

Tabelle 13 *Daten zur Varianzanalyse*

Person i	Messwert y_i	Schätzwert $\hat{y}_i$	Schätzfehler e_i
1	2.75	2.7448	0.0052
2	2.00	2.1637	-0.1637
3	2.00	1.8516	0.1484
4	1.375	1.6499	-0.2749
5	2.125	1.6687	0.4563
6	1.875	1.9745	-0.0995
7	3.00	2.6892	0.3108
8	1.875	1.5952	0.2798
9	1.625	2.0839	-0.4589
10	1.625	1.8284	-0.2034
Mittelwert	2.025	2.025	0
Quadratsumme	SQT= 2.275	SQE=1.5057	SQR=0.7693
Varianz $\tilde{s}^2$	0.2275	0.1506	0.0769
Standardabweichung $\tilde{s}$	0.4770	0.39	0.28

Das Bestimmtheitsmaß des Gesamtmodells lautet:

$$R^2 = \frac{\tilde{s}_{\hat{y}\hat{y}}}{\tilde{s}_{yy}} = \frac{0.1506}{0.2275} = 0.66$$

Der Standardfehler des Gesamtmodells lautet:

$$SE = \sqrt{\tilde{s}_{ee}} = 0.28$$

In Statistiksoftware wird häufig die korrigierte Varianz herangezogen, dann berechnet sich der korrigierte Standardfehler wie folgt:

$$SE = \sqrt{\frac{SQR}{n-p-1}} = \sqrt{\frac{0.7993}{10-2-1}} = 0.338$$

Die Stichprobengröße beträgt $n=10$, es wurden zwei Prädiktoren x_i berücksichtigt, also gilt $p=2$.

Tabelle 14 *Varianzanalyse zum Beispiel*

Quadrat-summe	Berechnung	df	Mittlere Quadratsumme
SQT	$\tilde{s}_{yy} * n = 2.275$	$n - 1 = 9$	
SQE	$\tilde{s}_{\hat{y}\hat{y}} * n = 1.5057$	$p = 2$	MQE = SQE/df = 0.753
SQR	$\tilde{s}_{ee} * n = 0.7693$	$n - p - 1 = 7$	MQR = SQR/df = 0.11

$$F = \frac{MQE}{MQR} > F(p, n - p - 1)$$

Die Prüfstatistik lautet also $F = \frac{MQE}{MQR} = \frac{0.753}{0.11} = 6.845$.

Aus Tabellenwerken zur F-Verteilung (Fahrmeir et al, 2007, S.585) entnimmt man für *F(2,7)* mit einer Irrtumswahrscheinlichkeit von 5% den Wert 4.7374. Die Prüfgröße ist größer, so dass ein signifikantes Ergebnis vorliegt.

Prüfung der Regressionskoeffizienten.

In der multiplen linearen Regression ist es wichtig, die geschätzten Regressionskoeffizienten hinsichtlich ihres eigenen Schätzfehlers und ihres Zusammenhanges mit den übrigen Prädiktoren zu prüfen (Problem der Multikollinearität, Toleranz und Varianzinflationsfaktor).

Prüfung von b_1 respektive x_1:
In die auszuführende Unterregressionsanalyse $x_1 \leftarrow x_2$, wird x_1 als Kriterium und x_2 als Prädiktor eingesetzt.

$$\hat{y}_i = \hat{x}_1 = b_0 + b_1 x_{2i}$$

Tabelle 15 *Daten für die Unterregressionsanalyse zu b_1*

Person i	Kriterium Chron.Stress $y = x_{1i}$	Prädiktor Hilfsbereitschaft x_{2i}
1	35	5.6
2	28	6.2
3	25	6.8
4	22	6.8
5	19	5.6
6	23	5.4
7	38	7
8	19	6
9	29	7
10	17	4

Für diese Unterregressionsanalyse stellt der Prädiktor x_1 das Kriterium dar, der in diesem Beispiel ($p=2$) einzig verbleibende Prädiktor x_2 der übergeordneten Regressionsanalyse den Prädiktor der Unterregressionsanalyse. Somit sind für die Unterregressionsanalyse lediglich ein b_0 und ein b_1 zu bestimmen.

$$b = \begin{pmatrix} b_0 \\ b_1 \end{pmatrix}$$

Die Matrix X setzt sich aus der Spalte mit der Konstanten 1 und den zehn Messwerten von x_2 zusammen.

$$X = \begin{pmatrix} 1 & 5.6 \\ 1 & 6.2 \\ 1 & 6.8 \\ 1 & 6.8 \\ 1 & 5.6 \\ 1 & 5.4 \\ 1 & 7 \\ 1 & 6 \\ 1 & 7 \\ 1 & 4 \end{pmatrix}$$

Für die Unterregressionsanalse zu b_1 wird das Kriterium y mit den zehn Messwerten von x_1 gesetzt.

$$y = \begin{pmatrix} 35 \\ 28 \\ 25 \\ 22 \\ 19 \\ 23 \\ 38 \\ 19 \\ 29 \\ 17 \end{pmatrix}$$

Auch für die Unterregressionsanalyse gilt selbstverständlich:

$$b = (X * X')^{-1} X' y.$$

Die transponierte Matrix von X lautet:

$$X' = \begin{pmatrix} 1 & 1 & 1 & 1 & 1 & 1 & 1 & 1 & 1 & 1 \\ 5.6 & 6.2 & 6.8 & 6.8 & 5.6 & 5.4 & 7 & 6 & 7 & 4 \end{pmatrix}.$$

Das Produkt $X'X$ und dessen Determinante lautet:

$$X'X = \begin{pmatrix} 10 & 60.4 \\ 60.4 & 372.8 \end{pmatrix}.$$

$$\det(X'X) = 79.84$$

Die inverse Matrix lautet:

$$(X'X)^{-1} = \tfrac{1}{79.84} \begin{pmatrix} 372.8 & -60.4 \\ -60.4 & 10 \end{pmatrix} = \begin{pmatrix} 4.6693 & -0.7565 \\ -0.7565 & 0.1253 \end{pmatrix}.$$

Nach Multiplikation mit der transponierten Matrix ergibt sich:

$(X'X)^{-1} X'$
$= \begin{pmatrix} -0.44 & -0.02 & -0.47 & -0.47 & 0.43 & 0.58 & -0.63 & 0.13 & -0.63 & 1.64 \\ -0.06 & 0.02 & 0.10 & 0.10 & -0.06 & -0.08 & 0.12 & -0.01 & 0.12 & -0.26 \end{pmatrix}$

Nach Multiplikation mit dem Kriteriumsvektor y (der ja gleichgesetzt mit den Werten von x_1 wurde) ergibt sich der b-Vektor der Unterregressionsanalyse und damit die Regressionsgleichung:

$$b = (X'X)^{-1} X' y = \begin{pmatrix} 2.3507 \\ 3.8327 \end{pmatrix} \text{ und}$$

$$\hat{y}_i = \hat{x}_1 = 2.3507 + 3.8327 x_{2i}.$$

Das für diese Unteregressionsanalyse ermittelbare Bestimmtheitsmaß $R^2_{y=x_1}$ wird zur weiteren Prüfung des Regressionskoeffizienten benötigt.

Tabelle 16 *Daten zur Varianzanalyse*

Person i	Messwert $y_i (=x_{1i})$	Messwert x_{2i}	Schätzwert $\hat{y}_i$
1	35	5.6	23.814
2	28	6.2	26.113
3	25	6.8	28.413
4	22	6.8	28.413
5	19	5.6	23.814
6	23	5.4	23.047
7	38	7	29.179
8	19	6	25.347
9	29	7	29.179
10	17	4	17.681
Mittelwert	25.5	6.04	25.5
Quadratsumme	SQT= 440.5		SQE=117.28
Varianz $\tilde{s}^2$	44.05		11.728

Das Bestimmtheitsmaß dieser Unterregression bildet sich aus den Quadratsummen, die ihrerseits aus der Unterregression gewonnen wurden:

$$R^2_{y=x_1} = \frac{SQE}{SQT} = \frac{117.27}{440.5} = 0.27$$

27% der Variation der Variablen x_1 werden durch die Variation von x_2 erklärt, es bestehen offenbar eher geringere Zusammenhänge zwischen diesen zwei Prädiktoren der übergeordneten Regressionsanalyse.

Anhand des Bestimmtheitsmaßes der Unterregressionsanalyse und der mittleren Quadratsumme der Residuen und der Varianz von x_1 in der übergeordneten Regressionsanalyse lässt sich der Standardschätzfehler zum untersuchenden Regressionskoeffizienten b_1 der übergeordneten Regressionsanalyse errechnen.

$$SE_{x_1} = \sqrt{\frac{1}{1-R^2_{y=x_1}}} * \sqrt{\frac{MQR}{n*\widetilde{s_{x_k x_k}}}} = \sqrt{\frac{1}{1-0.27}} * \sqrt{\frac{0.11}{10*44.05}} = 0.018$$

Der *t*-Wert zur Prüfstatistik ergibt sich aus dem Regressionskoeffizienten b_1 der übergeordneten(!) Regressionsanalyse dividiert durch den Standardschätzfehler dieses Koeffizienten. Das Ergebnis ist hochsignifikant.

$$t_{x_1} = \frac{b_1}{SE_{x_1}} = \frac{0.0673}{0.018} \sim 3.739 > t_{0.995}(10) = 3.1693$$

Die Toleranz und der Varianzinflationsfaktor deuten nicht auf eine hohe Multikollinearität hin, insofern erscheint die Parameterschätzung verläßlich.

$$TOL_{X_1} = 1 - R^2_{y=x_1} = 1 - 0.27 = 0.73$$

$$VIF_{x_1} = \frac{1}{TOL_{X_1}} = \frac{1}{0.73} = 1.36$$

Prüfung von b_2 respektive x_2:

In die auszuführende Unterregressionsanalyse $x_2 \leftarrow x_1$, wird x_2 als Kriterium und x_1 als Prädiktor eingesetzt. Die übergeordnete Regressionsanalyse besteht aus $p=2$ Prädiktoren. Die notwendigen zwei Unterregressionsanalysen zur Prüfung der Regressionskoeffizienten b_1 und b_2 sind deshalb symmetrisch, denn es wurde bereits $x_1 \leftarrow x_2$ betrachtet, und zur Prüfung von b_2 wird nun $x_2 \leftarrow x_1$ inspiziert. In Fällen, in denen die übergeordnete Regressionsanalyse mehr als zwei Prädiktoren aufweist, sind die notwendigen Unterregressionsanalysen dann nicht mehr symmetrisch. Nun gilt es also, folgende Regressionsgleichung zu betrachen:

$$\hat{y}_i = \hat{x}_2 = b_0 + b_1 x_{1i}$$

Tabelle 17 *Daten für die Unterregressionsanalyse zu b_2*

Person i	Kriterium Hilfsbereitschaft $y=x_{2i}$	Prädiktor Chron.Stress $y = x_{1i}$
1	5.6	35
2	6.2	28
3	6.8	25
4	6.8	22
5	5.6	19
6	5.4	23
7	7	38
8	6	19
9	7	29
10	4	17

Für diese Unterregressionsanalyse stellt der Prädiktor x_2 das Kriterium dar, der in diesem Beispiel ($p=2$) einzig verbleibende Prädiktor x_1 der übergeordneten Regressionsanalyse repräsentiert den Prädiktor der Unterregressionsanalyse. Somit sind für die Unterregressionsanalyse lediglich b_0 und b_1 zu bestimmen.

$$b = \begin{pmatrix} b_0 \\ b_1 \end{pmatrix}$$

Die Matrix X setzt sich aus der Spalte mit der Konstanten 1 und den zehn Messwerten von x_1 zusammen.

$$X = \begin{pmatrix} 1 & 35 \\ 1 & 28 \\ 1 & 25 \\ 1 & 22 \\ 1 & 19 \\ 1 & 23 \\ 1 & 38 \\ 1 & 19 \\ 1 & 29 \\ 1 & 17 \end{pmatrix}$$

Für die Unterregressionsanalse zu b_2 wird das Kriterium y mit den zehn Messwerten von x_2 gesetzt.

$$y = \begin{pmatrix} 5.6 \\ 6.2 \\ 6.8 \\ 6.8 \\ 5.6 \\ 5.4 \\ 7 \\ 6 \\ 7 \\ 4 \end{pmatrix}$$

Auch für die Unterregressionsanalyse gilt selbstverständlich:

$$b = (X * X')^{-1} X' y.$$

Die transponierte Matrix von X lautet:

$$X' = \begin{pmatrix} 1 & 1 & 1 & 1 & 1 & 1 & 1 & 1 & 1 & 1 \\ 35 & 28 & 25 & 22 & 19 & 23 & 38 & 19 & 29 & 17 \end{pmatrix}.$$

Das Produkt $X'X$ und dessen Determinante lautet:

$$X'X = \begin{pmatrix} 10 & 255 \\ 255 & 6943 \end{pmatrix}.$$

$$\det(X'X) = 4405$$

Die inverse Matrix lautet:

$$(X'X)^{-1} = \frac{1}{4405}\begin{pmatrix} 6943 & -255 \\ -255 & 10 \end{pmatrix} = \begin{pmatrix} 1.576 & -0.058 \\ -0.058 & 0.002 \end{pmatrix}.$$

Nach Multiplikation mit der transponierten Matrix ergibt sich:

$(X'X)^{-1}X'$
$= \begin{pmatrix} -0.45 & -0.04 & 0.13 & 0.30 & 0.48 & 0.24 & -0.62 & 0.48 & -0.10 & 0.59 \\ 0.02 & 0.01 & -0.00 & -0.01 & -0.01 & -0.01 & 0.03 & -0.01 & 0.01 & -0.02 \end{pmatrix}$

Nach Multiplikation mit dem Kriteriumsvektor y (der ja gleichgesetzt mit den Werten von x_2 wurde) ergibt sich der b-Vektor der Unterregressionsanalyse und damit die Regressionsgleichung:

$$b = (X'X)^{-1}X'y = \begin{pmatrix} 4.2686 \\ 0.0695 \end{pmatrix} \text{ und}$$

$$\hat{y}_i = \hat{x}_2 = 4.2686 + 0.0695 x_{1i}.$$

Das für diese Unteregressionsanalyse ermittelbare Bestimmtheitsmaß $R^2_{y=x_2}$ wird zur weiteren Prüfung des Regressionskoeffizienten benötigt.

Tabelle 18 *Daten zur Varianzanalyse*

Person i	Messwert $y_i (=x_{2i})$	Messwert x_{1i}	Schätzwert $\hat{y}_i$
1	5.6	35	6.6999
2	6.2	28	6.2137
3	6.8	25	6.0053
4	6.8	22	5.7969
5	5.6	19	5.5885
6	5.4	23	5.8663
7	7	38	6.9083
8	6	19	5.5885
9	7	29	6.2831
10	4	17	5.4495
Mittelwert	6.04	25.5	6.04
Quadratsumme	**SQT=8.0**		**SQE=2.1**
Varianz $\tilde{s}^2$	0.80		0.21

Das Bestimmtheitsmaß dieser Unterregression bildet sich aus den Quadratsummen, die ihrerseits aus der Unterregression gewonnen wurden:

$$R^2_{y=x_2} = \frac{SQE}{SQT} = \frac{2.1}{8.0} \sim 0.27 \, .$$

27% der Variation der Variablen x_2 werden durch die Variation von x_1 erklärt, es bestehen offenbar eher geringere Zusammenhänge zwischen diesen zwei Prädiktoren der übergeordneten Regressionsanalyse. Das Bestimmtheitsmaß dieser Unterregressionsanalyse ist identisch zum Bestimmtheitsmaß der ersten Unterregressionsanalyse, was durch die Symmetrie bedingt ist.

Anhand des Bestimmtheitsmaßes der Unterregressionsanalyse und der mittleren Quadratsumme der Residuen und der Varianz von x_2 in der übergeordneten Regressionsanalyse lässt sich der Standardschätzfehler zum untersuchenden Regressionskoeffizienten b_2 der übergeordneten Regressionsanalyse errechnen.

$$SE_{x_2} = \sqrt{\frac{1}{1-R^2_{y=x_2}}} * \sqrt{\frac{MQR}{n*\widetilde{s_{x_2 x_2}}}} = \sqrt{\frac{1}{1-0.27}} * \sqrt{\frac{0.11}{10*0.7984}} = 0.137$$

Der t-Wert zur Prüfstatistik ergibt sich aus dem Regressionskoeffizienten b_2 der übergeordneten(!) Regressionsanalyse dividiert durch den Standardschätzfehler dieses Koeffizienten, das Ergebnis ist nicht signifikant.

$$t_{x_2} = \frac{b_2}{SE_{x_2}} = \frac{-0.1839}{0.137} = -1.342 < t_{0.95}(10) = 1.8125$$

Die Toleranz und der Varianzinflationsfaktor deuten nicht auf eine hohe Multikollinearität hin, insofern erscheint die Parameterschätzung verläßlich. Weil zwei Prädiktoren in der übergeordneten Regressionsanalyse vorliegen, ist auch die Toleranz und der Variationsinflationsfaktor aufgrund des Symmetrieprinzips identisch zur ersten Unterregressionsanalyse. Bei Regressionsanalysen mit mehr als zwei Prädiktoren ist die Toleranz bzw. der Variationsinflationsfaktor in der Regel jedoch für verschiedene Regressionskoeffizienten unterschiedlich.

$$TOL_{X_2} = 1 - R^2_{y=x_2} = 1 - 0.27 = 0.73$$

$$VIF_{X_2} = \frac{1}{TOL_{X_2}} = \frac{1}{0.73} = 1.36$$

Nunmehr ist die multiple Regressionsanalyse vollzogen, die zusammenfassenden Ergebnisse zur Regression $y \leftarrow x_1, x_2$ lauten:

Tabelle 19 *Zusammenfassung der Analyseergebnisse*

Prädiktor	b	SE	beta	t	TOL	VIF
Konstante	1.4206					
x_1 (CS)	0.0673	0.018	0.936	3.739**	0.73	1.36
x_2 (HI)	-0.1839	0.137	-0.345	-1.342	0.73	1.36

Anmerkungen. Abhängige Variable Erschöpfung. Unabhängige Variablen chronischer Stress (x_1) und Hilfsbereitschaft (x_2). $R^2 = 0.66$, $SE = 0.33$

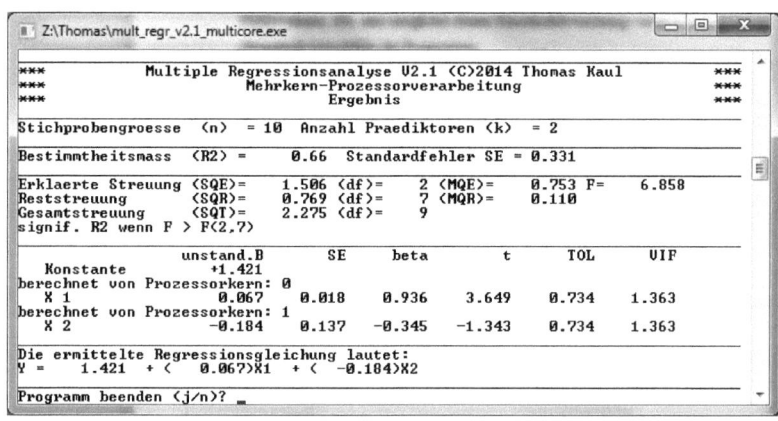

Abbildung 6: Programmausgabe.

4.4. Modelldiagnose

Für ein aus methodischer Hinsicht einwandfreies Vorgehen genügt es nicht, lediglich die Regressionskoeffizienten zu schätzen und inferenzstatistisch abzusichern. Vielmehr geht es darum, kritisch zu reflektieren, ob die Annahmen des Standardmodells wenigstens approximativ erfüllt sind. Hierzu sind grafische Darstellung zur Residualanalyse hilfreich (Fahrmeir et al., 2007, Kap. 12.1.3).

Bei einem Residualplot handelt es sich um ein Streudiagramm, welches die Residuen $\hat{e}_i$ den geschätzten Werten des Kriteriums gegenüberstellt. Die Streuung der Residuen sollte dabei kein systematisches Muster zeigen, sondern für die verschiedenen Werte des Kriteriums relativ ähnlich sein (Homoskedazität). Aus dem im Kap. 4.3 behandelten Beispiel (Tabelle 12, Tabelle 20) ergibt sich in Abbildung 7 eine eher unsystematische Streuung der Residuen um die vorhergesagten Werte.

Tabelle 20 *Daten zur Residualanalyse*

Person i	Messwert y_i	Schätzwert $\hat{y}_i$	Residuum $\hat{e}_i$
1	2.75	2.7448	0.0052
2	2.00	2.1637	-0.1637
3	2.00	1.8516	0.1484
4	1.375	1.6499	-0.2749
5	2.125	1.6687	0.4563
6	1.875	1.9745	-0.0995
7	3.00	2.6892	0.3108
8	1.875	1.5952	0.2798
9	1.625	2.0839	-0.4589
10	1.625	1.8284	-0.2034
MW	2.025	2.025	0
QS	**SQT= 2.275**	SQE=1.5057	**SQR=0.7693**
$\tilde{s}^2$	0.2275	0.1506	0.0769
$\tilde{s}$	0.4770	0.39	0.28

Die standardisierten Schätzwerte und standardisierten Residuen sind in Tabelle 21 dargestellt.

Tabelle 21 Standardisierte *Daten zur Residualanalyse*

Person i	standardisierter Messwert y_i	standardisierter Schätzwert $\hat{y}_i$	Standardisiertes Residuum $\hat{e}_i$
1	1,519916143	1,845666667	0.018571429
2	-0,052410901	0,355666667	-0.584642857
3	-0,052410901	-0,444589744	0.53
4	-1,362683438	-0,961769231	-0.981785714
5	0,209643606	-0,913564103	1.629642857
6	-0,314465409	-0,129461538	-0.355357143
7	2,044025157	1,703102564	1.11
8	-0,314465409	-1,102025641	0.999285714
9	-0,838574423	0,151051282	-1.638928571
10	-0,838574423	-0,504076923	-0.726428571
MW	0	0	0
$\tilde{s}$	1	1	1

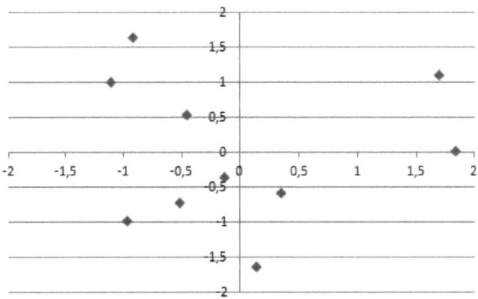

Abbildung 7: Residualplot.

Die Residuen sollten zudem wie der in der Pupulation vorkommene Messwert annähernd normalverteilt sein, was mit einem Q-Q-Plot (Abbildung 8) inspiziert werden kann. Im Q-Q-Plot werden sowohl die standardisierten beobachteten Kriteriumswerte $\hat{y}_i$ als auch die standardisierten Residuen e_i jeweils der Größe nach aufsteigend sortiert und im Streudiagramm dargestellt.

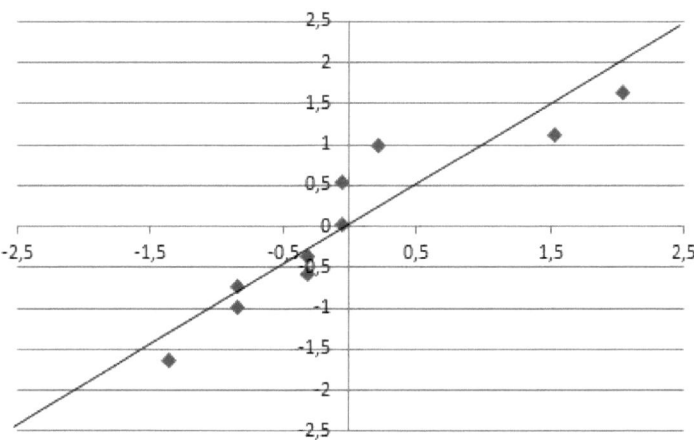

Abbildung 8: Q-Q-Plot zur Normalverteilung der Residuen.

Ausreißer und einflußreiche Datenpunkte

Gerade bei kleineren Stichprobenumfängen können Versuchspersonen mit extremen Messwerten einen starken Einfluss auf den Mittelwert, die Varianz und letztendlich auf die Parameterschätzungen und damit auf die Bestimmung der Regressionskoeffizienten haben. Dieses ist sowohl bei der einfachen Regression als auch bei der multiplen Regression der Fall.

Im Kap. 3.3 wurde beispielhaft mit einer einfachen Regression das Kriterium Erschöpfung auf den Prädiktor chronischer Stress zurückgeführt. Dabei wurden alle zehn Versuchspersonen berücksichtigt. Die ermittelte Regressionsgleichung lautet $\hat{y}_i = 0.6353 + 0.0545 x_i \; mit \; R^2 = 0.57$. Nun ist es interessant zu betrachten, wie sich das Entfernen einer bestimmten Versuchsperson auf die Schätzung der Regressionskoeffizenten auswirkt.

Dieser Abschnitt dient ausschließlich der Illustration des Einflusses einzelner Versuchspersonen –besonders derjenigen mit atypischen Befundmustern- auf die Ergebnisse einer jeden Regressionsanalyse. Rechnerisch könnte man jedes Regressionsmodell durch die Manipulation der Stichprobe (und dazu gehört auch das Entfernen von Versuchspersonen) zu einer maximalen Passung, d.h. einem hohen Bestimmtheitsmaß führen.

Ein derartiges Vorgehen wäre allerdings methodisch zweifelhaft und unwissenschaftlich. Nichtsdestotrotz ist es durchaus möglich, unter plausiblen Begründungen Ausreißer in den Daten zu dokumentieren und gegebenfalls von der Regressionsanalyse auszuschließen.

Zur Identifikation von Ausreißern bei den Prädiktoren ist insbesondere die Mahalanobis-Distanz hilfreich. Die Residuen hingegen haben einen diagnostischen Wert bei der Identifikation von Ausreißern auf der Kriteriumsseite.

$$d_i = \sqrt{\frac{(x_i - \bar{x})^2}{s_x^2}}$$

Formel 43: Die Mahalanobis-Distanz.

Tabelle 22 *Vollständige Rohdaten mit zehn Versuchspersonen*

Person i	ERS y_i	ERS $\hat{y}_i$	Fehler $e_i = y_i - \hat{y}_i$	CS x_i	d_i
1	2.75	2.5428	0.2072	35	1.431
2	2.00	2.1613	-0.1613	28	0.377
3	2.00	1.9978	0.0022	25	0.075
4	1.375	1.8343	-0.4593	22	0.527
5	2.125	1.6708	0.4542	19	0.979
6	1.875	1.8888	-0.0138	23	0.377
7	3.00	2.7063	0.2937	38	1.883
8	1.875	1.6708	0.2042	19	0.979
9	1.625	2.2158	-0.5908	29	0.527
10	1.625	1.5618	0.0632	17	1.281
Mittelwert				25.5	
Varianz				44.05	

Die Versuchsperson 9 zeigt die höchste Fehlerabweichung durch den höchsten Betrag des Residuums. Ein relativ hoher Wert von 19 zum chronischen Stress geht mit einem relativ niedrigen Erschöpfungswert von 1.625 einher. Wird die Versuchsperson 9 aus der Stichprobe ausgeschlossen, dann wächst das Bestimmtheitsmaß und der geschätzte Regressionskoeffizient. Eine einfache Regression unter Ausschluss der Versuchsperson 9 (Tabelle 23) führt zu der Regressionsgleichung: $\hat{y}_i = 0.5662 + 0.0599 x_i\ mit\ R^2 = 0.73$.

Tabelle 23 *Rohdaten unter Ausschluss der Versuchsperson 9*

Person	Erschöpfung y_i	Chron.Stress x_i
1	2.75	35
2	2.00	28
3	2.00	25
4	1.375	22
5	2.125	19
6	1.875	23
7	3.00	38
8	1.875	19
10	1.625	17

Tabelle 24 *Regressionsparameter bei Ausschluss einzelner Vpn*

n	Stichprobe gebildet	Residuum der ausgeschlossenen Person $e_i = y_i - \hat{y}_i$	R^2	SE	b_0	b_1
10	alle Personen	-	0.57	0.35	0.636	0.054
9	ohne Person 1	0.2072	0.46	0.36	0.770	0.048
9	ohne Person 2	-0.1613	0.59	0.37	0.628	0.056
9	ohne Person 3	0.0022	0.57	0.37	0.636	0.055
9	ohne Person 4	-0.4593	0.60	0.32	0.795	0.050
9	ohne Person 5	0.4542	0.69	0.32	0.367	0.063
9	ohne Person 6	-0.0138	0.57	0.37	0.639	0.054
9	ohne Person 7	0.2937	0.34	0.34	0.972	0.039
9	ohne Person 8	0.2042	0.59	0.36	0.515	0.058
9	ohne Person 9	-0.5908	0.73	0.28	0.566	0.060
9	ohne Person 10	0.0632	0.54	0.37	0.585	0.056

Der jeweilige Ausschluss der Personen 1, 7 und 10 führt zur Verkleinerung des Bestimmtheitsmaßes R^2 im Vergleich zur vollständigen Stichprobe. Diese drei Personen weisen jeweils eine Malhanobis-Distanz $d_i > 1$ auf. Die Befundmuster dieser Personen stützen die Annahme eines Zusammenhanges zwischen chronischen Stress und Erschöpfung. Person 1 und Person 7 weisen sowohl einen hohen Erschöpfungswert als auch einen hohen chronischen Stress auf. Person 10 weist einen relativ niedrigen Erschöpfungswert und entsprechend niedrigen chronischen Stress auf.

Der jeweilige Ausschluss der Personen 2, 4, 5, 8 und 9 bewirkt hingegen einen Anstieg des Bestimmtheitsmaßes. Diese drei Personen weisen jeweils eine Malhanobis-Distanz $d_i < 1$ auf. Die Befundmuster dieser Personen stützen die Annahme des Zusammenhangs zwischen chronischen Stress und Erschöpfung *nicht*. Besonders sichtbar ist dieses bei der Person 9. Die zeigt einen hohen Wert von 29 zum chronischen Stress und dabei einen niedrigen Erschöpfungswert von nur 1.625. Diese Person weist übrigens den höchsten Betrag des Residuums auf, und weicht somit am stärksten von der berechneten Regressionsgeraden ab.

Der jeweilige Ausschluss der Personen 3 und 6 führt zu keiner nenneswerten Veränderung des Bestimmtheitsmaßes. Ihre Befundmuster sind unter Berücksichtigung der Stichprobendaten „typisch" und weisen sehr kleine Residuen < 0.03 auf. Dieses liegt daran, dass ihre Ausprägungen von Erschöpfung und chronischen Stress annähernd der durchschnittlichen Stichprobenwerte entsprechen. Diese Personen liegen fast exakt auf der berechneten Regressionsgeraden. Die Malhanobis-Distanzen dieser beiden Personen sind ebenfalls mit 0.075 und 0.377 relativ niedrig.

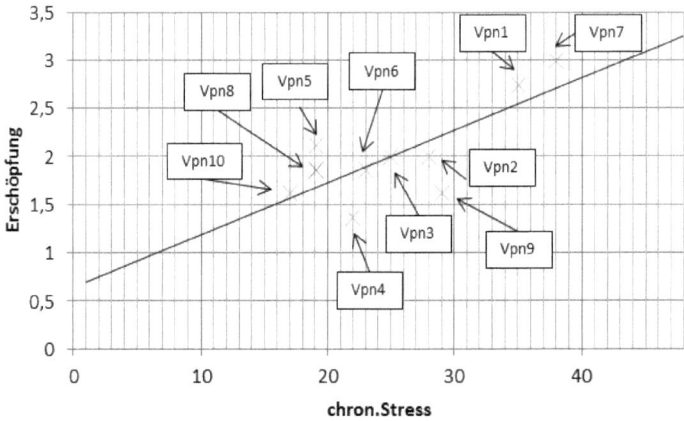

Abbildung 9: Einfluss spezifischer Versuchspersonen.

Tabelle 25 *Residuen u. Malhanobis-Distanzen der Versuchspersonen*

Person i	d_i	Residuum $e_i = y_i - \hat{y}_i$	Veränderung R^2 bei Ausschluss der Person	Veränderung b_1 bei Ausschluss
7	1.883	0.2937	-0.23	-0.015
1	1.431	0.2072	-0.11	-0.006
10	1.281	0.0632	-0.03	0.002
3	0.075	0.0022	0.00	0.001
6	0.377	-0.0138	0.00	0.000
2	0.377	-0.1613	0.02	0.002
8	0.979	0.2042	0.02	0.004
4	0.527	-0.4593	0.03	-0.004
5	0.979	0.4542	0.12	0.009
9	0.527	-0.5908	0.16	0.006

4.5. Exkurs: Das Bootstrapping-Verfahren

Wie soeben gezeigt wurde, können die Messwerte einzelner Versuchspersonen einen erheblichen Einfluss auf die Parameterschätzungen haben. Insbesondere bei kleinen Stichproben ist der Einfluss von Ausreißern aus statistische Parameter hoch. Allerdings führt der Auschluss von Versuchspersonen zu einer weiteren Verkleinerung des Stichprobenumfangs.

Das Bootstrapping-Verfahren beruht auf der Grundidee, aus einer gegebenen Stichprobe zahlreiche Stichproben mit gleichem Stichprobenumfang zu generieren, die sogenannten *resamples*. Ein resample wird durch eine zufällige Ziehung aus den n Versuchspersonen der ursprünglichen Stichprobe gewonnen. Dabei ist eine wiederholte Ziehung derselben Versuchsperson zulässig. Im Urnenmodell der Stochastik handelt es sich hier um eine Ziehung mit Zurücklegen.

Generiert man viele Stichproben, so lässt sich für jede dieser Stichproben der interessierende statistische Kennwert einzeln berechnen. Werden z.B. 20 Stichproben gezogen, so entstehen auch 20 Stichprobenergebnisse. Aus den vorliegenden Stichprobenergebnissen lässt sich ein 90% Konfidenzintervall ermitteln. Hierzu wird aus der sortierten Liste der gewonnenen Stichprobenergebnisse sowohl 5% der niedrigsten (Untergrenze des Intervalls) und 5% der höchsten Werte (Obergrenze des Intervalls) ausgeschlossen. Somit liefert ein 90%-Konfidenzintervall die Aussage, dass 90% der Stichproben ein Stichprobenergebnis im angegebenen Wertebereich aufweisen.

Generell führt ein Bootstrapping zur Glättung des Einflusses einzelner Versuchspersonen und nähert die Daten besser einer Normalverteilung an. Einschränkend ist anzumerken, dass auch das Bootstrapping aus einer nicht repräsentativen Ausgangsstichprobe keine repräsentative Stichprobe machen kann!

Die Anwendung des Bootstrapping kann sich auf verschiedenste Stichprobenkennwerte und Parameter beziehen. Als illustratives Beispiel wird hier zunächst einfach das arithmetische Mittel als interessierender Kennwert genutzt. Prinzipiell könnten dieses aber auch Regressionskoeffizienten sein. In diesem Fall würde man aus einer vorliegenden Stichprobe in gleicher Weise zahlreiche Resamples generieren und diese jeweils einer multiplen linearen Regression unterziehen (Kap. 5.15).

Beispiel. Bootstrapping, arithmetisches Mittel von chronischem Stress.

Die ursprüngliche Stichprobe besteht aus n=10 Versuchspersonen. Das arithmetische Mittel vom chronischen Stress beträgt 25.5 (Tabelle 26). Aus den angegebenen Mahalanobis-Distanzen erkennt man insbesondere den starken Einfluss der Versuchspersonen 7, 1 und 10.

Tabelle 26 *Ursprüngliche Stichprobe mit zehn Versuchspersonen*

Person i	CS x_i	d_i
1	35	1.431
2	28	0.377
3	25	0.075
4	22	0.527
5	19	0.979
6	23	0.377
7	38	1.883
8	19	0.979
9	29	0.527
10	17	1.281
Mittelwert	25.5	

Die Daten zum chronischen Stress sind wie in Abbildung 10 gezeigt *nicht* normalverteilt.

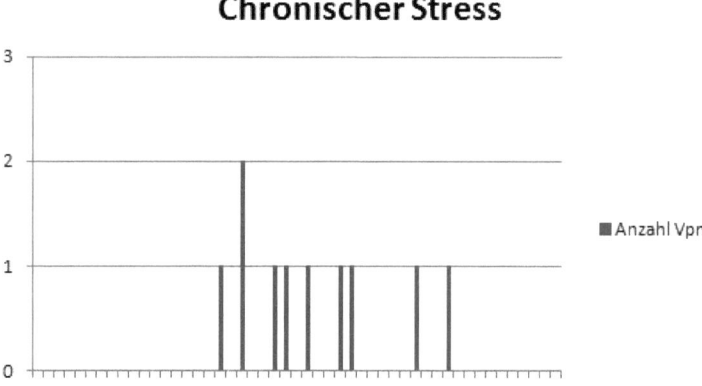

Abbildung 10: Verteilung der Messwerte zum chron.Stress.

Normalerweise wird das Bootstrapping mit einer hohen Anzahl von resamples (z.B. 1000) durchgeführt. Zur Illustration wird dieses zunächst mit nur 20 resamples demonstriert. Ein kurzes Programm zum Bootstrapping von Stichprobenmittelwerten ist am Ende dieses Abschnitts gelistet.

```
sample  1,Vpn:  7  9  5  8  4 10  2  5  4  5    MW= 23.200001
sample  2,Vpn:  1  9  5  8  6  2  2 10  7  1    MW= 27.100000
sample  3,Vpn:  8  6  8  2  6  4  3  8  5 10    MW= 21.400000
sample  4,Vpn:  2  8  6  7  6  3  6  5  5  1    MW= 25.200001
sample  5,Vpn:  5 10  6  4  7  3  7  3  5  6    MW= 24.900000
sample  6,Vpn:  7  8  6 10  3  7  6  2  9  4    MW= 26.200001
sample  7,Vpn:  4  4 10  4  7  2  1  6  3  1    MW= 26.700001
sample  8,Vpn:  6  1  4  8 10  4  5 10  9  4    MW= 22.500000
sample  9,Vpn:10 10  8  3  9  1  5  3  8  4    MW= 22.700001
sample 10,Vpn:  4 10 10  5  4  5  6  3 10  7    MW= 21.900000
sample 11,Vpn:  1  9  7  3  4  8  6  5  1  7    MW= 28.299999
sample 12,Vpn:  6  6  1  7  1  4  2  4  3  9    MW= 28.000000
sample 13,Vpn:  3  3  5  7  6  1  8 10  6  6    MW= 24.700001
sample 14,Vpn:  1  6  6  3  3  8  4  6  3  7    MW= 25.799999
sample 15,Vpn:  2 10  8  5  1  5  2  8  7  4    MW= 24.400000
sample 16,Vpn:  3  7  5 10  3  2  1  2  1  2    MW= 27.799999
sample 17,Vpn:10  9  7  4  1  9  2  7  8 10    MW= 27.200001
sample 18,Vpn:  9  7  6  8  9  2  1  9  2 10    MW= 27.500000
sample 19,Vpn:  9  5  7  3  8  8  8  3  3  4    MW= 24.000000
sample 20,Vpn:  6  1  3  8  8  6  9  2  8  2    MW= 24.799999

*** Bootstrap Demo, (C)2015 Thomas Kaul, Auswertung der 20 resamples ***
Mittelwert ueber alle samples: 25.215000 , 90%-KI (21.900000..28.000000)
Anzahl Elemente ausserhalb des 90%-KI: 2
Z:\Thomas\share>
```

Abbildung 11: Ausgabe des Bootstrapping.

Aus den 20 resamples ergibt sich insgesamt ein Mittelwert von 25.215 zum chronischen Stress. Das 90%-Konfidenzintervall erstreckt sich von 21.9 bis 28.0. Dieses ergibt sich aus der Tatsache, dass von den 20 resamples nun 10% (also 2 resamples) ausserhalb des Intervalls liegen müssen. Dieses ist zum einen die Stichprobe mit dem kleinsten Mittelwert (Sample 3, Mittelwert 21.4), welche somit links vom Konfidenzintervall liegt. Zum anderen ist dieses die Stichprobe mit dem grössten Mittelwert (Sample 11, Mittelwert 28.29). Inhaltlich erstreckt sich die verwendete Skala zur Messung des chronischen Stress von 0 bis 48.

Bei einem praktisch üblichen Bootstrapping mit z.B. 1000 resamples wären für das 90%-Konfidenzintervall also 100 Stichproben zu ignorieren, und zwar jeweils 50 links bzw. rechts vom Intervall.

Tabelle 27 *Bootstrapping von chron.Stress und Anzahlen resamples*

Anzahl von resamples	Mittelwert Chron.Stress	90%-Konfidenzintervall
0 (ursprüngliche Stichprobe)	25.50	
20	26.15	[22.50 .. 29.00]
100	25.54	[22.10 .. 29.10]
500	25.58	[22.20 .. 29.70]
1000	25.46	[22.10 .. 29.30]
5000	25.52	[22.20 .. 29.20]
10000	25.51	[22.10 .. 29.10]

```c
/* Demoprogramm zum Bootstrapping fuer Mittelwerte v1.0
*/
/* (C)2015 Thomas Kaul */

#include <stdio.h>
#include <stdlib.h>
#include <time.h>

#define max_n 10        /* max. Stichprobengroesse */
#define max_samples 10000 /* max. Anzahl resamples */
time_t t;
        /* zur Initialisierung Zufallszahlengenerator */
int       n,      /* Anzahl Versuchspersonen */
          samples,      /* Anzahl Resamples */
          i,            /* Index fuer Vpn */
          j,            /* Index fuer Sample */
          ziehung,      /* Zufallsziehung Vpn */
          getauscht,    /* fuer Sortierung */
          anzahl_elemente,/* Anzahl zu ignorierender
                             Elemente fuer 90% KI */
          ug_index,     /* Index fuer untere
                             Intervallgrenze */
          og_index;     /* Index fuer obere
                             Intervallgrenze */

float   messwert[max_n], /* gemessene Werte fuer
                      Versuchspersonen */
        mittelwert[max_samples],/* Mittelwert fuer
                             Stichprobe */
        mittelwert_all, /* Mittelwert fuer alle samples */
        eingabe,
        summe,
        summe_all,
        tausch;
int     details_anzeigen;


main()
{
   printf("\nDemo zum Bootstrapping fuer Mittelwert ");
   printf("\nAnzahl Versuchspersonen :");
   scanf("%d", &n);
   if (n <= max_n)
   {
       printf("\nAnzahl Resamples         :");
       scanf("%d", &samples);
       printf("\nDetails anzeigen (0/1)  :");
       scanf("%d", &details_anzeigen);
       if (samples <= max_samples)
       {
           for (i = 0; i < n; i++)       /* Daten eingeben */
```

```c
{
        printf("\nMesswert Vpn %d :", i+1);
        scanf("%f", &eingabe);
        messwert[i] = eingabe;
}

time(&t); srand((unsigned int)t);

summe_all = 0;

for (j = 0; j < samples; j++)
{
        if (details_anzeigen == 1)
           printf("sample %2d,Vpn:", j + 1);
        summe = 0;
        for (i = 0; i < n; i++)
        {
           ziehung = rand() % n;
           if (details_anzeigen == 1)
              printf("%2d ", ziehung+1);
           summe = summe + messwert[ziehung];
        }
        mittelwert[j] = (summe / n);
        if (details_anzeigen == 1)
           printf(" MW= %f \n", mittelwert[j]);
        summe_all = summe_all + mittelwert[j];
}
mittelwert_all = summe_all / samples;


/* Liste der Stichprobenmittelwerte sortieren */

do
{
        getauscht = 0;
        for (j = 1; j < samples; j++)
        if (mittelwert[j] < mittelwert[j - 1])
        {
                getauscht = 1;
                tausch = mittelwert[j];
                mittelwert[j] = mittelwert[j - 1];
                mittelwert[j - 1] = tausch;
        }
}
while (getauscht != 0);

/* Intervallgrenzen fuer 90%-KI bestimmen */

anzahl_elemente = samples / 10;
ug_index = anzahl_elemente / 2;
og_index = (samples - 1) - (anzahl_elemente / 2);
```

```
        printf("\n *** Bootstrap Demo, (C)2015 Thomas
Kaul, Auswertung der %d resamples ***\n", samples);
        printf("\nMittelwert ueber alle samples: %f ,
90%%-KI (%f..%f)\n",
mittelwert_all,mittelwert[ug_index],mittelwert[og_index])
;
        printf("\nAnzahl Elemente ausserhalb des 90%%-KI:
%d ", anzahl_elemente);


        }
        else
                printf("\nZuviele Resamples, maximal %d
                erlaubt!\n", max_samples);
    }
    else
        printf("\nZuviele Versuchspersonen, maximal %d
        erlaubt!\n",max_n);
}
```

5. Software-Implementation

In diesem Kapitel werden die relevanten Programmkomponenten als Quellcodes in der Programmiersprache C beschrieben und etwas näher kommentiert. Die Kommentare beschränken sich auf die algorithmisch wesentlichen Punkte bzw. Performance-Erwägungen. Bei der Formulierung der C-Statements im Rahmen dieses Buches wurde allerdings nicht Codeeffizienz um jeden Preis angestrebt, sondern bessere Nachvollziehbarkeit durch die schrittweise Berechnung von Zwischenergebnissen. Dieses sollte auch eine Portierung in andere Programmiersprachen erleichtern, sofern dies beabsichtigt ist. Im Anhang ist der vollständige Quellcode der Software aufgelistet.

5.1. Datenstrukturen

Für eine Matrix vom Typ (m,n) bietet es sich an, einen zusammengesetzten Datentyp `matrix` zu definieren, deren Matrixelemente werden als Gleitkommazahlen definiert. Es ist für jede weitere Verarbeitung zu beachten, dass die Indizierung der Matrixelemente mit der 0-ten Zeile und der 0-ten Spalte beginnt!

```
#define max_n 20
#define max_m 20

typedef struct matr
{
        int m;                          /* Anzahl Zeilen */
        int n;                          /* Anzahl Spalten */
        float a[max_n][max_m];          /* Matrixelement */

} matrix;
```

5.2. Beschreibung der Algorithmen

Zur Initialisierung der benötigten Matrizen wird die Funktion `init_matrix` definiert. Der Aufruf `fehler(4)` liefert eine Fehlermeldung, falls nicht mind. eine Zeile und eine Spalte als Parameter festgelegt wurde und beendet die Verarbeitung.

```
matrix init_matrix(int m, int n)
/* liefert eine Null-Matrix vom Typ (m,n) an */
{
        int i, k;
        matrix x;
        if (m < 1 || n < 1) fehler(4);
        x.m = m;
        x.n = n;
        for (i = 1; i <= m; i++)
                        /* alle Zeilen durchlaufen */
                for (k = 1; k <= n; k++)
                        /* alle Spalten durchlaufen */
                        x.a[i - 1][k - 1] = 0;
                        /* Matrixelement auf Null setzen */
        return (x);
}
```

Zum Transponieren einer Matrix wird die Funktion „transp_matrix" definiert:

```
matrix transp_matrix(matrix X)
/* liefert eine transponierte Matrix Y zur Ausgangsmatrix
X */
{
   matrix Y;
   int i, k;

   Y = init_matrix(X.n, X.m);
   /* aus Matrix vom Typ (m,n) eine Matrix vom Typ (n,m)
   erzeugen */

   for (i = 1; i <= X.m; i++) /* für alle Zeilen von X */
      for (k = 1; k <= X.n; k++) /* alle Spalten von X */
         Y.a[k - 1][i - 1] = X.a[i - 1][k - 1];
   return (Y);
}
```

Die Funktion multipliziere_matrix dient zur Multiplikation zweier Matrizen. Der Aufruf von fehler(5) erfolgt dann, wenn die Typen der beiden zu multiplizierenden Matrizen für die Berechnung des Produktes nicht miteinander verträglich sind.

```
matrix multipliziere_matrix(matrix A, matrix B)
/* liefert Produkt der Matrizen A und B */
{
   int i,k,j;
   float skalarprod;
   matrix C;
   if (A.n != B.m) fehler(5);
   /* Spaltenanzahl von A ungleich Zeilenanzahl B,
      Multiplikation nicht moeglich */
   C = init_matrix(A.m,B.n);
   for (i = 1; i <= A.m; i++)
      /* alle Zeilen von A durchlaufen*/
      for (k = 1; k <= B.n; k++)
      /* alle Spalten von B durchlaufen */
      {
         skalarprod = 0;
         for (j = 1; j <= A.n; j++)
            skalarprod = skalarprod + (A.a[i-1][j-1] *
            B.a[j-1][k-1]);
         C.a[i - 1][k - 1] = skalarprod;
      }
   return(C);
}
```

Die Funktion `adjungiere_Matrix` zur Ermittlung einer adjungierten Matrix, d.h. nach Entfernung einer bestimmen Zeile und Spalte, ist etwas aufwendiger. Der Aufruf von `fehler(7)` erfolgt, wenn als Parameter eine nicht vorhandene Zeile bzw. Spalte angegeben wurde. Bei der Verarbeitung müssen Sonderfälle, wie z.B. Matrizen mit nur einer Zeile oder Spalte, berücksichtigt werden.

```
matrix adjungiere_matrix(matrix A, int z, int s)
/* liefert aus Matrix A die adjungierte Matrix B wobei
aus z-te Zeile und s-te Spalte entfernt wurde */
{
   int i, k;
   matrix B;
   if (A.m < z || A.n < s) fehler(7);
   /* zu entfernende Zeile oder Spalte nicht vorhanden */

   if (A.m == 1 || A.n == 1)
   /* Matrix hat nur eine Zeile oder eine Spalte */
   {
      B = init_matrix(1, 1);
      B.a[0][0] = A.a[0][0];
   }
   else
   {
      if (A.m > 1 && A.n > 1)
      /* A hat mind. 2 Spalten und 2 Zeilen */
      {
         B = init_matrix(A.m - 1, A.n - 1);
         /* B vom Typ (m-1,n-1) */
         for (i = 1; i < z; i++)
         /* alle Zeilen bis vor Zeile z durchlaufen */
         {
            for (k = 1; k < s; k++)
            /* Spalten bis vor Spalte s durchlaufen */
            {
               B.a[i - 1][k - 1] = A.a[i - 1][k - 1];
               /* Matrixelemente uebertragen */
            }
            for (k = s + 1; k <= A.n; k++)
            /* alle Spalten ab s+1 bis n durchlaufen */
            {
               B.a[i - 1][k - 2] = A.a[i - 1][k - 1];
               /* Matrixelemente uebertragen,
                  Spaltenindex in B -1 */
            }
```

```
            }
            for (i = z + 1; i <= A.m; i++)
            /* alle Zeilen ab z+1 bis m durchlaufen */
                       {
             for (k = 1; k < s; k++)
             /* alle Spalten bis vor Spalte s durchlaufen */
             {
               B.a[i - 2][k - 1] = A.a[i - 1][k - 1];
               /* Matrixelemente uebertragen, Zeilenindex in
                B -1 */
             }
             for (k = s + 1; k <= A.n; k++)
             /* alle Spalten ab s+1 bis n durchlaufen */
             {
                B.a[i - 2][k - 2] = A.a[i - 1][k - 1];
                /* Matrixelemente uebertragen, Spaltenindex
                in B -1 */
             }
           }
      }
     if (A.m > 1 && A.n == 1)
     /* nur eine Spalte, aber mehrere Zeilen */
     {
          B = init_matrix(1, 1);
          B.a[0][0] = A.a[z - 1][0];
     }
     if (A.m == 1 && A.n > 1)
     /* nur eine Zeile, aber mehrere Spalten */
     {
          B = init_matrix(1, 1);
          B.a[0][0] = A.a[0][s - 1];
       }
    }
 return (B);
}
```

Die Funktion det_matrix ist rekursiv programmiert. Eine *n*-reihige Determinante wird nach dem Entwicklungssatz von Laplace aus der ersten Zeile entwickelt und letztendlich auf 1-reihige Determinanten zurückgeführt. Diese naive Formulierung des Algorithmus führt dabei zu einer sehr einfachen Codierung, allerdings ist dieses Vorgehen rechenintensiv.

Der Aufruf von fehler(6) erfolgt beim Versuch, eine nicht-quadratische Matrix zu verarbeiten. Die globale Variable ops2 vom Typ long double dient zur Zählung der durchgeführten Determinanten-Berechnungen zur experimentellen Laufzeitanalyse. Für die Verarbeitung einer Regressionsanalyse hat diese Variable jedoch keinerlei mathematische Relevanz.

```
 float det_matrix (matrix A)
/* liefert Determinante einer quadratischen Matrix A */
{
   float det;
   int k, vorzeichen;
   if (A.m != A.n) fehler(6);
   /* Matrix nicht quadratisch, Determinante nicht
   bestimmbar */
   ops2 = ops2 + 1;

   if (A.m == 1)
      det = A.a[0][0];
   else
   {
      det = 0;
      vorzeichen = -1;
      for (k = 1; k <= A.n; k++)
      /* Entwickl. nach der ersten Zeile durchfuehren */
      {
         vorzeichen = vorzeichen * -1;
         det = det + (vorzeichen * A.a[0][k-1] *
         det_matrix(adjungiere_matrix(A, 1, k)));
      }
   }
   return (det);
}
```

Zum Invertieren einer Matrix stützt sich die Funktion `invertiere_matrix` auf die zuvor spezifizierten Funktionen `det_matrix` und `adjungiere_matrix` ab. Der Aufruf von `fehler(9)` erfolgt beim Versuch, eine Matrix, deren Determinante 0 ist, zu invertieren. Die globale Variable `ops` vom Typ `long double` dient wiederum zur experimentellen Zählung der durchgeführten Matrix-Inversionen und wird für die eigentliche Regressionsanalyse nicht benötigt.

```
matrix invertiere_matrix(matrix X)
/* liefert eine invertierte Matrix Y zur Matrix X */
{
   matrix Y;
   float determinante, faktor;
   int i, j, k, vorzeichen;
   determinante = det_matrix(X);
   if (determinante == 0) fehler(9);
   /* Matrix nicht invertierbar */
   else
   {
      ops = ops + 1;   /* Zaehler fuer Laufzeitanalyse */

      Y = init_matrix(X.m, X.n);
      faktor = 1 / determinante;
      for (i = 1; i <= X.m; i++)
      /* alle Zeilen durchlaufen */
      {
         for (k = 1; k <= X.n; k++)
         /* alle Spalten durchlaufen */
         {
            vorzeichen = 1;
            for (j = 1; j <= i + k; j++)
               vorzeichen = vorzeichen * -1;
            Y.a[i - 1][k - 1] = faktor * vorzeichen *
            det_matrix(adjungiere_matrix(X, k, i));
         }
      }
   }
   return (Y);
}
```

Die Ergebnisse einer Regressionsanalyse lassen sich (a) in die übergreifenden und (b) in die von den Regressionskoeffizienten abhängigen Kennzahlen unterteilen. Zur Speicherung der übergreifenden Kennzahlen und der geschätzten Regressionskoeffizienten (Spaltenvektor *b*) wird der zusammengesetzte Datentyp `regression_ergebnis` definiert.

```
typedef struct regression
/* Datenstruktur fuer das Ergebnis einer
Regressionsanalyse */
{
   float sqe;   /* Quadratsumme erklaerte Varianz */
   float sqr;   /* Quadratsumme Residualvarianz */
   float sqt;   /* Quadratsumme Gesamtvarianz */
   float mqe;   /* mittlere Quadratsumme der erklaerten
                   Varianz */
   float mqr;   /* mittlere Quadratsumme der
                   Residualvarianz */
   float f;     /* Pruefwert fuer F-Verteilung */
   float se;    /* Standardfehler der Regression */
   float r2;    /* Varianzaufklaerung der Regression */
   matrix b;    /* Ergebnisvektor der
                   Regressionskoeffizienten */
} regression_ergebnis;
```

Die Funktion zur Regressionsanalyse setzt sich aus der Ausführung der Hauptregressionsanalyse und der für jeden Prädiktor auszuführenden Unterregressionsanalyse zusammen. Über den Eingangsparameter `ausgabe` wird gesteuert, ob die Ergebnisse der Regressionsanalysen zusammenfassend ausgegeben werden sollen oder nicht. Im Falle der Unterregressionen ist dieses nicht erwünscht, denn diese dienen lediglich dazu, den Standardfehler, die Toleranz und den Varianzinflationsfaktor des jeweiligen Regressionskoeffizienten zu berechnen.

```
regression_ergebnis regressionsanalyse(matrix y, matrix
X, int n, int p, int ausgabe)
/* fuehrt eine Regressionsanalyse durch,
    y Kriteriumsvektor, erste Spalte von X mit Einsen,
    zweite bis k+1-te Spalte Preaediktoren
    n = Stichprobengroesse
    p = Anzahl der Praediktoren
    ausgabe = 0 : keine Ausgabe von Ergebnissen,
    ausgabe = 1 von Ergebnissen
    Datenstruktur Ergebnis
    sqe,sqr,sqt,mqe,mqr,f,se,r2,b (Ergebnisvektor)
*/
{
   regression_ergebnis
      result,
      /* Ergebnis der Regressionsanalyse */
      se_praed_berechnung;
      /* Regressionsanalyse zur Berechnung des
      Standardfehlers der Praediktoren */
   int
      i,     /* Zeilenindex */
      j,     /* Spaltenindex */
      k;     /* Spaltenindex */
   float
      sum_y, /* Summe des Kriteriums */
      avg_y, /* arithm. Mittel Kriterium */
      var_y, /* Varianz des Kriteriums */
      sd_y,  /* Standardabweichung des Kriteriums */
      y_dach, /* aus Regressionsgleichung vorhergesagter
               Wert des Kriteriums */
      sqt,   /* Quadratsumme Gesamtvarianz */
      sqe,   /* Quadratsumme erklaerte Varianz */
```

```
        sqr,        /* Quadratsumme Residualvarianz */
        r2,         /* Bestimmtheitsmass R-Quadrat */
        mqe,        /* mittlere Quadratsumme erklaerte Varianz
                    */
        mqr,        /* mittlere Quadratsumme Residualvarianz */
        f,          /* Pruefstatistik zur F-Verteilung */
        se,         /* Standardfehler der Regression */
        sum_x,      /* Summe des Praediktors xk*/
        var_x,      /* Varianz des Praediktors xk */
        avg_x,      /* arithm.Mittel des Praediktors xk */
        sd_x,       /* Standardabweichung des Praediktors xk */
    beta,           /* standardisiertes Regressionsgewicht des
                        Praediktors */
    se_praed,       /* Standardfehler des Praediktors */
    t,              /* Pruefwert fuer t-Verteilung */
    tol,            /* Toleranz des Praediktors zur
                        Multikollinearitaet */
    vif;            /* Variationsinflationsfaktor des
                        Praediktors zur Multikollinearität */
matrix
    b,              /* Ergebnisvektor des Intercepts und der
                        Regressionskoeffizienten */
    X_,             /* transformierte Matrix */
    X_X,            /* Produkt aus transformierter und
                        urspruenglicher Matrix */
    X_X_inv,        /* Produkt mit invertierter Matrix */
    X_X_invX_,      /* Produkt mit transformierter Matrix */
    y2,             /* Praediktor als Kriterium zur Berechnung
                        seines Standardfehlers*/
    X2;             /* Matrix aus 1-Spalte und den uebrigen
                        Praediktoren */

if (p == 0) fehler(8);
/* Regression mit keinem Praediktor sinnlos */

b = init_matrix(p + 1, 1);           /* Ergebnisvektor */

X_ = transp_matrix(X);
X_X = multipliziere_matrix(X_, X);
X_X_inv = invertiere_matrix(X_X);
X_X_invX_ = multipliziere_matrix(X_X_inv, X_);
b = multipliziere_matrix(X_X_invX_, y);
result.b = b;

/* Bestimmtheitsmass R2 und Teststatistik der Modellguete
berechnen */
sum_y = 0;
avg_y = 0;
for (i = 1; i <= n; i++)
    sum_y = sum_y + y.a[i - 1][0];
avg_y = sum_y / n;
```

```
sqt = 0;        /* Quadratsumme total SQT ermitteln */
for (i = 1; i <= n; i++)
    sqt = sqt + (y.a[i - 1][0] - avg_y)*(y.a[i - 1][0] -
        avg_y);
result.sqt = sqt;
sqe = 0;/* Quadratsumme Vorhersagewerte SQE ermitteln */
for (i = 1; i <= n; i++)
{
    y_dach = b.a[0][0]; /* Vorhersagewert mit Intercept
                            initialisieren */
    for (k = 1; k <= p; k++)
        y_dach = y_dach + b.a[k][0] * X.a[i - 1][k];
        sqe = sqe + (y_dach - avg_y)*(y_dach - avg_y);
    }
    result.sqe = sqe;

    sqr = sqt - sqe;   /* Quadratsumme Restvarianz SQR
                            ermitteln */
    result.sqr = sqr;

    r2 = sqe / sqt;
    /* Bestimmtheitsmass R2 berechnen */
    result.r2 = r2;
    mqe = sqe / p;    /* mittlere Quadratsumme MQE
                            erklaerte Varianz */
    result.mqe = mqe;
    mqr = sqr / (n - p - 1);   /* mittlere Quadratsumme MQR
                                    Residualvarianz */
    result.mqr = mqr;
    f = mqe / mqr; /* Pruefgroesse fuer F-Verteilung
                        ermitteln */
    result.f = f;
    se = sqrt(sqr / (n - p - 1)); /* Standardfehler der
                                    Regression ermitteln */
    result.se = se;
    if (ausgabe == 1)  /* Wenn Parameter zur
                        Ergebnisuebergabe gesetzt wurde */
    {
printf("\n_____
_____");
        printf("\n***           Multiple
Regressionsanalyse V1.8 (C)2014 Thomas Kaul
***");
printf("\n***                          Ergebnis
***");
printf("\n_____
_____");
printf("\nStichprobengroesse  (n) = %i  Anzahl
Praediktoren (k)  = %i", n, p);
printf("\n_____
_____");
```

```c
printf("\nBestimmtheitsmass   (R2) = %8.2f   Standardfehler
SE = %4.3f ", r2, se);
printf("\n_____
_____");
printf("\nErklaerte Streuung  (SQE)= %8.3f (df)= %4d
(MQE)= %8.3f F= %8.3f", sqe, p, mqe, f);
printf("\nReststreuung        (SQR)= %8.3f (df)= %4d
(MQR)= %8.3f ", sqr, n - p - 1, mqr);
printf("\nGesamtstreuung      (SQT)= %8.3f (df)= %4d ",
sqt, n - 1);
printf("\nsignif. R2 wenn F > F(%d,%d)", p, n - p - 1);
         printf("\n_____
_____");
         printf("\n                      unstand.B        SE
         beta        t      TOL     VIF");
         printf("\n    Konstante        %+8.3f", b.a[0][0]);
    }

    /* Standardabweichung von y ermitteln */
    var_y = 0;
    for (i = 1; i <= n; i++)
       var_y = var_y + (y.a[i - 1][0] - avg_y)*
       (y.a[i - 1][0] - avg_y);
    var_y = var_y / n;
    sd_y = sqrt(var_y);

    /* Verarbeitung der k Preadiktoren */

    for (k = 1; k <= p; k++)
    {
       /* Mittelwert des Praediktors berechnen */
       sum_x = 0;
       for (i = 1; i <= n; i++)
          sum_x = sum_x + X.a[i - 1][k];
       avg_x = sum_x / n;

       /* Varianz und Standardabweichung des
       Praediktors berechnen */
       var_x = 0;
       for (i = 1; i <= n; i++)
          var_x = var_x +
          (X.a[i - 1][k] - avg_x)*
          (X.a[i - 1][k] - avg_x);
       var_x = var_x / n;
       sd_x = sqrt(var_x);


       /* standard. Regressionskoeffizient beta
          berechnen */
       beta = b.a[k][0] * (sd_x / sd_y);
       /* Standardfehler des Praediktors berechnen */
```

```
      y2 = init_matrix(n, 1);
      /* Regressionsmodell Praediktor durch uebrige
         Praediktoren vorhersagen */
      X2 = init_matrix(n, p); /* X2 hat eine Spalte
                                 weniger als X */
      for (i = 1; i <= n; i++) /* y2 = Praediktor
                                  setzen */
         y2.a[i - 1][0] = X.a[i - 1][k];


   /* X2 aus den uebrigen Praediktoren aufbauen */
   for (i = 1; i <= n; i++)   /* erste Spalte mit Einsen
                                 fuellen */
      X2.a[i - 1][0] = 1;
   for (j = 1; j < k; j++)    /* Spalten links vom
                                 betreffenden Praediktor
                                 uebertragen */
      for (i = 1; i <= n; i++)
         X2.a[i - 1][j] = X.a[i - 1][j];
   for (j = k + 1; j <= p; j++)
      /* Spalten rechts vom betreffenden Praediktor
         uebertragen */
      for (i = 1; i <= n; i++)
         X2.a[i - 1][j-1] = X.a[i - 1][j];
      if (p > 1)
      /* Regression des Praediktors aus den uebrigen
         Praediktoren */
         se_praed_berechnung =
         regressionsanalyse(y2, X2, n, p - 1, 0);
         se_praed =
         sqrt(1 / (1 - se_praed_berechnung.r2)) *
         sqrt(mqr / (n * var_x));
         t = b.a[k][0] / se_praed;
         /* t-Wert berechnen */
         tol = 1 - se_praed_berechnung.r2;
         /* Toleranz berechnen */
         vif = 1 / (tol);
         /* Variationsinflationsfaktor berechnen */
         if (ausgabe == 1)
         {
            printf("\n   X%2d              %8.3f %8.3f
%8.3f %8.3f %8.3f %8.3f", k, b.a[k][0], se_praed, beta,
t, tol, vif);
            if (vif > 10)
               printf(" !"); /* Warnung vor hoher
                                Multikollinearitaet */
         }
      }
   if (ausgabe == 1)
   {
```

```
        printf("\n_____
_____");
        printf("\nDie ermittelte Regressionsgleichung
lautet:");
        printf("\nY = %8.3f ", b.a[0][0]);
        for (k = 1; k <= p; k++)
           printf(" + (%8.3f)X%d ", b.a[k][0], k);
        printf("\n_____
_____");
        }

        return (result);
}
```

5.3. Theoretische Betrachtungen zum Rechenaufwand

Aus den vorgestellten Algorithmen kann der Rechenaufwand und die Entwicklung des Laufzeitverhaltens der Software theoretisch hergeleitet werden. In der theoretischen Informatik werden derartige Betrachtungen im Teilgebiet Komplexitätstheorie angestellt.

Ausgangspunkt der Überlegung ist, dass für eine Regressionsanalyse mit p Prädiktoren die Matrix X vom Typ $(n,p+1)$ und ihre transponierte Matrix X' vom Typ $(p+1,n)$ vorliegt. Das Produkt $X'X$ ist eine quadratische Matrix vom Typ $(p+1)$. Aus der Rechenformel für die inverse Matrix ergeben sich zwei Anforderungen: (a) der Aufwand, um die Determinante zur Matrix vom Typ $(p+1)$, welche den Nenner des Bruches bildet, zu berechnen und (b) der Aufwand, um die $(p+1)^2$ algebraischen Komplemente der Matrix zu berechnen.

Zudem ist bei Regressionsanalysen mit mehr als einem Prädiktor $(p>1)$ für jeden Prädiktor eine untergeordnete Regressionsanalyse des jeweiligen Prädiktors als Kriterium und den übrigen Prädiktoren als Vorhersagevariable zur Bestimmung des Schätzfehlers, Toleranz und Varianzinflationsfaktor durchzuführen.

$$A^{-1} = \frac{1}{\det(A)} \begin{pmatrix} A_{11} & A_{21} & \dots & A_{p+1,1} \\ A_{12} & A_{22} & \dots & A_{12} \\ \dots & \dots & \dots & \dots \\ A_{1,p+1} & A_{2,p+1} & \dots & A_{p+1,p+1} \end{pmatrix}$$

Beispiel.

Regression mit einem Prädiktor, $p=1$.

(a) Für den Nenner im Bruch ist **eine** $(p+1)$-reihige Determinante zuzüglich **zweier** p-reihige Unterdeterminanten aus der ersten Zeile zu berechnen.

(b) Für die $(p+1)^2 = \mathbf{4}$ algebraischen Komplemente sind **jeweils eine** p-reihige Unterdeterminante zu berechnen

Insgesamt sind für $p=1$ sieben Determinanten-Berechnungen aufgetreten.

Tabelle 28 *Regression mit einem Prädiktor (p=1)*

Benötigt für	**Anzahl**	**Determinante ist**
Nenner im Bruch	1	2-reihig
	2	1-reihig
Algebraische Komplemente	4	1-reihig
Gesamtzahl:	7	

Tabelle 29 *Regression mit zwei Prädiktoren (p=2)*

Benötigt für	Anzahl	Determinante ist
Nenner im Bruch	1	3-reihig
	3	2-reihig
	3*2=6	1-reihig
Algebraische Komplemente	3^2=9	2-reihig
	3^2*2=18	1-reihig
Unterregression für Prädiktoren	2 * **7**=14	
Gesamtzahl:	**51**	

Tabelle 30 *Regression mit drei Prädiktoren (p=3)*

Benötigt für	Anzahl	Determinante ist
Nenner im Bruch	1	4-reihig
	4	3-reihig
	4*3=12	2-reihig
	4*3*2=24	1-reihig
Algebraische Komplemente	4^2=16	3-reihig
	4^2*3=48	2-reihig
	4^2*3*2=96	1-reihig
Unterregression für Prädiktoren	3 * **51**= 153	
Gesamtzahl:	354	

Verallgemeinerung für eine Regression mit *p* Prädiktoren.
Zur Bestimmung der Determinante im Nenner des Bruches ist diese Anzahl an Determinanten-Berechnungen nötig:

$$\sum_{i=1}^{p+1} \frac{(p+1)!}{i!}$$

Zur Bestimmung der algebraischen Komplemente ist diese Anzahl an Determinanten-Berechnungen nötig:

$$\sum_{i=1}^{p} \frac{(p+1)(p+1)!}{i!}$$

Für *p>1*: zur Durchführung der Unterregressionsanalysen ist *p*-mal der Aufwand für eine Regressionsanalyse der Ordnung *p*-1 notwendig. Es ergibt sich die rekursive Formel für den Rechenaufwand $detnum_p$ für Determinanten bei einer Regressionsanalyse mit *p* Prädiktoren.

$$\text{für } p = 0: \quad detnum_p := 0;$$
$$\text{für } p > 0:$$
$$detnum_p \sum_{i=1}^{p+1} \frac{(p+1)!}{i!} + \sum_{i=1}^{p} \frac{(p+1)(p+1)!}{i!} + p * detnum_{p-1}$$

Formel 44: Rechenaufwand (Determinanten)

Die rekursive Formel zur Berechnung der Anzahl auszuführender Matrix-Inversionen $invnum_p$ ergibt sich aus der folgenden Überlegung. Für eine Regression mit *p* Prädiktoren ist diese Regressionsanalyse selbst sowie bei *p>1* zuzüglich ihrer *p* „Unterregressionsanalysen" mit ihrerseits *p-1* Prädiktoren zu berechnen. Dieses bedeutet einen Aufwand auf Stufe *p* und *p*-mal

Aufwand der nächstkleineren Stufe p-1. Die rekursive Formel lautet also:

$$invnum_p = 1 + p * invnum_{p-1} \quad ; invnum_1 = 1$$

Formel 45: Rechenaufwand (Matrixinversionen)

Aus der Formel 44 und der Formel 45 lässt sich der Rechenaufwand a priori berechnen (Tabelle 31). Bei einer multiplen linearen Regression mit z.B. p=12 Prädiktoren werden mehr als 452 Mrd. Determinanten berechnet, sofern diese wie im vorliegenden Algorithmus auf 1-reihige Determinanten zurückgeführt werden (Abbildung 12).

Mit dem Taschenrechner wäre die Berechnung der verschiedenen p-Stufen zunehmend mühsamer, hilfreich ist hier ein kurzes C-Programm.

```c
/* Vorhersage Rechenaufwand   V1.0 Autor: Thomas Kaul */
#include <stdio.h>
int fakultaet(int zahl)
{
   int index;
   int ergebnis;
   ergebnis = 1;
   for (index = 1; index <= zahl; index++)
      ergebnis = ergebnis * index;
   return (ergebnis);
}

main()
{
   int p;              /* Anzahl Stufen Praediktor */
   int x,y,z;          /* Zwischenergebnisse */
   int i,i2;           /* Indizes */
   float invnum;       /* Anzahl Matrix-Inversionen */
   float detnum;       /* Anzahl Det.-Berechnungen */

   printf("\nAnzahl Stufen (p)? ");
   scanf("%d", &p);
   printf("\n    p                       invnum");

   for (i = 1; i <= p; i++)
   {
      if (i == 1)
      {
         invnum = 1;
         detnum = 7;
      }
      else
      {
         invnum = 1 + (i * invnum);
         x = fakultaet(i + 1);
         y = 0;         /* fuer Anz.Det. Bruch 1/det A */
         z = 0;         /* Anz. Det. algebr.Komplemente */
         for (i2 = 1; i2 <= i + 1; i2++)
            y = y + (x / fakultaet(i2));
         for (i2 = 1; i2 <= i; i2++)
            z = z + ((i + 1) * x) / fakultaet(i2);
         detnum = y + z + (i * detnum);
      };
      printf("\n %3i      %20.0f %30.0f", i, invnum,
      detnum);
   }
}
```

```
***           Vorhersage Rechenaufwand V1.0 (C)2014 Thomas Kaul        ***
Anzahl Stufen (p)? 20
```

p	invnum	detnum
1	1	7
2	3	51
3	10	354
4	41	2647
5	206	21888
6	1237	200601
7	8660	2027728
8	69281	22457116
9	623530	270702336
10	6235301	3530083072
11	68588312	37855760384
12	823059712	452171759616
13	10699776000	5877381726208
14	149796864000	82282496917504
15	2246952878080	1234235759263744
16	35951246049280	19747770000736256
17	611171161866240	335712098602450940
18	11001080913592320	6042818049722023900
19	209020544874446850	114813546243253340000
20	4180410828769460200	2296270889680694700000

Abbildung 12: Ermittlung des Rechenaufwands bis Stufe p=20.

Aus der Abbildung 13 wird der logarithmische Verlauf des Rechenaufwands mit steigender Anzahl von Prädiktoren deutlich.

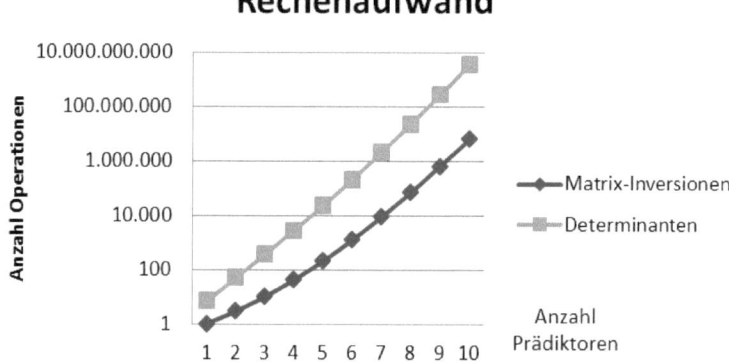

Abbildung 13: Prognose des Rechenaufwands.

Tabelle 31 *Prognose des Rechenaufwandes*

Anzahl Prädiktoren (p)	Anzahl Matrixinversionen (invnum$_p$)	Anzahl Determinanten (detnum$_p$)
1	1	7
2	3	51
3	10	354
4	41	2.647
5	206	21.888
6	1.237	200.601
7	8.660	2.027.728
8	69.281	22.457.115
9	623.530	270.702.336
10	6.235.301	3.530.083.093

Anmerkungen:

$$invnum_p = 1 + p * invnum_{p-1}$$

$$detnum_p \sum_{i=1}^{p+1} \frac{(p+1)!}{i!} + \sum_{i=1}^{p} \frac{(p+1)(p+1)!}{i!} + p * detnum_{p-1}$$

5.4. Experiment 1: Laufzeitsimulation als Baseline

Es ist höchst interessant, die in Kap.5.3 getroffenen Überlegungen anhand konkreter Laufzeiten (Runtimes) verschiedener Computer empirisch zu prüfen. Hierzu wird ein Versuchsaufbau mit fünf verschiedenen Rechnerumgebungen, d.h. CPU's (Central Processing Units) (Tabelle 32) aufgesetzt.

Das Experiment sieht vor, mit den verschiedenen Rechnerumgebungen multiple lineare Regressionsanalysen mit steigender Anzahl der Prädiktoren ($p=1..10$) und zufällig generierten Messdaten ($n=10$) durchzuführen. Gemessen wird die Laufzeit zwischen Start der Berechnung und Ausgabe des Ergebnisses, sowie die Anzahl ausgeführter Matrixinversionen und Determinanten-Berechnungen.

Der komplette Quellcode des im Experiment 1 eingesetzten Programmes ist im Anhang A-1 aufgelistet.

Tabelle 32 *Versuchsaufbau zur Runtime-Simulation*

Umgebung	Hauptprozessor	Kerne	Taktfrequenz	Betriebssystem
CPU1	Intel Atom N270	2	2 x 1.60 GHz	Win 7 (32-bit)
CPU2	Intel Pentium	1	1.73 GHz	Win 7 (32-bit)
CPU3	Intel Core2 Q6600	4	4 x 2.40 GHz	Win 7 (64-bit)
CPU4*	AMD FX 8350	8	8 x 4.00 GHz	Win 7 (64-bit)
CPU5*	Intel Core i3 530	4	4 x 2.93 GHz	Win 7 (64-bit)

Anmerkungen. Die mit einem Stern (*) markierten CPU's werden im Rahmen dieses Buches als Hochleistungsprozessoren klassifiziert.

Die Versuchsergebnisse vom Experiment 1 sind in Tabelle 33 aufgelistet. Im Experiment wurden über die Stufen $p=(1..10)$ kumuliert unter Anwendung der fünf Rechnerumgebungen rd. 35 Mio. inverse Matrizen und 19 Mrd. Determinanten berechnet, und zwar exakt:

$$5 * 6.938.270 = 34.691.350 \text{ Matrix} - \text{Inversionen und}$$

$$5 * 3.825.495.820 = 19.127.479.100 \text{ Determinanten.}$$

Die gesamte, in den fünf Rechnerumgebungen aufgewendete Rechenzeit betrug 13:24:20 Stunden. Die längste Durchlaufzeit trat bei CPU1 in Stufe $p=10$ mit einer Dauer von 4:49:51 Stunden auf, was 36% der gesamten Rechenzeit von allen fünf Rechnerumgebungen entspricht. Im Gesamtmittel über alle zehn Stufen und fünf Rechnerumgebungen wurden 0.72 Tsd. Matrix-Inversionen pro Sekunde sowie 396.34 Tsd. Determinanten-Berechnungen pro Sekunde ausgeführt.

Tabelle 33 *Experiment 1 (Baseline)*

p	Inv.	Det.	CPU1	CPU2	CPU3	CPU4	CPU5
1	1	7					
2	3	51					
3	10	354					
4	41	2.647					
5	206	21.888					
6	1.237	200.601	2				
7	8.660	2.027.728	16	11	7	3	3
8	69.281	22.457.115	141	109	57	28	25
9	623.530	270.702.336	1492	1167	571	285	268
10	6.235.301	3.530.083.093	17.391	14.281	6029	3229	3145

Anmerkungen. p = Anzahl Prädiktoren. *Inv.* = Anzahl ausgeführter Matrix-Inversionen. *Det* = Anzahl ausgeführter Determinanten-Berechnungen. Die Zahlenangaben beziehen sich auf die Runtime in Sekunden. Runtimes unter 1 s sind nicht eingetragen. Es wurde der Quellcode im Anhang A-1 verwendet.

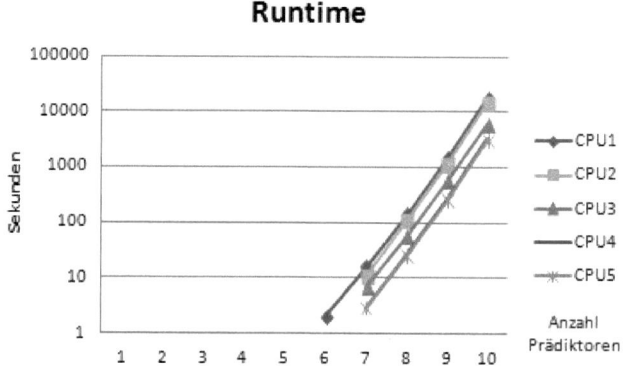

Abbildung 14: Verlauf der Runtime im Experiment 1.

Die Rechenzeit nimmt in allen Rechnerumgebungen mit steigender Prädiktorenzahl logarithmisch zu. Auch die Tatsache, dass z.B. die CPU5 mehr als fünfmal so schnell wie CPU1 ist, ändert am Anstieg der Runtime im Prinzip nichts.

Tabelle 34 *Performanz der Matrix-Inversionen im Experiment 1*

p	CPU1	CPU2	CPU3	CPU4	CPU5
1					
2					
3					
4					
5					
6	0.62				
7	0.54	0.79	1.24	2.89	2.89
8	0.49	0.64	1.22	2.47	2.77
9	0.42	0.53	1.09	2.19	2.33
10	0.36	0.44	1.03	1.93	1.98

Anmerkungen. p = Anzahl der Prädiktoren. Die Zahlenangaben beziehen sich auf Tausend ausgeführte Matrix-Inversionen pro Sekunde. Es wurde der Quellcode im Anhang A-1 verwendet.

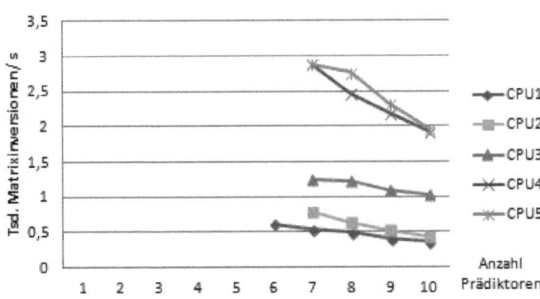

Abbildung 15: Performanz der Matrix-Inversionen im Experiment 1.

Die Performanz der Matrix-Inversionen sinkt mit steigender Prädiktorenanzahl stetig. Die Hochleistungsprozessoren CPU5 und CPU4 zeigen das höchste absolute Performanzniveau, sinken jedoch stärker im Vergleich zu den übrigen drei Rechnerumgebungen in ihrer Performanz mit steigender Zahl an Prädiktoren.

Tabelle 35 *Performanz Determinanten-Berechnungen Experiment 1*

p	CPU1	CPU2	CPU3	CPU4	CPU5
1					
2					
3					
4					
5					
6	100.30				
7	126.73	184.34	289.68	675.91	675.91
8	159.27	206.03	393.98	802.04	898.28
9	181.44	231.96	474.08	949.83	1010.08
10	202.98	247.19	585.52	1093.24	1122.44

Anmerkungen. p = Anzahl der Prädiktoren. Die Zahlenangaben beziehen sich auf Tausend ausgeführte Determinanten-Berechnungen pro Sekunde. Es wurde der Quellcode im Anhang A-1 verwendet.

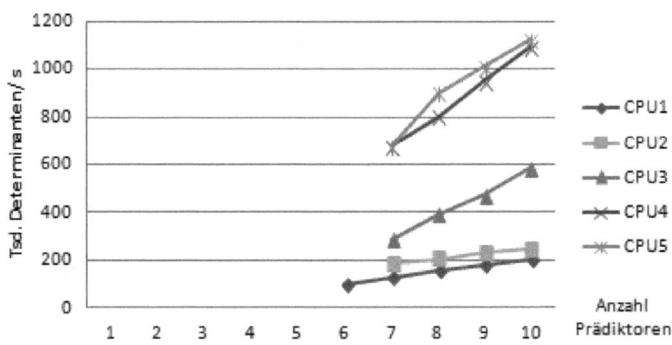

Abbildung 16: Performanz Determinanten-Berechnungen Experiment 1.

Die Performanz der Determinanten steigt hingegen zumindest bis $p=10$ stetig. Die Hochleistungsprozessoren weisen den stärksten Anstieg auf, CPU3 rangiert im Mittelfeld, und die CPU2 und CPU1 zeigen einen relativ geringen Performanzanstieg.

Interpretation der Ergebnisse.

Der *Durchsatz an Matrixinversionen* (Tabelle 34) *sinkt* im Experiment 1 mit steigender Anzahl p von Prädiktoren bei allen CPU's kontinuierlich. Dieses ist dadurch begründet, dass die in der Regression zu invertierende Matrix eine höhere Ordnung hat. Die Hochleistungsprozessoren CPU4 und CPU5 weisen zwar das höchste absolute Performanzniveau auf, ihr Durchsatz an Matrix-Inversionen sinkt jedoch mit steigendem p *schneller* im Vergleich zu den weniger performanten CPU's. Ein Erklärungsansatz für den steileren Abfall der Hochleistungsprozessoren könnte darin liegen, dass deren Rechenleistung durch die rasant steigende Anzahl von auszuführenden Determinanten-Berechnungen absolut stärker beansprucht wird, was sich im höheren Durchsatz an Determinanten-Berechnungen manifestiert.

Demgegenüber *steigt* der *Durchsatz an Determinantenberechnungen* mit steigendem p bei allen CPU's. Auf dem ersten Blick erscheint dieses überraschend. Die Ursache für dieses Phänomen liegt in der sich ändernden Proportion zwischen den zu berechnenden Determinanten höherer und niedrigerer Ordnung. Der absolute Rechenaufwand zur Berechnung einer 1-reihigen Determinante ist wesentlich geringer als der Aufwand zur Berechnung einer großen *n*-reihigen Determinante. Mit steigendem p verschiebt sich die Proportion zugunsten der Determinanten niedrigerer Ordnung, wie dies in Tabelle 28, Tabelle 29 und Tabelle 30 dargestellt ist. Man sieht, dass die Anzahl der zu berechnenden 1-reihigen Determinanten schneller als die Anzahl von Determinanten höherer Ordnung wächst. Für den Durchsatz der Determinanten-

Berechnungen besteht ein Grenzwert, denn er kann nicht unendlich wachsen. Im Experiment 1, welches bis zur Stufe $p=10$ durchführt wurde, wurde dieser offensichtlich noch nicht erreicht.

Die *Runtime* in den verschiedenen Rechnerumgebungen zeigt zwar absolute Unterschiede (Tabelle 33), aber nicht hinsichtlich ihres logarithmischen Verlaufes mit steigender Prädiktorenzahl (Abbildung 14). Es fällt z.B. auf, dass sich die CPU1 (2-Kern-Prozessor) von CPU2 (1-Kern-Prozessor) kaum unterscheidet. Ebenso gering unterscheidet sich CPU4 (8-Kern-Prozessor) von CPU5 (4-Kern-Prozessor). Dieses Laufzeitverhalten ist dadurch begründet, dass die Ausführung des Programms bislang ausschließlich sequentiell erfolgt, d.h. die Mehrkern-Eigenschaft der CPU's 1, 3, 4 und 5 wird durch das bisherige Programmdesign gar nicht genutzt.

5.5. Experiment 2: Algorithmische Optimierung

Statt n-reihige Determinanten auf letztendlich 1-reihige Determinanten zurückzuführen, soll eine Einsparung von rekursiven Funktionsaufrufen durch eine direkte Berechnung von 3-reihigen Determinanten erfolgen. Dieses geschieht nach der Regel von Sarrus, auch bekannt als „Jägerzaunregel".

Der komplette Quellcode des im Experiment 2 eingesetzten Programmes ist im Anhang A-2 aufgelistet. Die Versuchsergebnisse vom Experiment 2 sind in Tabelle 36 dargestellt. Im Experiment 2 wurden über die Stufen $p = (1..10)$ kumuliert unter Nutzung der fünf Rechnerumgebungen rd. 35 Mio. inverse Matrizen und im Vergleich zum Experiment 1 jetzt „nur" 2.5 Mrd. Determinanten berechnet, und zwar exakt:

$$5 * 6.938.270 = 34.691.350 \text{ Matrix} - \text{Inversionen und}$$

$$5 * 509.057.002 = 2.545.285.010 \text{ Determinanten.}$$

Die gesamte, in den fünf Rechnerumgebungen aufgewendete Rechenzeit betrug 6:17:26 Stunden. Die längste Durchlaufzeit trat bei CPU1 in Stufe $p=10$ mit einer Dauer von 2:23:01 Stunden auf, was 38% der gesamten Rechenzeit von allen fünf Rechnerumgebungen entspricht. Im Gesamtmittel über alle zehn Stufen und fünf Rechnerumgebungen wurden 1.53 Tsd. Matrix-Inversionen pro Sekunde sowie 112.40 Tsd. Determinanten-Berechnungen pro Sekunde ausgeführt.

```
float det_matrix (matrix A)
/* liefert Determinante einer quadratischen Matrix A */
/* optimierte Performance */
{
   float det;
   int k, vorzeichen;
   if (A.m != A.n) fehler(6);
   /* Matrix nicht quadratisch, Determinante nicht
      bestimmbar */

   ops2 = ops2 + 1;

   if (A.m > 3)                        /* Entwicklung nach
                           der ersten Zeile durchfuehren */
   {
      det = 0;
      vorzeichen = -1;
      for (k = 1; k <= A.n; k++)
      {
         vorzeichen = vorzeichen * -1;
         det = det + (vorzeichen * A.a[0][k-1] *
         det_matrix(adjungiere_matrix(A, 1, k)));
      }
   }
   else
   {
      if (A.m == 1)
      det = A.a[0][0];
      if (A.m == 2)           /* 2-reihige Det. direkt
                                 berechnen */
      det = (A.a[0][0] * A.a[1][1]) - (A.a[0][1] *
            A.a[1][0]);
      if (A.m == 3)           /* 3-reihige Det. Direkt
                                 berechnen */
      det =    (A.a[0][0]*A.a[1][1]*A.a[2][2]) +
               (A.a[0][1]*A.a[1][2]*A.a[2][0]) +
               (A.a[0][2]*A.a[1][0]*A.a[2][1])
             - (A.a[0][1]*A.a[1][0]*A.a[2][2]) -
               (A.a[0][0]*A.a[1][2]*A.a[2][1]) -
               (A.a[0][2]*A.a[1][1]*A.a[2][0]);
   };
   return (det);
}
```

Abbildung 17: Quellcode zur optimierten Determinanten-Berechnung.

Tabelle 36 *Experiment 2 (nur algorithmische Optimierung)*

p	Inv.	Det.	CPU1	CPU2	CPU3	CPU4	CPU5
1	1	5					
2	3	20					
3	10	81					
4	41	475					
5	206	3.468					
6	1.237	29.601	2				
7	8.660	286.408	13	6	5	2	
8	69.281	3.083.355	90	58	38	19	15
9	623.530	36.463.296	828	472	351	177	142
10	6.235.301	469.190.293	8581	5084	3488	1822	1453

Anmerkungen. p = Anzahl Prädiktoren. *Inv.* = Anzahl ausgeführter Matrix-Inversionen. *Det* = Anzahl ausgeführter Determinanten-Berechnungen. Die Zahlenangaben beziehen sich auf die Runtime in Sekunden. Runtimes kürzer als 1 s sind nicht eingetragen. Es wurde der Quellcode im Anhang A-2 verwendet.

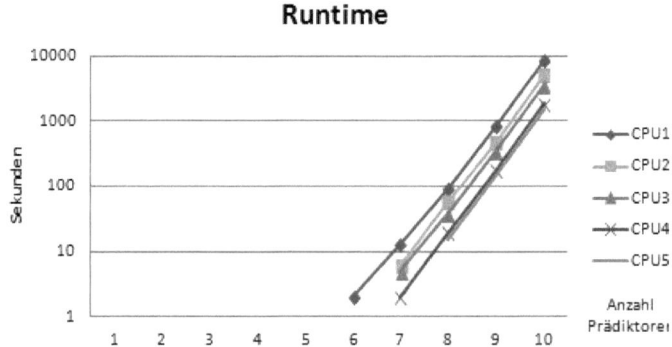

Abbildung 18: Verlauf der Runtime im Experiment 2.

Tabelle 37 *Performanz der Matrix-Inversionen im Experiment 2*

p	CPU1	CPU2	CPU3	CPU4	CPU5
1					
2					
3					
4					
5					
6	0.62				
7	0.67	1.44	1.73	4.33	
8	0.77	1.19	1.82	3.65	4.61
9	0.75	1.32	1.78	3.52	4.39
10	0.73	1.23	1.79	3.42	4.29

Anmerkungen. p = Anzahl der Prädiktoren. Die Zahlenangaben beziehen sich auf tausend ausgeführte Matrix-Inversionen pro Sekunde. Es wurde der Quellcode im Anhang A-2 verwendet.

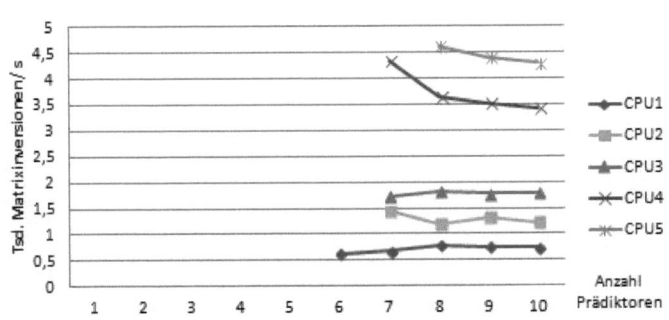

Abbildung 19: Performanz d.Matrix-Inversionen im Experiment 2.

Tabelle 38 *Performanz der Determinanten-Berechnungen im Exp.2*

p	CPU1	CPU2	CPU3	CPU4	CPU5
1					
2					
3					
4					
5					
6	14.80				
7	22.03	47.73	57.28	143.20	
8	33.76	53.16	81.14	162.28	205.56
9	44.04	77.25	103.88	206.00	256.78
10	54.68	92.29	134.52	257.51	322.91

Anmerkungen. p = Anzahl der Prädiktoren. Die Zahlenangaben beziehen sich auf Tausend ausgeführte Determinanten-Berechnungen pro Sekunde. Es wurde der Quellcode im Anhang A-2 verwendet.

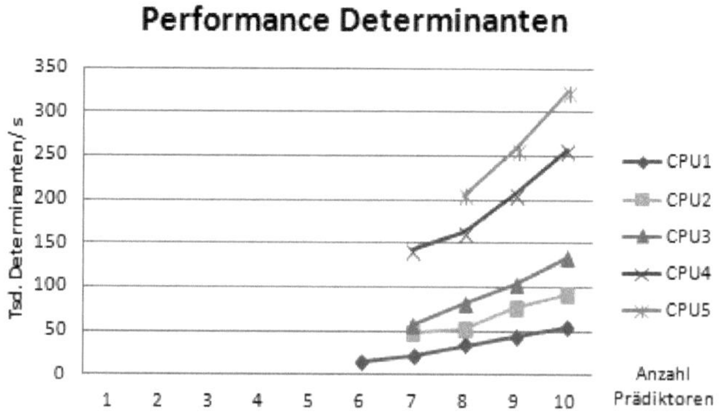

Abbildung 20: Performanz Determinanten-Berechnungen Experiment 2.

Interpretation der Ergebnisse.
Im Vergleich zum Experiment 1 verläuft im Experiment 2 der *Durchsatz an Matrix-Inversionen* mit steigender Anzahl Prädiktoren p stabiler (Abbildung 19). Insgesamt liegt das absolute Performanzniveau deutlich höher als im Experiment 1 (vergleiche Abbildung 15 und Abbildung 19). Die CPU's 1,2 und 3 zeigen ein relativ gleichbleibendes Performanzniveau, die Hochleistungsprozessoren CPU4 und CPU5 brechen im Vergleich zum Experiment 1 weniger stark ein.

Der *Durchsatz an Determinanten-Berechnungen* (Abbildung 20) ist im zweiten Experiment absolut betrachtet geringer, denn es sind nunmehr schlicht weniger Determinanten zu berechnen. Für alle CPU's steigt der Durchsatz an Determinanten-Berechnungen mit steigendem p kontinuierlich, was wiederum an der sich verändernden Proportion von Determinanten geringerer zu denen höherer Ordnung liegt.

Die *Runtime* (Tabelle 36) ist im Experiment 2 geringer als im Experiment 1 (Tabelle 33), was durch die nun geringere Anzahl an notwendigen Determinanten-Berechnungen ein plausibles Ergebnis darstellt. In logarithmischer Betrachtung des Rechenaufwands (Abbildung 18) bestehen zwischen den CPU's nur geringe Unterschiede, außerdem ist weiterhin die Mehrkern-Eigenschaft ungenutzt.

5.6. Experiment 3: Parallellverarb.ohne algorithm. Optimierung

Das parallele Programmierparadigma verfolgt die Grundidee, Rechenaufgaben auf mehrere, nebeneinander existierende Ausführungsinstanzen, zu verteilen. Hierdurch soll im Vergleich zu einer rein sequentiellen Abarbeitung die Bearbeitungszeit einer Gesamtaufgabe verringert werden.

Parallele Ausführungsinstanzen können entweder mehrere Computer in einem vernetzten Rechnerverbund (Cluster-Konzept) oder Prozessorkerne (Multi-Core-Konzept) innerhalb eines Mikroprozessors oder sogar mehreren Mikroprozessoren eines Computers sein. Es lassen sich auch beide Konzepte kombinieren, d.h. durch einen Rechnerverbund, der aus mehreren Rechnern besteht, welche ihrerseits mit Mehrkern-Prozessoren ausgestattet sind.

Zur Implementation einer parallelen Verarbeitung steht im Rahmen eines Cluster-Konzepts das Standard Message Passing Interface (MPI) zur Verfügung, welches einen Nachrichtenaustausch für die Parallelverarbeitung auf verteilten Computersystemen ermöglicht (MPI, 2014). Für die Realisierung einer parallelen Verarbeitung innerhalb eines Computers mit einem oder mehreren Multi-Core-Prozessoren kann auf den Open Multi-Processing-Standard (Open MP) zurückgegriffen werden (OpenMP, 2014).

In der hier behandelten Versuchsreihe soll die Implementation einer Parallelverarbeitung zunächst im Kontext des Multi-Core-Konzeptes erfolgen, und nicht in einem Rechnerverbund. Dieses ermöglicht dem interessierten Leser eine Ausführung und ggfs. Anpassung der vorgestellten Programme auf einem einzigen Rechner, ohne auf einen komplexeren Rechnerverbund zugreifen zu müssen. Folglich beziehen sich die weiteren Erläuterungen in diesem Kapitel ausschließlich auf den OpenMP-Standard, der zudem als Open-Source-Lösung sehr gut zugänglich ist.

In den Experimenten 1 und 2 erfolgte die Durchführung der Regressionsanalyse rein sequentiell. Nach Berechnung der Hauptregression mit p Prädiktoren erfolgte hintereinander die Abarbeitung der p Unterregressionsanalysen mit jeweils $p-1$ Prädiktoren. Die gesamte Arbeit musste durch einen einzigen Prozessorkern erledigt werden (Abbildung 21).

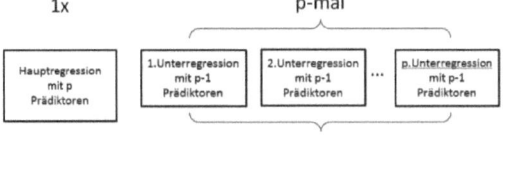

Abbildung 21: Sequentielle Verarbeitung.

Die Grundidee der Mehrkern-Verarbeitung bezieht sich auf die zeitgleiche Nutzung mehrerer vorhandener Prozessorkerne. Abhängig von deren Anzahl können mehrere Aufgabenstellungen parallel bearbeitet werden. Bezogen auf die hier diskutierte multiple lineare Regression liegt der Ansatz nahe, z.B. zunächst die Hauptregressionsanalyse wie bisher sequentiell und die daran anschließenden Unterregressionsanalysen parallel zu bearbeiten (Abbildung 22). Je mehr Prozessorkerne vorhanden sind, desto mehr Unterregressionsanalysen können auch parallel verarbeitet werden.

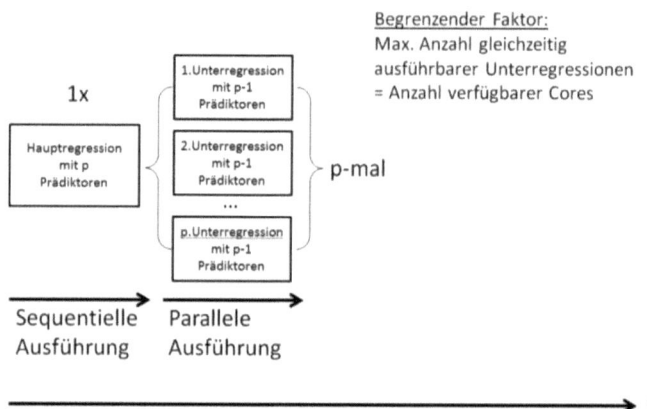

Abbildung 22: Parallele Verarbeitung, grundsätzliches Prinzip.

Ist die Anzahl der abzuarbeitenden Unterregressionsanalysen größer als die Anzahl der verfügbaren Prozessorkerne, so erfolgt eine blockweise Abarbeitung, analog zu einem Fertigungstakt in der Produktion. Zudem ist anzumerken, dass die Reihenfolge, welches Arbeitspaket (Unterregressionsanalyse) wann abgearbeitet wird, durch die dynamische Lastverteilung des Mikroprozessors zwischen den Prozessorkernen bestimmt wird und somit nicht vorhersagbar ist. Die Sequenz der Fertigstellung der parallel ausgeführten Rechenaufgaben ist nicht deterministisch.

Abbildung 23 illustriert die Bearbeitung einer Regressionsanalyse ($p=5$) auf einem Dual-Core-Prozessor. Zunächst wird die Hauptregressionsanalyse auf einem Kern sequentiell ausgeführt. Dann gilt es, fünf Unterregressionsanalysen der Ordnung ($p=4$) parallel zu bearbeiten. Weil jedoch nur zwei Prozessorkerne vorhanden sind, werden in der ersten parallelen Phase zunächst zwei Unterregressionsanalysen, in der zweiten Phasen wiederrum zwei Unterregressionsanalysen und in der dritten die verbleibende fünfte Unterregressionsanalyse durchgeführt.

Ein Quad-Core-Prozessor (Abbildung 24) kann hingegen mit seinen vier Prozessorkernen zeitgleich vier Unterregressionsanalysen abarbeiten, so dass für fünf Untergressionsanalysen nur noch zwei Phasen, nämlich 4 + 1, benötigt werden. Aus diesem Konzept wird zudem ersichtlich, dass die Mehrkern-Eigenschaft zu Zeitersparnissen führen kann, allerdings nur dann, wenn auch genug „Arbeit" vorhanden ist, denn im zweiten parallelen Verarbeitungsschritt gibt es für den Vierkern-Prozessor nur noch die fünfte Unterregressionsanalyse, die auch nur auf einem Kern verarbeitet werden kann, die anderen drei Kerne werden nicht genutzt und befinden sich im Status „idle".

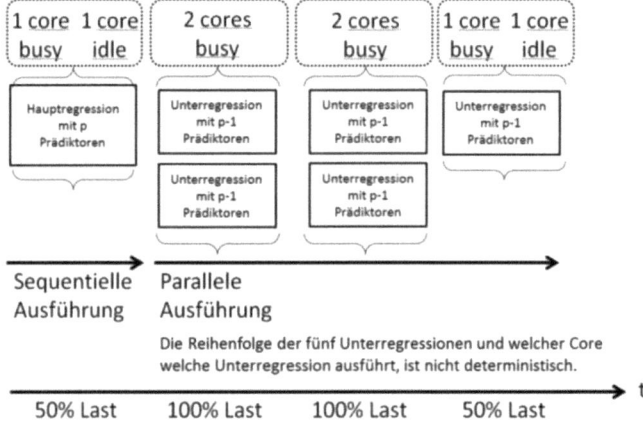

Abbildung 23: Auslastung eines Dual-Core-Prozessors.

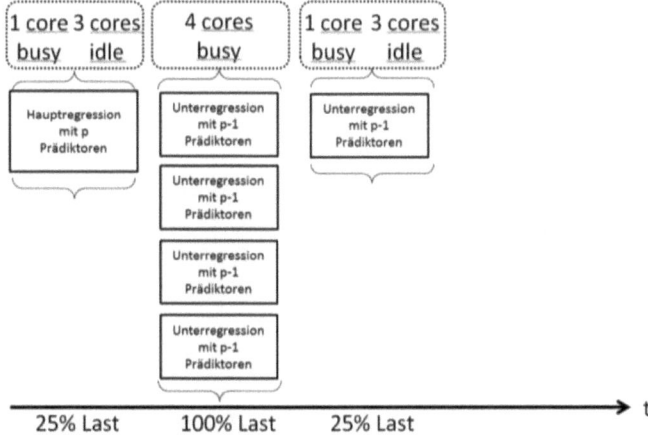

Abbildung 24: Auslastung eines Quad-Core-Prozessors.

Die für eine parallele Verarbeitung notwendigen OpenMP-Funktionen lassen sich in C-Programmen mit sehr geringem Aufwand integrieren.

```
#include <omp.h>
#include <stdio.h>
int main()

{
  printf("\n*** Demonstration Mehrkern-Verarbeitung,
          T.Kaul, Nov 2014 *** ");
  printf("\n\n");

  #pragma omp parallel /* ab hier parallel verarbeitet */

  printf("Hallo Dave, hier ist HAL9000, mein
  Prozessorkern Nr.%d von %d,funktioniert einwandfrei\n",
  omp_get_thread_num(), omp_get_num_threads());
}
```

Führt man dieses Programm z.B. auf einem Quad-Core-Prozessor aus, so *kann* die Programmausgabe wie unten dargestellt aussehen. Man beachte, dass die Reihenfolge der Ausgabe der vier Prozessorkerne nicht deterministisch ist. In verschiedenen Programmausführungen kann die Bildschirmausgabe unterschiedlich sein.

Die vier verfügbaren Prozessorkerne werden durch das Betriebssystem mit 0, 1, 2 und 3 indiziert. Ein konkreter Programmlauf könnte zu folgender Bildschirmausgabe führen:

```
Hallo Dave, hier ist HAL9000, mein Prozessorkern 2 von 4
funktioniert einwandfrei

Hallo Dave, hier ist HAL9000, mein Prozessorkern 3 von 4
funktioniert einwandfrei

Hallo Dave, hier ist HAL9000, mein Prozessorkern 0 von 4
funktioniert einwandfrei

Hallo Dave, hier ist HAL9000, mein Prozessorkern 1 von 4
funktioniert einwandfrei
```

Überträgt man dieses Konzept auf das konkrete Anwendungsbeispiel der parallelen Ausführung der Unterregressionsanalysen, so sieht der Quellcode der Funktion zur Berechnung der Regressionsanalysen wie folgt aus. Die für die parallele Verarbeitung bedeutsamen Statements sind mit Fettdruck hervorgehoben.

```
regression_ergebnis regressionsanalyse(matrix y, matrix
X, int n, int p, int ausgabe)
/* fuehrt eine Regressionsanalyse durch,
   y Kriteriumsvektor, erste Spalte von X mit Einsen,
zweite bis k+1-te Spalte Preaediktoren
   n = Stichprobengroesse
   p = Anzahl der Praediktoren
   ausgabe = 0 : keine Ausgabe von Ergebnissen, ausgabe =
1 von Ergebnissen

   Datenstruktur Ergebnis
   sqe,sqr,sqt,mqe,mqr,f,se,r2,b (Ergebnisvektor)

   */
{
       regression_ergebnis
              result,                            /* Ergebnis der
Regressionsanalyse */
              se_praed_berechnung;
                          /* Regressionsanalyse zur
Berechnung des Standardfehlers der Praediktoren */
       int
              i,                                              /*
Zeilenindex */
              j,                                              /*
Spaltenindex */
              k;                                              /*
Spaltenindex */
       float
              sum_y,                        /* Summe des
Kriteriums */
              avg_y,                        /* arithm. Mittel
Kriterium */
```

```
                var_y,                          /* Varianz des Kriterium */
                sd_y,                           /* Standardabweichung des Kriteriums */
                y_dach,                         /* aus Regressionsgleichung vorhergesagter Wert des Kriteriums */
                sqt,                            /* Quadratsumme Gesamtvarianz */
                sqe,                            /* Quadratsumme erklaerte Varianz */
                sqr,                            /* Quadratsumme Residualvarianz */
                r2,                             /* Bestimmtheitsmass R-Quadrat */
                mqe,                            /* mittlere Quadratsumme erklaerte Varianz */
                mqr,                            /* mittlere Quadratsumme Residualvarianz */
                f,                              /* Pruefstatistik zur F-Verteilung */
                se,                             /* Standardfehler der Regression */
                sum_x,                          /* Summe des Praediktors xk*/
                var_x,                          /* Varianz des Praediktors xk */
                avg_x,                          /* arithm.Mittel des Praediktors xk */
                sd_x,                           /* Standardabweichung des Praediktors xk */
                beta,                           /* standardisiertes Regressionsgewicht des Praediktors */
```

```
              se_praed,                   /* Standardfehler des
Praediktors */
              t,                          /* Pruefwert
fuer t-Verteilung */
              tol,                        /* Toleranz des
Praediktors zur Multikollinearitaet */
              vif;                        /*
Variationsinflationsfaktor des Preadiktors zur
Multikollinearität */
       matrix
              b,                          /*
Ergebnisvektor des Intercepts und der
Regressionskoeffizienten */
              X_,                         /*
transformierte Matrix */
              X_X,                        /* Produkt aus
transformierter und urspruenglicher Matrix */
              X_X_inv,                    /* Produkt mit
invertierter Matrix */
              X_X_invX_,                  /* Produkt mit
transformierter Matrix */
              y2,                         /* Praediktor
als Kriterium zur Berechnung seines Standardfehlers*/
              X2;                         /* Matrix aus
1-Spalte und den uebrigen Praediktoren */

       if (p == 0) fehler(8);
              /* Regression mit keinem Praediktor
sinnlos */

       b = init_matrix(p + 1, 1);
              /* Ergebnisvektor */

       X_ = transp_matrix(X);
       X_X = multipliziere_matrix(X_, X);
       X_X_inv = invertiere_matrix(X_X);
       X_X_invX_ = multipliziere_matrix(X_X_inv, X_);
       b = multipliziere_matrix(X_X_invX_, y);
       result.b = b;
```

```
                                        /* Bestimmtheitsmass R2 und Teststatistik der Modellguete berechnen */
        sum_y = 0;
        avg_y = 0;
        for (i = 1; i <= n; i++)
                sum_y = sum_y + y.a[i - 1][0];
        avg_y = sum_y / n;

        sqt = 0;                        /* Quadratsumme total SQT ermitteln */
        for (i = 1; i <= n; i++)
                sqt = sqt + (y.a[i - 1][0] - avg_y)*(y.a[i - 1][0] - avg_y);
        result.sqt = sqt;

        sqe = 0;                        /* Quadratsumme Vorhersagewerte SQE ermitteln */
        for (i = 1; i <= n; i++)
        {
                y_dach = b.a[0][0];     /* Vorhersagewert mit Intercept initialisieren */
                for (k = 1; k <= p; k++)
                        y_dach = y_dach + b.a[k][0] * X.a[i - 1][k];
                sqe = sqe + (y_dach - avg_y)*(y_dach - avg_y);
        }
        result.sqe = sqe;

        sqr = sqt - sqe;                /* Quadratsumme Restvarianz SQR ermitteln */
        result.sqr = sqr;

        r2 = sqe / sqt;                 /* Bestimmtheitsmass R2 berechnen */
        result.r2 = r2;

        mqe = sqe / p;                  /* mittlere Quadratsumme MQE erklaerte Varianz */
        result.mqe = mqe;
```

```
        mqr = sqr / (n - p - 1);
                        /* mittlere Quadratsumme MQR
Residualvarianz */
        result.mqr = mqr;

        f = mqe / mqr;
                        /* Pruefgroesse fuer F-
Verteilung ermitteln */
        result.f = f;

        se = sqrt(sqr / (n - p - 1));
                        /* Standardfehler der Regression ermitteln
*/
        result.se = se;

        if (ausgabe == 1)               /* Wenn Parameter zur
Ergebnisuebergabe gesetzt wurde */
        {
            printf("\n_____
_____");
            printf("\n***            Multiple
Regressionsanalyse V1.8b (C)2014 Thomas Kaul ***");
            printf("\n***                            Mehr-
Prozessorkern-Verarbeitung                    ***");
            printf("\n***                                            
Ergebnis                                        ***");

            printf("\n_____
_____");
            printf("\nStichprobengroesse  (n)  = %i
Anzahl Praediktoren (k) = %i", n, p);

            printf("\n_____
_____");
            printf("\nBestimmtheitsmass   (R2) = %8.2f
Standardfehler SE = %4.3f ", r2, se);

            printf("\n_____
_____");
            printf("\nErklaerte Streuung  (SQE)= %8.3f
(df)= %4d (MQE)= %8.3f F= %8.3f", sqe, p, mqe, f);
            printf("\nReststreuung        (SQR)= %8.3f
(df)= %4d (MQR)= %8.3f ", sqr, n - p - 1, mqr);
            printf("\nGesamtstreuung      (SQT)= %8.3f
(df)= %4d ", sqt, n - 1);
            printf("\nsignif. R2 wenn F > F(%d,%d)", p,
n - p - 1);
```

```
            printf("\n_____
_____");
                printf("\n                     unstand.B
SE      beta        t       TOL      VIF");
                printf("\n    Konstante         %+8.3f",
b.a[0][0]);
        }


                            /* Standardabweichung von y
ermitteln */
        var_y = 0;
        for (i = 1; i <= n; i++)
                var_y = var_y + (y.a[i - 1][0] -
avg_y)*(y.a[i - 1][0] - avg_y);
        var_y = var_y / n;
        sd_y = sqrt(var_y);



                              /* Verarbeitung der k
Preadiktoren */
#pragma omp parallel for private (beta, se_praed, t, tol,
vif)              /* Parallelverabeitung */
        for (k = 1; k <= p; k++)
        {

                            /* Mittelwert des
Praediktors berechnen */
                sum_x = 0;
                for (i = 1; i <= n; i++)
                        sum_x = sum_x + X.a[i - 1][k];
                avg_x = sum_x / n;


                              /* Varianz und
Standardabweichung des Praediktors berechnen */
                var_x = 0;
                for (i = 1; i <= n; i++)
                        var_x = var_x + (X.a[i - 1][k] -
avg_x)*(X.a[i - 1][k] - avg_x);
                var_x = var_x / n;
                sd_x = sqrt(var_x);



                              /* standard.
Regressionskoeffizient beta berechnen */

                beta = b.a[k][0] * (sd_x / sd_y);
```

```
                            /* Standardfehler des
Praediktors berechnen */
                y2 = init_matrix(n, 1);
                    /* Regressionsmodell Praediktor durch
uebrige Praediktoren vorhersagen */
                X2 = init_matrix(n, p);
                    /* X2 hat eine Spalte weniger als X */

                for (i = 1; i <= n; i++)
            /* y2 = Praediktor setzen */
                    y2.a[i - 1][0] = X.a[i - 1][k];


                            /* X2 aus den uebrigen
Praediktoren aufbauen */

                for (i = 1; i <= n; i++)
            /* erste Spalte mit Einsen fuellen */
                    X2.a[i - 1][0] = 1;

                for (j = 1; j < k; j++)
                    /* Spalten links vom betreffenden
Praediktor uebertragen */
                    for (i = 1; i <= n; i++)
                        X2.a[i - 1][j] = X.a[i -
1][j];

                        for (j = k + 1; j <= p; j++)   /*
Spalten rechts vom betreffenden Praediktor uebertragen */
                            for (i = 1; i <= n; i++)
                                X2.a[i - 1][j-1] =
X.a[i - 1][j];

                if (p > 1)
                    /* Regression des Praediktors aus
den uebrigen Praediktoren */
                    se_praed_berechnung =
regressionsanalyse(y2, X2, n, p - 1, 0);

                se_praed = sqrt(1 / (1 -
se_praed_berechnung.r2)) * sqrt(mqr / (n * var_x));

                t = b.a[k][0] / se_praed;
        /* t-Wert berechnen */

                    tol = 1 - se_praed_berechnung.r2;      /*
Toleranz berechnen */
```

```
                vif = 1 / (tol);
                /* Variationsinflationsfaktor berechnen */

                if (ausgabe == 1)
                {
                        printf("\nberechnet von
Prozessorkern: %d)\n", omp_get_thread_num());
                        printf("\n    X%2d              %8.3f
%8.3f %8.3f %8.3f %8.3f %8.3f", k, b.a[k][0], se_praed,
beta, t, tol, vif);
                        if (vif > 10)
                                printf(" !");
                        /* Warnung vor hoher Multikollinearitaet */
                }
        }
        if (ausgabe == 1)
        {

                printf("\n_____
_____");
                printf("\nDie ermittelte
Regressionsgleichung lautet:");
                printf("\nY = %8.3f ", b.a[0][0]);
                for (k = 1; k <= p; k++)
                        printf(" + (%8.3f)X%d ", b.a[k][0],
k);

                printf("\n_____
_____");
        }

        return (result);
}
```

In diesem Versuch wird die multiple Regression wie in Experiment 1 wieder durch den naiven Algorithmus, nämlich der Zurückführung auf 1-reihige Determinanten, realisiert. Allerdings erfolgt die Abarbeitung der p Unterregressionen nun anhand paralleler Verarbeitung abhängig von der Anzahl der Prozessorkerne. Der komplette Quellcode des im Experiment eingesetzten Programmes ist im Anhang A-3 gelistet.

Die Versuchsergebnisse vom Experiment 3 sind in Tabelle 39 zusammengefasst. Im Experiment wurden über die Stufen p=(1..10) kumuliert unter Anwendung der fünf Rechnerumgebungen rd. 35 Mio. inverse Matrizen und 19 Mrd. Determinanten berechnet, und zwar exakt:

$$5 * 6.938.270 = 34.691.350 \text{ Matrix} - \text{Inversionen und}$$

$$5 * 3.825.495.820 = 19.127.479.100 \text{ Determinanten.}$$

Die gesamte, in den fünf Rechnerumgebungen aufgewendete Rechenzeit betrug 08:46:59 Stunden. Die längste Durchlaufzeit trat bei CPU1 in Stufe p=10 mit einer Dauer von 4:28:43 Stunden auf, was 51% der gesamten Rechenzeit von allen fünf Rechnerumgebungen entspricht. Im Gesamtmittel über alle zehn Stufen und fünf Rechnerumgebungen wurden 1.10 Tsd. Matrix-Inversionen pro Sekunde sowie 604.94 Tsd. Determinanten-Berechnungen pro Sekunde ausgeführt.

Tabelle 39 *Experiment 3 (nur Parallel Computing)*

p	Inv.	Det.	CPU1	CPU2	CPU3	CPU4	CPU5
1	1	7					
2	3	51					
3	10	354					
4	41	2.647					
5	206	21.888					
6	1.237	200.601					
7	8.660	2.027.728	11	8			
8	69.281	22.457.115	106	80	10	6	6
9	623.530	270.702.336	1103	843	134	69	69
10	6.235.301	3.530.083.093	14903	11010	1574	852	835

Anmerkungen. p = Anzahl Prädiktoren. *Inv.* = Anzahl ausgeführter Matrix-Inversionen. *Det* = Anzahl ausgeführter Determinanten-Berechnungen. Die Zahlenangaben beziehen sich auf die Runtime in Sekunden. Runtimes kürzer als 1 s sind nicht eingetragen. Es wurde der Quellcode im Anhang A-3 verwendet.

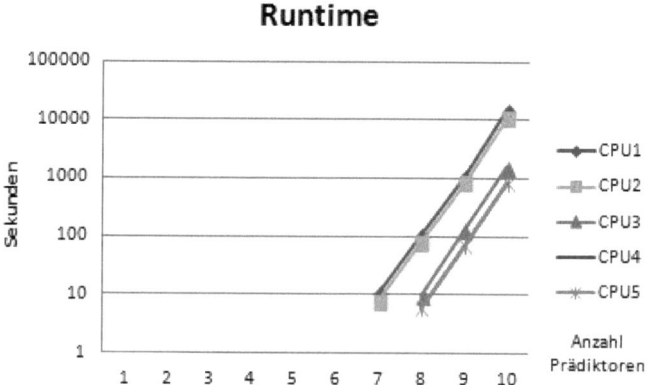

Abbildung 25: Verlauf der Runtime im Experiment 3.

Tabelle 40 *Performanz der Matrix-Inversionen Experiment 3*

p	CPU1	CPU2	CPU3	CPU4	CPU5
1					
2					
3					
4					
5					
6					
7	0.79	1.08			
8	0.65	0.87	6.93	11.55	11.55
9	0.57	0.74	4.65	9.04	9.04
10	0.42	0.57	3.96	7.32	7.47

Anmerkungen. p = Anzahl der Prädiktoren. Die Zahlenangaben beziehen sich auf tausend ausgeführte Matrix-Inversionen pro Sekunde. Es wurde der Quellcode im Anhang A-3 verwendet.

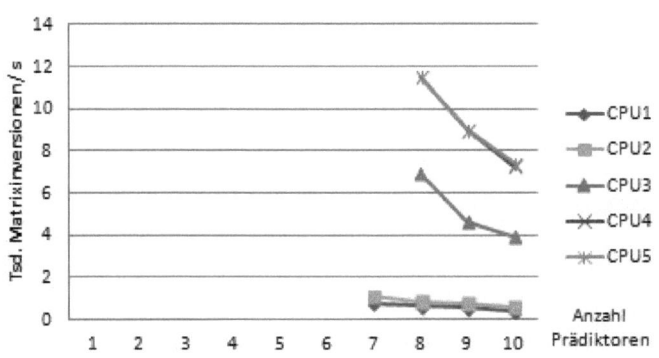

Abbildung 26: Performanz Matrix-Inversionen Experiment 3.

Tabelle 41 *Performanz der Determinanten-Berechnungen Experiment 3*

p	CPU1	CPU2	CPU3	CPU4	CPU5
1					
2					
3					
4					
5					
6					
7	184.34	253.47			
8	211.86	280.71	2245.71	3742.85	3742.85
9	245.42	321.12	2020.17	3923.22	3923.22
10	236.87	320.63	2242.75	4143.29	4227.64

Anmerkungen. p = Anzahl der Prädiktoren. Die Zahlenangaben beziehen sich auf Tausend ausgeführte Determinanten-Berechnungen pro Sekunde. Es wurde der Quellcode im Anhang A-3 verwendet.

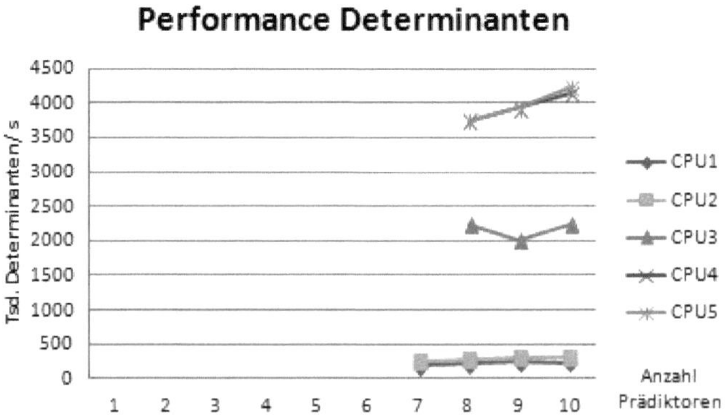

Abbildung 27: Performanz Determinanten-Berechn. Experiment 3.

Interpretation der Ergebnisse.

Im Vergleich zum Experiment 1 ist der *Durchsatz an Matrix-Inversionen* erheblich gestiegen. Man sieht in Tabelle 42, dass die Hochleistungsprozessoren, nämlich die CPU4 mit acht Prozessorkernen sowie die CPU5 mit vier Prozessorkernen, die höchsten Performanzgewinne aufweisen. In logarithmischer Betrachtung setzen sich die Hochleistungsprozessoren nun von den restlichen Prozessoren in ihrem Laufzeitverhalten ab (Abbildung 25). Dieses erklärt sich zum einem aus der bloßen Anzahl der verfügbaren Prozessorkerne und zum anderen aus der Rechengeschwindigkeit jedes einzelnen Prozessorkerns. Die CPU3 weist zwar ebenfalls 4 Prozessorkerne auf, welche allerdings für sich weniger performant als diejenigen von CPU5 sind.

Auffällig ist zudem das Laufzeitverhalten der CPU1 (Dualcore) und der CPU2 (Singlecore). CPU2 zeigt einen höheren Performanzgewinn als CPU1, obwohl nur ein Prozessorkern vorhanden ist. Der einzige in der CPU2 vorhandene Prozessorkern ist mit 1.73 Ghz, die beiden Prozessorkerne von CPU1 mit jeweils 1.60 Ghz getaktet. Die Dual-Core-Eigenschaft von CPU1 scheint die höhere Single-Core-Performanz von CPU2 nicht kompensieren zu können.

Tabelle 42 *Performanzanstieg durch Parallelverarbeitung im Exp.3*

p	CPU1 2-core	CPU2 1-core	CPU3 4-core	CPU4 8-core	CPU5 4-core
1					
2					
3					
4					
5					
6					
7	0.79 (0.25)	1.08 (0.29)			
8	0.65 (0.16)	0.87 (0.23)	6.93 (5.71)	11.55 (9.08)	11.55 (8.78)
9	0.57 (0.15)	0.74 (0.21)	4.65 (3.56)	9.04 (6.85)	9.04 (6.71)
10	0.42 (0.06)	0.57 (0.13)	3.96 (2.93)	7.32 (5.39)	7.47 (5.49)

Anmerkungen. p = Anzahl der Prädiktoren. Die Zahlenangaben beziehen sich auf tausend ausgeführte Matrix-Inversionen pro Sekunde im Experiment 3, die Zahlenangaben in Klammern auf den Anstieg im Vergleich zu Experiment 1 (rein sequentielle Verarbeitung). Es wurde der Quellcode im Anhang A-3 verwendet.

Beispielsweise illustriert das Laufzeitverhalten der CPU4, bei der es um einen 8-Kern-Prozessor handelt, die Nutzung der Rechenkapazität während der sequentiellen und der sich daran anschließenden parallelen Programmausführungsphase. Zunächst wird die Hauptregressionsanalyse der Größenordnung *p sequentiell* ausgeführt, die Prozessorauslastung beträgt nur 14% (Abbildung 28).

Danach erfolgt die Abarbeitung der Unterregressionsanalysen der Größenordnung *p-1* für alle Prädiktoren in *paralleler* Ausführung. Die Ausnutzung der Prozessorleistung beträgt in dieser Phase konstant 100% (Abbildung 29).

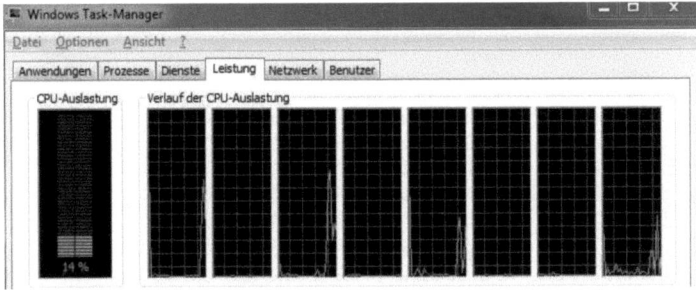

Abbildung 28: CPU4 in sequentieller Programmphase.

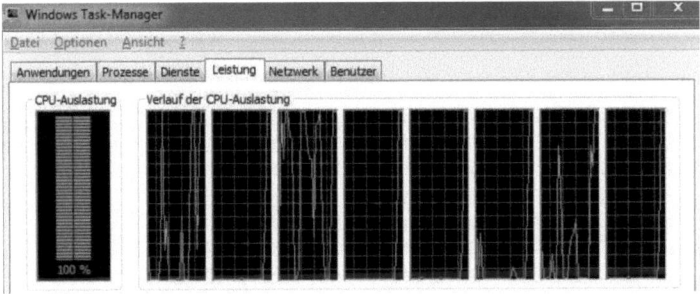

Abbildung 29: CPU4 in paralleler Programmphase.

5.7. Experiment 4: Parallelverarb. und algorithm. Optimierung

Im Experiment 4 wird wiederum die optimierte Determinanten-Berechnung wie im Experiment 2 verwendet und zusätzlich wie im Experiment 3 die Berechnung der Unterregressionsanalysen als Parallelverarbeitung realisiert. Der komplette Quellcode des im Experiment eingesetzten Programmes ist im Anhang A-4 gelistet.

Die Versuchsergebnisse vom Experiment 4 sind in Tabelle 43 dargestellt. Im Experiment wurden über die Stufen $p=(1..10)$ kumuliert unter Nutzung der fünf Rechnerumgebungen rd. 35 Mio. inverse Matrizen und 2.5 Mrd. Determinanten berechnet, und zwar exakt:

$$5 * 6.938.270 = 34.691.350 \text{ Matrix} - \text{Inversionen und}$$

$$5 * 509.057.002 = 2.545.285.010 \text{ Determinanten.}$$

Die gesamte, in den fünf Rechnerumgebungen aufgewendete Rechenzeit betrug 1:19:48 Stunden. Die längste Durchlaufzeit trat bei CPU1 in Stufe $p=10$ mit einer Dauer von 0:41:07 Stunden auf, was 52% der gesamten Rechenzeit von allen fünf Rechnerumgebungen entspricht. Im Gesamtmittel über alle zehn Stufen und fünf Rechnerumgebungen wurden 7.25 Tsd. Matrix-Inversionen pro Sekunde sowie 531.60 Tsd. Determinanten-Berechnungen pro Sekunde ausgeführt.

Tabelle 43 *Experiment 4 (algorithm.Optimierung und Parallelverarb.)*

p	Inv.	Det.	CPU1	CPU2	CPU3	CPU4	CPU5
1	1	5					
2	3	20					
3	10	81					
4	41	475					
5	206	3.468					
6	1.237	29.601					
7	8.660	286.408	2	2			
8	69.281	3.083.355	18	12			15
9	623.530	36.463.296	229	130	22	10	13
10	6.235.301	469.190.293	2218	1616	244	125	146

Anmerkungen. p = Anzahl Prädiktoren. *Inv.* = Anzahl ausgeführter Matrix-Inversionen. *Det* = Anzahl ausgeführter Determinanten-Berechnungen. Die Zahlenangaben beziehen sich auf die Runtime in Sekunden. Runtimes kürzer als 1 s sind nicht eingetragen. Es wurde der Quellcode im Anhang A-4 verwendet.

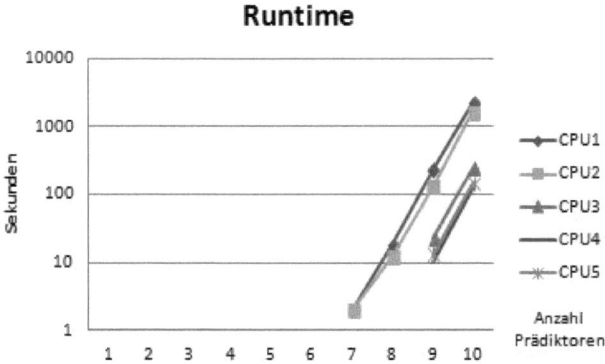

Abbildung 30: Verlauf der Runtime im Experiment 4.

Tabelle 44 *Performanz der Matrix-Inversionen im Experiment 4*

p	CPU1	CPU2	CPU3	CPU4	CPU5
1					
2					
3					
4					
5					
6					
7	4.33	4.33			
8	3.85	5.77			
9	2.72	4.80	28.34	62.35	47.96
10	2.81	3.86	25.55	49.88	42.71

Anmerkungen. P = Anzahl der Prädiktoren. Die Zahlenangaben beziehen sich auf tausend ausgeführte Matrix-Inversionen pro Sekunde. Es wurde der Quellcode im Anhang A-4 verwendet.

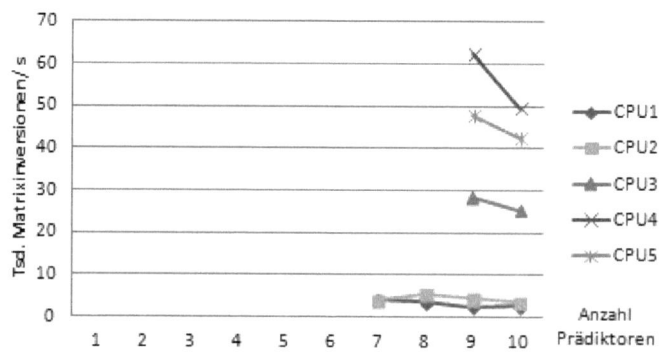

Abbildung 31: Performanz d.Matrix-Inversionen im Experiment 4.

Tabelle 45 *Performanz der Determinanten-Berechnungen im Exp.4*

p	CPU1	CPU2	CPU3	CPU4*	CPU5*
1					
2					
3					
4					
5					
6					
7	143.20	143.20			
8	171.30	256.95			
9	159.23	280.49	1657.42	3646.33	2804.87
10	211.54	290.34	1922.91	3753.52	3213.63

Anmerkungen. p = Anzahl der Prädiktoren. Die Zahlenangaben beziehen sich auf Tausend ausgeführte Determinanten-Berechnungen pro Sekunde. Es wurde der Quellcode im Anhang A-4 verwendet.

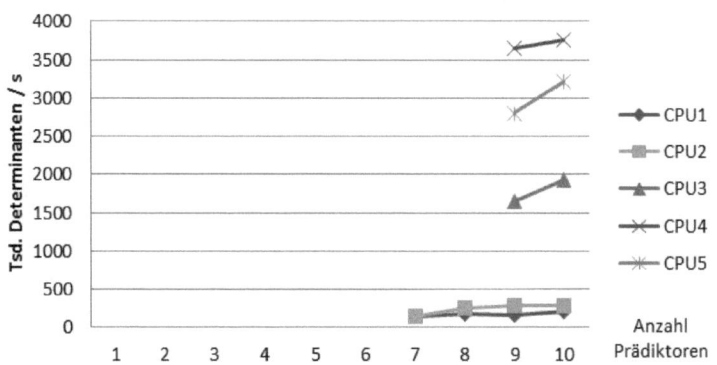

Abbildung 32: Performanz Determinanten-Berechn. Experiment 4.

Interpretation der Ergebnisse.
Bei der Kombination der Optimierung der Determinanten-Berechnung und Parallelverarbeitung der Unterregressionen werden massive Performanzgewinne im *Durchsatz der Matrix-Inversionen* erzielt (Tabelle 46). Der höchste Anstieg im Vergleich zum Experiment zeigt sich beim 8-Kern-Prozessor CPU4.

Tabelle 46 *Performanzanstieg im Experiment 4*

p	CPU1 2-core	CPU2 1-core	CPU3 4-core	CPU4 8-core	CPU5 4-core
1					
2					
3					
4					
5					
6					
7	4.33 (3.79)	4.33 (3.54)			
8	3.85 (3.36)	5.77 (5.13)			
9	2.72 (2.30)	4.80 (4.27)	28.34 (27.25)	62.35 (60.16)	47.96 (45.63)
10	2.81 (2.45)	3.86 (3.42)	25.55 (24.52)	49.88 (47.95)	42.71 (40.73)

Anmerkungen. p = Anzahl der Prädiktoren. Die Zahlenangaben beziehen sich auf Tausend ausgeführte Matrix-Inversionen pro Sekunde im Experiment 4. Die Zahlen in Klammern betreffen den Performanzanstieg im Vergleich zu Experiment 1. Es wurde der Quellcode im Anhang A-4 verwendet.

5.8. Zusammenfassung der vier Experimente

In der gesamten Versuchsreihe wurden von den fünf CPU's insgesamt 138.8 Mio Matrix-Inversionen und 43.3 Mrd Determinanten-Berechnungen in einer Gesamtrechenzeit von 29:48:33 Stunden ausgeführt. Im Vergleich zum Experiment 1 wurde durch die Kombination der Optimierungsmaßnahmen im Experiment 4 die Runtime um 90% reduziert.

Die ausschließliche Optimierung des Algorithmus im Experiment 2 erzielte dabei einen Performanzgewinn von 53%, die ausschließliche parallele Verarbeitung im Experiment 3 demgebenüber nur 34% im Vergleich zum Experiment 1. Die Optimierung des Algorithmus als solches ist effizienter als eine bloße Parallelisierung der Verarbeitung.

Tabelle 47 *Absolute Runtime der Experimente 1 bis 4*

Runtime über p=1..10	Experiment 1 Baseline Anhang A-1	Experiment 2 nur algorith. Optimierung Anhang A-2	Experiment 3 nur Parallel Computing Anhang A-3	Experiment 4 Kombination aus beiden Maßnahmen Anhang A-4
CPU1	19042	9514	16123	2467
CPU2	15568	5620	11941	1760
CPU3	6664	3882	1718	266
CPU4	3545	2020	927	135
CPU5	3441	1610	910	160
total	**48260**	**22646**	**31619**	**4788**
in h	13:24:20	06:17:26	08:46:59	01:19:48
Faktor	1.00	0.47	0.66	0.10
Inv.	34.691.350	34.691.350	34.691.350	34.691.350
TsdInv./s	0.72	1.54	1.10	7.25
Det.	19.127.479.100	2.545.285.010	19.127.479.100	2.545.285.010
TsdDet/s	396.34	112.40	604.94	531.60

Anmerkungen. p = Anzahl der Prädiktoren. Die Angaben beziehen sich auf die gesamte Runtime über die Stufen p=(1..10) in Sekunden. *Inv.* = Matrix-Inversionen, *Det.* = Determinanten-Berechnungen.

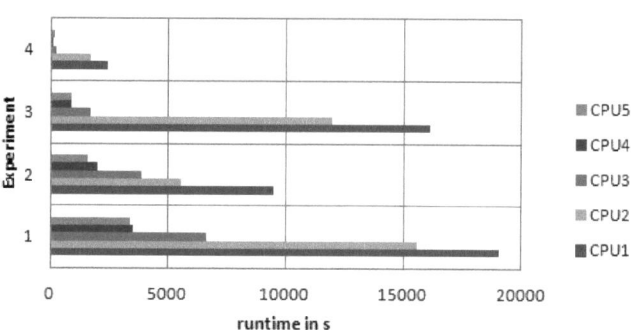

Abbildung 33: Absolute Runtime in den Experimenten 1 bis 4.

Tabelle 48 *Relative Runtime der Experimente 1 bis 4*

Runtime über p=1..10	Experiment 1 Baseline Anhang A-1	Experiment 2 nur algorith. Optimierung Anhang A-2	Experiment 3 nur Parallel Computing Anhang A-3	Experiment 4 Kombination aus beiden Maßnahmen Anhang A-4
CPU1	1	0.50	0.84	0.13
CPU2	1	0.36	0.77	0.11
CPU3	1	0.58	0.26	0.04
CPU4	1	0.57	0.26	0.04
CPU5	1	0.47	0.26	0.05

Anmerkungen. p = Anzahl der Prädiktoren. Die Angaben beziehen sich den Faktor zum Referenzwert der in Experiment gemessenen Runtime.

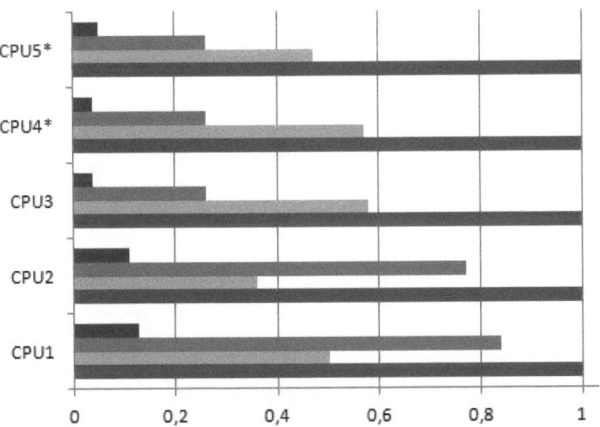

Abbildung 34: Relative Runtime in den Experimenten.

5.9. Berechnung komplexerer Regressionsmodelle mit $p>10$

Experiment 5.

Trotz Optimierung des Algorithmus und Berücksichtigung der parallelen Programmierung steigt der Rechenaufwand mit wachsender Anzahl an Prädiktoren weiterhin logarithmisch. Hierzu wird mit der CPU4 und CPU5 ein weiterer Versuch mit dem gleichen Quellcode wie im Experiment 4 (Anhang A-4) durchgeführt. Die übrigen CPU's werden ab $p = 11$ nicht mehr herangezogen, um die Durchlaufzeit des Experimentes 5 (Tabelle 49) zu begrenzen und im wirtschaftlichen Rahmen zu halten.

Tabelle 49 *Experiment 5 (komplexere Regressionsmodelle)*

p	CPU1 2-core	CPU2 1-core	CPU3 4-core	CPU4 8-core	CPU5 4-core
1					
2					
3					
4					
5					
6	2				
7	16	11	7		
8	141	109	57		15
9	1492	1167	571	10	13
10	17391	14281	6029	125	146
11	-	-	-	1588	1957
12	-	-	-	22066	28099

Anmerkungen. p = Anzahl Prädiktoren. Die Zahlenangaben beziehen sich auf die Runtime in Sekunden. Runtimes kürzer als 1 s sind nicht eingetragen. Es wurde der Quellcode im Anhang A-5 verwendet.

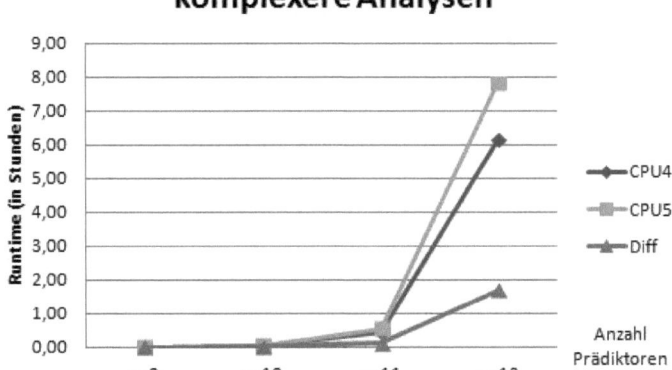

Abbildung 35: Runtime bei komplexeren Analysen.

Interpretation der Ergebnisse.

Die absolute Runtime steigt bei beiden CPU's rasant an (Abbildung 35). Bei der Regressionsanalyse mit $p=12$ Prädiktoren benötigt die CPU4 ca. sechs Stunden, die CPU5 sogar ca. acht Stunden. Die Laufzeitdifferenz *Diff* zwischen beiden CPU's steigt mit wachsender Anzahl von Prädiktoren, die CPU4 scheint CPU5 gewissermaßen mit steigender Modellkomplexität „abzuhängen". In logarithmischer Darstellung (Abbildung 36) relativiert sich dieser Eindruck jedoch deutlich, denn beide Prozessoren stehen mit steigender Modellkomplexität vor einer gewaltigen Herkulesaufgabe.

Es ist festzuhalten, dass der Algorithmus für komplexere Modellberechnungen ohne weitere Änderungen zu ineffizient ist. Mit jedem zusätzlichen Prädiktor wird die Runtime mehr als verzehnfacht.

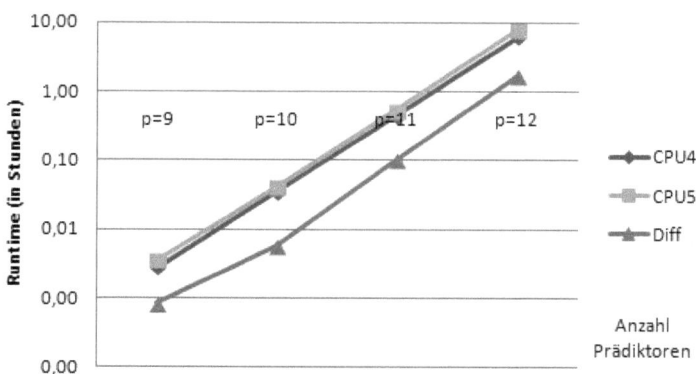

Abbildung 36: Runtime komplexerer Analysen (logarithmisch).

5.10. Weitere Optimierungen durch lineare Transformationen

Bisher erfolgte die Berechnung der Determinanten aufgrund einer naiven Anwendung des Laplaceschen Entwicklungssatzes (Papula, 1994, Kap. 2.4). Dieses bedeutet, dass jede Unterdeterminante vollständig nach der ersten Zeile ihrer übergeordneten Determinante entwickelt wird, d.h. die Anzahl der Unterdeterminanten der nächst niedrigeren Stufe entspricht der Anzahl der Spalten der Ausgangsmatrix.

Dieses Vorgehen ist nicht sehr effizient, es existiert eine deutlich weniger rechenintensive Alternativlösung. Durch elementare Umformungen kann man eine Matrix so verändern, dass z.B. in ihrer ersten Spalte in genau einer der Zeilen dieser Spalte ein Wert <> 0 steht, wobei alle anderen Zeilen dieser Spalte den Wert 0 aufweisen. Wendet man nun den Laplaceschen Entwicklungssatz auf genau diese Spalte an, so muss nur noch *eine* Unterdeterminante der nächstniedrigeren Ordnung berechnet werden. Die Funktion `lin_transf_matrix` zur linearen Transformation einer Matrix, in deren erster Spalte sich genau ein Wert <> 0 befindet, wird hier eher pragmatisch definiert. Ist die oberste Zahl der ersten Spalte ungleich Null, so wird die erste Zeile als Referenzzeile gesetzt, anderenfalls unterbleibt eine lineare Transformation der Matrix ganz.

```c
matrix lin_transf_matrix(matrix A)
/* 20141222 liefert eine linear transformierte Matrix,
deren erste Spalte aus einem Wert in
genau einer Zeile dieser Spalte und Nullen in allen
anderen Zeilen dieser Spalte
besteht. Zweck: Reduzierung des Rechenaufwands bei der
Anwendung des
Laplaceschen Entwicklungssatzes nach der ersten Spalte,
es ist jeweils nur eine
Unterdeterminante zu berechnen.
*/
{
   matrix
      B;
   int
      i,       /* Zeilenindex */
      j;       /* Spaltenindex */
   float
      faktor;  /* Faktor fuer lin.Transformation */

   B = init_matrix(A.m, A.n);
            /*Matrix vom gleichen Typ wie A anlegen */

   for (i = 1; i <= A.m; i++)
                        /* alle Zeilen durchlaufen */
      for (j = 1; j <= A.n; j++)
                        /* alle Spalten durchlaufen */
         B.a[i - 1][j - 1] = A.a[i - 1][j - 1];
                        /* Matrix A in B kopieren */

   if (B.a[0][0] != 0)
            /* wenn erster Wert in erster Spalte <> Null */
      for (i = 2; i <= A.m; i++)
            /* dann ab zweite Zeile linear transformieren */
      {
         faktor = (B.a[i - 1][0] / B.a[0][0]) * -1;
         for (j = 1; j <= B.n; j++)
            B.a[i - 1][j - 1] = B.a[i - 1][j - 1] +
            (B.a[0][j - 1] * faktor);
      }

   return (B);
}
```

Die Funktion `det_matrix` zur Berechnung der Determinante wird entsprechend angepasst. Sie wird nun nach der ersten Spalte und nur nach deren einziger Zeile mit einem Wert <> 0 entwickelt. Diese Voraussetzung wurde zuvor durch eine lineare Transformation geschaffen. Die direkte Berechnung 3-reihiger Determinanten nach der Regel von Sarrus wurde aus der Funktion zur Erhöhung der Schätzgenauigkeit wieder entfernt. Bei Matrizen mit sehr kleinen Werten erhöhen sich durch die aus drei Multiplikatoren bestehenden Produktterme zu den Haupt- und Nebendiagonalen die Rundungsfehler. Bei einer Zurückführung auf 2-reihige bzw. 1-reihige Determinanten wird dieser Effekt abgeschwächt und die Schätzgenauigkeit steigt, jedoch zu Lasten der Performanz.

```
float det_matrix(matrix A)
/* liefert Determinante einer quadratischen Matrix A */
/* 20141222 optimierter Code */
{
   float det;
   matrix B;
   int k, i, vorzeichen;
   if (A.m != A.n) fehler(6);
       /* Matrix nicht quadratisch, Determinante nicht
          bestimmbar */

   ops2 = ops2 + 1;

   if (A.m > 2)
   {
     B = lin_transf_matrix(A);
     /* Matrix linear transformieren */
     k = 1;
     det = 0;
     vorzeichen = -1;
     for (i = 1; i <= B.m; i++)
     /* Entwickl. nach der ersten Spalte durchfuehren */
     {
        vorzeichen = vorzeichen * -1;
        if (B.a[i - 1][k - 1] != 0)
        det = det + (vorzeichen * B.a[i - 1][k - 1] *
         det_matrix(adjungiere_matrix(B, i, k)));
     }
   }
   else
   {
      if (A.m == 1)
         det = A.a[0][0];

      if (A.m == 2)
         det = (A.a[0][0] * A.a[1][1]) - (A.a[0][1] 4*
             A.a[1][0]);
    }

    return (det);
}
```

Experiment 6.

Mit dem nun weiter optimierten Quellcode (Anhang A-6) wird das Experiment 5 wiederholt und mit den leistungsstärkeren CPU's 3, 4 und 5 in den höheren Stufen $p=11$ und $p=12$ fortgesetzt. Die Ergebnisse sind aus Tabelle 50 ersichtlich. Absolut betrachtet, wird die höhere Performanz von der CPU4 mit ihren acht Prozessorkernen deutlich. Relativ betrachtet, ist die Laufzeit bei der CPU5 stärker reduziert worden. Die Begründung für dieses Phänomen ist im asymptotischen Laufzeitverhalten des Programms zu sehen. Der Rechenaufwand steigt trotz sukzessiver Optimierung weiterhin logarithmisch an, was mit immer höherer Komplexität der Rechenaufgabe die Unterschiede zwischen der Prozessorleistung relativiert. Wird der Arbeitsaufwand endlos, hilft auch ein schnelleres Arbeiten irgendwann nicht mehr.

Tabelle 50 *Experiment 6 (komplexere Regressionsmodelle)*

p	CPU1 2-core	CPU2 1-core	CPU3 4-core	CPU4 8-core	CPU5 4-core
1					
2					
3					
4					
5					
6	1				
7	2	1			
8	9	6	1	1	1
9	100	59	8	4	5
10	790	645	65	28	42
11	-	-	605	280	442
12	-	-	6625	3221	5203

Anmerkungen. p = Anzahl Prädiktoren. Die Zahlenangaben beziehen sich auf die Runtime in Sekunden. Es wurde der Quellcode im Anhang A-6 verwendet. Runtimes kürzer als 1 s sind nicht in der Tabelle eingetragen.

Extrapolierte Runtime bei hochkomplexen Modellen.

Nimmt man die im Experiment 6 gemessene Runtime des optimierten Programmes auf den Stufen $p=1$ bis $p=10$ als Ausgangsbasis, so lässt sich die Entwicklung der Runtime für alle in den Experimenten verwendeten CPU's abschätzen. Tabelle 51 zeigt die erhobenen Messwerte und konservativ geschätzten Werte für höhere Stufen. Als Wachstumsfaktor der Rechenzeit mit jeder ansteigenden Stufe wurde der Wert 10.0 angenommen, was zu einer moderaten Unterschätzung der realen Laufzeit führt.

Vergleicht man beispielsweise auf Stufe $p=15$ die schnellste CPU4 mit einer geschätzten Runtime von 32.4 Tagen mit der langsamsten CPU1 und deren Runtime von 914 Tagen, so beträgt das Runtime-Verhältnis zwischen CPU4 und CPU 1 also 32.4 / 914 = 0.035. Auf Stufe $p=20$ benötigt die CPU4 8878.7 Jahre, die CPU hingegen 250507.4 Jahre. Das Runtimeverhältnis beträgt auf dieser Stufe 8878.7 / 250507.4 = 0.035 und ist somit über die Stufen konstant.

Tabelle 51 *Extrapolierte Rechenzeit bei hochkomplexen Modellen*

p	CPU1	CPU2	CPU3	CPU4	CPU5
1					
2					
3					
4					
5					
6	1 s				
7	2 s	1 s			
8	9 s	6 s	1 s	1 s	1 s
9	100 s	59 s	8 s	4 s	5 s
10	790 s	645 s	65 s	28 s	42 s
11	2.2 Std.*	1.8 Std.*	0.18 Std.*	0.07 Std.*	0.12 Std.*
12	21.9 Std.*	17.9 Std.*	1.8 Std.*	0.8 Std.*	1.2 Std.*
13	9.1 Tage*	7.5 Tage*	18.1 Std.*	7.8 Std.*	11.7 Std.*
14	91.4 Tage*	74.7 Tage*	7.5 Tage*	3.2 Tage*	4.9 Tage*
15	2.5 Jahre*	2.04 Jahre*	75.2 Tage*	32.4 Tage*	48.6 Tage*
16	25 Jahre*	20.5 Jahre*	2.1 Jahre*	324.07 Tage*	1.3 Jahre*
17	250.5 Jahre*	204.5 Jahre*	20.6 Jahre*	8.9 Jahre*	13.3 Jahre*
18	2505 Jahre*	2045.3 Jahre*	206.1 Jahre*	88.8 Jahre*	133.2 Jahre*
19	25050.7 Jahre*	20452.8 Jahre*	2061.1 Jahre*	887.8 Jahre*	1331.8 Jahre*
20	250507.4 Jahre*	204528.2 Jahre*	20611.4 Jahre*	8878.7 Jahre*	13318.1 Jahre*

Anmerkungen. p = Anzahl der Prädiktoren. Die Zahlenangaben beziehen sich auf die gemessene Runtime. Mit einem * markierte Werte sind Schätzungen mit einem Wachstumsfaktor von 10 zwischen jeder Stufe von p. Runtimes kürzer als 1 s sind nicht in der Tabelle eingetragen.

5.11. Zusammenfassung

Die insgesamt zur Durchführung der Experimente 1 bis 6 für alle Modelle begrenzter Komplexität $p = (1..10)$ von allen CPU's aufgewendete Runtime beträgt 31.3 Stunden.

Die durch die CPU's 3, 4 und 5 geleistete Rechenzeit zur Berechnung komplexerer Modelle $p = (11..12)$ beträgt insgesamt 19.5 Stunden, wobei auf der relativ langsamen CPU3 der ursprüngliche Quellcode ohne lineare Transformationen aus ökonomischen Gründen nicht ausgeführt wurde. Tabelle 52 listet die Rechenzeit detailliert auf.

Tabelle 52 *Zusammenfassung der Runtimes*

Experiment	CPU1 2-core	CPU2 1-core	CPU3 4-core	CPU4 8-core	CPU5 4-core
Modelle begrenzter Komplexität (Summe runtime über zehn Stufen $p = (1..10)$)					
1-Baseline	19042	15568	6664	3545	3441
2-optimierter Algorithmus	9514	5620	3882	2020	1610
3-nur Parallelisierung	16123	11941	1718	927	910
4-Kombination 2 & 3	2467	1760	266	135	160
5-identischer Quellcode zu 4	2467	1760	266	135	160
6-lineare Transformationen	902	711	74	33	48
Summe Runtime (Sekunden)	50515	37360	12870	6795	6329
Summe Runtime (Stunden)	14.03	10.04	3.58	1.89	1.76
Modelle höherer Komplexität (Summe runtime über zwei Stufen $p = 11$ und $p = 12$)					
5-identischer Quellcode zu 4	-	-	*	23654	30056
6-lineare Transformationen	-	-	7230	3501	5645
Summe Runtime (Sekunden)	-	-	7230	27155	35701
Summe Runtime (Stunden)	-	-	(2.01)	7.54	9.92

Anmerkungen. p = Anzahl der Prädiktoren. Die Zahlenangaben beziehen sich auf die gemessene Runtime in Sekunden, in den Summen wurde zur besseren Übersichtlichkeit eine Umrechnung in Stunden vorgenommen. * = nicht gemessen.

Der durch die sukkzessiv implementierten Optimierungen erreichte Performanzgewinn ist abhängig von der jeweiligen CPU nur graduell unterschiedlich (CPU1 99.953% bis CPU4 mit 99.991%).

Tabelle 53 *Zusammenfassung der Performanzgewinne*

Experiment	CPU1	CPU2	CPU3	CPU4	CPU5
Modelle begrenzter Komplexität (Summe runtime über zehn Stufen p = 1..10)					
1-Baseline	19042	15568	6664	3545	3441
6-lineare Transformationen	902	711	74	33	48
Performanzgewinn in %	99.953	99.954	99.990	99.991	99.986

Anmerkungen. Die einzelnen Zahlenangaben beziehen sich auf die gemessene Runtime in Sekunden. Es wurde der Quellcode im Anhang A-1 (Experiment 1, Baseline) sowie der Quellcode im Anhang A-6 (Experiment 6) verwendet.

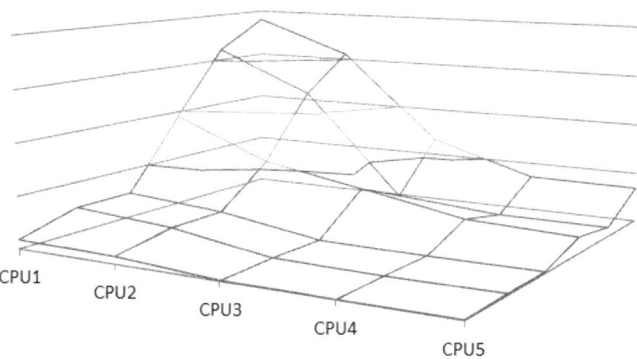

Abbildung 37: Erzielte Performanzgewinne.

Die Ergebnisse zeigen zudem die hohe Bedeutung der *inhaltlichen* Optimierung von Algorithmen. Im Experiment 2 wurde durch die direkte Berechnung 3-reihiger Determinanten anstatt der aufwendigen Rückführung auf 1-reihige Determinanten der Rechenaufwand erheblich reduziert. Die erneute Optimierung des Algorithmus durch die Imlementation von linearen Transformationen ermöglichte eine weitere Reduktion des Aufwandes.

Die *systemtechnische* Optimierung schlägt sich in der Parallelisierung der Verarbeitung nieder. Durch eine verbesserte Nutzung vorhandener Ressourcen (Prozessorkerne) wurden in Abhängigkeit von der Anzahl verfügbarer Prozessorkerne weitere Performanzgewinne erzielt.

Die Kombination dieser beiden Optimierungsansätze führte zu einer Steigerung der Performanz um bis zu 99.991 % auf einem Acht-Kern-Prozessor. Dieses bildet eine notwendige, aber nicht hinreichende Voraussetzung zur Berechnung komplexerer Regressionsanalysen. Für hochkomplexe Regressionsanalysen ($p >= 15$) wäre dann der Einsatz von Cluster-Lösungen, z.B. mit einem durch einen vernetzten Rechnerverbund (Kap.5.14) in Kombination mit weiteren algorithmischen Optimierungen angebracht (Kap. 5.6).

5.12. Energieverbrauch und „Green IT" in der Praxis

Selbstverständlich geht der Energieverbrauch zur Modellanalyse mit der aufgewendeten Rechenzeit einher. Der Energieverbrauch ist eine Funktion der Rechenzeit und der Leistungsaufnahme des Rechners. Leistungsfähigere Rechner haben zwar tendenziell einen höheren Energiebedarf, benötigen für die abzuarbeitenden Aufgaben jedoch auch weniger Zeit. Tabelle 54 zeigt den Energieverbrauch der verschiedenen Rechner in Kilowattstunden über die gesamte Versuchsreihe. Insgesamt wurden 6.42 kWh Energie verbraucht, davon entfielen 48% (3.1 kWh) auf den Acht-Kern-Prozessor CPU4.

Tabelle 54 *Energieverbrauch der Rechner*

Experiment	CPU1 2-core	CPU2 1-core	CPU3 4-core	CPU4 8-core	CPU5 4-core
Verwendeter Rechnertyp	Netbook	Laptop	PC	PC	PC
Leistungsaufnahme[1]	32.8 W	46.4 W	142.9 W	193.0 W	79.5 W
Modelle begrenzter Komplexität (Summe runtime über zehn Stufen p = 1..10)					
1-Baseline	0.17	0.20	0.26	0.19	0.08
2-optimierter Algorithmus	0.09	0.07	0.15	0.11	0.04
3-nur Parallelisierung	0.15	0.15	0.07	0.05	0.02
4-Kombination 2 & 3	0.02	0.02	0.01	0.007	0.004
5-identischer Quellcode zu 4	0.02	0.02	0.01	0.007	0.004
6-lineare Transformationen	0.008	0.009	0.003	0.002	0.001
Summe Energieverbrauch	**0.458**	**0.469**	**0.503**	**0.366**	**0.149**
Modelle höherer Komplexität (Summe runtime über zwei Stufen p = 11 und p = 12)					
5-identischer Quellcode zu 4	-	-	*	1.27	0.66
6-lineare Transformationen	-	-	0.29	1.46	0.79
Summe Energieverbrauch	**-**	**-**	**0.29**	**2.73**	**1.45**
Ges. Energieverbrauch	**0.458**	**0.469**	**0.793**	**3.096**	**1.599**

Anmerkungen. Zahlenangaben in Kilowattstunden, sofern keine andere Maßeinheit angegeben ist. [1]Maximalverbrauch bei 100% CPU-Auslastung. *nicht gemessen.

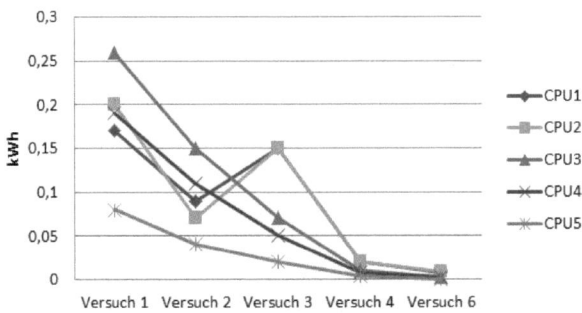

Abbildung 38: Energieverbrauch bei Modellen begrenzter Komplexität.

Im Versuch 3 erfolgte eine bloße Parallelisierung ohne jegliche inhaltliche Optimierung des Algorithmus. Bei den CPU's 3, 4 und 5 nahm über die Versuchsreihe der Energieverbrauch kontinuierlich ab. Die CPU1 und CPU2 verbrauchten jedoch im Versuch 3 jeweils mehr Energie als im Versuch 2, was mit einer sehr hohen relativen Belastung dieser beiden Prozessoren und dem gesamten Rechnerdesign zu erklären ist.

Zum Zeitpunkt der Drucklegung dieses Buches betrug am Standort des Versuchsaufbaus der Strompreis 0.30 € / kWh. Die Gesamtkosten der Versuchsreihe betrugen demnach 0.30 € * 6.42 = 1.93 €. Davon verursachte die CPU4 Kosten von 0.93 €, also wiederrum 48% der Gesamtkosten.

Betrachtet man in Tabelle 51 die schnellste CPU4 mit ihren acht Prozessorkernen, so würden für die Berechnung eines Regressionsmodells mit $p=20$ Prädiktoren 8878.7 Jahre benötigt werden. Die gemessene Leistungsaufnahme der CPU4 beträgt 193 Watt. Es entstünde also näherungsweise ein Energieverbrauch von

$$\frac{8878.7\ Jahre * 365\ Tage * 24\ Stunden * 193\ Watt}{1000} = 15.011.041\ kWh.$$

Bei einem aktuellen Strompreis von 0.30 € / kWh entspräche dies einem Geldbetrag von 4.503.312,16 € ohne Berücksichtigung von unvermeidlich steigenden Energiekosten in den nächsten 8900 Jahren. Sollten Sie tatsächlich erwägen, dieses Experiment –unter vertrauensvoller Einbeziehung ihrer hoffentlich finanzstarken Generationen von Nachfahren- durchzuführen, ist zusätzlich eine Investition in robuste, energieffiziente und möglichst ausfallsichere Hardware empfehlenswert. Zudem wäre ein Programmabbruch nach 7000 Jahren Laufzeit durch einen peinlichen Programmierfehler Ihrerseits äusserst tragisch, was für die Durchführung eines umfangreichen Programmtests einschliesslich formaler Korrektheitsbeweise spricht.

5.13. Weitere Effizienzsteigerungen

Für hochkomplexe Regressionsanalysen sind die in Tabelle 51 dargestellten Laufzeiten problematisch und bedürfen weiterer Betrachtungen zur Programmeffizienz. Rechenintensive Verarbeitungssequenzen müssen kritisch gewürdigt werden. Die Funktion regressionsanalyse nimmt in der entwickelten Software eine zentrale Rolle ein.

Die Verarbeitung der notwendigen Unterregressionsanalysen hat einen bedeutsamen Einfluss auf das Laufzeitverhalten des Programms. Der Aufruf der Unterregressionsanalysen erfolgt innerhalb der Funktion regressionsanalyse rekursiv, um letztendlich den Standardfehler, die Prüfgröße zum *t*-Test, die Toleranz und den Varianzinflationsfaktor des Prädiktors zu berechnen:

```
if (p > 1)            /* Regression des Praediktors
                         aus den uebrigen Praediktoren*/
    se_praed_berechnung =
        regressionsanalyse(y2, X2, n, p - 1, 0);

se_praed = sqrt(1 / (1 - se_praed_berechnung.r2)) *
           sqrt(mqr / (n * var_x));

t = b.a[k][0] / se_praed;/* t-Wert berechnen */

tol = 1 - se_praed_berechnung.r2;/* Toleranz berechnen */

vif = 1 / (tol); /* Var.inflationsfaktor berechnen */
```

Aus der Unterregressionsanalyse ist lediglich das Bestimmtheitsmaß R^2 relevant, welches den Zusammenhang des zu betrachtenden Prädiktors mit den restlichen Prädiktoren beschreibt und zwar <u>nur</u> auf der Ebene p-1.

Die rekursiv codierte Funktion `regressionsanalyse` führt allerdings zu zwei überflüssigen Vorgängen. *Erstens* wird nicht nur die Ebene p-1 verarbeitet, sondern alle Ebenen p-1 bis p=2. Dieses stellt einen unnötigen Rechenaufwand dar. *Zweitens* erfolgen auf jeder Unterebene verschachtelte Unterregressionsanalysen, die ihrerseits den Zusammenhang zwischen den dann einzeln zu betrachtenden Prädiktoren und den restlichen Präiktoren berechnen. Auch hier entsteht ein unnötiger Rechenaufwand.

Zur Beseitigung des unnötigen Rechenaufwandes ist die Rekursion aufzulösen. Hierzu wird zunächst eine gesonderte Funktion zur Berechnung der Unterregressionsanalysen mit dem Namen `unterregressionsanalyse` definiert.

```
    regression_ergebnis unterregressionsanalyse(matrix y,
matrix X, int n, int p)
    /* fuehrt eine Unter-Regressionsanalyse durch,
    y Kriteriumsvektor, erste Spalte von X mit Einsen,
zweite bis k+1-te Spalte Preaediktoren
    n = Stichprobengroesse
    p = Anzahl der Praediktoren

    Datenstruktur Ergebnis
    sqe,sqr,sqt,mqe,mqr,f,se,r2,b (Ergebnisvektor)

    */
    {
        regression_ergebnis
                result,                 /* Ergebnis der
Regressionsanalyse */
                se_praed_berechnung;  /* Regressionsanalyse
zur Berechnung des Standardfehlers der Praediktoren */

        int
                i,      /* Zeilenindex */
                j,      /* Spaltenindex */
                k;      /* Spaltenindex */
        float
                sum_y,  /* Summe des Kriteriums */
                avg_y,  /* arithm. Mittel Kriterium */
                var_y,  /* Varianz des Kriteriums */
                sd_y,   /* Standardabweichung des
Kriteriums */
                y_dach, /* aus Regressionsgleichung
vorhergesagter Wert des Kriteriums */
                sqt,    /* Quadratsumme Gesamtvarianz */
                sqe,    /* Quadratsumme erklaerte Varianz
*/
                sqr,    /* Quadratsumme Residualvarianz */
                r2,     /* Bestimmtheitsmass R-Quadrat */
                mqe,    /* mittlere Quadratsumme erklaerte
Varianz */
                mqr,    /* mittlere Quadratsumme
Residualvarianz */
                f,      /* Pruefstatistik zur F-Verteilung
*/
                se,     /* Standardfehler der Regression */
                sum_x,  /* Summe des Praediktors xk*/
                var_x,  /* Varianz des Praediktors xk */
                avg_x,  /* arithm.Mittel des Praediktors xk
*/
                sd_x,   /* Standardabweichung des
Praediktors xk */
                beta,   /* standardisiertes
Regressionsgewicht des Praediktors */
```

```
              se_praed,              /* Standardfehler des
Praediktors */
              t,                     /* Pruefwert fuer t-
Verteilung */
              tol,                   /* Toleranz des
Praediktors zur Multikollinearitaet */
              vif;                   /*
Variationsinflationsfaktor des Preadiktors zur
Multikollinearität */
       matrix
              b,                     /* Ergebnisvektor des
Intercepts und der Regressionskoeffizienten */
              X_,                    /* transformierte
Matrix */
              X_X,                   /* Produkt aus
transformierter und urspruenglicher Matrix */
              X_X_inv,               /* Produkt mit
invertierter Matrix */
              X_X_invX_,             /* Produkt mit
transformierter Matrix */
              y2,                    /* Praediktor als
Kriterium zur Berechnung seines Standardfehlers*/
              X2;                    /* Matrix aus 1-
Spalte und den uebrigen Praediktoren */

       if (p == 0) fehler(8);        /* Regression mit
keinem Praediktor sinnlos */


       unterregr = unterregr + 1;

       b = init_matrix(p + 1, 1);    /* Ergebnisvektor */

       X_ = transp_matrix(X);
       X_X = multipliziere_matrix(X_, X);
       X_X_inv = invertiere_matrix(X_X);
       X_X_invX_ = multipliziere_matrix(X_X_inv, X_);
       b = multipliziere_matrix(X_X_invX_, y);
       result.b = b;

       /* Bestimmtheitsmass R2 und Teststatistik der
Modellguete berechnen */
       sum_y = 0;
       avg_y = 0;
       for (i = 1; i <= n; i++)
              sum_y = sum_y + y.a[i - 1][0];
       avg_y = sum_y / n;

       sqt = 0;                      /* Quadratsumme total
SQT ermitteln */
       for (i = 1; i <= n; i++)
```

```
            sqt = sqt + (y.a[i - 1][0] - avg_y)*(y.a[i
- 1][0] - avg_y);
        result.sqt = sqt;

        sqe = 0;                        /* Quadratsumme
Vorhersagewerte SQE ermitteln */
        for (i = 1; i <= n; i++)
        {
                y_dach = b.a[0][0];     /* Vorhersagewert mit
Intercept initialisieren */
                for (k = 1; k <= p; k++)
                        y_dach = y_dach + b.a[k][0] * X.a[i
- 1][k];
                sqe = sqe + (y_dach - avg_y)*(y_dach -
avg_y);
        }
        result.sqe = sqe;

        sqr = sqt - sqe;                /* Quadratsumme
Restvarianz SQR ermitteln */
        result.sqr = sqr;

        r2 = sqe / sqt;                 /*
Bestimmtheitsmass R2 berechnen */
        result.r2 = r2;

        mqe = sqe / p;                  /* mittlere
Quadratsumme MQE erklaerte Varianz */
        result.mqe = mqe;

        mqr = sqr / (n - p - 1);        /* mittlere
Quadratsumme MQR Residualvarianz */
        result.mqr = mqr;

        f = mqe / mqr;                  /* Pruefgroesse fuer
F-Verteilung ermitteln */
        result.f = f;

        se = sqrt(sqr / (n - p - 1));   /* Standardfehler der
Regression ermitteln */
        result.se = se;

        return (result);
    }
```

Zudem muss die Funktion `regressionsanalyse` modifiziert werden.

```
regression_ergebnis regressionsanalyse(matrix y, matrix X, int n, int p)
/* fuehrt eine Regressionsanalyse durch,
   y Kriteriumsvektor, erste Spalte von X mit Einsen,
   zweite bis k+1-te Spalte Preaediktoren
   n = Stichprobengroesse
   p = Anzahl der Praediktoren

   Datenstruktur Ergebnis
   sqe,sqr,sqt,mqe,mqr,f,se,r2,b (Ergebnisvektor)

*/
{
      regression_ergebnis
                result,                /* Ergebnis der Regressionsanalyse */
                se_praed_berechnung;   /* Regressionsanalyse zur Berechnung des Standardfehlers der Praediktoren */
      int
                i,                     /* Zeilenindex */
                j,                     /* Spaltenindex */
                k;                     /* Spaltenindex */
      float
                sum_y,                 /* Summe des Kriteriums */
                avg_y,                 /* arithm. Mittel Kriterium */
                var_y,                 /* Varianz des Kriteriums */
                sd_y,                  /* Standardabweichung des Kriteriums */
                y_dach,                /* aus Regressionsgleichung vorhergesagter Wert des Kriteriums */
                sqt,                   /* Quadratsumme Gesamtvarianz */
                sqe,                   /* Quadratsumme erklaerte Varianz */
                sqr,                   /* Quadratsumme Residualvarianz */
                r2,                    /* Bestimmtheitsmass R-Quadrat */
                mqe,                   /* mittlere Quadratsumme erklaerte Varianz */
                mqr,                   /* mittlere Quadratsumme Residualvarianz */
```

```
                    f,                  /* Pruefstatistik zur
F-Verteilung */
                    se,                 /* Standardfehler der
Regression */
                    sum_x,              /* Summe des
Praediktors xk*/
                    var_x,              /* Varianz des
Praediktors xk */
                    avg_x,              /* arithm.Mittel des
Praediktors xk */
                    sd_x,               /* Standardabweichung
des Praediktors xk */
                    beta,               /* standardisiertes
Regressionsgewicht des Praediktors */
                    se_praed,           /* Standardfehler des
Praediktors */
                    t,                  /* Pruefwert fuer t-
Verteilung */
                    tol,                /* Toleranz des
Praediktors zur Multikollinearitaet */
                    vif;                /*
Variationsinflationsfaktor des Preadiktors zur
Multikollinearität */
            matrix
                    b,                  /* Ergebnisvektor des
Intercepts und der Regressionskoeffizienten */
                    X_,                 /* transformierte
Matrix */
                    X_X,                /* Produkt aus
transformierter und urspruenglicher Matrix */
                    X_X_inv,            /* Produkt mit
invertierter Matrix */
                    X_X_invX_,          /* Produkt mit
transformierter Matrix */
                    y2,                 /* Praediktor als
Kriterium zur Berechnung seines Standardfehlers*/
                    X2;                 /* Matrix aus 1-
Spalte und den uebrigen Praediktoren */

            if (p == 0) fehler(8);      /* Regression mit
keinem Praediktor sinnlos */


            hauptregr = hauptregr + 1;

            b = init_matrix(p + 1, 1);  /* Ergebnisvektor */

            X_ = transp_matrix(X);
            X_X = multipliziere_matrix(X_, X);
            X_X_inv = invertiere_matrix(X_X);
            X_X_invX_ = multipliziere_matrix(X_X_inv, X_);
```

```
        b = multipliziere_matrix(X_X_invX_, y);
        result.b = b;

                                        /* Bestimmtheitsmass
R2 und Teststatistik der Modellguete berechnen */
        sum_y = 0;
        avg_y = 0;
        for (i = 1; i <= n; i++)
                sum_y = sum_y + y.a[i - 1][0];
        avg_y = sum_y / n;

        sqt = 0;                        /* Quadratsumme total
SQT ermitteln */
        for (i = 1; i <= n; i++)
                sqt = sqt + (y.a[i - 1][0] - avg_y)*(y.a[i
- 1][0] - avg_y);
        result.sqt = sqt;

        sqe = 0;                        /* Quadratsumme
Vorhersagewerte SQE ermitteln */
        for (i = 1; i <= n; i++)
        {
                y_dach = b.a[0][0];     /* Vorhersagewert mit
Intercept initialisieren */
                for (k = 1; k <= p; k++)
                        y_dach = y_dach + b.a[k][0] * X.a[i
- 1][k];
                sqe = sqe + (y_dach - avg_y)*(y_dach -
avg_y);
        }
        result.sqe = sqe;

        sqr = sqt - sqe;                /* Quadratsumme
Restvarianz SQR ermitteln */
        result.sqr = sqr;

        r2 = sqe / sqt;                         /*
Bestimmtheitsmass R2 berechnen */
        result.r2 = r2;

        mqe = sqe / p;                  /* mittlere
Quadratsumme MQE erklaerte Varianz */
        result.mqe = mqe;

        mqr = sqr / (n - p - 1);        /* mittlere
Quadratsumme MQR Residualvarianz */
        result.mqr = mqr;

        f = mqe / mqr;                  /* Pruefgroesse fuer
F-Verteilung ermitteln */
        result.f = f;
```

```
        se = sqrt(sqr / (n - p - 1)); /* Standardfehler der
Regression ermitteln */
        result.se = se;

        printf("\n_____
_____");
        printf("\n***          Multiple
Regressionsanalyse V2.5 (C)2014 Thomas Kaul
***");
        printf("\n***                          Multicore-
Processing                        ***");
        printf("\n***
Ergebnis                           ***");
        printf("\n_____
_____");
        printf("\nStichprobengroesse  (n)  = %i  Anzahl
Praediktoren (k)  = %i", n, p);
        printf("\n_____
_____");
        printf("\nBestimmtheitsmass  (R2) = %f
Standardfehler SE = %f ", r2, se);
        printf("\n_____
_____");
        printf("\nErklaerte Streuung  (SQE)= %f (df)= %4d
(MQE)= %f F= %f", sqe, p, mqe, f);
        printf("\nReststreuung        (SQR)= %f (df)= %4d
(MQR)= %f ", sqr, n - p - 1, mqr);
        printf("\nGesamtstreuung      (SQT)= %f (df)= %4d
", sqt, n - 1);
        printf("\nsignif. R2 wenn F > F(%d,%d)", p, n - p
- 1);
        printf("\n_____
_____");
        printf("\n                  unstand.B       SE
beta       t     TOL     VIF");
        printf("\n   Konstante           %+8.3f", b.a[0][0]);


                                /* Standardabweichung
von y ermitteln */
        var_y = 0;
        for (i = 1; i <= n; i++)
                var_y = var_y + (y.a[i - 1][0] -
avg_y)*(y.a[i - 1][0] - avg_y);
        var_y = var_y / n;
        sd_y = sqrt(var_y);
```

```c
                                    /* parallele
Verarbeitung der k Preadiktoren */
    #pragma omp parallel for private (beta, se_praed, t,
tol, vif)
        for (k = 1; k <= p; k++)
        {
                                    /* Mittelwert des
Praediktors berechnen */
            sum_x = 0;
            for (i = 1; i <= n; i++)
                sum_x = sum_x + X.a[i - 1][k];
            avg_x = sum_x / n;

                                    /* Varianz und
Standardabweichung des Praediktors berechnen */
            var_x = 0;
            for (i = 1; i <= n; i++)
                var_x = var_x + (X.a[i - 1][k] -
avg_x)*(X.a[i - 1][k] - avg_x);
            var_x = var_x / n;
            sd_x = sqrt(var_x);


                                    /* standard.
Regressionskoeffizient beta berechnen */

            beta = b.a[k][0] * (sd_x / sd_y);

                                    /* Standardfehler des
Praediktors berechnen */

            y2 = init_matrix(n, 1);     /*
Regressionsmodell Praediktor durch uebrige Praediktoren
vorhersagen */
            X2 = init_matrix(n, p);     /* X2 hat
eine Spalte weniger als X */

            for (i = 1; i <= n; i++)    /* y2 =
Praediktor setzen */
                y2.a[i - 1][0] = X.a[i - 1][k];

                                    /* X2 aus den
uebrigen Praediktoren aufbauen */

            for (i = 1; i <= n; i++)    /* erste
Spalte mit Einsen fuellen */
                X2.a[i - 1][0] = 1;

            for (j = 1; j < k; j++)         /*
Spalten links vom betreffenden Praediktor uebertragen */
                for (i = 1; i <= n; i++)
```

```
                        X2.a[i - 1][j] = X.a[i - 1][j];

                    for (j = k + 1; j <= p; j++)    /* Spalten rechts vom betreffenden Praediktor uebertragen */
                        for (i = 1; i <= n; i++)
                            X2.a[i - 1][j-1] = X.a[i - 1][j];

                if (p > 1)              /* Regression des Praediktors aus den uebrigen Praediktoren */
                    se_praed_berechnung = unterregressionsanalyse(y2, X2, n, p - 1);

                se_praed = sqrt(1 / (1 - se_praed_berechnung.r2)) * sqrt(mqr / (n * var_x));

                t = b.a[k][0] / se_praed;       /* t-Wert berechnen */

                tol = 1 - se_praed_berechnung.r2;    /* Toleranz berechnen */

                vif = 1 / (tol);        /* Variationsinflationsfaktor berechnen */


                printf("\nProzessorkern: %d", omp_get_thread_num());
                printf("\n    X%2d           %f %f %f %f %f %f", k, b.a[k][0], se_praed, beta, t, tol, vif);
                if (vif > 10)
                    printf(" !");   /* Warnung vor hoher Multikollinearitaet */

            }

        printf("\n_____");
        printf("\nDie ermittelte Regressionsgleichung lautet:");
        printf("\nY = %f ", b.a[0][0]);
        for (k = 1; k <= p; k++)
            printf(" + (%f)X%d ", b.a[k][0], k);
        printf("\n_____");

        return (result);
}
```

Mit dem nun weiter optimierten Programm (Anhang A-7) wird im Experiment die Berechnung hochkomplexer Regressionsanalysen vollzogen.

Tabelle 55 *Experiment 7 (hochkomplexe Regressionsmodelle)*

p	CPU1 2-core	CPU2 1-core	CPU3 4-core	CPU4 8-core	CPU5 4-core
1					
2					
3					
4					
5					
6					
7					
8					
9					
10	1	1			
11	2	1			
12	5	5			1
13	14	7	1		1
14	25	17	2	1	1
15	85	62	8	4	5
16	249	184	21	12	15
17	851	623	77	42	49
18	2666	2029	240	140	158
19	8014	6454	782	444	514
20	21138	18041	1996	1196	1358

Anmerkungen. p = Anzahl Prädiktoren. Die Zahlenangaben beziehen sich auf die Runtime in Sekunden. Es wurde der Quellcode im Anhang A-7 verwendet. Runtimes kürzer als 1 s sind nicht in der Tabelle eingetragen.

Das Ausmaß der erzielten Effizienzsteigerung ist erheblich. Dieses verdeutlicht ein Vergleich der gemessenen Runtime zum Quellcode im Anhang A-7 (Tabelle 55) mit der extrapolierten Runtime zum Quellcode im Anhang A-6 (Tabelle 51).

Tabelle 56 *Ausmaß der Effizienzsteigerung der 8-Kern-CPU*

p	CPU4 Anhang A-6 (*extrapoliert)	CPU4 Anhang A-7 (gemessen)
1		
2		
3		
4		
5		
6		
7		
8	1 s	
9	4 s	
10	28 s	
11	0.07 Std.*	
12	0.8 Std.*	
13	7.8 Std.*	
14	3.2 Tage*	1 s
15	32.4 Tage*	4 s
16	324.07 Tage*	12 s
17	8.9 Jahre*	42 s
18	88.8 Jahre*	140 s
19	887.8 Jahre*	444 s
20	8878.7 Jahre*	1196 s

Anmerkungen. p = Anzahl Prädiktoren. Die Zahlenangaben beziehen sich auf die Runtime. Es wurde der Quellcode im Anhang A-6 bzw. A-7 verwendet. Runtimes kürzer als 1 s sind nicht in der Tabelle eingetragen.

5.14. Implementation im Cluster Computing

Rekapituliert man die bisher angewendeten Massnahmen zur Performanzoptimierung, so wurde bisher folgendes umgesetzt.

- Die erste Optimierung des Algorithmus (direkte Berechnung 3-reihiger Determinanten) führte zur Reduktion der Anzahl von notwendigen Determinantenberechnungen.
- Die parallele Verarbeitung der Unterregressionen auf einem Mehrkernprozessor führte zur Reduktion der Durchlaufzeit abhängig von der Anzahl vorhandener Prozessorkerne.
- Die zweite Optimierung des Algorithmus (lineare Transformation der zu invertierenden Matrizen) bewirkte eine weitere Verringerung des Rechenaufwandes.
- Aus der dritten Optimierung des Algorithmus (Eliminierung unnötiger Rekursionen bei der Regressionsanalyse) resultierten weitere, erhebliche Effizienzsteigerungen.

Geht man von der Annahme aus, dass das Optimierungspotential des *Algorithmus* durch die drei vorgenommenen Optimierungen stark gesunken sein müsste, so rücken weitere systemtechnische Optimierungsansätze in den Fokus. Das Konzept des Cluster Computing sieht eine Verteilung von Arbeitsaufgaben auf mehrere vorhandene Rechner vor. Verfügen diese Rechner jeweils über mehrere Prozessoren bzw. über mehrere Prozessorkerne, so kann das Konzept des Cluster Computing mit dem bereits vorgestellten Konzept der parallelen Programmierung kombiniert werden.

Im Folgenden soll genau dieser Ansatz verfolgt werden. Zur Abarbeitung multipler Regressionsanalysen von hoher bis sehr hoher Komplexität ($p > 20$) wird ein Design verfolgt, welches erlaubt, benötigte Unterregressionsanalysen auf verschiedenen Rechnern parallel bearbeiten zu lassen. Handelt es sich dabei um diverse Rechner mit Mehrkernprozessoren, so sollen diese Ressourcen zur Minimierung der gesamten Durchlaufzeit genutzt werden können.

Entwurf eines simplen Kommunikationsprotokolls zum Cluster Computing (Quellcode, siehe Anhang A-9)

Von elementarer Bedeutung für das Cluster Computing ist eine Kommunikation zwischen den beteiligten Rechnern. Die zu bearbeitende Gesamtaufgabe muss zerlegt und an die zur Ausführung vorgesehen Instanzen verteilt werden. In der Regel benötigen die mit der Erledigung von Unteraufgaben beauftragen Rechner auch spezifische Eingabedaten, um die Aufgaben sinnvoll ausführen zu können.

Ein simpler, für die experimentelle Zwecke dieses Buches wohl ausreichender Ansatz, ist die Implementation eines dateisystembasierten Kommunikationsprotokolls, welches aus zwei Kommunikationssträngen besteht. Der erste Strang wird durch eine zentrale Datei (message queue), welche die Arbeitsaufträge und ggfs. Rückmeldungen für die Rechner im Verbund enthält, bedient. Der zweite Strang (communication files) beinhaltet die notwendigen Eingabedaten zur Erledigung eines Auftrages eines bestimmten Typs.

Design der message queue

Die message queue enthält folgende Datenelemente für jeden Arbeitsauftrag:

- Eindeutige Auftragsnummer
- Sender (Rechner/CPU)
- Empfänger (Rechner/CPU)
- Auftragstyp (um welche Art von Auftrag handelt es sich)
- Bestätigung (Empfänger hat Auftrag ausgeführt)

Die vorgeschlagene Implementation in C lautet:

```
typedef struct message
/* Datenstruktur fuer Nachrichten */
{
        int msg_id[max_msg];
        /* eindeutige Id einer Nachricht */
        int sender[max_msg];
        /* CPU-ID des sendenden Rechners */
        int receiver[max_msg];
        /* CPU-ID des empfangenden Rechners */
        int msg_type[max_msg];
        /* eindeutiger Identifier Nachrichtentyp */
        int msg_status[max_msg];
        /* 0 = vom Empfaenger unbearbeitet, 1 = vom
        Empfaenger bearbeitet */
        int n;                                    /*
        Gesamte Anzahl von aufgetretenen Nachrichten */
} message_queue;
```

Routinen zur Administration der message queue

Die Funktion init_queue erzeugt eine sequentielle Datei mit zunächst leeren Platzhaltern für aufzunehmende Messages.

```
message_queue init_queue(void)
/* initialisiert eine neue Message Queue */
{
        FILE    *fz;
        message_queue Q;
        int i;

        Q.n = 0;

        for (i = 0; i <= max_msg - 1; i++)
        {
                Q.msg_id[i]     = -1;
                Q.sender[i]     = -1;
                Q.receiver[i]   = -1;
                Q.msg_type[i]   = -1;
                Q.msg_status[i] = -1;
                Q.n = 0;
        }

        /* in Datei schreiben */

        if ((fz = fopen(datei, "w")) == NULL)
        {
                printf("\nFehler beim Schreiben in die Queue %s", datei);
        }
        else
        {
                for (i = 0; i <= max_msg - 1; i++)
        /* i ist die Message id */
                        fprintf(fz, "%d %d %d %d %d %d\n",
i, Q.sender[i], Q.receiver[i], Q.msg_type[i],
Q.msg_status[i], Q.n);

                fclose(fz);
        }

        return (Q);
}
```

Durch die Funktion `send_message` wird ein Auftrag entgegen genommen und in die message queue eingetragen.

```
int send_message(message_queue Q, int sender, int
receiver, int msg_type)
/*
nimmt eine Message entgegen und traegt diese in die
Message Queue ein
sender  : cpu_id des sendenden Rechner
receiver: cpu_id des Zielrechners
msg_type: Nachrichtentyp
liefert Id der eingetragenen Message zurueck
*/
{
        FILE    *fz;                                    /*
Zeiger auf Message Queue */

        int             i;

        Q = read_queue();

        Q.n = Q.n + 1;
        Q.sender[Q.n - 1] = sender;
        Q.receiver[Q.n - 1] = receiver;
        Q.msg_type[Q.n - 1] = msg_type;
        Q.msg_status[Q.n - 1] = 0;
        /* Message noch nicht bearbeitet */


        /* in Kommunikationsqueue schreiben */

        if ((fz = fopen(datei, "w")) == NULL)
        {
                printf("\nFehler beim Schreiben in die
Queue %s", datei);
        }
        else
        {
                for (i = 0; i <= max_msg - 1; i++)
        /* i ist die Message id */
                        fprintf(fz, "%d %d %d %d %d\n",
i, Q.sender[i], Q.receiver[i], Q.msg_type[i],
Q.msg_status[i], Q.n);

                fclose(fz);
        }

        return (Q.msg_id[Q.n - 1]);
}
```

Die Bestätigung einer Message wird durch die Funktion `confirm_message` gewährleistet.

```
confirm_message(message_queue Q, int message_id)
/*
bestaetigt eine bestimmte Message Id als empfangen oder
erledigt
*/
{
        int             i;

        FILE    *fz;

        Q = read_queue();

        /* in Kommunikationsqueue schreiben */

        if ((fz = fopen(datei, "w")) == NULL)
        {
                printf("\nFehler beim Schreiben in die Queue %s", datei);
        }
        else
        {
                for (i = 0; i <= max_msg - 1; i++)
        /* i ist die Message id */
                {
                        if (i == message_id)
                                Q.msg_status[i] = 1;
                        fprintf(fz, "%d %d %d %d %d %d\n", i, Q.sender[i], Q.receiver[i], Q.msg_type[i], Q.msg_status[i], Q.n);
                }
                fclose(fz);
        }
}
```

Natürlich muss es auch eine Funktion zur Abarbeitung der Aufträge geben. Genau dieses wird durch die Routine process_queue realisiert. Hier gibt es allerdings eine Abhängigkeit zur konkreten Art des Arbeitsauftrages. In der unten vorgestellten Codesequenz wird exemplarisch ein Message Typ 1 vorgestellt. Dort wird der empfangende Rechner angewiesen, den Inhalt eines parallel zur an ihn gerichteten Message-Id bereitgestellten Kommunikationsfiles auf seinem Bildschirm auszugeben. Das Füllen des Kommunikationsfile mit den zum Message-Typ der konkreten Message passenden Inhalten wird durch den sendenden Rechner vorgenommen.

```
void process_queue(message_queue Q, int own_id)
/*
prozessiert fuer die CPU bestimmte Messages in der Queue
own_id  : cpu_id des abfragenden Rechners
*/
{
        FILE    *fz;
        int i;

        /* aus Kommunikationsqueue lesen */

        if ((fz = fopen(datei, "r")) == NULL)
        {
                printf("\nFehler beim Lesen der Queue %s", datei);
        }
        else
        {
                for (i = 0; i <= max_msg - 1; i++)
                {
                        fscanf(fz, "%d %d %d %d %d\n",
&Q.msg_id[i], &Q.sender[i], &Q.receiver[i],
&Q.msg_type[i], &Q.msg_status[i], &Q.n);

                        if ((Q.receiver[i] == own_id) &&
(Q.msg_status[i] == 0))   /* Nachricht fuer CPU
bestimmt und noch nicht bearbeitet */
                        {
```

```
                              printf("\nMessage Id. %d von
CPU %d an Master-CPU %d\n", i, Q.sender[i],
Q.receiver[i]);
                              switch (Q.msg_type[i])
                              {
                              case 0: /* Message-Typ 0:
Anmelden einer CPU im Cluster */
                                     {
        confirm_message(Q,Q.msg_id[i]);

        read_comfile(Q.msg_id[i], Q.msg_type[i]);

                                     }; break;
                              case 1: /* Message-Typ 1:
Uebertragung eines Textes */
                                     {
        confirm_message(Q, Q.msg_id[i]);

        read_comfile(Q.msg_id[i], Q.msg_type[i]);

                                     }; break;

                              }
                     }
              }
              fclose(fz);
       }
}
```

Routinen zur Administration der communication files

Die Inhalte einer Kommunikationsdatei haben eine auf den Typ der Message abgestimmte Struktur. Für den beispielhaften Message-Typ 1 ist dieses schlicht eine aufeinanderfolgende Zeichenfolge, also ein String.

Für andere Arten von Aufträgen kann die Datenstruktur mehr oder weniger komplex sein, so werden zur Durchführung einer (Unter-)Regressionsanalyse mindestens die Messreihen zum Kriterium und zu den herangezogenen Prädiktoren benötigt.

Eine eindeutige Zuordnung der Kommunikationsdatei zu einer bestimmten Message-Id kann über den Dateinamen der Kommunikationsdatei gelöst werden, wie z.B. durch eine Namenskonvention eines Präfixes und der Id-Nr. Die Routine `create_comfile` erzeugt diese nachrichtenabhängigen Dateien. Im der fett markierten Codesequenz erfolgt die Aufbereitung der zu speichernden Daten für Messages vom Typ 1.

```
void create_comfile(int msg_id, int msg_type)
/*
erzeugt Kommunikationsdatei mit eindeutigem Namen
*/
{
        FILE
                *fz2;                                    /*
Zeiger auf Datei */
        filename
                comdatei;
        char
                text[255];

        strcpy (comdatei,"MSG_");

        switch (msg_id)
        {
```

```
            case 0: strcpy(comdatei, "MSG_000"); break;
            case 1: strcpy(comdatei, "MSG_001"); break;
            case 2: strcpy(comdatei, "MSG_002"); break;
            case 3: strcpy(comdatei, "MSG_003"); break
            case 4: strcpy(comdatei, "MSG_004"); break;
            case 5: strcpy(comdatei, "MSG_005"); break;
            case 6: strcpy(comdatei, "MSG_006"); break;
            case 7: strcpy(comdatei, "MSG_007"); break;
            case 8: strcpy(comdatei, "MSG_008"); break;
            case 9: strcpy(comdatei, "MSG_009"); break;
            case 10: strcpy(comdatei, "MSG_010"); break;
            case 11: strcpy(comdatei, "MSG_011"); break;
            case 12: strcpy(comdatei, "MSG_012"); break;
            case 13: strcpy(comdatei, "MSG_013"); break;
            case 14: strcpy(comdatei, "MSG_014"); break;
            case 15: strcpy(comdatei, "MSG_015"); break;
            case 16: strcpy(comdatei, "MSG_016"); break;
            case 17: strcpy(comdatei, "MSG_017"); break;
            case 18: strcpy(comdatei, "MSG_018"); break;
            case 19: strcpy(comdatei, "MSG_019"); break;
            case 20: strcpy(comdatei, "MSG_020"); break;
        }

        strcat(comdatei, ".DAT");

        if ((fz2 = fopen(comdatei, "w")) == NULL)
        {
                printf("\nFehler beim Schreiben in die Kommunikationsdatei %s", comdatei);
        }
        else
        {
                switch (msg_type)
                {
                        case 0:
                        {
                                fprintf(fz2, "CPU_wurde_am_Cluster_angemeldet.");
                        }; break;
                        case 1:
                        {
                                printf("zu uebermittelnder Text: ");
                                scanf("%s", &text);
                                fprintf(fz2, text);
                        }; break;
                }
        }
        fclose(fz2);
}
```

Die Funktion read_comfile bildet das Gegenstück zur soeben vorgestellten Funktion. Hier wird abhängig von einer konkreten Message-Id das zugehörige Kommunikationsfile geöffnet und messagetyp-abhängig abgearbeitet. Auch hier ist die relevante Codesequenz fett hervorgehoben.

```c
void read_comfile(int msg_id, int msg_type)
/*
liest Kommunikationsdatei mit eindeutigem Namen
*/
{
        FILE
                *fz2;                                           /* Zeiger auf Datei */
        filename
                comdatei;
        char
                text[80];

        strcpy(comdatei, "MSG_");

        switch (msg_id)
        {
        case 0: strcpy(comdatei, "MSG_000");  break;
        case 1: strcpy(comdatei, "MSG_001");  break;
        case 2: strcpy(comdatei, "MSG_002");  break;
        case 3: strcpy(comdatei, "MSG_003");  break;
        case 4: strcpy(comdatei, "MSG_004");  break;
        case 5: strcpy(comdatei, "MSG_005");  break;
        case 6: strcpy(comdatei, "MSG_006");  break;
        case 7: strcpy(comdatei, "MSG_007");  break;
        case 8: strcpy(comdatei, "MSG_008");  break;
        case 9: strcpy(comdatei, "MSG_009");  break;
        case 10: strcpy(comdatei, "MSG_010");  break;
        case 11: strcpy(comdatei, "MSG_011");  break;
        case 12: strcpy(comdatei, "MSG_012");  break;
        case 13: strcpy(comdatei, "MSG_013");  break;
        case 14: strcpy(comdatei, "MSG_014");  break;
        case 15: strcpy(comdatei, "MSG_015");  break;
        case 16: strcpy(comdatei, "MSG_016");  break;
        case 17: strcpy(comdatei, "MSG_017");  break;
        case 18: strcpy(comdatei, "MSG_018");  break;
        case 19: strcpy(comdatei, "MSG_019");  break;
        case 20: strcpy(comdatei, "MSG_020");  break;
```

```
        }
        strcat(comdatei, ".DAT");

        if ((fz2 = fopen(comdatei, "r")) == NULL)
        {
                printf("\nFehler beim Lesen in die
Kommunikationsdatei %s", comdatei);
        }
        else
        {
                fscanf(fz2, "%s", &text);
                switch (msg_type)
                {
                case 0:        /* Anmeldung einer CPU */
                {
                        printf(text);
                }; break;
                **case 1:        /* Ausgabe eines Strings */**
                **{**
                                **printf(text);**
                **}; break;**
                }
        }
        fclose(fz2);
}
```

Entwurf eines Kommunikationsfile zur Ausführung von Unterregressionen

Ausgehend vom Rahmen, den das vorgestellte Kommunikationsprotokoll zur Verfügung stellt, soll nun die Struktur eines geeigneten Message-Typs entworfen werden.

Für eine Unterregressionsanalyse zur Prüfung eines bestimmten Prädiktors der Hauptregressionsanalyse werden folgende Eingabedaten benötigt:

- Stichprobengrösse n,
- Anzahl der Prädiktoren (bei Hauptregression p, also $p-1$ bei der Unterregression),
- Angabe, auf welchem konkreten Prädiktor der Hauptregression sich diese Unterregression bezieht (k),
- Mittlere Quadratsumme der Residuen aus der Hauptregressionsanalyse (MQR),
- Varianz des zu prüfenden Prädiktors der Hauptregression $var(x)$,
- Das unstandardisierte Regressionsgewicht des zu prüfenden Prädiktors (b),
- Das standardisierte Regressionsgewicht des zu prüfenden Prädiktors ($beta$),
- Den Kriteriumsvektor (y), der aus den Messwerten des zu prüfenden Prädiktors gebildet wird,
- Die Matrix (X) aus der Einsen-Spalte und den Messwerten der übrigen Prädiktoren.

Die relevante Codesequenz zur Aufbereitung des Kommunikationsfile lautet:

```
fprintf(fz2, "%d %d\n", n, p-1);
/* in diese Zeile n und p-1 schreiben */
fprintf(fz2, "%d %f %f %f %f", k, mqr, var_x, b.a[k][0],
beta);
fprintf(fz2, "\n");
for (i2 = 1; i2 <= n; i2++)
{
      fprintf(fz2, "%f ", y2.a[i2 - 1][0]);
      /* in diese zZeile Wertereihe Y */
}
for (k2 = 1; k2 <= p-1; k2++)
{
      fprintf(fz2, "\n");
      /* in die folgenden Zeilen Wertereihen der
      Praediktoren */
for (i2 = 1; i2 <= n; i2++)
      fprintf(fz2, "%f ", X2.a[i2 - 1][k2]);
```

Ein derart erzeugtes Dateiformat für eine Unterregression mit einer Stichprobengröße von *n=10* und *p=14* Prädiktoren ist in Abbildung 39 beispielhaft in dargestellt.

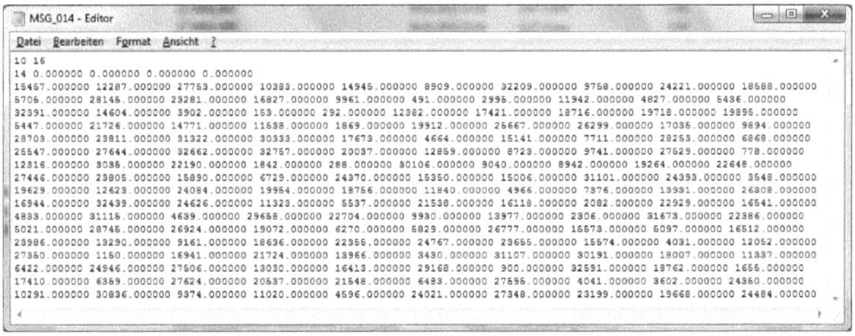


```
10 16
14 0.000000 0.000000 0.000000 0.000000
15457.000000 12287.000000 27753.000000 10383.000000 14945.000000 8909.000000 32209.000000 9758.000000 24221.000000 18588.000000
5705.000000 28145.000000 23281.000000 16827.000000 9961.000000 491.000000 2995.000000 11942.000000 4827.000000 5436.000000
32391.000000 14604.000000 3902.000000 153.000000 292.000000 12382.000000 17421.000000 18716.000000 19718.000000 19895.000000
5447.000000 21726.000000 14771.000000 11538.000000 1869.000000 19912.000000 25667.000000 26299.000000 17035.000000 9894.000000
28703.000000 23811.000000 31322.000000 30333.000000 17673.000000 4664.000000 15141.000000 7711.000000 28253.000000 6868.000000
25547.000000 27644.000000 32662.000000 32757.000000 20037.000000 12859.000000 8723.000000 9741.000000 27529.000000 778.000000
12316.000000 3035.000000 22190.000000 1842.000000 288.000000 30106.000000 9040.000000 8942.000000 19264.000000 22648.000000
27446.000000 23805.000000 15890.000000 6729.000000 24370.000000 15350.000000 15006.000000 31101.000000 24393.000000 3548.000000
19629.000000 12623.000000 24084.000000 19954.000000 18756.000000 11840.000000 4966.000000 7376.000000 13931.000000 26308.000000
16944.000000 32439.000000 24626.000000 11323.000000 5537.000000 21538.000000 16118.000000 2082.000000 22929.000000 16541.000000
4833.000000 31115.000000 4639.000000 29658.000000 22704.000000 9930.000000 13977.000000 2306.000000 31673.000000 22386.000000
5021.000000 28745.000000 26924.000000 19072.000000 6270.000000 5829.000000 26777.000000 15573.000000 5097.000000 16512.000000
23986.000000 13290.000000 9161.000000 18636.000000 22355.000000 24767.000000 23655.000000 15574.000000 4031.000000 12052.000000
27350.000000 1150.000000 16941.000000 21724.000000 13966.000000 3430.000000 31107.000000 30191.000000 18007.000000 11337.000000
6422.000000 24946.000000 27506.000000 13030.000000 16413.000000 29168.000000 900.000000 32591.000000 18762.000000 1655.000000
17410.000000 6359.000000 27624.000000 20537.000000 21548.000000 6483.000000 27595.000000 4041.000000 3602.000000 24360.000000
10291.000000 30836.000000 9374.000000 11020.000000 4596.000000 24021.000000 27348.000000 23199.000000 19668.000000 24484.000000
```

Abbildung 39: Kommunikationsdatei.

Auch hier muss es wiederum eine Codesequenz zur Prozessierung geben. Dabei gilt es, eine Besonderheit zu beachten. Das Design des Message-Typs erfolgte so, dass für jede Unterregression eine einzelne Message-Id respektive ein eigenes Kommunikationsfile erzeugt wird. Ist der empfangende Rechner mit einem Mehrkern-Prozessor ausgestattet, so wäre eine serielle Verarbeitung der Messages nicht sehr effizient. Deshalb werden die Messages selbst zunächst zwischengepuffert, um sie dann im Zuge der parallelen Programmierung in einer For-Schleife parallel prozessieren zu können. Zudem muss der Empfang der Messages bestätigt werden (`confirm_message`), damit der Empfänger Nachrichten nicht mehrfach prozessiert. Die effektive Berechnung der Unterregression geschieht dann wie gehabt.

Die relevante Codesequenz lautet:

```
fscanf(fz2, "%d %d\n", &n2, &p2);
            /* in diese Zeile n und p lesen */

        y2z = init_matrix(n2, 1);

        X2z = init_matrix(n2, p2);

        puffer_y[counter].m = y2z.m;

        puffer_y[counter].n = y2z.n;

        puffer_x[counter].m = X2z.m;

        puffer_x[counter].n = X2z.n;

        puffer_n[counter] = n2;

        puffer_p[counter] = p2;


        fscanf(fz2, "%d %f %f %f %f", &k3, &mqr2, &var_x2,
&b2, &beta2);

        fscanf(fz2, "\n");

        puffer_k3[counter] = k3;

        puffer_mqr[counter] = mqr2;

        puffer_var_x2[counter] = var_x2;

        puffer_b2[counter] = b2;

        puffer_beta2[counter] = beta2;


        for (i2 = 1; i2 <= n2; i2++)

        {
```

```c
                    fscanf(fz2, "%f ", &y2z.a[i2 - 1][0]);
                            /* in diese zZeile Wertereihe Y */

                    puffer_y[counter].a[i2 - 1][0] = y2z.a[i2 - 1][0];

            }

            for (k2 = 1; k2 <= p2; k2++)

            {

                    fscanf(fz2, "\n");
                                    /* in die folgenden
Zeilen Wertereihen der Praediktoren */

                    for (i2 = 1; i2 <= n2; i2++)

                    {

                            fscanf(fz2, "%f ", &X2z.a[i2 - 1][k2]);

                            puffer_x[counter].a[i2 - 1][k2] = X2z.a[i2 - 1][k2];

                    }

            }

            for (i2 = 1; i2 <= n2; i2++)

            {

                    X2z.a[i2 - 1][0] = 1;
                                /* erste Spalte von X mit 1 setzen */

                    puffer_x[counter].a[i2 - 1][0] = 1;

            }


            counter = counter + 1;

            confirm_message(Q, Q.msg_id[i]);
```

Das Problem der Lastverteilung

Ein Rechnerverbund (Cluster) muss nicht zwingend aus homogenen Komponenten bestehen. Vielmehr kann es Unterschiede geben hinsichtlich:
- Anzahl der eingebundenen Rechner,
- Anzahl der CPU's auf bestimmten Rechnern,
- Anzahl von Prozessorkernen,
- Taktfrequenz und damit der Verarbeitungsgeschwindigkeit der Prozessorkerne der CPU's.

Somit entsteht für die verteilte Verarbeitung von komplexeren Modellanalysen im Cluster die Fragestellung zur optimalen Verteilung der Aufgabenteile auf die vorhandenen Ressourcen.

Bei der Bearbeitung von Aufgaben in einem Rechnerverbund ist zunächst eine Entscheidung zu treffen, was überhaupt optimiert werden soll. Eine Strategie wäre, eine möglichst gleichmässige Auslastung aller beteiligten Rechner anzustreben. Eine mögliche Konsequenz dieser Strategie wäre die Vermeidung von Spitzenbelastungen (workload peaks) oder Überlastung (overload) einzelner Rechner. Ein Vorteil dieser Strategie wäre die Bereitstellung von Leistungsreserven durch den Rechnerverbund für die gleichzeitige Ausführung anderer Aufgaben. Ein Nachteil wäre möglicherweise die Inkaufnahme einer längeren Durchlaufzeit zur Erledigung der eigentlichen Gesamtaufgabe.

Demgegenüber steht die Strategie zur Minimierung der Gesamtlaufzeit (Runtime) zur Bearbeitung einer zusammengesetzten, komplexen Rechenaufgabe. Hierbei handelt es sich um ein Optimierungsproblem, dessen Bestimmungsgrößen einerseits durch eine heterogene Clusterarchitektur gegeben sind. Hierbei wird unter Umständen eine Vollauslastung oder auch ein vorübergehender Overload bestimmter Clusterkomponenten in Kauf genommen. Beispielsweise kann es vorteilhaft sein, die langsamste Komponente des Cluster *nicht* vollständig zu nutzen und gleichzeitig die schnellste Komponente des Clusters vorübergehend zu überladen.

Zudem existieren Zusammenhänge zwischen der konkreten Software-Implementation und der Beschaffenheit der verfügbaren Clusterkomponenten. Bei parallel ausführbaren Programmabschnitten (siehe Kap. 5.6) ist die Zuweisung der Aufgabe an einen Mehrkern-Prozessor sinnvoll. Bei seriell ausgeführten Programmabschnitten wäre dieses eine Verschwendung, weil nur ein Prozessorkern effektiv genutzt wird und die übrigen nicht. Die Taktfrequenz bzw. Arbeitsgeschwindigkeit der jeweiligen Clusterkomponente ist gleichfalls relevant. Das gesamte Ausmaß effizienter Nutzung oder auch von Verschwendung von Ressourcen hängt auch von deren spezifischer Verarbeitungsgeschwindigkeit ab. Es ist zudem zu beachten, dass bei der Entscheidung welche CPU zuzuweisen ist, auch die absoluten Unterschiede hinsichtlich ihrer

Verarbeitungsgeschwindigkeit und Anzahl von Prozessorkernen bedeutsam sind. Weiterhin gibt es Zusammenhänge zwischen der mathematischen Komplexität der Rechenaufgabe und der Beschaffenheit der verfügbaren Cluster-Komponenten. Im konkreten Fall der multiplen Regressionsanalyse ist die Anzahl der Prädiktoren p eine solche Einflussgröße. Je größer p ist, desto höher ist die Parallelisierbarkeit der Bearbeitung. Bei einer optimalen Verteilung der p Unterregressionsanalysen ist es erstrebenswert, möglichst solche Arbeitspakete zu definieren, die glatt durch die Anzahl der verfügbaren Prozessorkerne der auszuwählenden CPU teilbar sind.

Beispielsweise führt wie im Kap. 5.6 beschrieben ein aus sechs Teilen bestehendes Arbeitspaket auf einem 4-Kern-Prozessor zum Verbrauch von 2 „Fertigungsschritten", wobei im zweiten Schritt nur 50% der Ressourcen genutzt werden können. Besser ist es hier, entweder nur ein vierteiliges Arbeitspaket der CPU zuzuweisen, was zum Verbrauch eines einzigen „Fertigungstaktes" führt. Alternativ kann z.B aber auch ein achtteiliges Arbeitspaket zugewiesen werden. Dieses führt dann zur *vollständigen* Nutzung zweier Fertigungstakte auf dem 4-Kern-Prozessor.

Die benötigte Zeit zur Erledigung einer verteilten Rechenaufgabe wird im Zuge dieser Betrachtungen wie folgt definiert. Die Runtime ist die Zeitspanne zwischen dem ersten Bearbeitungsstart einer Clusterkomponente und dem letzten Bearbeitungsende einer Clusterkomponente auf dem Zeitstrahl. Diese beiden Komponenten können prinzipiell identisch oder auch verschieden sein.

Zur Optimierung der Runtime wird folgende Heuristik zur Ressourcenzuweisung vorgeschlagen:

- H1: Führe den seriellen Programmabschnitt der Hauptregressionsanalyse auf der schnellsten verfügbaren CPU aus. Nehme dabei auch ungenutzte Prozessorkerne in Kauf.
- H2: Betrachte die Anzahl auszuführender Unterregressionen p. Wähle die CPU mit den meisten Prozessorkernen k_{max} (falls davon mehrere existieren, die schnellste) und weise ein parallel ausführbares Arbeitspaket der Größe k_{max} zu. Fall mehrere CPU's mit gleicher Anzahl von Prozessorkernen verfügbar sind, entscheide Dich für die schnellere CPU.
- H3: Betrachte die Anzahl der verbleibenden Unteraufgaben $p - k_{max}$. Vergleiche die benötigte Zeit unter bestmöglicher Ausnutzung der übrigen CPU's verglichen mit der benötigten Zeit zur hintereinander folgenden Abarbeitung auf den bereits zugewiesenen CPU's. Entscheide Dich für eine Zuweisung auf eine bestimmte CPU, so dass eine minimale Gesamtdurchlaufzeit entsteht. Unterteile dabei das Arbeitspaket entsprechend der Anzahl der Prozessorkerne des ausgewählten Prozessors.

Beispiel, Lastverteilung für eine multiple Regressionsanalyse (p=20)
Im Cluster seien drei CPU's mit folgenden Eigenschaften verfügbar:

- CPU1 (4 cores) mit einer Taktfrequenz von 2.4 GHz
- CPU2 (8 cores) mit einer Taktfrequenz von 4 GHz
- CPU3 (4 cores) mit einer Taktfrequenz von 2.93 GHz

Zur Ausführung der **Hauptregression** (serielle Verarbeitung) wird gem. der Regel H1 **CPU2** gewählt und die relativ zeitintensive Hauptregression in der Zeitspanne z_h bearbeitet. Dabei wird in Kauf genommen, dass sieben Prozessorkerne ungenutzt bleiben. Dann wird die Durchlaufzeit $z_{(cpu1,p=4)}$ für ein vierteiliges Arbeitspaket geschätzt. Unter Berücksichtigung des Geschwindigkeitsfaktors ergibt sich: $z_{(cpu2,p=4)} = z_{(cpu1,p=4)}$ / *1.6* und $z_{(cpu3,p=4)} = z_{(cpu1,p=4)}$ / *1.2*, also lautet die Relation $z_{(cpu2,p=4)} < z_{(cpu3,p=4)} < z_{(cpu1,p=4)}$. Insgesamt sind *p=20* Unterregressionen auszuführen. Nach Regel H2 werden **acht Unterregressionen** der **CPU2** zugewiesen. Diese können in der gleichen Zeitspanne wie zur Bearbeitung von vier Unterregressionen erledigt werden, denn es sind acht Prozessorkerne verfügbar. Es gilt also: $z_{(cpu2,p=4)} = z_{(cpu2,p=8)}$.

Nun gilt es zu entscheiden, an welche CPU's die restlichen 12 Unterregressionsanalysen zugewiesen werden.

Variante A.

Hier werden vier der 12 verbleibenden Unterregressionen der CPU1, vier Unterregressionen der CPU3 und vier Unterregressionen der CPU2 zugewiesen.

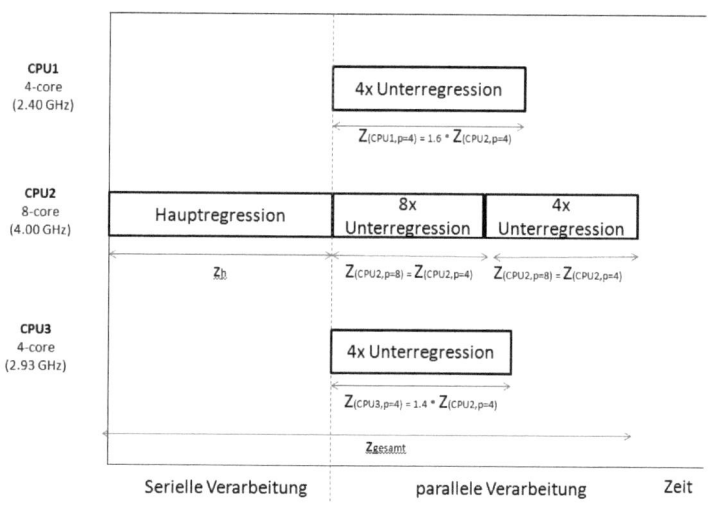

Abbildung 40: Lastverteilung (Variante A).

Variante B.

Es werden zweimal vier, also acht Unterregressionen der CPU3 und vier Unterregressionen der CPU1 zugewiesen.

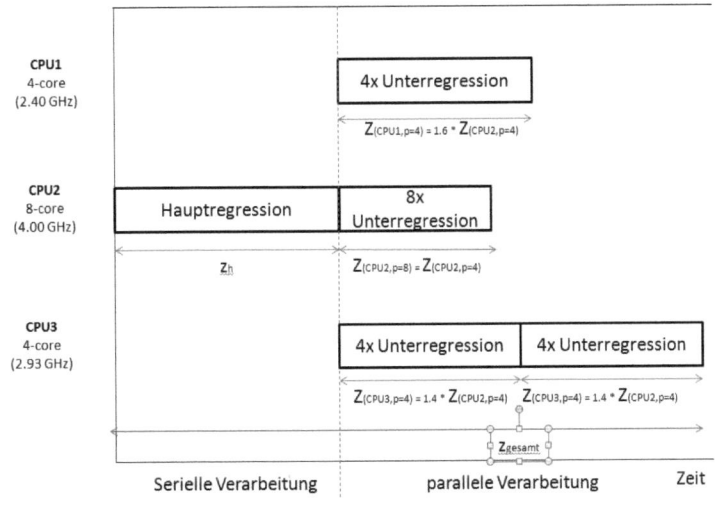

Abbildung 41: Lastverteilung (Variante B).

Bei der Optimierung der Lastverteilung handelt es ich um ein relativ kompliziertes Zusammenspiel aus den unterschiedlichen Geschwindigkeitsfaktoren der beteiligten Prozessoren (bestimmt durch die Taktfrequenz ihrer Prozessorkerne), der jeweiligen Anzahl von Prozessorkernen sowie der Komplexität der Rechenaufgabe (im Kontext der multiplen linearen Regression ist dieses die Anzahl der Prädiktoren p).

Konkrete Implementation der Lastverteilung.

Es ist durchaus möglich, die vorgeschlagene Heuristik in Form eines Algorithmus abzubilden. Eingabedaten hierfür wären: (a) Anzahl der im Cluster verfügbaren CPU's, (b) deren Merkmale wie Taktfrequenz und Anzahl Prozessorkerne sowie (c) Komplexität der Rechenaufgabe, also die Anzahl der Prädiktoren p.

Zum Softwareentwurf im Rahmen dieses Buches wird allerdings ein pragmatischer Ansatz beschritten, nämlich eine explizite Zuweisung der Unterregressionen zu bestimmten CPU's durch den Programmbediener. Dieses erlaubt dem interessierten Experimentator, verschiedene Abläufe zu simulieren. Die manuelle Festlegung der zugewiesenen CPU's erfolgt beim Generieren der Message zur Ausführung einer Unterregression. Die relevante Codesequenz füllt ein globales Array, in dem zu jeder der p Unterregressionen die zur Ausführung vorgesehene CPU geschrieben wird und anschließend beim Füllen der Message Queue als Ziel-CPU berücksichtigt wird.

```
/* manuelle Lastverteilung, Zuordnung der
durchzufuehrenden Unterregression auf die CPU's */
printf("\nFestlegung der Lastverteilung, es sind %d
Unterregressionen zu berechnen\n", p);

for (i = 1; i <= p; i++)
{
  printf("%d. Unterregression auf welcher CPU-Id :", i);
  scanf("%d", &assign_cpu[i]);
}
```

Experiment 8 (Lastverteilung im Cluster)

Im Experiment 7 (Tabelle 55) wurde für ein komplexes Regressionsmodell mit $p=20$ Prädiktoren unter Anwendung eines 8-Kern-Prozessors mit einem Einzelplatzrechner eine Runtime von 1196 Sekunden (rund 20 Minuten) benötigt.

Ziel des Experimentes 8 ist es nun, einerseits diese Laufzeit weiter zu verkürzen, andererseits die beschriebenen Varianten A und B zur Lastverteilung konkret auf der Stufe $p=20$ nachzuvollziehen. Hierzu wird der in Tabelle 57 beschriebene Versuchsaufbau gewählt. Die drei beteiligten Rechner befinden sich im Cluster, auf allen Rechnern wird der im Anhang A-10 gelistete Quellcode ausgeführt. Datenbasis sind zufällig generierte Messdaten ($n=10$, $p=20$). Für die parallele Programmausführungsphase stehen somit insgesamt sechzehn Prozessorkerne zur Verfügung.

Tabelle 57 *Versuchsaufbau zum Cluster-Computing*

Umgebung	Hauptprozessor	Kerne	Taktfrequenz	Betriebssystem
CPU1	Intel Core2 Q6600	4	4 x 2.40 GHz	Win 7 (64-bit)
CPU2	AMD FX 8350	8	8 x 4.00 GHz	Win 7 (64-bit)
CPU3	Intel Core i3 530	4	4 x 2.93 GHz	Win 7 (64-bit)

Ergebnisse zur Variante A.

Tabelle 58 *Experiment 8 (Lastverteilung in Variante A)*

Prozessor	Hauptregression, serielle Phase	Unterregressionen, parallele Phase	Effektive Runtime zur Modellanalyse
CPU1		116 s (4 UR)	
CPU2	561 s	192 s (8+4 UR)	561 + 192 = 753s
CPU3		74 s (4 UR)	

Anmerkungen. Laufzeit in Sekunden. UR = Unterregressionsanalysen.

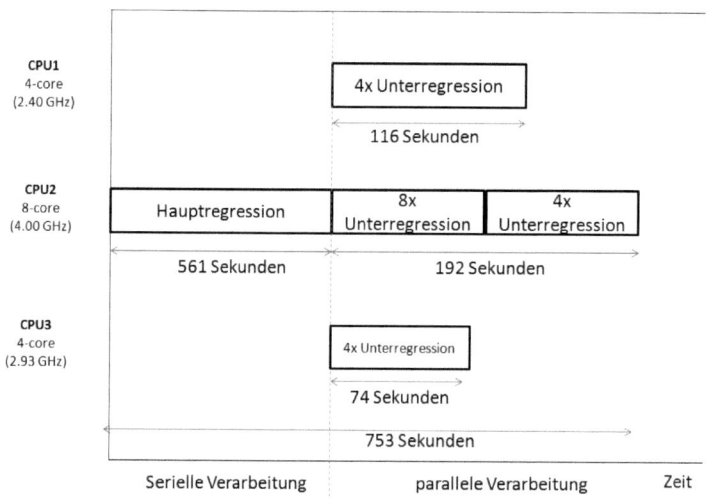

Abbildung 42: Ergebnisse zum Experiment 8.

Im Vergleich zum Experiment 7 (Einzelplatzverarbeitung auf der 8-Kern-CPU) wurde mit der Runtime von 753 Sekunden zu 1196 Sekunden eine Performanzsteigerung von 37% erzielt.

Ergebnisse zur Variante B.

Tabelle 59 *Experiment 8 (Lastverteilung in Variante B)*

Prozessor	Hauptregression, serielle Phase	Unterregressionen, parallele Phase	Effektive Runtime zur Modellanalyse
CPU1		129 s (4 UR)	
CPU2	512 s	107 s (8 UR)	
CPU3		157 s (4+4 UR)	512 + 157 = 669 s

Anmerkungen. Laufzeit in Sekunden. UR = Unterregressionsanalysen.

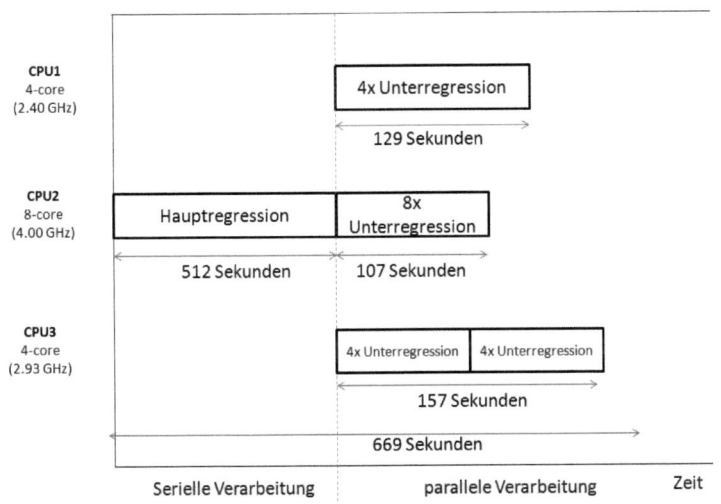

Abbildung 43: Ergebnisse zum Experiment 8.

Im Vergleich zum Experiment 7 wurde nunmehr mit einer Runtime von 669 Sekunden eine Performanzsteuergerung von 44% erzielt.

Weitere Optimierungen

Aus dem Experiment 8 wird ersichtlich, dass die serielle Berechnung der Hauptregression die Gesamtdurchlaufzeit der kompletten Regressionsanalyse maßgeblich bestimmt. In der Variante B der Lastverteilung (Tabelle 59) wird für die Hauptregression 512/669 = 76.5% der Durchlaufzeit aufgewendet.

Es liegt also nahe, die Verarbeitung der Hauptregression zu parallelisieren, um weitere Performanzgewinne zu realisieren. Die matrixalgebraische Formel zur Berechnung der Regressionskoeffizienten (Formel 31) enthält einen Term, der die Berechnung einer inversen Matrix nach Formel 18 notwendig macht. Diese Rechnung ist relativ rechenintensiv, weil alle algebraischen Komplemente zu den Matrixelementen (Formel 15) berechnet werden müssen.

Dementsprechend wird die Funktion `invertiere_matrix` durch ein openMP-statement (im Sourcecode fett hervorgehoben) parallelisiert. Der komplette Quellcode ist im Anhang A-11 gelistet.

```
matrix invertiere_matrix(matrix X)
/* liefert eine invertierte Matrix Y zur Matrix X */
{
    matrix Y;
    float determinante, faktor;
    int i, j, k, vorzeichen;
    determinante = det_matrix(X);

    if ((determinante == 0) && (laufzeitanalyse == 0))
       fehler(9);
    else
       {
          ops = ops + 1;/* Zaehler fuer Laufzeitanalyse */
          Y = init_matrix(X.m, X.n);
          faktor = 1 / determinante;
          #pragma omp parallel for private (k, j,
          vorzeichen)
          for (i = 1; i <= X.m; i++) /* alle Zeilen
                                        durchlaufen */
          {
             for (k = 1; k <= X.n; k++)/* alle Spalten
                                         durchlaufen */
             {
                vorzeichen = 1;
                for (j = 1; j <= i + k; j++)
                   vorzeichen = vorzeichen * -1;
                Y.a[i - 1][k - 1] = faktor * vorzeichen *
                det_matrix(adjungiere_matrix(X, k, i));
             }
          }
       }
       return (Y);
}
```

Experiment 9 (optimierte Lösung im Cluster)

Mit der nunmehr parallelisierten Berechnung der Hauptregression werden Regressionsanalysen der Stufen $p=20$ bis $p=24$ durchgeführt. Der physische Versuchsaufbau des Clusters ist identisch zu dem im Experiment 8 verwendeten Versuchsaufbau.

Tabelle 60 *Experiment 9 (optimierte Lösung im Cluster)*

p	HR CPU2 FX8550 8-core	UR CPU1 Q6600 4-core	UR CPU2 FX8350 8-core	UR CPU3 Intel i3 4-core	Runtime[1] in Sekunden
20	1 HR 243 s	4 UR 124 s	8 UR 132 s	8 UR 187 s	430 s
21	1 HR 597 s	4 UR 395 s	8 UR 330 s	9 UR 594 s	1191 s
22	1 HR 1453 s	4 UR 1042 s	8 UR 914 s	10 UR 1759 s	3212 s
23	1 HR 4213 s	4 UR 3025 s	8 UR 2544 s	11 UR 5513 s	9726 s
24	1 HR 15246 s	4 UR 9217 s	8 UR 7177 s	12 UR 16392 s	31638 s

Anmerkungen. p = Anzahl Prädiktoren. HR = Hauptregression. UR = Unterregression. Runtime[1] = effektive Durchlaufzeit. Es wurde der Quellcode im Anhang A-11 verwendet.

Auf der Stufe $p=20$ wurden im Experiment 9 durch die parallele Verarbeitung für die Hauptregression 243 Sekunden Rechenzeit benötigt. Für die Abarbeitung der zugeteilten Unterregression benötigte CPU3 mit 187 Sekunden am längsten, so dass eine Gesamtdurchlaufzeit von 430 Sekunden entstand. Im Experiment 8 (serielle Verarbeitung der Hauptregression) benötigte die Berechnung der Hauptregression noch 512 Sekunden und es entstand eine Gesamtdurchlaufzeit von 669 Sekunden, somit ein weiterer Performanzgewinn von 35.7 %. Die benötigte Gesamtdurchlaufzeit wächst mit steigender Komplexität p ungefähr um das Dreifache.

5.15. Implementation mit Bootstrapping und Modelldiagnose

Im Anhang A-12 ist der Quellcode unter Berücksichtigung einer Modelldiagnose und dem Bootstrapping gelistet. Dieser Abschnitt ist der knappen Thematisierung zu berücksichtigender Besonderheiten gewidmet.

Zum Bootstrapping gilt es, zunächst die festgelegte Anzahl von resamples zu generieren. Für jedes resample ist eine Regressionsanalyse durchzuführen. Die dabei geschätzten Regressionskoeffizienten müssen nicht zwingend statistisch abgesichert werden, weil die Einzelberachtung der resamples weniger von Belang ist. Deshalb entfällt die Durchführung der p Unterregressionen für die einzelnen resamples was für die Performanz vorteilhaft ist. Die relevante Codesequenz lautet:

```
y_resample = init_matrix(n, 1);
     /* Matrizen fuer resample bereitstellen */
X_resample = init_matrix(n, p + 1);

sample_b = init_matrix(p + 1 , samples);
     /* b-Vektor fuer resamples bereitstellen */
time(&t); srand((unsigned int)t);

sample_avg_r2 = 0;

sample_avg_f = 0;

sample_avg_se = 0;

sample_avg_b = init_matrix(p + 1, 1);
      /* durchschnittl. Koeffizientenschätzung ueber alle samples */
```

```
for (j = 0; j < samples; j++)
{

    for (i2 = 0; i2 < n; i2++)
       /* resample generieren */
    {

        ziehung = rand() % n;
        /* Vpn zufaellig ziehen */

        y_resample.a[i2][0] = y.a[ziehung][0];
        /* Kriteriumsvektor setzen */

        for (k2 = 0; k2 < p + 1; k2++)

        X_resample.a[i2][k2] = X.a[ziehung][k2];
        /* Resample fuer Matrix X*/

          }
        analyse = regressionsanalyse(y_resample,
        X_resample, n, p);

        for (i2 = 0; i2 < p + 1; i2++)
        /* b-Vektor fuer Resample merken und
        aufsummieren */

          {

                sample_b.a[i2][j] = analyse.b.a[i2][0];
                sample_avg_b.a[i2][j] =
                sample_avg_b.a[i2][j] + analyse.b.a[i2][0];

         }
         sample_r2[j] = analyse.r2;

          sample_avg_r2 = sample_avg_r2 + sample_r2[j];
        /* aufaddieren zur Durchschnittsbildung */

          sample_f[j] = analyse.f;

          sample_avg_f = sample_avg_f + sample_f[j];
        /* aufaddieren zur Durchschnittsbildung */

          sample_se[j] = analyse.se;

          sample_avg_se = sample_avg_se + sample_se[j];
        /* aufaddieren zur Durchschnittsbildung */
```

```c
if (details_anzeigen == 1)
{
    printf("\n%6d %3.3f %3.3f %3.3f",j,
    sample_r2[j], sample_f[j], sample_se[j]);

    for (i = 0; i < p+1; i++)
    /* Regressionskoeffizienten ausgeben */

        printf("%f ", sample_b.a[i][j]);

     /* Output in Textdatei */

     if ((fz = fopen(ausgabe_dateiname, "a"))
     == NULL)

     {
            printf("\nFehler beim Schreiben in
            die Datei %s", ausgabe_dateiname);
     }

     else

     {
            fprintf(fz,"\n%6d %3.3f %3.3f
            %3.3f", j, sample_r2[j],
            sample_f[j], sample_se[j]);

            for (i = 0; i < p + 1; i++)
    /* Regressionskoeffizienten ausgeben */
                fprintf(fz,"%f ",
                sample_b.a[i][j]);

            fclose(fz);
     }

     /* Ende Output in Textdatei */

}
}
```

Zudem müssen die interessierenden statistischen Kennwerte der einzelnen Resamples zur Durchschnittsbildung aufaddiert und durch die Anzahl der Resamples dividiert werden. Zur Bestimmung der Konfidenzintervalle müssen die Merkmalsausprägungen aufsteigend sortiert werden und die zu ignorierenden Elemente links und rechts vom 90%-Intervall bestimmt werden. Dieses erfolgt durch Anwendung eines indizierten Array. Hierbei ist zu beachten, dass die Reihenfolge der Versuchpersonen natürlich zwischen den verschiedenen statistischen Kennwerten unterschiedlich sein kann. Deshalb müssen pro interessieredem Merkmal separate Sortierfolgen berücksichtigt werden.

```
sample_avg_r2 = sample_avg_r2 / samples;
sample_avg_f = sample_avg_f / samples;
sample_avg_se = sample_avg_se / samples;
for (i2 = 0; i2 < p + 1; i2++)
      /* b-Vektor der Durchschnittswerte   */
{
      sample_avg_b.a[i2][0] = sample_avg_b.a[i2][0] /
      samples;
}
/* Parameterschaetzungen der Resamples sortieren */
do
{
    getauscht = 0;

    for (j = 1; j < samples; j++)

    if (sample_r2[j] < sample_r2[j - 1])

    {

        getauscht = 1;

        tausch = sample_r2[j];
```

```
            sample_r2[j] = sample_r2[j - 1];

            sample_r2[j - 1] = tausch;

        }
    } while (getauscht != 0);

    do
    {

        getauscht = 0;

        for (j = 1; j < samples; j++)

        if (sample_f[j] < sample_f[j - 1])

        {

            getauscht = 1;

            tausch = sample_f[j];

            sample_f[j] = sample_f[j - 1];

            sample_f[j - 1] = tausch;

        }
    } while (getauscht != 0);

    do
    {

        getauscht = 0;

        for (j = 1; j < samples; j++)

        if (sample_se[j] < sample_se[j - 1])

        {

            getauscht = 1;

            tausch = sample_se[j];

            sample_se[j] = sample_se[j - 1];

            sample_se[j - 1] = tausch;

        }
```

```
} while (getauscht != 0);

for (i = 0; i < (p + 1); i++);
    do
    {
        getauscht = 0;
         for (j = 1; j < samples; j++)
         if (sample_b.a[3][j] < sample_b.a[3][j - 1])
         {
             getauscht = 1;
             tausch = sample_b.a[3][j];
             sample_b.a[3][j] = sample_b.a[3][j - 1];
             sample_b.a[3][j - 1] = tausch;
         }
    } while (getauscht != 0);
```

5.16. Praktische Hinweise zur Verwendung eines Compilers

Der im Anhang A-12 gelistete Quellcode muss selbstverständlich kompiliert werden, um ein lauffähiges Programm zu generieren. Für eine Programmentwicklung unter dem Betriebssystem Windows stehen verschiedene Compiler zur Verfügung, die unter bestimmten Bedingungen sogar kostenfrei verfügbar sind. Notwendige Voraussetzung ist allerdings, dass die benötigten OpenMP-Bibliotheken zur parallelen Programmierung inetgriert sind.

In diesem Abschnitt wird der Einsatz zweier geeigneter C-Compiler näher betrachtet. Zum einem ist dieses der in der Entwicklungssuite Microsoft Visual Studio 2013 enthaltene C-Compiler (Version 18.00.21005.1) und zum anderen der Opensource-GNU-C-Compiler (Version 4.9.2). Neben einer Erläuterung der für die parallele Programmierung erforderlichen Compilerparameter soll der Quellcode aus Anhang A-12 jeweils mit dem spezifischen Compiler übersetzt werden. Anschließend sollen die Programme in ihrer Laufzeit unter Benutzung eines identischen Datensatzes aus zufällig generierten Daten verglichen werden.

Microsoft Visual Studio 2013

Dieser Compiler kann für nicht-kommerzielle Zwecke direkt bei der Firma Microsoft bezogen werden. Zum Zeitpunkt der Drucklegung dieses Buches lautete der Hyperlink auf die Internetseiten des Unternehmens wie folgt:

https://www.microsoft.com/de-de/download/details.aspx?id=44914

Bei der Installation sind keine weitere Besonderheiten zu beachten, allerdings ist zuvor eine kostenlose Registrierung über ein Microsoft Benutzerkonto notwendig. Die eigentliche Kompilierung eines Quellcodes mit dem beispielhaften Namen `quellcode.c` in ein ausführbares Programm `quellcode.exe` erfolgt unter Einbindung der installierten OpenMP-Bibliotheken in der Kommandozeile mit der Anweisung:

```
cl quellcode.c /openmp
```

Möchte man das ausführbare Programm Anwendern zur Verfügung stellen, so muß folgende Bibliothek aus der Compiler-Suite zusätzlich bereit gestellt werden, nämlich die Datei `vcomp120.dll` (jeweils die passende für die 32-bit und 64-bit Version).

Der GNU-C-Compiler

Zum GNU-C-Compiler (im Rahmen dieses Buches wurde die Version 4.9.2 verwendet) existieren verschiedene Derivate. Die originären Programmkomponenten dieses Opensource-Compilers sind unter der Adresse www.mingw.org abrufbar. Die vollständige Installation der jeweils notwendigen Bibliotheken ist nicht unbedingt selbsterklärend.

Die von MinGW abgeleitete TDM-GCC Suite des GNU-compilers ist in ihrer aktuellen Version unter der Adresse http://tdm-gcc.tdragon.net/ abrufbar. Ein Vorteil dieser Suite ist der praktische Umstand, dass die OpenMP Bibliotheken bei der Installation leicht auswählbar sind.

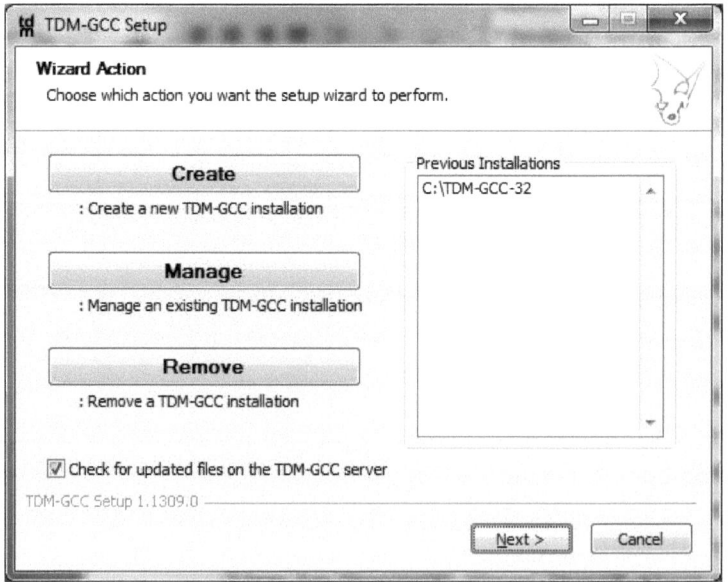

Abbildung 44: Installationswizard der TDM-C Suite.

Die eigentliche Kompilierung eines Quellcodes mit dem Namen `quellcode.c` in ein ausführbares Programm `a.exe` erfolgt unter Einbindung der installierten OpenMP-Bibliotheken in der Kommandozeile mit dem Kommando:

```
gcc quellcode.c -fopenmp
```

Möchte man das ausführbare Programm Anwendern zur Verfügung stellen, so müssen folgende Bibliotheken aus der Compiler-Suite zusätzlich bereit gestellt werden, nämlich `libgomp-1.dll` (32-bit Version) bzw. `libgomp_64-1.dll` (64-bit Version).

<u>Microsoft C und GNU C im Vergleich</u>

Zum im Anhang A-12 gelisteten Quellcode werden zunächst mit dem Microsoft und dem GNU-Compiler ausführbare Programme jeweils in einer 32- und 64-bit Version erzeugt. Dabei soll zum einem die Größe der Programme sowie deren Laufzeitverhalten anhand eines zu untersuchenden Datensatzes mit $p=20$ Prädiktoren (Anhang A-13) zwischen den verschiedenen Kompilaten verglichen werden.

Der Vergleich soll auf einem 8-Prozessorkern-Einzelplatzrechner vorgenommen werden, um Erkenntnisse zur compilerbedingten Effizienz hinsichtlich der Ressourcennutzung zu gewinnen. Die Analyse eines einzigen, standardisierten Datensatzes verhindert unterschiedliche Datenkonstellationen, welche

Auswirkungen auf das konkrete Laufzeitverhalten haben könnten. In Tabelle 61 sind die Ergebnisse dieser Vergleiche zusammengefasst.

Tabelle 61 *Größe und Laufzeiten der Kompilate*

Verwendeter Compiler	Executable file size	Runtime
GNU C (32-bit)	70 KB	*
Microsoft C (32-bit)	139 KB	528 s
GNU C (64-bit)	181 KB	419 s
Microsoft C (64-bit)	154 KB	431 s

Anmerkungen. Es wurde der TDM-GNU-C Compiler in der Version 4.9.2 und der Microsoft C-Compiler aus dem Visual Studio 2013 verwendet. Die Angaben zu den spezifischen und durchschnittlichen Runtimes messen die Laufzeit der Regressionsanalysen ($p=20$) auf einem 8-Kern-Mikroprozessor eines Einzelplatzrechners unter dem Betriebssystem Windows 7 Professional (64 bit). Jeder Programmlauf basiert auf dem Quellcode aus Anhang A-12 unter Verwendung des Datensatzes aus Anhang A-13. * Parallele Programmierung mit OpenMP nicht unterstützt.

Die mit einem 64-bit-Compiler erzeugten Programme zeigen eine deutlich höhere Performanz im Vergleich zu denen, welche mit einem 32-bit-Compiler übersetzt wurden. Der Microsoft Compiler führt in der 64-bit Version im Vergleich zu seiner 32-bit Version zu einem Performanzanstieg. Eine Begründung liegt in der kleineren notwendigen Anzahl von Registerzugriffen durch die CPU aufgrund der größeren Adressbreite. Im direkten Vergleich der 64-bit-Compiler untereinander schneidet der GNU-C Compiler in der Performanz seines Kompilats leicht besser als der Microsoft Compiler ab. Es ist festzuhalten, dass diese Ergebnisse für das Betriebssystem Windows 7 Professional (64-bit) erhoben wurden.

6. Ein praktischer Anwendungsfall

Im Juni 2014 wurden im Rahmen einer psychologischen Feldstudie Zusammenhänge zur Entstehung von Burnout beforscht. Die Untersuchung wurde zuvor in einer unveröffentlichten Bachelorarbeit konzipiert (Kaul, 2014). Die vorgenommene Feldstudie soll im Rahmen dieses Buches als illustratives Beispiel für die praktische Anwendung der multiplen linearen Regression dienen.

Es werden die in der Studie betrachteten Hypothesen in sehr knapper Form thematisiert und unter Zuhilfenahme der entworfenen Software analysiert. Dabei kommt das Programm mit dem im Anhang A-6 gelisteten Quellcode zum Einsatz. Bei weitergehendem Interesse an der Konzeption der Studie, ihren anonymisierten Daten und Ergebnissen, sowie deren Interpretation, kann die Arbeit unter der Mail-Adresse `Kaul.Thomas@gmx.de` angefragt werden.

6.1. Beschreibung der Studie

Es wurden 10 Mitarbeiter und Mitarbeiterinnen einer privaten Einrichtung des Gesundheitswesens im Zeitraum 03.Juni bis 17.Juni 2014 unter Einsatz eines Online-Surveys befragt. Darunter befanden sich zwei Männer und acht Frauen. 50% der Personen waren zum Zeitpunkt der Befragung vollzeit- und 50% der Personen teilzeitbeschäftigt.

Es wurden drei Konstrukte mit jeweils spezifischen Frageninventaren erhoben: (a) *chronischer Stress*, (b) *positives Extrarollenverhalten* (Organizational Citicenship Behavior, OCB) sowie (c) *Burnout*. Das positive Extrarollenverhalten der Befragten wurde durch die vier Faktoren *Hilfsbereitschaft, Gewissenhaftigkeit, Unkompliziertheit* und *Eigeninitiative* gemessen. Die Messung von Burnout wurde durch die zwei Dimensionen *Erschöpfung* und *Disengagement* realisiert. Auf der Basis theoretischer Überlegungen wurden die Burnout-Dimensionen jeweils als Kriterien in Regressionsanalysen betrachtet. Chronischer Stress und die vier Faktoren des Extrarollenverhaltens wurden als mögliche Prädiktoren für die Stärke von Burnout-Symptomen angenommen.

Tabelle 62 *Messdaten zur Studie (unstandardisierte Werte)*

Person i	CS X_1	HI X_2	GE X_3	UN X_4	EI X_5	DIS Y_1	ERS Y_2
1	35	5.6	4.4	6.2	4.8	2.25	2.75
2	28	6.2	5	5.4	5.6	1.875	2
3	25	6.8	7	6.6	6.8	1.625	2
4	22	6.8	6.4	6.2	6.6	1	1.375
5	19	5.6	6	5.6	6.2	2.125	2.125
6	23	5.4	6	5.6	5.8	2	1.875
7	38	7	7	6.2	7	1.875	3
8	19	6	6.6	4.8	6.2	1.5	1.875
9	29	7	6.6	6.8	6.8	1.5	1.625
10	17	4	4.8	6.4	4.4	1.625	1.625
Sum	255	60.4	59.8	59.8	60.2	17.375	20.25
MW	25.5	6.04	5.98	5.98	6.02	1.7375	2.025
Q.Sum	440.50	7.98	7.88	3.40	6.92	1.20	2.28
Varianz	44.05	0.80	0.79	0.34	0.69	0.12	0.23
Std.abw.	6.64	0.89	0.89	0.58	0.83	0.35	0.48

Anmerkungen.
CS=chronischer Stress, HI=Hilfsbereitschaft, GE=Gewissenhaftigkeit,
UN=Unkompliziertheit, EI=Eigeninitiative, DIS=Disengagement,
ERS=Erschöpfung.

Tabelle 63 *Messdaten zur Studie (standardisierte Werte)*

Person i	CS X_1	HI X_2	GE X_3	UN X_4	EI X_5	DIS Y_1	ERS Y_2
1	1.43	-0.49	-1.78	0.38	-1,47	1.48	1.52
2	0.38	0.18	-1.10	-1.00	-0.51	0.40	-0.05
3	-0.08	0.85	1.15	1.06	0.94	-0.32	-0.05
4	-0.53	0.85	0.47	0.38	0.70	-2.13	-1.36
5	-0.98	-0.49	0.02	-0.65	0.22	1.12	0.21
6	-0.38	-0.72	0.02	-0.65	-0.26	0.76	-0.31
7	1.88	1.07	1.15	0.38	1.18	0.40	2.04
8	-0.98	-0.04	0.70	-2.02	0.22	-0.69	-0.31
9	0.53	1.07	0.70	1.41	0.94	-0.69	-0.84
10	-1.28	-2.28	-1.33	0.72	-1.95	-0.32	-0.84
Sum	0.00	0.00	0.00	0.00	0.00	0.00	0.00
MW	0.00	0.00	0.00	0.00	0.00	0.00	0.00
Q.Sum	10.00	10.00	10.00	10.00	10.00	10.00	10.00
Varianz	1.00	1.00	1.00	1.00	1.00	1.00	1.00
Std.abw.	1.00	1.00	1.00	1.00	1.00	1.00	1.00

Anmerkungen.
CS=chronischer Stress, HI=Hilfsbereitschaft, GE=Gewissenhaftigkeit, UN=Unkompliziertheit, EI=Eigeninitiative, DIS=Disengagement, ERS=Erschöpfung.

Es erfolgt eine Testung der in der zugrundeliegenden Konzeptarbeit (Kaul, 2014) aufgrund theoretischer Überlegungen formulierten Hypothesen zu Moderatoreffekten von OCB auf den Zusammenhang zwischen chronischer Stressbelastung und den Burnout-Dimensionen Disengagement und Erschöpfung.

6.2. Explorative Datenanalyse

Vorhersage von Disengagement.

Es wird zunächst eine Regressionsanalyse mit Disengagement (y) als Kriterium und den Prädiktoren chronischer Stress (x_1) und Eigeninitiative (x_5), durchgeführt. Die Regressionsgleichung lautet:

$$\widehat{DIS} = b_0 + b_1 CS + b_2 EI$$

Das Ergebnis dieser Regressionsanalyse ist in Tabelle 64 dargestellt. Es wurden hierzu die unstandardisierten Messdaten aus Tabelle 62 verwendet.

Tabelle 64 *Vorhersage von Disengagement*

Prädiktor	b	SE	beta	t	TOL	VIF
Konstante	2.334					
x_1 (CS)	0.024	0.016	0.454	1.444	0.954	1.049
x_5 (EI)	-0.199	0.131	-0.478	-1.523	0.954	1.049

Anmerkungen. Abhängige Variable Disengagement. Unabhängige Variablen chronischer Stress (x_1) und Eigeninitiative (x_5). $R^2 = 0.34$, $SE = 0.336$.

Durch Einsetzen der Regressionskoeffizienten ergibt sich:

$$\widehat{DIS} = 2.334 + 0.024 CS - 0.199 EI$$

Die Regressionskoeffizienten sind jeweils nicht signifikant, zeigen aber in eine plausible Richtung. Chronischer Stress begünstigt Disengagement, was mit der allgemeinen Befundlage bezüglich Burnout einhergeht (Kaul, 2014). Eigeninitiative zeigt hingegen einen negativen Einfluss auf Disengagement bei gleichem Ausmaß an chronischen Stress. Das Regressionsmodell erklärt nur 34% der Varianz von Disengagement. Der Prüfwert für die F-Verteilung beträgt 1.812 und ist kleiner als $F_{0.95}(2,7) = 4.7374$. Das Modell zeigt also keine signifikante Vorhersageleistung.

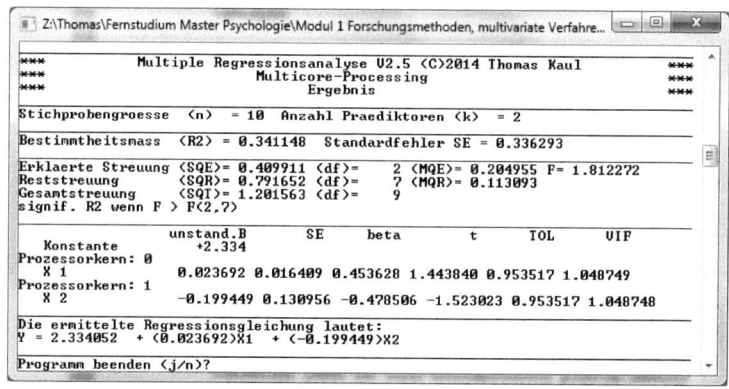

Abbildung 45: Programmausgabe.

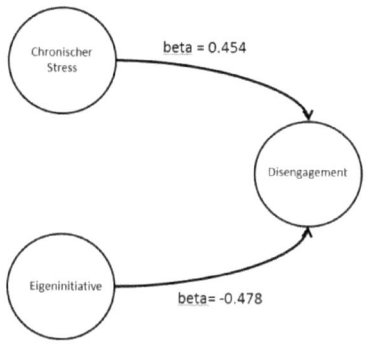

Abbildung 46: Pfaddiagramm für Disengagement.

Vorhersage von Erschöpfung.
Es wird eine Regressionsanalyse mit Erschöpfung (y) als Kriterium und den Prädiktoren chronischer Stress (x_1) und Hilfsbereitschaft (x_2), durchgeführt. Die Regressionsgleichung lautet:

$$\widehat{ERS} = b_0 + b_1 CS + b_2 HI$$

Das Ergebnis dieser bereits im Beispiel dargestellten Regressionsanalyse ist in Tabelle 65 dargestellt. Es wurden hierzu die unstandardisierten Messdaten aus Tabelle 62 verwendet.

Tabelle 65 *Vorhersage von Erschöpfung*

Prädiktor	b	SE	beta	t	TOL	VIF
Konstante	1.420					
x_1 (CS)	0.067	0.018	0.936	3.649**	0.734	1.363
X_2 (HI)	-0.184	0.137	-0.345	-1.343	0.734	1.363

Anmerkungen. Abhängige Variable: Erschöpfung. Unabhängige Variablen: chronischer Stress (x_1) und Eigeninitiative (x_5). $R^2 = 0.66$, $SE = 0.331$

Durch Einsetzen der Regressionskoeffizienten ergibt sich:

$$\widehat{ERS} = 1.420 + 0.067 CS - 0.184 HI$$

Chronischer Stress hat einen hochsignifikanten, positiven Einfluss auf Erschöpfung. Hilfsbereitschaft hat hingegen einen nicht signifikanten, negativen Einfluss auf Erschöpfung.

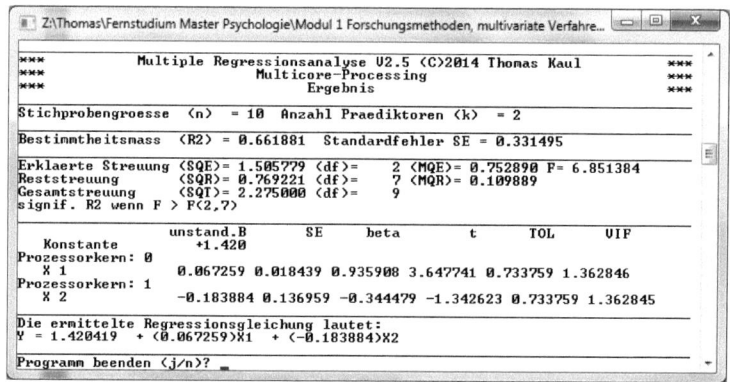

Abbildung 47: Programmausgabe.

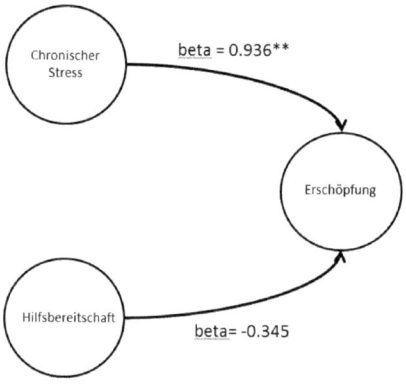

Abbildung 48: Pfaddiagramm für Erschöpfung.

6.3. Prüfung von Hypothesen zu Moderatoreffekten

Aus der zugrundeliegenden Arbeit (Kaul, 2014) werden im Folgenden die zentralen Hypothesen mit der entworfenen Software analysiert.

Hypothese 1a: *Je höher das Organizational Citizenship Behavior ist, desto schwächer ist der Zusammenhang zwischen chronischem Stress und Burnout.*

Der Summenscore von Organizational Citizenship Behavior ergibt sich aus dem Durchschnitt der vier zugrundeliegenden Faktoren Hilfsbereitschaft, Gewissenhaftigkeit, Unkompliziertheit und Eigeninitiative. Der Summenscore vom Konstrukt Burnout wird als Durchschnittswert der zwei Dimensionen Erschöpfung und Disengagement berechnet. Zum Testen von Moderatoreffekten ist es empfehlenswert, zentrierte Prädiktoren zu benutzen.

Tabelle 66 *Summenscores (zentrierte Werte)*

Person	CS	Organzational Citizenship Behavior (OCB)	Burnout
i	X_1	X_2	Y
1	9.50	-0.755	0.619
2	2.50	-0.455	0.056
3	-0.50	0.795	-0.069
4	-3.50	0.495	-0.694
5	-6.50	-0.155	0.244
6	-2.50	-0.305	0.056
7	12.50	0.795	0.556
8	-6.50	-0.105	-0.194
9	3.50	0.795	-0.319
10	-8.50	-1.105	-0.256
Sum	0.00	0.000	0.000
MW	0.00	0.000	0.000

Im ersten Schritt wird der Zusammenhang zwischen chronischem Stress (CS) und Burnout anhand der zentrierten Daten gem. Tabelle 66 geprüft:

$$\text{Modell 1: } \widehat{Burnout} = b_0 + b_1 CS$$

```
Z:\Thomas\Fernstudium Master Psychologie\Modul 1 Forschungsmethoden, multivariate Verfahre...
10.Wert : -8.5
***              Multiple Regressionsanalyse V2.5 (C)2014 Thomas Kaul     ***
***                          Multicore-Processing                         ***
***                                Ergebnis                               ***
Stichprobengroesse  (n)  = 10  Anzahl Praediktoren (k) = 1
Bestimmtheitsmass  (R2) = 0.402384  Standardfehler SE = 0.329053
Erklaerte Streuung (SQE)= 0.583230 (df)=  1 (MQE)= 0.583230 F= 5.386529
Reststreuung       (SQR)= 0.866205 (df)=  8 (MQR)= 0.108276
Gesamtstreuung     (SQT)= 1.449435 (df)=  9
signif. R2 wenn F > F(1,8)
                  unstand.B     SE      beta      t       TOL      VIF
   Konstante       -0.000
Prozessorkern: 0
   X 1              0.036387 0.015678 0.634338 2.320890 1.000000 1.000000
Die ermittelte Regressionsgleichung lautet:
Y = -0.000100  + (0.036387)X1
Programm beenden (j/n)?
```

Abbildung 49: Programmausgabe.

Das Modell klärt 40% der Varianz von Burnout durch chronischen Stress auf. Der Regressionskoeffizient $beta = 0.634$ ist signifikant $> t(10)_{0.975}$. Das Modell ist *signifikant* $> F(1,8)_{0.95}$. Demnach exisitiert ein plausibler Zusammenhang zwischen chronischen Stress und Burnout.

Im zweiten Schritt wird OCB als *zusätzlicher* Prädiktor in das Modell 2 aufgenommen.

$$Modell\ 2: \widehat{Burnout} = b_0 + b_1 CS + b_2 OCB$$

```
Z:\Thomas\Fernstudium Master Psychologie\Modul 1 Forschungsmethoden, multivariate Verfahre...

***            Multiple Regressionsanalyse V2.5 (C)2014 Thomas Kaul            ***
***                         Multicore-Processing                               ***
***                              Ergebnis                                      ***
Stichprobengroesse   (n)  = 10   Anzahl Praediktoren  (k)  = 2
Bestimmtheitsmass    (R2) = 0.572015  Standardfehler SE = 0.297690
Erklaerte Streuung  (SQE)= 0.829099 (df)=    2  (MQE)= 0.414549  F= 4.677861
Reststreuung        (SQR)= 0.620336 (df)=    7  (MQR)= 0.088619
Gesamtstreuung      (SQI)= 1.449435 (df)=    9
signif. R2 wenn F > F(2,7)
                    unstand.B    SE      beta       t         TOL      VIF
     Konstante       -0.000
Prozessorkern: 0
       X 1          0.044528 0.015002  0.776263  2.968098  0.893859 1.118745
Prozessorkern: 1
       X 2         -0.253889 0.152425 -0.435630 -1.665663  0.893859 1.118745
Die ermittelte Regressionsgleichung lautet:
Y = -0.000100  + (0.044528)X1  + (-0.253889)X2

Programm beenden (j/n)?
```

Abbildung 50: Programmausgabe.

Das Modell klärt 57% der Varianz von Burnout durch chronischen Stress und Organizational Citizenship Behavior auf. Chronischer Stress steht weiterhin im hochsignifikanten, positiven Zusammenhang mit einem nun höheren *beta* = 0.776 *und* > $t(10)_{0.99}$=2.7638. OCB zeigt einen nicht signifikanten, negativen Effekt auf Burnout mit einem *beta* = -0.436. Das Modell ist knapp nicht signifikant mit der Prüfgröße 4.678 und $F(2,7)_{0.95}$ = 4.7374.

Im dritten Schritt wird das Produkt (der sog. Interaktionsterm) der zwei vorhandenen Prädiktoren seinerseits als dritter Prädiktor in das Modell 3 aufgenommen. Dieses geschieht weiterhin mit den zentrierten Werten.

$$Modell\ 3: \widehat{Burnout} = b_0 + b_1 CS + b_2 OCB + b_3 (CS * OCB)$$

Tabelle 67 *Summenscores und Interaktion (zentrierte Werte)*

Person	CS	Organizational Citizenship Behavior	Interaktion	Burnout
i	X_1	X_2	$X_3=X_1 * X_2$	Y
1	9.50	-0.755	-7.173	0.619
2	2.50	-0.455	-1.138	0.056
3	-0.50	0.795	-0.398	-0.069
4	-3.50	0.495	-1.733	-0.694
5	-6.50	-0.155	1.008	0.244
6	-2.50	-0.305	0.762	0.056
7	12.50	0.795	9.938	0.556
8	-6.50	-0.105	0.682	-0.194
9	3.50	0.795	2.783	-0.319
10	-8.50	-1.105	9.393	-0.256
Sum	0.00	0.000	14.13	0.000
MW	0.00	0.000	1.413	0.000

Als Ergebnis entsteht ein nicht signifikantes Gesamtmodell mit R^2=0.576 und einem nicht signifikantem Interaktionseffekt mit einem kleinen *beta*=0.067. **Die Hypothese 1a muss anhand der vorliegenden Daten verworfen werden.**

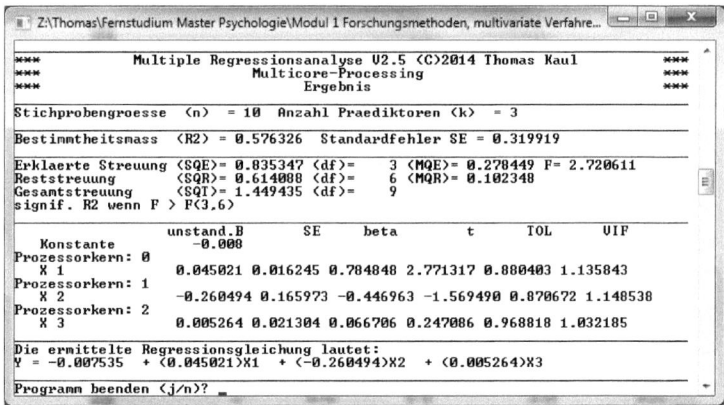

Abbildung 51: Programmausgabe.

Hypothese 1b: *Je höher die Eigeninitiative ist, desto schwächer ist der Zusammenhang zwischen chronischem Stress und Disengagement.*

Tabelle 68 *Summenscores (zentrierte Werte)*

Person i	CS X_1	Eigeninitiative X_2	Interaktion $X_3 = X_1 * X_2$	Disengagement Y
1	9.50	-1.22	-11.59	0.51
2	2.50	-0.42	-1.05	0.14
3	-0.50	0.78	-0.39	-0.11
4	-3.50	0.58	-2.03	-0.74
5	-6.50	0.18	-1.17	0.39
6	-2.50	-0.22	0.55	0.26
7	12.50	0.98	12.25	0.14
8	-6.50	0.18	-1.17	-0.24
9	3.50	0.78	2.73	-0.24
10	-8.50	-1.62	13.77	-0.11

Im ersten Schritt wird der Zusammenhang zwischen chronischem Stress (CS) und Disengagement anhand der zentrierten Daten gem. Tabelle 68 geprüft:

$$Modell\ 1: \widehat{Disengagement} = b_0 + b_1 CS$$

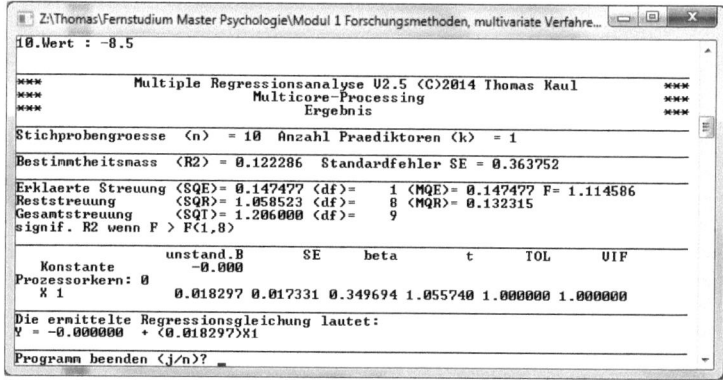

Abbildung 52: Programmausgabe.

Das Modell ist nicht signifikant und klärt 12% der Varianz von Disengagement auf.

Im zweiten Schritt wird Eigeninitiative als *zusätzlicher* Prädiktor in das Modell 2 aufgenommen.

$$\text{Modell 2:} \widehat{Disengagement} = b_0 + b_1 CS + b_2 EI$$

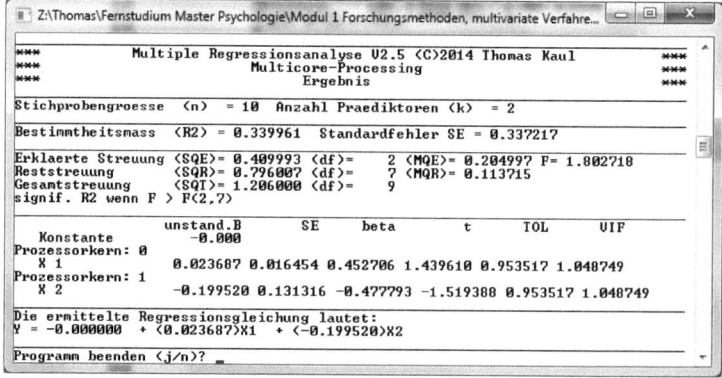

Abbildung 53: Programmausgabe.

Das Modell 2 klärt 34% der Varianz von Disengagement auf und ist mit der Prüfgröße von 1.803 in Bezug auf $F_{0.95}(2,7)$=4.7374 weiterhin nicht signifikant. Der Effekt vom chronischen Stress hat ein *beta* = 0.453 und ist nicht signifikant. Eigeninitiative hat einen negativen Effekt mit einem *beta* = -0.478, der ebenfalls nicht signifikant ist.

Im dritten Schritt wird das Produkt der zwei vorhandenen Prädiktoren seinerseits als dritter Prädiktor in das Modell 3 aufgenommen. Dieses geschieht weiterhin mit den zentrierten Werten.

$$Modell\ 3: \widehat{DIS} = b_0 + b_1 CS + b_2 EI + b_3 (CS * EI)$$

Als Ergebnis entsteht ein nicht signifikantes Gesamtmodell mit R^2=0.356 und einem nicht signifikantem Interaktionseffekt mit einem *beta* = -0.129. **Die Hypothese 1b muss anhand der vorliegenden Daten verworfen werden.**

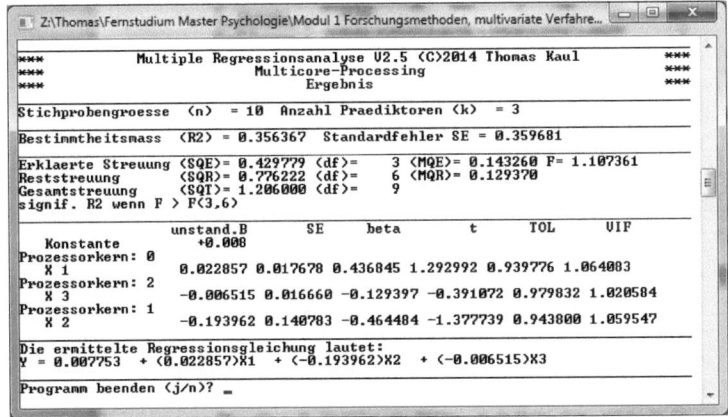

Abbildung 54: Programmausgabe.

Hypothese 2a: *Je höher das Organizational Citizenship Behavior ist, desto stärker ist der Zusammenhang zwischen chronischem Stress und Burnout.*

Tabelle 69 *Summenscores (zentrierte Werte)*

Person i	CS X_1	OCB X_2	CS*OCB $X_1 * X_2$	Burnout Y
1	9.50	-0.755	-7.1725	0.619
2	2.50	-0.455	-1.1375	0.056
3	-0.50	0.795	-0.3975	-0.069
4	-3.50	0.495	-1.7325	-0.694
5	-6.50	-0.155	1.0075	0.244
6	-2.50	-0.305	0.7625	0.056
7	12.50	0.795	9.9375	0.556
8	-6.50	-0.105	0.6825	-0.194
9	3.50	0.795	2.7825	-0.319
10	-8.50	-1.105	9.3925	-0.256

Anmerkungen.
CS=chronischer Stress, OCB=Organizational Citizenship Behavior.

$$\text{Modell 1: } \widehat{Burnout} = b_0 + b_1 CS$$
$$\text{Modell 2: } \widehat{Burnout} = b_0 + b_1 CS + b_2 OCB$$
$$\text{Modell 3: } \widehat{Burnout} = b_0 + b_1 CS + b_2 OCB + b_3 CS * OCB$$

Das Vorgehen ist analog zu der Prüfung der Hypothesen 1a und 1b, die Programmausgaben sehen wie folgt aus.

Modell 1:

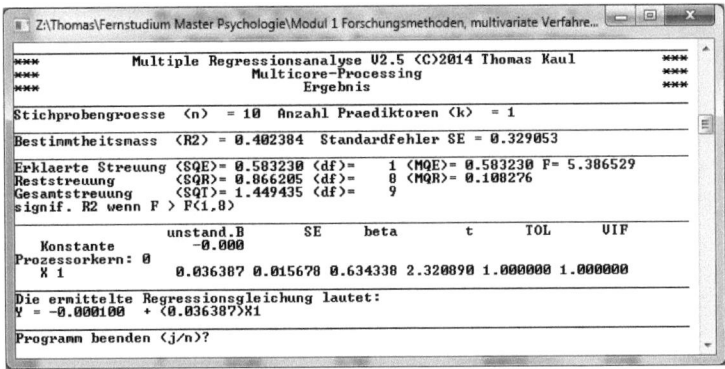

Abbildung 55: Programmausgabe.

Chronischer Stress hat einen signifikanten Effekt von *beta* = 0.634 auf Burnout *t(10)*=3.63. Es werden 40% der Varianz der Erschöpfung durch das signifikante Modell erklärt.

Modell 2:

```
Z:\Thomas\Fernstudium Master Psychologie\Modul 1 Forschungsmethoden, multivariate Verfahre...
***         Multiple Regressionsanalyse V2.5 (C)2014 Thomas Kaul         ***
***                       Multicore-Processing                           ***
***                              Ergebnis                                ***
Stichprobengroesse (n) = 10  Anzahl Praediktoren (k) = 2
Bestimmtheitsmass (R2) = 0.572015  Standardfehler SE = 0.297690
Erklaerte Streuung (SQE)= 0.829099 (df)=   2 (MQE)= 0.414549 F= 4.677861
Reststreuung       (SQR)= 0.620336 (df)=   7 (MQR)= 0.088619
Gesamtstreuung     (SQT)= 1.449435 (df)=   9
signif. R2 wenn F > F(2,7)
                      unstand.B      SE      beta        t       TOL      VIF
       Konstante        -0.000
Prozessorkern: 0
         X 1           0.044528  0.015002  0.776263  2.968098  0.893859  1.118745
Prozessorkern: 1
         X 2          -0.253889  0.152425 -0.435630 -1.665663  0.893859  1.118745
Die ermittelte Regressionsgleichung lautet:
Y = -0.000100  + (0.044528)X1  + (-0.253889)X2
Programm beenden (j/n)?
```

Abbildung 56: Programmausgabe.

Nach Aufnahme des zusätzlichen Prädiktors OCB ist das *beta* = 0.776 vom chronischen Stress gestiegen und weiterhin signifikant. Der negative Effekt *beta* = -0.436 von OCB ist jedoch nicht signifikant. Das knapp nichtsignifikante Gesamtmodell klärt nun 57% der Varianz von Erschöpfung auf, hat also eine höhere Prognosefähigkeit als das Modell 1.

Modell 3:

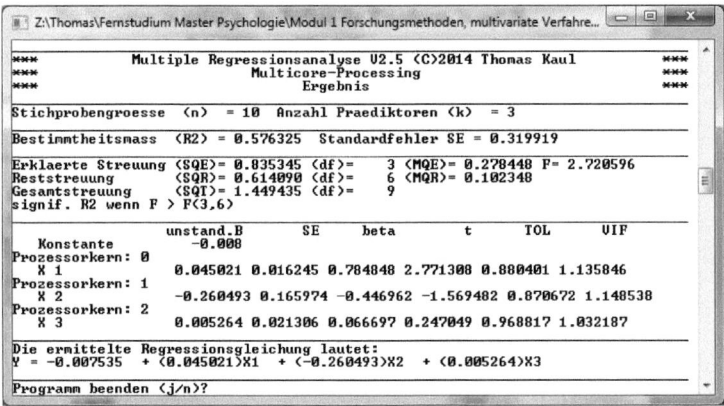

Abbildung 57: Programmausgabe.

Nach Hinzunahme des Interaktionsterms *CS*OCB* bleibt der Effekt vom chronischen Stress weiterhin signifikant. Der Effekt von OCB und der sehr kleine Interaktionseffekt *CS*OCB* sind hingegen nicht signifikant. **Die Hypothese 2a muss anhand der vorliegenden Daten verworfen werden.**

Hypothese 2b: *Je höher die Hilfsbereitschaft ist, desto stärker ist der Zusammenhang zwischen chronischem Stress und Erschöpfung.*

Tabelle 70 *Messdaten zur Studie (standardisierte Werte)*

Person i	CS X_1	HI X_2	CS*HI X_3	ERS Y
1	1.43	-0.49	-0.7007	1.52
2	0.38	0.18	0.0684	-0.05
3	-0.08	0.85	-0.068	-0.05
4	-0.53	0.85	-0.4505	-1.36
5	-0.98	-0.49	0.4802	0.21
6	-0.38	-0.72	0.2736	-0.31
7	1.88	1.07	2.0116	2.04
8	-0.98	-0.04	0.0392	-0.31
9	0.53	1.07	0.5671	-0.84
10	-1.28	-2.28	2.9184	-0.84

Anmerkungen.
CS=chronischer Stress, HI=Hilfsbereitschaft, ERS=Erschöpfung.

$$Modell\ 1: \widehat{Erschöpfung} = b_0 + b_1 CS$$
$$Modell\ 2: \widehat{Erschöpfung} = b_0 + b_1 CS + b_2 HI$$
$$Modell\ 3: \widehat{Erschöpfung} = b_0 + b_1 CS + b_2 HI + b_3 CS * HI$$

Das Vorgehen ist analog zu der Prüfung der Hypothesen 1a und 1b, die Programmausgaben sehen wie folgt aus.

Modell 1:

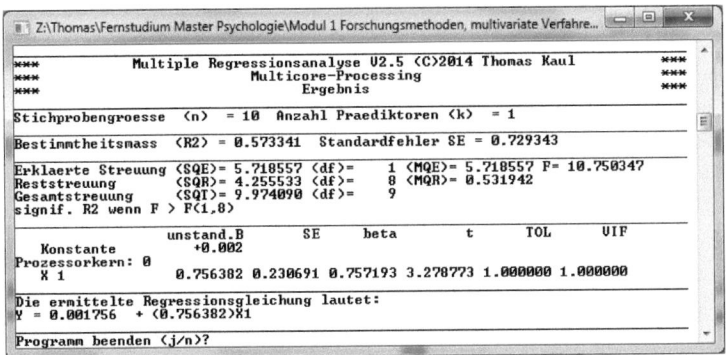

Abbildung 58: Programmausgabe.

Chronischer Stress hat einen signifikanten Effekt von $beta = 0.757$ auf Erschöpfung $t(10)=3.18$. Es werden 57% der Varianz der Erschöpfung durch das signifikante Modell erklärt.

Modell 2:

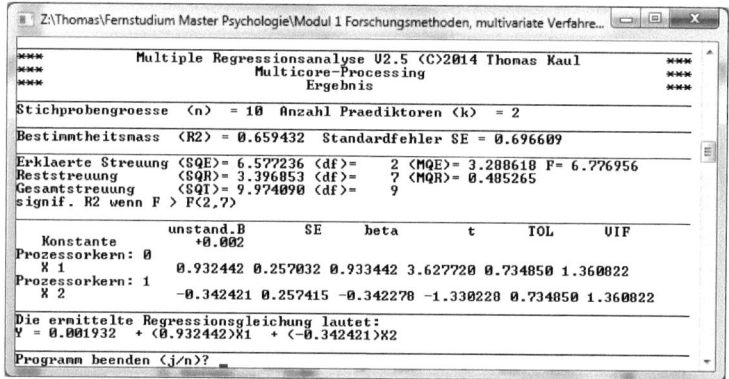

Abbildung 59: Programmausgabe.

Nach Aufnahme des zusätzlichen Prädiktors Hilfsbereitschaft ist das *beta*=0.933 vom chronischen Stress gestiegen und hochsignifikant (t(10)=3.63). Der negative Effekt von Hilfsbereitsschaft *beta*=-0.342 ist jedoch nicht signifikant. Das signifikante Gesamtmodell klärt nun 66% der Varianz von Erschöpfung auf, hat also eine höhere Prognosefähigkeit als das Modell 1.

Modell 3:

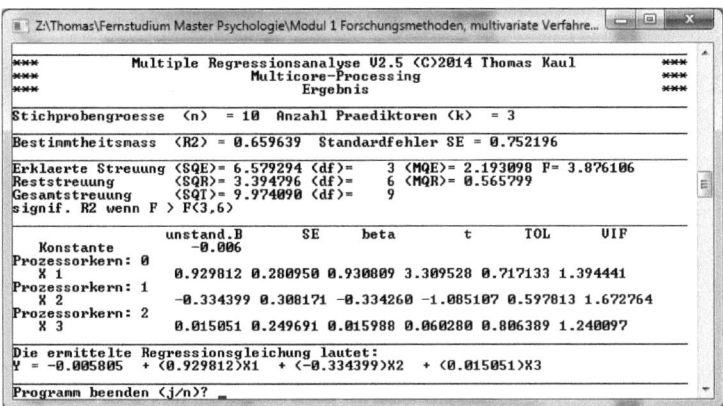

Abbildung 60: Programmausgabe.

Nach Hinzunahme des Interaktionsterms *CS*HI* bleibt der Effekt vom chronischen Stress signifikant. Die Effekte von HI und vom Interaktionsterm *CS*HI* sind hingegen nicht signifikant. **Die Hypothese 2b muss anhand der vorliegenden Daten verworfen werden.**

6.4. Bootstrap-Analysen

Zur praktischen Veranschaulichung des Bootstrapping-Verfahrens wird in diesem Abschnitt eine vertiefende Untersuchung der bereits diskutierten Hypothesen 1a und 1b vorgenommen. Bedingt durch die kleine Stichprobengröße von $n=10$ wird jeweils eine Modelldiagnose hinsichtlich Ausreißer und einflussreicher Datenpunkte durchgeführt.

Hypothese 1a: *Je höher das Organizational Citizenship Behavior ist, desto schwächer ist der Zusammenhang zwischen chronischem Stress und Burnout.*

Zunächst werden die vorliegenden Daten einer Bootstrap-Analyse mit $n=500$ resamples unterzogen. Die zusammengefassten Ergebnisse gehen aus **Abbildung 61** hervor, eine detaillierte Dokumentation ist in Anhang B-1 aufgelistet.

```
***           Multiple Regressionsanalyse v5.4 (C)2015 Thomas Kaul    ***
***                          Cluster-Processing                        ***
***                        Ergebnis - Bootstrapping                    ***
                          500 Resamples berechnet
                    Durchschnittliche Parameterschaetzungen
Sample R2       F         SE        Regressionskoeffizienten
  500  0.746  957.255  -1.#IO  -0.000  -0.000  -0.000  -0.001
                          90% Konfidenzintervalle
b0 : [-0.007 ..  0.047]
b1 : [-0.039 ..  0.078]
b2 : [ 0.014 ..  0.117]
b3 : [-0.297 ..  0.188]
Laufzeitanalyse:
Anzahl Regressionsanalysen:        500
Anzahl invertierter Matrizen:      500
Anzahl Determinantenberechnungen: 34825
Laufzeit in Sekunden: 6

DISCLAIMER. Copyright 2014, 2015 Thomas Kaul. This software comes with
absolutely no warranty. Any damage, harm or consequences by using this
software is beyond liability of the author.
```

Abbildung 61: Bootstrap-Analyse zu Hypothese 1a.

Die mittleren Regressionskoeffizienten und ihre 90%-Konfidenzintervalle sind relativ wenig aussagekräftig. Der Regressionskoeffizient b_1 bezieht sich auf das Konstrukt chronischer Stress mit den Intervallgrenzen -.0.39 bis .078. Der auf das Konstrukt OCB bezogene Regressionskoeffizient b_2 weist Intervallgrenzen im positiven Bereich von .014 bis .117 auf. Der Interaktionseffekt von chronischem Stress und OCB hat als 90%-Konfidenzintervall die Grenzen -.297 bis .188.

Die relativ wenig aussagekräftigen Konfidenzintervalle entstehen letztlich durch den Einfluss von Ausreißern auf die verschiedenen Merkmale. Ein Bottstrapping mittelt zwar solche Einflüsse aus, eliminiert sie jedoch nicht vollständig. Diagnostiziert man das Modell mithilfe einer einzelnen mutliplen Regression, so gibt die Analyse der Residuen (**Abbildung 62**) und der Mahalanobis-Distanzen (**Abbildung 63**) Aufschluss über die Existenz dieser einflussreichen Datenpunkte.

```
*** Ergebnisse der Residualanalyse ***

Vpn   y              Schaetzwert      Residuum
1     0.619000       0.579076         0.039924
2     0.056000       0.217551         -0.161551
3     -0.069000      -0.239233        0.170233
4     -0.694000      -0.303174        -0.390826
5     0.244000       -0.254487        0.498487
6     0.056000       -0.036625        0.092625
7     0.556000       0.400445         0.155555
8     -0.194000      -0.269228        0.075228
9     -0.319000      -0.042405        -0.276595
10    -0.256000      -0.052921        -0.203079
```

Abbildung 62: Modelldiagnose: Residuen.

```
*** Mahalanobis-Distanzen zu den Praediktoren ***

Vpn  X 1       X 2       X 3
 1   1.431366  1.155774  1.779538
 2   0.376675  0.696526  0.528634
 3   0.075335  1.217007  0.375250
 4   0.527345  0.757759  0.651962
 5   0.979356  0.237278  0.083822
 6   0.376675  0.466902  0.134812
 7   1.883376  1.217007  1.767143
 8   0.979356  0.160737  0.151394
 9   0.527345  1.217007  0.284091
10   1.280696  1.691563  1.654178
```

Abbildung 63: Modelldiagnose: Mahalonobis-Distanzen.

Die Ergebnisse der Modelldiagnose zeigen, dass Versuchsperson (Vpn) 5 das höchste Residuum mit einem Betrag von 0.498487 aufweist. Bezogen auf das Konstrukt chronischer Stress (X_1) haben die Vpn 1, 7 und 10 höhere Werte in ihren Mahalanobis-Distanzen. Bezogen auf OCB (X_2) fallen hier die Vpn 7, 9 und 10 auf.

Interessant ist nun die Frage, ob sich andere, aussagekräftigere Konfidenzintervalle aus einer Bootstrap-Analyse auf einem um diese Ausreißer bereinigten Datensatz ergeben. Es steht zu vermuten, dass hierdurch eindeutigere Ergebnisse und möglicherweise auch schmalere Konfidenzintervalle entstehen könnten.

Zur Verifikation soll nun eine Bootstrap-Analyse mit einem bereinigten Datensatz nach Entfernung der fünf Vpn 1, 5, 7, 9 und 10 erfolgen. Die Stichprobengröße ist also um die Hälfte auf $n=5$ reduziert worden.

Tabelle 71 *Bereinigter Datensatz (vormals zentrierte Werte)*

Person	CS	Organzational Citizenship Behavior (OCB)	$X_3=X_1*X_2$	Burnout
i	X_1	X_2		Y
2	2.50	-0.455	-1.1375	0.056
3	-0.50	0.795	-0.3975	-0.069
4	-3.50	0.495	-1.7325	-0.694
6	-2.50	-0.305	0.7625	0.056
8	-6.50	-0.105	0.6825	-0.194
Sum	-10.50	0.425	-1.8225	-0.845
MW	-2.10	0.085	-0.3645	-0.169

Die Bootstrap-Analyse (detaillierte Daten hierzu sind im Anhang B-2 aufgelistet) zeigt jedoch auch beim bereinigten Datensatz weiterhin keinen eindeutigen Befund. Tendenziell würde OCB eher in einem positiven Zusammenhang mit Burnout stehen.

```
                    Durchschnittliche Parameterschaetzungen
Sample R2      F         SE        Regressionskoeffizienten

  500 1.#IO 1.#IO -1.#IO 271.525 130.278 -763.672 1818.141

                         90% Konfidenzintervalle

b0 : [0.131  .. 0.147]           Intercept
b1 : [-0.102 .. 0.366]           Chron.Stress
b2 : [0.005  .. 1.357]           OCB
b3 : [-5.068 .. 6.072]           Chron.Stress x OCB

Laufzeitanalyse:
Anzahl Regressionsanalysen:           500
Anzahl invertierter Matrizen:         500
Anzahl Determinantenberechnungen:     36651
Laufzeit in Sekunden:                 4


DISCLAIMER. Copyright 2014, 2015 Thomas Kaul. This software comes with
absolutely no warranty. Any damage, harm or consequences by using this
software is beyond liability of the author.
```

Abbildung 64: Bootstrap-Analyse zum bereinigten Datensatz.

Allerdings führt die Bereinigung des Datensatzes bei Durchführung einer einzelnen multiplen Regressionsanalyse (

Abbildung 65) zu einem deutlichen Anstieg der Modellpassung mit einem $R^2 = 98.04\%$. Für den Interaktionseffekt (X_3) beträgt der Regressionskoeffizient $b_2 = 0.264$ bzw. $beta = 0.93$.

```
***          Multiple Regressionsanalyse V5.4 (C)2015 Thomas Kaul    ***
***                      Cluster-Processing                          ***
***                            Ergebnis                              ***

Stichprobengroesse  (n) = 5   Anzahl Praediktoren (k) = 3

Bestimmtheitsmass  (R2) = 0.980428   Standardfehler SE = 0.087087

Erklaerte Streuung (SQE)= 0.379916 (df)=   3  (MQE)= 0.126639 F= 16.697657
Reststreuung       (SQR)= 0.007584 (df)=   1  (MQR)= 0.007584
Gesamtstreuung     (SQT)= 0.387500 (df)=   4
signif. R2 wenn F > F(3,1)

                  unstand.B      SE      beta       t       TOL       VIF
     Konstante     +0.103

Die ermittelte Regressionsgleichung lautet:
Y = 0.102724 + (0.081470)X1 + (-0.052508)X2 + (0.263852)X3


*** Ergebnisse der Residualanalyse ***

Vpn  y           Schaetzwert  Residuum
 1   0.056000   0.030158      0.025842
 2  -0.069000  -0.084636      0.015636
 3  -0.694000  -0.665536     -0.028464
 4   0.056000   0.116252     -0.060252
 5  -0.194000  -0.241237      0.047237

*** Mahalanobis-Distanzen zu den Praediktoren ***

Vpn  X 1       X 2       X 3
 1   1.529937  1.125000  0.785967
 2   0.532152  1.479167  0.033554
 3   0.465633  0.854167  1.390948
 4   0.133038  0.812500  1.145905
 5   1.463418  0.395833  1.064563

*** Ergebnisse der Laufzeitanalyse Hauptregression ***
Anzahl Regressionsanalysen:            1
Anzahl invertierter Matrizen:          1
Anzahl Determinantenberechnungen:     67
Laufzeit in Sekunden: 3

(cpu 99 core 1) X3  0.263852  0.044510  0.932149  5.927897  0.791514  1.263402
(cpu 99 core 0) X1  0.081470  0.013062  0.879893  6.237070  0.983390  1.016891
(cpu 99 core 0) X2 -0.052508  0.081820 -0.090536 -0.641749  0.983390  1.016891

*** Ergebnisse der Laufzeitanalyse Unterregressionen ***
Anzahl Unterregressionsanalysen:       3
Anzahl invertierter Matrizen:          3
Anzahl Determinantenberechnungen:     15
Laufzeit in Sekunden: 0

DISCLAIMER. Copyright 2014, 2015 Thomas Kaul. This software comes with
absolutely no warranty. Any damage, harm or consequences by using this
software is beyond liability of the author.
```

Abbildung 65: Einzelne Regressionsanalyse zum bereinigten Datensatz.

Hypothese 1b: *Je höher die Eigeninitiative ist, desto schwächer ist der Zusammenhang zwischen chronischem Stress und Disengagement.*

Tabelle 72 *Summenscores (zentrierte Werte)*

Person i	CS X_1	Eigeninitiative X_2	Interaktion $X_3 = X_1 * X_2$	Disengagement Y
1	9.50	-1.22	-11.59	0.51
2	2.50	-0.42	-1.05	0.14
3	-0.50	0.78	-0.39	-0.11
4	-3.50	0.58	-2.03	-0.74
5	-6.50	0.18	-1.17	0.39
6	-2.50	-0.22	0.55	0.26
7	12.50	0.98	12.25	0.14
8	-6.50	0.18	-1.17	-0.24
9	3.50	0.78	2.73	-0.24
10	-8.50	-1.62	13.77	-0.11

Zur Bootstrapping-Analyse der Hypothese 1b wird zunächst direkt eine einzelne Regressionsanalyse auf die in Tabelle 72 dargestellten vollständigen Ausgangsdaten durchgeführt (Abbildung 66). Hiermit soll die Diagnose des Modells bezüglich der einflussreichen Datenpunkte vorgenommen werden.

```
***         Multiple Regressionsanalyse V5.4 (C)2015 Thomas Kaul     ***
***                      Cluster-Processing                          ***

Stichprobengroesse  (n) = 10  Anzahl Praediktoren (k)  = 3

Bestimmtheitsmass  (R2) = 0.356367  Standardfehler SE = 0.359681

Erklaerte Streuung (SQE)= 0.429779 (df)=  3  (MQE)= 0.143260 F= 1.107361
Reststreuung       (SQR)= 0.776221 (df)=  6  (MQR)= 0.129370
Gesamtstreuung     (SQT)= 1.206000 (df)=  9
signif. R2 wenn F > F(3,6)

              unstand.B      SE      beta       t       TOL       VIF
   Konstante    +0.008

Die ermittelte Regressionsgleichung lautet:
Y = 0.007753 + (0.022857)X1 + (-0.193962)X2 + (-0.006515)X3

*** Ergebnisse der Residualanalyse ***

Vpn    y        Schaetzwert  Residuum
 1   0.510000    0.537043    -0.027043
 2   0.140000    0.153202    -0.013202
 3  -0.110000   -0.152425     0.042425
 4  -0.740000   -0.171520    -0.568480
 5   0.390000   -0.168111     0.558111
 6   0.260000   -0.010302     0.270302
 7   0.140000    0.023578     0.116422
 8  -0.240000   -0.168111    -0.071889
 9  -0.240000   -0.081323    -0.158677
10  -0.110000    0.037969    -0.147969

*** Mahalanobis-Distanzen zu den Praediktoren ***

Vpn  X 1       X 2       X 3
 1  1.431366  1.467008  1.852931
 2  0.376675  0.505035  0.324770
 3  0.075335  0.937923  0.229079
 4  0.527345  0.697430  0.466857
 5  0.979356  0.216444  0.342169
 6  0.376675  0.264542  0.092792
 7  1.883376  1.178416  1.603553
 8  0.979356  0.216444  0.342169
 9  0.527345  0.937923  0.223280
10  1.280696  1.947994  1.823933

*** Ergebnisse der Laufzeitanalyse Hauptregression ***
Anzahl Regressionsanalysen:       1
Anzahl invertierter Matrizen:     1
Anzahl Determinantenberechnungen: 63
Laufzeit in Sekunden: 4

(cpu 99 core 1) X3 -0.006515 0.016575 -0.129397 -0.393070 0.989920 1.010183
(cpu 99 core 0) X1  0.022857 0.017550  0.436845  1.302386 0.953517 1.048749
(cpu 99 core 0) X2 -0.193962 0.140064 -0.464484 -1.384815 0.953517 1.048749

*** Ergebnisse der Laufzeitanalyse Unterregressionen ***
Anzahl Unterregressionsanalysen:   3
Anzahl invertierter Matrizen:      3
Anzahl Determinantenberechnungen: 15
Laufzeit in Sekunden: 0

DISCLAIMER. Copyright 2014, 2015 Thomas Kaul. This software comes with
absolutely no warranty. Any damage, harm or consequences by using this
software is beyond liability of the author.
```

Abbildung 66: Einzelne Regressionsanalyse zur Hypothese 1b.

Den Ergebnissen dieser Modelldiagnose entsprechend werden die Vpn 1, 4, 5, 7 und 10 ausgeschlossen und ein bereinigter Datensatz gebildet (Tabelle 73). Mit dem bereinigten Datensatz wird nun erneut eine einzelne multiple Regression ausgeführt. Das Bestimmtheitsmaß des Modells ist von zuvor $R^2 = 0.36$ auf $R^2 = 0.67$ gestiegen (

Abbildung **67**).

Tabelle 73 *Summenscores (bereinigter Datensatz)*

Person i	CS X_1	Eigeninitiative X_2	Interaktion $X_3 = X_1 * X_2$	Disengagement Y
2	2.50	-0.42	-1.05	0.14
3	-0.50	0.78	-0.39	-0.11
6	-2.50	-0.22	0.55	0.26
8	-6.50	0.18	-1.17	-0.24
9	3.50	0.78	2.73	-0.24

```
***        Multiple Regressionsanalyse V5.4 (C)2015 Thomas Kaul      ***
***                    Cluster-Processing                            ***

Stichprobengroesse  (n) = 5  Anzahl Praediktoren (k)  = 3

Bestimmtheitsmass  (R2) = 0.655723  Standardfehler SE = 0.267136

Erklaerte Streuung (SQE)= 0.135918 (df)=   3  (MQE)= 0.045306 F= 0.634878
Reststreuung       (SQR)= 0.071362 (df)=   1  (MQR)= 0.071362
Gesamtstreuung     (SQT)= 0.207280 (df)=   4
signif. R2 wenn F > F(3,1)

                  unstand.B       SE     beta       t       TOL      VIF
     Konstante      +0.044

Die ermittelte Regressionsgleichung lautet:
Y = 0.043961 + (0.009011)X1 + (-0.355791)X2 + (0.019560)X3

*** Ergebnisse der Residualanalyse ***

Vpn   y         Schaetzwert  Residuum
 1    0.140000   0.195384   -0.055384
 2   -0.110000  -0.245690    0.135690
 3    0.260000   0.110464    0.149536
 4   -0.240000  -0.101541   -0.138459
 5   -0.240000  -0.148617   -0.091383

*** Mahalanobis-Distanzen zu den Praediktoren ***

Vpn  X 1       X 2       X 3
 1   0.888889  1.289317  0.825368
 2   0.055556  1.128152  0.365281
 3   0.500000  0.886405  0.289994
 4   1.611111  0.080582  0.909020
 5   1.166667  1.128152  1.809675

*** Ergebnisse der Laufzeitanalyse Hauptregression ***
Anzahl Regressionsanalysen:         1
Anzahl invertierter Matrizen:       1
Anzahl Determinantenberechnungen:  81
Laufzeit in Sekunden: 4

(cpu 99 core 1) X3  0.019560  0.098602  0.137809  0.198373  0.713375  1.401787
(cpu 99 core 0) X1  0.009011  0.033625  0.159332  0.267986  0.974026  1.026667
(cpu 99 core 0) X2 -0.355791  0.243861 -0.867403 -1.458989  0.974026  1.026667

*** Ergebnisse der Laufzeitanalyse Unterregressionen ***
Anzahl Unterregressionsanalysen:    3
Anzahl invertierter Matrizen:       3
Anzahl Determinantenberechnungen:  15
Laufzeit in Sekunden: 0

DISCLAIMER. Copyright 2014, 2015 Thomas Kaul. This software comes with
absolutely no warranty. Any damage, harm or consequences by using this
software is beyond liability of the author.
```

Abbildung 67: Ergebnis der multiplen Regression.

Die anschließende Ausführung einer Bootstrap-Analyse mit 500 resamples zeigt ein Ergebnis mit einer deutlicheren Tendenz. Die Konstante b_0 sowie die Regressionskoeffizienten b_1 (chronischer Stress) und b_2 (Eigeninitiative) weisen 90%-Konfidenzintervalle im positiven Wertebereich auf. Der zum Interaktionseffekt zugehörige Regressionskoeffizient b_3 hat allerdings als linke Intervallgrenze -5.30 und als rechte 16.26.

```
***           Multiple Regressionsanalyse V5.4 (C)2015 Thomas Kaul      ***
***                          Cluster-Processing                          ***
***                       Ergebnis - Bootstrapping                       ***

                            500 Resamples berechnet

                    Durchschnittliche Parameterschaetzungen
Sample R2       F        SE       Regressionskoeffizienten

  500  827377202116788140000000000.000  1.#IO -1.#IO 0.000 0.000 0.002 -0.001

                            90% Konfidenzintervalle

b0 : [0.044 .. 0.263]
b1 : [0.168 .. 0.524]
b2 : [0.165 .. 0.588]
b3 : [-5.302 .. 16.257]

Laufzeitanalyse:
Anzahl Regressionsanalysen:         500
Anzahl invertierter Matrizen:       500
Anzahl Determinantenberechnungen: 35749
Laufzeit in Sekunden: 1

DISCLAIMER. Copyright 2014, 2015 Thomas Kaul. This software comes with
absolutely no warranty. Any damage, harm or consequences by using this
software is beyond liability of the author.
```

Abbildung 68: Ergebnis der Bootstrap-Analyse.

6.5. Kritik und Einschränkungen

Die an der vorliegenden Stichprobe vorgenommenen Analysen dienten ausschließlich zur methodischen Illustration. Zu den hieraus gewonnenen Ergebnissen müssen bei deren Interpretation bestehende Einschränkungen kritisch gewürdigt werden.

Zum einen ist der geringe Stichprobenumfang von $n=10$ problematisch. Wie im Abschnitt 6.4 gezeigt, unterliegen die Ergebnisse einem starken Einfluss bestimmter Versuchspersonen. Eine Bereinigung des Datensatzes um diese Personen verringert den Stichprobenumfang noch weiter. Eine statistisch optimale Stichprobengröße besteht aus ca. 80 Versuchspersonen, zur Sicherstellung einer angemessenen Repräsentativität ist jedoch ein Stichprobenumfang von $n=250$ empfehlenswert (Kaul, 2014).

Zudem unterliegt die Repräsentativität der Studie gewissen Einschränkungen. Es wurden Personen, die zum Zeitpunkt der Befragung in einer einzigen medizinischen Versorgungseinrichtung beschäftigt waren, befragt. Möglicherweise hängen die Ergebnisse auch von der spezifischen Unternehmenskultur dieser Einrichtung, dort vorherrschenden Präferenzen in der Personalauswahl und weiteren Faktoren ab.

Literaturverzeichnis

Fahrmeir, L., Künstler, R., Pigeot, I. & Tutz, G. (2007*). Statistik.* (6.Aufl.). Berlin Heidelberg New York: Springer.

Kaul, T. (2014). *Prädiktion von Burnout im Arbeitsleben. Die Rolle von Hilfsbereitschaft und Eigeninitiative.* Unveröffentlichte Bachelorarbeit. Fernuniversität Hagen.

MPI (2014). The Message Passing Interface (MPI) standard. Zugriff am 13.12.2014 unter:
http://www.mcs.anl.gov/research/projects/mpi/

OpenMP (2014). The OpenMP API Specification for Parallel Programming. Zugriff am 13.12.2014 unter:
http://openmp.org/wp/

Papula, L. (1994). *Mathematische Formelsammlung für Ingenieure und Naturwissenschaftler.* (4.Aufl.). Braunschweig, Wiesbaden: Vieweg.

Sedlmeier, P., Renkewitz, F. (2013). *Forschungsmethoden und Statistik.* (2.Aufl.). München: Pearson.

Anhang

A-1: Quellcode zum Versuch 1

```c
/* Programm zur multiplen linearen Regressionsanalyse
Version 1.8 Autor: Thomas Kaul */

/*
Releasenotes

v1.2 (2014.11.01) Codeoptimierungen, Berechnung der
Standardfehler und Teststatistiken der
Regressionskoeffizienten
v1.3 (2014.11.02) Indikatoren fuer
Multikollinearitaet, Toleranz (TOL) und Varianz-
Inflations-Faktor (VIF)
v1.4 (2014.11.08) Integration Zufallszahlengenerator
zur Laufzeitdiagnose von komplexen Regressionsanalysen
v1.5 (2014.11.09) Ausgabe der Anzahl der
Matrizeninversionen zur Laufzeitdiagnose
v1.6 (2014.11.10) Erweiterung der Laufzeitdiagnose,
verfeinerte Abbildung Matrizeninversionen und
Determinantenoperationen
v1.7 (2014.11.11) Aenderung Datentypen fuer
Laufzeitdiagnose zur Darstellung sehr grosser Zahlen
v1.8 (2014.11.19) Abfrage zur Beendigung des Programms

*/

#include <stdio.h>
#include <math.h>
#include <stdlib.h>
#include <time.h>

#define max_n 20                /* max. Stichprobengroesse */
#define max_m 20                /* max. Anzahl Praediktoren + Kriterium */

long double ops;                /* globale Variable: Anzahl Matrixinversionen zur Laufzeitdiagnose */
long double ops2;               /* globale Variable: Anzahl Determinantenberechnungen zur Laufzeitdiagnose */
```

```c
typedef struct matr                     /* Datenstruktur fuer Matrizen */
{
    int m;                              /* Anzahl Zeilen */
    int n;                              /* Anzahl Spalten */
    float a[max_n][max_m];              /* Matrixelement */
} matrix;

typedef struct regression               /* Datenstruktur fuer das Ergebnis einer Regressionsanalyse */
{
    float sqe;                          /* Quadratsumme erklaerte Varianz */
    float sqr;                          /* Quadratsumme Residualvarianz */
    float sqt;                          /* Quadratsumme Gesamtvarianz */
    float mqe;                          /* mittlere Quadratsumme der erklaerten Varianz */
    float mqr;                          /* mittlere Quadratsumme der Residualvarianz */
    float f;                            /* Pruefwert fuer F-Verteilung */
    float se;                           /* Standardfehler der Regression */
    float r2;                           /* Varianzaufklaerung der Regression */
    matrix b;                           /* Ergebnisvektor der Regressionskoeffizienten */
} regression_ergebnis;

void fehler(int f)
/* Umgang mit Fehlersituationen */
{
    printf("\nFehlercode (%d): ", f);
    switch (f)
```

```
        {
        case 0: printf("Stichprobengroesse muss groesser
als 0 sein."); break;
        case 1: printf("Stichprobengroesse zu hoch, maximal
N= %d erlaubt.", max_n); break;
        case 2: printf("Anzahl der Praediktoren zu hoch,
maximal %d erlaubt.", max_m - 1); break;
        case 3: printf("Mindestens ein Praediktor
erforderlich."); break;
        case 4: printf("beim Anlegen einer Matrix mind. 1
Zeile und 1 Spalte erforderlich."); break;
        case 5: printf("Fehler bei Matrizenmultiplikation,
Spaltenanzahl A <> Zeilenanzahl B."); break;
        case 6: printf("Determinante nicht definiert,
zugrundeliegende Matrix ist nicht quadratisch.");
break;
        case 7: printf("Fehler beim Adjungieren einer
Matrix, zu entfernende Zeile oder Spalte nicht
vorhanden."); break;
        case 8: printf("Fehler, Regressionsrechnung ohne
Praediktor."); break;
        case 9: printf("Fehler beim Versuch eine Matrix zu
invertieren, Determinante ist Null."); break;
        default:printf("unvorhergesehener Fehler.");
break;
        }
        printf("\n\n*** Programmende ***\n");
        exit(0);
}

matrix init_matrix(int m, int n)

/* liefert eine Null-Matrix vom Typ (m,n) an */
{
    int i, k;
    matrix x;
    if (m < 1 || n < 1) fehler(4);
    x.m = m;
    x.n = n;
    for (i = 1; i <= m; i++)
                /* alle Zeilen durchlaufen */
           for (k = 1; k <= n; k++)
                /* alle Spalten durchlaufen */
                x.a[i - 1][k - 1] = 0;
                /* Matrixelement auf Null setzen */
    return (x);
}

matrix transp_matrix(matrix X)
/* liefert eine transponierte Matrix Y zur
Ausgangsmatrix X */
```

```c
{
    matrix Y;
    int i, k;

    Y = init_matrix(X.n, X.m);
                /* aus Matrix vom Typ (m,n) eine Matrix vom Typ (n,m) erzeugen */
    for (i = 1; i <= X.m; i++)
                /* für alle Zeilen von X */
        for (k = 1; k <= X.n; k++)
                /* für alle Spalten von X */
            Y.a[k - 1][i - 1] = X.a[i - 1][k - 1]; /* Matrix stuerzen */
    return (Y);
}

void print_matrix(matrix X)
/* gibt eine Matrix X aus */
{
    int i, k;
    for (i = 1; i <= X.m; i++)
                /* alle Zeilen durchlaufen */
    {
        printf("\n");
        for (k = 1; k <= X.n; k++)
                /* alle Spalten durchlaufen */
            printf("%4.2f ", X.a[i - 1][k - 1]);      /* Matrixelement ausgeben */
    }
}


matrix multipliziere_matrix(matrix A, matrix B)
/* liefert Produkt der Matrizen A und B */
{
    int i,k,j;
    float skalarprod;
    matrix C;
    if (A.n != B.m) fehler(5);
                /* Spaltenanzahl von A ungleich Zeilenanzahl B, Multiplikation nicht moeglich */
    C = init_matrix(A.m,B.n);
    for (i = 1; i <= A.m; i++)
                /* alle Zeilen von A durchlaufen*/
        for (k = 1; k <= B.n; k++)
                /* alle Spalten von B durchlaufen */
        {
            skalarprod = 0;
            for (j = 1; j <= A.n; j++)
```

```
                    skalarprod = skalarprod +
(A.a[i-1][j-1] * B.a[j-1][k-1]);
                C.a[i - 1][k - 1] = skalarprod;
        }
    return(C);
}

matrix adjungiere_matrix(matrix A, int z, int s)
/* liefert aus Matrix A die adjungierte Matrix B wobei
aus z-te Zeile und s-te Spalte entfernt wurde */
{
    int i, k;
    matrix B;
    /* print_matrix(A); */

    if (A.m < z || A.n < s) fehler(7);
            /* zu entfernende Zeile oder Spalte
nicht vorhanden */

    if (A.m == 1 || A.n == 1)
                    /* Matrix hat nur eine Zeile
oder eine Spalte */
    {
        B = init_matrix(1, 1);
        B.a[0][0] = A.a[0][0];
    }
    else
    {
        if (A.m > 1 && A.n > 1)
                            /* A hat
mind. 2 Spalten und 2 Zeilen */
        {
            B = init_matrix(A.m - 1, A.n - 1);
                /* B vom Typ (m-1,n-1) */
            for (i = 1; i < z; i++)
                            /* alle
Zeilen bis vor Zeile z durchlaufen */
            {
                for (k = 1; k < s; k++)
                        /* alle
Spalten bis vor Spalte s durchlaufen */
                {
                    B.a[i - 1][k - 1] =
A.a[i - 1][k - 1];/* Matrixelemente uebertragen */
                }
                for (k = s + 1; k <= A.n;
k++)            /* alle Spalten ab
s+1 bis n durchlaufen */
                {
```

```c
                                            B.a[i - 1][k - 2] = A.a[i - 1][k - 1]; /* Matrixelemente uebertragen, Spaltenindex in B -1 */
                        }
                    }
                    for (i = z + 1; i <= A.m; i++)                  /* alle Zeilen ab z+1 bis m durchlaufen */
                    {
                        for (k = 1; k < s; k++)                  /* alle Spalten bis vor Spalte s durchlaufen */
                        {
                                            B.a[i - 2][k - 1] = A.a[i - 1][k - 1]; /* Matrixelemente uebertragen, Zeilenindex in B -1 */
                        }
                        for (k = s + 1; k <= A.n; k++)                  /* alle Spalten ab s+1 bis n durchlaufen */
                        {
                                            B.a[i - 2][k - 2] = A.a[i - 1][k - 1]; /* Matrixelemente uebertragen, Spaltenindex in B -1 */
                        }
                    }
                }
                if (A.m > 1 && A.n == 1)                  /* nur eine Spalte, aber mehrere Zeilen */
                {
                    B = init_matrix(1, 1);
                    B.a[0][0] = A.a[z - 1][0];
                }
                if (A.m == 1 && A.n > 1)                  /* nur eine Zeile, aber mehrere Spalten */
                {
                    B = init_matrix(1, 1);
                    B.a[0][0] = A.a[0][s - 1];
                }
        }

    return (B);
}


float det_matrix (matrix A)
/* liefert Determinante einer quadratischen Matrix A */
{
```

```
    float det;
    int k, vorzeichen;
    if (A.m != A.n) fehler(6);
                /* Matrix nicht quadratisch,
Determinante nicht bestimmbar */

    ops2 = ops2 + 1;

    if (A.m == 1)
          det = A.a[0][0];
    else
    {
          det = 0;
          vorzeichen = -1;
          for (k = 1; k <= A.n; k++)
                /* Entwicklung nach der ersten
Zeile durchfuehren */
                {
                      vorzeichen = vorzeichen * -1;
                      det = det + (vorzeichen * A.a[0][k-
1] * det_matrix(adjungiere_matrix(A, 1, k)));
                }
    }
    return (det);
}

matrix invertiere_matrix(matrix X)
/* liefert eine invertierte Matrix Y zur Matrix X */
{
    matrix Y;
    float determinante, faktor;
    int i, j, k, vorzeichen;
    determinante = det_matrix(X);
    if (determinante == 0) fehler(9);
          /* Matrix nicht invertierbar */
    else
    {
          ops = ops + 1;
                      /* Zaehler fuer
Laufzeitanalyse */


                                            /*
experimentelle Codesequenz */
                printf("\r|");
                printf("\r/");
                printf("\r-");
                printf("\r\\");
                            /* Ende
experimentelle Codesequenz */
```

```
                Y = init_matrix(X.m, X.n);
                faktor = 1 / determinante;
                for (i = 1; i <= X.m; i++)
                        /* alle Zeilen durchlaufen */
                {
                        for (k = 1; k <= X.n; k++)
                        /* alle Spalten durchlaufen */
                        {
                                vorzeichen = 1;
                                for (j = 1; j <= i + k; j++)
                                        vorzeichen =
vorzeichen * -1;
                                Y.a[i - 1][k - 1] = faktor *
vorzeichen * det_matrix(adjungiere_matrix(X, k, i));
                        }
                }
        }
        return (Y);
}

regression_ergebnis regressionsanalyse(matrix y,
matrix X, int n, int p, int ausgabe)
/* fuehrt eine Regressionsanalyse durch,
   y Kriteriumsvektor, erste Spalte von X mit Einsen,
zweite bis k+1-te Spalte Preaediktoren
   n = Stichprobengroesse
   p = Anzahl der Praediktoren
   ausgabe = 0 : keine Ausgabe von Ergebnissen,
ausgabe = 1 von Ergebnissen

   Datenstruktur Ergebnis
   sqe,sqr,sqt,mqe,mqr,f,se,r2,b (Ergebnisvektor)

   */
{
   regression_ergebnis
           result,                          /* Ergebnis der
Regressionsanalyse */
           se_praed_berechnung;
                   /* Regressionsanalyse zur
Berechnung des Standardfehlers der Praediktoren */

     int
           i,                               /*
Zeilenindex */
```

```
              j,                        /* Spaltenindex */
              k;                        /* Spaltenindex */
        float
              sum_y,                    /* Summe des Kriteriums */
              avg_y,                    /* arithm. Mittel Kriterium */
              var_y,                    /* Varianz des Kriteriums */
              sd_y,                     /* Standardabweichung des Kriteriums */
              y_dach,                   /* aus Regressionsgleichung vorhergesagter Wert des Kriteriums */
              sqt,                      /* Quadratsumme Gesamtvarianz */
              sqe,                      /* Quadratsumme erklaerte Varianz */
              sqr,                      /* Quadratsumme Residualvarianz */
              r2,                       /* Bestimmtheitsmass R-Quadrat */
              mqe,                      /* mittlere Quadratsumme erklaerte Varianz */
              mqr,                      /* mittlere Quadratsumme Residualvarianz */
              f,                        /* Pruefstatistik zur F-Verteilung */
              se,                       /* Standardfehler der Regression */
              sum_x,                    /* Summe des Praediktors xk*/
```

```
        var_x,                    /* Varianz des Praediktors xk */
        avg_x,                    /* arithm.Mittel des Praediktors xk */
        sd_x,                     /* Standardabweichung des Praediktors xk */
        beta,                     /* standardisiertes Regressionsgewicht des Praediktors */
        se_praed,                 /* Standardfehler des Praediktors */
        t,                        /* Pruefwert fuer t-Verteilung */
        tol,                      /* Toleranz des Praediktors zur Multikollinearitaet */
        vif;                      /* Variationsinflationsfaktor des Preadiktors zur Multikollinearität */
    matrix
        b,                        /* Ergebnisvektor des Intercepts und der Regressionskoeffizienten */
        X_,                       /* transformierte Matrix */
        X_X,                      /* Produkt aus transformierter und urspruenglicher Matrix */
        X_X_inv,                  /* Produkt mit invertierter Matrix */
        X_X_invX_,                /* Produkt mit transformierter Matrix */
        y2,                       /* Praediktor als Kriterium zur Berechnung seines Standardfehlers*/
        X2;                       /* Matrix aus 1-Spalte und den uebrigen Praediktoren */
```

```
    if (p == 0) fehler(8);
                    /* Regression mit keinem Praediktor sinnlos */

    b = init_matrix(p + 1, 1);
                    /* Ergebnisvektor */

    X_ = transp_matrix(X);
    X_X = multipliziere_matrix(X_, X);
    X_X_inv = invertiere_matrix(X_X);
    X_X_invX_ = multipliziere_matrix(X_X_inv, X_);
    b = multipliziere_matrix(X_X_invX_, y);
    result.b = b;

                                            /* Bestimmtheitsmass R2 und Teststatistik der Modellguete berechnen */
    sum_y = 0;
    avg_y = 0;
    for (i = 1; i <= n; i++)
            sum_y = sum_y + y.a[i - 1][0];
    avg_y = sum_y / n;

    sqt = 0;
                                    /* Quadratsumme total SQT ermitteln */
    for (i = 1; i <= n; i++)
            sqt = sqt + (y.a[i - 1][0] - avg_y)*(y.a[i - 1][0] - avg_y);
    result.sqt = sqt;

    sqe = 0;
                                    /* Quadratsumme Vorhersagewerte SQE ermitteln */
    for (i = 1; i <= n; i++)
    {
            y_dach = b.a[0][0];
                            /* Vorhersagewert mit Intercept initialisieren */
                    for (k = 1; k <= p; k++)
                            y_dach = y_dach + b.a[k][0] * X.a[i - 1][k];
            sqe = sqe + (y_dach - avg_y)*(y_dach - avg_y);
    }
    result.sqe = sqe;

    sqr = sqt - sqe;
                            /* Quadratsumme Restvarianz SQR ermitteln */
```

```
    result.sqr = sqr;

    r2 = sqe / sqt;                        /* Bestimmtheitsmass R2 berechnen */
    result.r2 = r2;

    mqe = sqe / p;                         /* mittlere Quadratsumme MQE erklaerte Varianz */
    result.mqe = mqe;

    mqr = sqr / (n - p - 1);               /* mittlere Quadratsumme MQR Residualvarianz */
    result.mqr = mqr;

    f = mqe / mqr;                         /* Pruefgroesse fuer F-Verteilung ermitteln */
    result.f = f;

    se = sqrt(sqr / (n - p - 1));          /* Standardfehler der Regression ermitteln */
    result.se = se;

    if (ausgabe == 1)                      /* Wenn Parameter zur Ergebnisuebergabe gesetzt wurde */
    {
        printf("\n_____");
        printf("\n*** Multiple Regressionsanalyse V1.8 (C)2014 Thomas Kaul ***");
        printf("\n***            Ergebnis                          ***");
        printf("\n_____");
        printf("\nStichprobengroesse  (n) = %i  Anzahl Praediktoren (k) = %i", n, p);
        printf("\n_____");
        printf("\nBestimmtheitsmass  (R2) = %8.2f  Standardfehler SE = %4.3f ", r2, se);
```

```
        printf("\n_____
_____");
            printf("\nErklaerte Streuung   (SQE)= %8.3f (df)= %4d (MQE)= %8.3f F= %8.3f", sqe, p, mqe, f);
            printf("\nReststreuung         (SQR)= %8.3f (df)= %4d (MQR)= %8.3f ", sqr, n - p - 1, mqr);
            printf("\nGesamtstreuung       (SQT)= %8.3f (df)= %4d ", sqt, n - 1);
            printf("\nsignif. R2 wenn F > F(%d,%d)", p, n - p - 1);

        printf("\n_____
_____");
            printf("\n                                  unstand.B   SE      beta       t      TOL      VIF");
            printf("\n    Konstante     %+8.3f", b.a[0][0]);
    }


                        /* Standardabweichung von y ermitteln */
    var_y = 0;
    for (i = 1; i <= n; i++)
            var_y = var_y + (y.a[i - 1][0] - avg_y)*(y.a[i - 1][0] - avg_y);
    var_y = var_y / n;
    sd_y = sqrt(var_y);



                        /* Verarbeitung der k Preadiktoren */

    for (k = 1; k <= p; k++)
    {

                        /* Mittelwert des Praediktors berechnen */
            sum_x = 0;
            for (i = 1; i <= n; i++)
                    sum_x = sum_x + X.a[i - 1][k];
            avg_x = sum_x / n;


                        /* Varianz und Standardabweichung des Praediktors berechnen */
            var_x = 0;
            for (i = 1; i <= n; i++)
```

```
                    var_x = var_x + (X.a[i - 1][k] - avg_x)*(X.a[i - 1][k] - avg_x);
                    var_x = var_x / n;
                    sd_x = sqrt(var_x);


                        /* standard. Regressionskoeffizient beta berechnen */

                    beta = b.a[k][0] * (sd_x / sd_y);


                        /* Standardfehler des Praediktors berechnen */

                    y2 = init_matrix(n, 1);
                        /* Regressionsmodell Praediktor durch uebrige Praediktoren vorhersagen */
                    X2 = init_matrix(n, p);
                        /* X2 hat eine Spalte weniger als X */

                    for (i = 1; i <= n; i++)
                        /* y2 = Praediktor setzen */
                        y2.a[i - 1][0] = X.a[i - 1][k];


                        /* X2 aus den uebrigen Praediktoren aufbauen */

                    for (i = 1; i <= n; i++)
                        /* erste Spalte mit Einsen fuellen */
                        X2.a[i - 1][0] = 1;

                    for (j = 1; j < k; j++)
                        /* Spalten links vom betreffenden Praediktor uebertragen */
                        for (i = 1; i <= n; i++)
                            X2.a[i - 1][j] = X.a[i - 1][j];

                    for (j = k + 1; j <= p; j++)  /* Spalten rechts vom betreffenden Praediktor uebertragen */
                        for (i = 1; i <= n; i++)
                            X2.a[i - 1][j-1] = X.a[i - 1][j];

                    if (p > 1)
                        /* Regression des Praediktors aus den uebrigen Praediktoren */
```

```
                se_praed_berechnung =
regressionsanalyse(y2, X2, n, p - 1, 0);

                se_praed = sqrt(1 / (1 -
se_praed_berechnung.r2)) * sqrt(mqr / (n * var_x));

                t = b.a[k][0] / se_praed;
    /* t-Wert berechnen */

                tol = 1 - se_praed_berechnung.r2;      /*
Toleranz berechnen */

                vif = 1 / (tol);
                /* Variationsinflationsfaktor berechnen */

                if (ausgabe == 1)
                {
                        printf("\n    X%2d                  %8.3f
%8.3f %8.3f %8.3f %8.3f %8.3f", k, b.a[k][0],
se_praed, beta, t, tol, vif);
                        if (vif > 10)
                                printf(" !");
                        /* Warnung vor hoher Multikollinearitaet */
                }
    }
    if (ausgabe == 1)
    {
        printf("\n_____
_____");
                printf("\nDie ermittelte
Regressionsgleichung lautet:");
                printf("\nY = %8.3f ", b.a[0][0]);
                for (k = 1; k <= p; k++)
                        printf(" + (%8.3f)X%d ", b.a[k][0],
k);

        printf("\n_____
_____");
    }

    return (result);
}

main()
{
        time_t startzeit, endzeit;
                    /* fuer Laufzeitdiagnose */
```

```
    int auswahl;                    /* Menue-Steuerung des Programmablaufs */
    char frage;
    int n;                          /* Stichprobengroesse */
    int p;                          /* Anzahl Praediktoren */
    int i,                          /* Zeilenindex */
        k;                          /* Spaltenindex */
    float messwert;                 /* Messwert */
    matrix y,                       /* Kriteriumsvektor */
           X;                       /* Matrix aus 1-Spalte und Praediktorenspalten */
    regression_ergebnis             /* Ergebnisse der Regressionsanalyse */
        analyse;

    do
    {
        ops = 0;
        ops2 = 0;

        printf("\n_____");
        printf("\n***    Multiple Regressionsanalyse V1.8 (C)2014 Thomas Kaul    ***");
        printf("\n_____");
        printf("\n\n");
        printf(" 1 .......... manuelle Dateneingabe\n");
        printf(" 2 .......... Analyse von Zufallsdaten (Laufzeitsimulation)\n");
```

```
                    printf(" 3 ........... Datenfile analysieren\n");

            printf("\n_____");
                    printf("\n Auswahl: ");
                    scanf("%d", &auswahl);

                    switch (auswahl)
                    {
                    case 1:
                    {
printf("\n\nStichprobengroesse       N= ");
                                scanf("%d", &n);
                                if (n < 1) fehler(0);
                                if (n > max_n) fehler(1);
                                printf("\nAnzahl der Praediktoren p= ");
                                scanf("%d", &p);
                                if (p < 1) fehler(3);
                                if (p >(max_m - 1)) fehler(2);

                                y = init_matrix(n, 1);
                                X = init_matrix(n, p + 1);

                                printf("\nEingabe der Wertereihe der Kriteriumsvariable Y:");
                                for (i = 1; i <= n; i++)
                                {
                                        printf("\n%d.Wert : ", i);
                                        scanf("%f", &messwert);
                                        y.a[i - 1][0] = messwert;
                                };

                                for (i = 1; i <= n; i++)
                                        X.a[i - 1][0] = 1;

                                for (k = 1; k <= p; k++)
                                {
                                        printf("\nEingabe der Wertereihe zum Praediktor X%d:", k);
                                        for (i = 1; i <= n; i++)
                                        {
                                                printf("\n%d.Wert : ", i);
```

```
                                        scanf("%f", &messwert);
                                        X.a[i - 1][k] = messwert;
                                }
                        }
                        analyse = regressionsanalyse(y, X, n, p, 1);
                }; break;
                case 2:
                {
                        printf("\n\nStichprobengroesse    N= ");
                        scanf("%d", &n);
                        if (n < 1) fehler(0);
                        if (n > max_n) fehler(1);
                        printf("\nAnzahl der Praediktoren p= ");
                        scanf("%d", &p);
                        if (p < 1) fehler(3);
                        if (p >(max_m - 1)) fehler(2);

                        time(&startzeit);

                        y = init_matrix(n, 1);
                        X = init_matrix(n, p + 1);

                        srand(1);

                        /* Kriteriumswerte zufaellig fuellen */
                        for (i = 1; i <= n; i++)
                                y.a[i - 1][0] = rand();

                        for (i = 1; i <= n; i++)       /* erste Spalte von X mit Einsen fuellen */
                                X.a[i - 1][0] = 1;

                        for (k = 1; k <= p; k++)       /* Praediktoren zufaellig fuellen */
                                for (i = 1; i <= n; i++)
                                        X.a[i - 1][k] = rand();
```

```
                        analyse = regressionsanalyse(y, X, n, p, 1);
                        time(&endzeit);
                        printf("\nAnzahl invertierter Matrizen:    %f", ops);
                        printf("\nAnzahl Determinantenberechnungen: %f", ops2);
                        printf("\nLaufzeit in Sekunden: %d \n", endzeit - startzeit);
                    }; break;

            case 3:
                    {
                        printf("\nFunktion noch nicht vorhanden\n");
                    }; break;
            default: printf("\nProgrammoption nicht vorhanden.\n"); break;
        }

    printf("\nProgramm beenden (j/n)? ");
    scanf("%c", &frage); scanf("%c", &frage);
    } while (frage == 'n');

}
```

A-2: Quellcode zum Versuch 2

```
/* Programm zur multiplen linearen Regressionsanalyse
Version 1.9 Autor: Thomas Kaul */

/*
Releasenotes

v1.2 (2014.11.01) Codeoptimierungen, Berechnung der
Standardfehler und Teststatistiken der
Regressionskoeffizienten
v1.3 (2014.11.02) Indikatoren fuer Multikollinearitaet,
Toleranz (TOL) und Varianz-Inflations-Faktor (VIF)
v1.4 (2014.11.08) Integration Zufallszahlengenerator zur
Laufzeitdiagnose von komplexen Regressionsanalysen
v1.5 (2014.11.09) Ausgabe der Anzahl der
Matrizeninversionen zur Laufzeitdiagnose
v1.6 (2014.11.10) Erweiterung der Laufzeitdiagnose,
verfeinerte Abbildung Matrizeninversionen und
Determinantenoperationen
v1.7 (2014.11.11) Aenderung Datentypen fuer
Laufzeitdiagnose zur Darstellung sehr grosser Zahlen
v1.8 (2014.11.19) Abfrage zur Beendigung des Programms
v1.9 (2014.12.01) Performance-Optimierung
Determinantenberechnung

*/

#include <stdio.h>
#include <math.h>
#include <stdlib.h>
#include <time.h>

#define max_n 20                /* max. Stichprobengroesse */
#define max_m 20                /* max. Anzahl Praediktoren + Kriterium */

long double ops;                /* globale Variable: Anzahl Matrixinversionen zur Laufzeitdiagnose */
long double ops2;               /* globale Variable: Anzahl Determinantenberechnungen zur Laufzeitdiagnose */

typedef struct matr             /* Datenstruktur fuer Matrizen */
{
        int m;                  /* Anzahl Zeilen */
        int n;                  /* Anzahl Spalten */
        float a[max_n][max_m];  /* Matrixelement */
} matrix;
```

```c
typedef struct regression        /* Datenstruktur fuer
das Ergebnis einer Regressionsanalyse */
{
        float sqe;               /* Quadratsumme
erklaerte Varianz */
        float sqr;               /* Quadratsumme
Residualvarianz */
        float sqt;               /* Quadratsumme
Gesamtvarianz */
        float mqe;               /* mittlere
Quadratsumme der erklaerten Varianz */
        float mqr;               /* mittlere
Quadratsumme der Residualvarianz */
        float f;                 /* Pruefwert fuer F-
Verteilung */
        float se;                /* Standardfehler der
Regression */
        float r2;                /* Varianzaufklaerung
der Regression */
        matrix b;                /* Ergebnisvektor der
Regressionskoeffizienten */
} regression_ergebnis;

void fehler(int f)

/* Umgang mit Fehlersituationen */
{
        printf("\nFehlercode (%d): ", f);
        switch (f)
        {
        case 0: printf("Stichprobengroesse muss groesser
als 0 sein."); break;
        case 1: printf("Stichprobengroesse zu hoch, maximal
N= %d erlaubt.", max_n); break;
        case 2: printf("Anzahl der Praediktoren zu hoch,
maximal %d erlaubt.", max_m - 1); break;
        case 3: printf("Mindestens ein Praediktor
erforderlich."); break;
        case 4: printf("beim Anlegen einer Matrix mind. 1
Zeile und 1 Spalte erforderlich."); break;
        case 5: printf("Fehler bei Matrizenmultiplikation,
Spaltenanzahl A <> Zeilenanzahl B."); break;
        case 6: printf("Determinante nicht definiert,
zugrundeliegende Matrix ist nicht quadratisch."); break;
        case 7: printf("Fehler beim Adjungieren einer
Matrix, zu entfernde Zeile oder Spalte nicht
vorhanden."); break;
        case 8: printf("Fehler, Regressionsrechnung ohne
Praediktor."); break;
```

```
            case 9: printf("Fehler beim Versuch eine Matrix zu invertieren, Determinante ist Null."); break;
            default:printf("unvorhergesehener Fehler."); break;
        }
        printf("\n\n*** Programmende ***\n");
        exit(0);
}

matrix init_matrix(int m, int n)

/* liefert eine Null-Matrix vom Typ (m,n) an */
{
        int i, k;
        matrix x;
        if (m < 1 || n < 1) fehler(4);
        x.m = m;
        x.n = n;
        for (i = 1; i <= m; i++)              /* alle Zeilen durchlaufen */
                for (k = 1; k <= n; k++)      /* alle Spalten durchlaufen */
                        x.a[i - 1][k - 1] = 0;/* Matrixelement auf Null setzen */
        return (x);
}

matrix transp_matrix(matrix X)
/* liefert eine transponierte Matrix Y zur Ausgangsmatrix X */
{
        matrix Y;
        int i, k;

        Y = init_matrix(X.n, X.m);            /* aus Matrix vom Typ (m,n) eine Matrix vom Typ (n,m) erzeugen */
        for (i = 1; i <= X.m; i++)            /* für alle Zeilen von X */
                for (k = 1; k <= X.n; k++)    /* für alle Spalten von X */
                        Y.a[k - 1][i - 1] = X.a[i - 1][k - 1];   /* Matrix stuerzen */
        return (Y);
}

void print_matrix(matrix X)
/* gibt eine Matrix X aus */
{
        int i, k;
        for (i = 1; i <= X.m; i++)            /* alle Zeilen durchlaufen */
```

```c
        {
            printf("\n");
            for (k = 1; k <= X.n; k++)      /* alle Spalten durchlaufen */
                printf("%4.2f ", X.a[i - 1][k - 1]);  /* Matrixelement ausgeben */
        }
}

matrix multipliziere_matrix(matrix A, matrix B)
/* liefert Produkt der Matrizen A und B */
{
        int i,k,j;
        float skalarprod;
        matrix C;
        if (A.n != B.m) fehler(5);      /* Spaltenanzahl von A ungleich Zeilenanzahl B, Multiplikation nicht moeglich */
        C = init_matrix(A.m,B.n);
        for (i = 1; i <= A.m; i++)              /* alle Zeilen von A durchlaufen*/
            for (k = 1; k <= B.n; k++)      /* alle Spalten von B durchlaufen */
                {
                    skalarprod = 0;
                    for (j = 1; j <= A.n; j++)
                        skalarprod = skalarprod + (A.a[i-1][j-1] * B.a[j-1][k-1]);
                    C.a[i - 1][k - 1] = skalarprod;
                }
        return(C);
}

matrix adjungiere_matrix(matrix A, int z, int s)
/* liefert aus Matrix A die adjungierte Matrix B wobei aus z-te Zeile und s-te Spalte entfernt wurde */
{
        int i, k;
        matrix B;
        /* print_matrix(A); */

        if (A.m < z || A.n < s) fehler(7);   /* zu entfernende Zeile oder Spalte nicht vorhanden */

        if (A.m == 1 || A.n == 1)               /* Matrix hat nur eine Zeile oder eine Spalte */
            {
                B = init_matrix(1, 1);
                B.a[0][0] = A.a[0][0];
            }
```

```c
            else
            {
                    if (A.m > 1 && A.n > 1)                  /* A hat mind. 2 Spalten und 2 Zeilen */
                    {
                            B = init_matrix(A.m - 1, A.n - 1);    /* B vom Typ (m-1,n-1) */
                            for (i = 1; i < z; i++)           /* alle Zeilen bis vor Zeile z durchlaufen */
                            {
                                    for (k = 1; k < s; k++)   /* alle Spalten bis vor Spalte s durchlaufen */
                                    {
                                            B.a[i - 1][k - 1] = A.a[i - 1][k - 1];   /* Matrixelemente uebertragen */
                                    }
                                    for (k = s + 1; k <= A.n; k++)   /* alle Spalten ab s+1 bis n durchlaufen */
                                    {
                                            B.a[i - 1][k - 2] = A.a[i - 1][k - 1];   /* Matrixelemente uebertragen, Spaltenindex in B -1 */
                                    }
                            }
                            for (i = z + 1; i <= A.m; i++)    /* alle Zeilen ab z+1 bis m durchlaufen */
                            {
                                    for (k = 1; k < s; k++)   /* alle Spalten bis vor Spalte s durchlaufen */
                                    {
                                            B.a[i - 2][k - 1] = A.a[i - 1][k - 1];   /* Matrixelemente uebertragen, Zeilenindex in B -1 */
                                    }
                                    for (k = s + 1; k <= A.n; k++)   /* alle Spalten ab s+1 bis n durchlaufen */
                                    {
                                            B.a[i - 2][k - 2] = A.a[i - 1][k - 1];   /* Matrixelemente uebertragen, Spaltenindex in B -1 */
                                    }
                            }
                    }
                    if (A.m > 1 && A.n == 1)                  /* nur eine Spalte, aber mehrere Zeilen */
                    {
                            B = init_matrix(1, 1);
```

```
                        B.a[0][0] = A.a[z - 1][0];
                }
                if (A.m == 1 && A.n > 1)            /* nur
eine Zeile, aber mehrere Spalten */
                {
                        B = init_matrix(1, 1);
                        B.a[0][0] = A.a[0][s - 1];
                }
        }

        return (B);
}


float det_matrix (matrix A)
/* liefert Determinante einer quadratischen Matrix A */
/* optimierte Performance */
{
        float det;
        int k, vorzeichen;
        if (A.m != A.n) fehler(6);      /* Matrix nicht
quadratisch, Determinante nicht bestimmbar */

        ops2 = ops2 + 1;

        if (A.m > 3)                    /* Entwicklung nach
der ersten Zeile durchfuehren */
        {
                det = 0;
                vorzeichen = -1;
                for (k = 1; k <= A.n; k++)
                {
                        vorzeichen = vorzeichen * -1;
                        det = det + (vorzeichen * A.a[0][k-
1] * det_matrix(adjungiere_matrix(A, 1, k)));
                }
        }
        else
        {
                if (A.m == 1)
                        det = A.a[0][0];
                if (A.m == 2)           /* 2-reihige Det.
direkt berechnen */
                        det = (A.a[0][0] * A.a[1][1]) -
(A.a[0][1] * A.a[1][0]);
                if (A.m == 3)           /* 3-reihige Det.
direkt berechnen */
                        det =
(A.a[0][0]*A.a[1][1]*A.a[2][2]) +
(A.a[0][1]*A.a[1][2]*A.a[2][0]) +
(A.a[0][2]*A.a[1][0]*A.a[2][1])
```

```
                                      -
(A.a[0][1]*A.a[1][0]*A.a[2][2]) -
(A.a[0][0]*A.a[1][2]*A.a[2][1]) -
(A.a[0][2]*A.a[1][1]*A.a[2][0]);
        };
        return (det);
}

matrix invertiere_matrix(matrix X)
/* liefert eine invertierte Matrix Y zur Matrix X */
{
        matrix Y;
        float determinante, faktor;
        int i, j, k, vorzeichen;
        determinante = det_matrix(X);
        if (determinante == 0) fehler(9);              /*
Matrix nicht invertierbar */
        else
        {
                ops = ops + 1;                         /*
Zaehler fuer Laufzeitanalyse */

                                                       /*
experimentelle Codesequenz */
                printf("\r|");
                printf("\r/");
                printf("\r-");
                printf("\r\");
        /* Ende experimentelle Codesequenz */


                Y = init_matrix(X.m, X.n);
                faktor = 1 / determinante;
                for (i = 1; i <= X.m; i++)             /*
alle Zeilen durchlaufen */
                {
                        for (k = 1; k <= X.n; k++)     /*
alle Spalten durchlaufen */
                        {
                                vorzeichen = 1;
                                for (j = 1; j <= i + k; j++)
                                        vorzeichen =
vorzeichen * -1;
                                Y.a[i - 1][k - 1] = faktor *
vorzeichen * det_matrix(adjungiere_matrix(X, k, i));
                        }
                }
        }
        return (Y);
}
```

```
regression_ergebnis regressionsanalyse(matrix y, matrix
X, int n, int p, int ausgabe)
/* fuehrt eine Regressionsanalyse durch,
   y Kriteriumsvektor, erste Spalte von X mit Einsen,
zweite bis k+1-te Spalte Preaediktoren
   n = Stichprobengroesse
   p = Anzahl der Praediktoren
   ausgabe = 0 : keine Ausgabe von Ergebnissen, ausgabe =
1 von Ergebnissen

   Datenstruktur Ergebnis
   sqe,sqr,sqt,mqe,mqr,f,se,r2,b (Ergebnisvektor)

   */
{
        regression_ergebnis
                result,                 /* Ergebnis der
Regressionsanalyse */
                se_praed_berechnung;    /* Regressionsanalyse
zur Berechnung des Standardfehlers der Praediktoren */

        int
                i,                      /* Zeilenindex */
                j,                      /* Spaltenindex */
                k;                      /* Spaltenindex */
        float
                sum_y,                  /* Summe des
Kriteriums */
                avg_y,                  /* arithm. Mittel
Kriterium */
                var_y,                  /* Varianz des
Kriteriums */
                sd_y,                   /* Standardabweichung
des Kriteriums */
                y_dach,                 /* aus
Regressionsgleichung vorhergesagter Wert des Kriteriums
*/
                sqt,                    /* Quadratsumme
Gesamtvarianz */
                sqe,                    /* Quadratsumme
erklaerte Varianz */
                sqr,                    /* Quadratsumme
Residualvarianz */
                r2,                     /* Bestimmtheitsmass
R-Quadrat */
                mqe,                    /* mittlere
Quadratsumme erklaerte Varianz */
                mqr,                    /* mittlere
Quadratsumme Residualvarianz */
```

```
            f,                  /* Pruefstatistik zur
F-Verteilung */
            se,                 /* Standardfehler der
Regression */
            sum_x,              /* Summe des
Praediktors xk*/
            var_x,              /* Varianz des
Praediktors xk */
            avg_x,              /* arithm.Mittel des
Praediktors xk */
            sd_x,               /* Standardabweichung
des Praediktors xk */
            beta,               /* standardisiertes
Regressionsgewicht des Praediktors */
            se_praed,           /* Standardfehler des
Praediktors */
            t,                  /* Pruefwert fuer t-
Verteilung */
            tol,                /* Toleranz des
Praediktors zur Multikollinearitaet */
            vif;                /*
Variationsinflationsfaktor des Preadiktors zur
Multikollinearität */
       matrix
            b,                  /* Ergebnisvektor des
Intercepts und der Regressionskoeffizienten */
            X_,                 /* transformierte
Matrix */
            X_X,                /* Produkt aus
transformierter und urspruenglicher Matrix */
            X_X_inv,            /* Produkt mit
invertierter Matrix */
            X_X_invX_,          /* Produkt mit
transformierter Matrix */
            y2,                 /* Praediktor als
Kriterium zur Berechnung seines Standardfehlers*/
            X2;                 /* Matrix aus 1-
Spalte und den uebrigen Praediktoren */

       if (p == 0) fehler(8);   /* Regression mit
keinem Praediktor sinnlos */

       b = init_matrix(p + 1, 1);    /* Ergebnisvektor */

       X_ = transp_matrix(X);
       X_X = multipliziere_matrix(X_, X);
       X_X_inv = invertiere_matrix(X_X);
       X_X_invX_ = multipliziere_matrix(X_X_inv, X_);
       b = multipliziere_matrix(X_X_invX_, y);
       result.b = b;
```

```
                                        /* Bestimmtheitsmass
R2 und Teststatistik der Modellguete berechnen */
      sum_y = 0;
      avg_y = 0;
      for (i = 1; i <= n; i++)
            sum_y = sum_y + y.a[i - 1][0];
      avg_y = sum_y / n;

      sqt = 0;                      /* Quadratsumme total
SQT ermitteln */
      for (i = 1; i <= n; i++)
            sqt = sqt + (y.a[i - 1][0] - avg_y)*(y.a[i
- 1][0] - avg_y);
      result.sqt = sqt;

      sqe = 0;                      /* Quadratsumme
Vorhersagewerte SQE ermitteln */
      for (i = 1; i <= n; i++)
      {
            y_dach = b.a[0][0];     /* Vorhersagewert mit
Intercept initialisieren */
            for (k = 1; k <= p; k++)
                  y_dach = y_dach + b.a[k][0] * X.a[i
- 1][k];
            sqe = sqe + (y_dach - avg_y)*(y_dach -
avg_y);
      }
      result.sqe = sqe;

      sqr = sqt - sqe;              /* Quadratsumme
Restvarianz SQR ermitteln */
      result.sqr = sqr;

      r2 = sqe / sqt;                       /*
Bestimmtheitsmass R2 berechnen */
      result.r2 = r2;

      mqe = sqe / p;                /* mittlere
Quadratsumme MQE erklaerte Varianz */
      result.mqe = mqe;

      mqr = sqr / (n - p - 1);      /* mittlere
Quadratsumme MQR Residualvarianz */
      result.mqr = mqr;

      f = mqe / mqr;                /* Pruefgroesse fuer
F-Verteilung ermitteln */
      result.f = f;

      se = sqrt(sqr / (n - p - 1)); /* Standardfehler der
Regression ermitteln */
```

```
        result.se = se;

        if (ausgabe == 1)            /* Wenn Parameter zur
Ergebnisuebergabe gesetzt wurde */
        {
            printf("\n_____
_____");
                printf("\n***          Multiple
Regressionsanalyse V1.9 (C)2014 Thomas Kaul
***");
                printf("\n***
Ergebnis                              ***");
            printf("\n_____
_____");
                printf("\nStichprobengroesse   (n) = %i
Anzahl Praediktoren (k)   = %i", n, p);
            printf("\n_____
_____");
                printf("\nBestimmtheitsmass   (R2) = %8.2f
Standardfehler SE = %4.3f ", r2, se);
            printf("\n_____
_____");
                printf("\nErklaerte Streuung (SQE)= %8.3f
(df)= %4d (MQE)= %8.3f F= %8.3f", sqe, p, mqe, f);
                printf("\nReststreuung           (SQR)= %8.3f
(df)= %4d (MQR)= %8.3f ", sqr, n - p - 1, mqr);
                printf("\nGesamtstreuung         (SQT)= %8.3f
(df)= %4d ", sqt, n - 1);
                printf("\nsignif. R2 wenn F > F(%d,%d)", p,
n - p - 1);
            printf("\n_____
_____");
                printf("\n                    unstand.B
SE     beta      t      TOL      VIF");
                printf("\n   Konstante      %+8.3f",
b.a[0][0]);
        }

                                    /* Standardabweichung
von y ermitteln */
        var_y = 0;
        for (i = 1; i <= n; i++)
            var_y = var_y + (y.a[i - 1][0] -
avg_y)*(y.a[i - 1][0] - avg_y);
        var_y = var_y / n;
        sd_y = sqrt(var_y);
```

```
                                            /* Verarbeitung der k
Preadiktoren */

        for (k = 1; k <= p; k++)
        {
                                            /* Mittelwert des
Praediktors berechnen */
                sum_x = 0;
                for (i = 1; i <= n; i++)
                        sum_x = sum_x + X.a[i - 1][k];
                avg_x = sum_x / n;

                                            /* Varianz und
Standardabweichung des Praediktors berechnen */
                var_x = 0;
                for (i = 1; i <= n; i++)
                        var_x = var_x + (X.a[i - 1][k] -
avg_x)*(X.a[i - 1][k] - avg_x);
                var_x = var_x / n;
                sd_x = sqrt(var_x);

                                            /* standard.
Regressionskoeffizient beta berechnen */

                beta = b.a[k][0] * (sd_x / sd_y);

                                            /* Standardfehler des
Praediktors berechnen */

                y2 = init_matrix(n, 1);         /*
Regressionsmodell Praediktor durch uebrige Praediktoren
vorhersagen */
                X2 = init_matrix(n, p);         /* X2 hat
eine Spalte weniger als X */

                for (i = 1; i <= n; i++)        /* y2 =
Praediktor setzen */
                        y2.a[i - 1][0] = X.a[i - 1][k];

                                            /* X2 aus den
uebrigen Praediktoren aufbauen */

                for (i = 1; i <= n; i++)        /* erste
Spalte mit Einsen fuellen */
                        X2.a[i - 1][0] = 1;

                for (j = 1; j < k; j++)                 /*
Spalten links vom betreffenden Praediktor uebertragen */
```

```
                        for (i = 1; i <= n; i++)
                                X2.a[i - 1][j] = X.a[i - 1][j];

                        for (j = k + 1; j <= p; j++)    /* Spalten rechts vom betreffenden Praediktor uebertragen */
                                for (i = 1; i <= n; i++)
                                        X2.a[i - 1][j-1] = X.a[i - 1][j];

                if (p > 1)                 /* Regression des Praediktors aus den uebrigen Praediktoren */
                        se_praed_berechnung = regressionsanalyse(y2, X2, n, p - 1, 0);

                se_praed = sqrt(1 / (1 - se_praed_berechnung.r2)) * sqrt(mqr / (n * var_x));

                t = b.a[k][0] / se_praed;          /* t-Wert berechnen */

                tol = 1 - se_praed_berechnung.r2;   /* Toleranz berechnen */

                vif = 1 / (tol);           /* Variationsinflationsfaktor berechnen */

                if (ausgabe == 1)
                {
                        printf("\n    X%2d             %8.3f %8.3f %8.3f %8.3f %8.3f %8.3f", k, b.a[k][0], se_praed, beta, t, tol, vif);
                        if (vif > 10)
                                printf(" !");  /* Warnung vor hoher Multikollinearitaet */
                }
        }
        if (ausgabe == 1)
        {
                printf("\n_____");
                printf("\nDie ermittelte Regressionsgleichung lautet:");
                printf("\nY = %8.3f ", b.a[0][0]);
                for (k = 1; k <= p; k++)
                        printf(" + (%8.3f)X%d ", b.a[k][0], k);

                printf("\n_____");
```

```
        }
        return (result);
}
main()
{
        time_t startzeit, endzeit;    /* fuer Laufzeitdiagnose */
        int auswahl;                  /* Menue-Steuerung des Programmablaufs */
        char frage;
        int n;                        /* Stichprobengroesse */
        int p;                        /* Anzahl Praediktoren */
        int i,                        /* Zeilenindex */
            k;                        /* Spaltenindex */
        float
            messwert;                 /* Messwert */
        matrix
            y,                        /* Kriteriumsvektor */
            X;                        /* Matrix aus 1-Spalte und Praediktorenspalten */
            regression_ergebnis       /* Ergebnisse der Regressionsanalyse */
                analyse;


        do
        {
            ops = 0;
            ops2 = 0;

            printf("\n_____");
                printf("\n***       Multiple Regressionsanalyse V1.9 (C)2014 Thomas Kaul    ***");
            printf("\n_____");
                printf("\n\n");
                printf(" 1 .......... manuelle Dateneingabe\n");
```

```
                printf(" 2 ........... Analyse von
Zufallsdaten (Laufzeitsimulation)\n");
                printf(" 3 ........... Datenfile
analysieren\n");

        printf("\n_____
_____");
                printf("\n Auswahl: ");
                scanf("%d", &auswahl);

                switch (auswahl)
                {
                case 1:
                {
printf("\n\nStichprobengroesse    N= ");
                                scanf("%d", &n);
                                if (n < 1) fehler(0);
                                if (n > max_n) fehler(1);
                                printf("\nAnzahl der
Praediktoren p= ");
                                scanf("%d", &p);
                                if (p < 1) fehler(3);
                                if (p >(max_m - 1))
fehler(2);

                                y = init_matrix(n, 1);
                                X = init_matrix(n, p + 1);

                                printf("\nEingabe der
Wertereihe der Kriteriumsvariable Y:");
                                for (i = 1; i <= n; i++)
                                {
                                        printf("\n%d.Wert : ", i);
                                        scanf("%f", &messwert);
                                        y.a[i - 1][0] = messwert;
                                };

                                for (i = 1; i <= n; i++)
                                        X.a[i - 1][0] = 1;

                                for (k = 1; k <= p; k++)
                                {
                                        printf("\nEingabe
der Wertereihe zum Praediktor X%d:", k);
                                        for (i = 1; i <= n; i++)
                                        {
```

```
            printf("\n%d.Wert : ", i);                                 scanf("%f",
&messwert);
                                                                       X.a[i -
1][k] = messwert;
                                                }
                                            }
                                        analyse =
regressionsanalyse(y, X, n, p, 1);
                    }; break;
                    case 2:
                    {

printf("\n\nStichprobengroesse        N= ");
                                        scanf("%d", &n);
                                        if (n < 1) fehler(0);
                                        if (n > max_n) fehler(1);
                                        printf("\nAnzahl der
Praediktoren p= ");
                                        scanf("%d", &p);
                                        if (p < 1) fehler(3);
                                        if (p >(max_m - 1))
fehler(2);

                                        time(&startzeit);

                                        y = init_matrix(n, 1);
                                        X = init_matrix(n, p + 1);

                                        srand(1);

                                        /* Kriteriumswerte
zufaellig fuellen */
                                        for (i = 1; i <= n; i++)
                                                y.a[i - 1][0] =
rand();

                                        for (i = 1; i <= n; i++)
            /* erste Spalte von X mit Einsen fuellen */
                                                X.a[i - 1][0] = 1;

                                        for (k = 1; k <= p; k++)
                /* Praediktoren zufaellig fuellen */
                                            for (i = 1; i <= n; i++)
                                                X.a[i - 1][k] =
rand();
```

```
                        analyse = regressionsanalyse(y, X, n, p, 1);

                        time(&endzeit);

                        printf("\nAnzahl invertierter Matrizen:     %f", ops);
                        printf("\nAnzahl Determinantenberechnungen: %f", ops2);
                        printf("\nLaufzeit in Sekunden: %d \n", endzeit - startzeit);

                }; break;

                case 3:
                {
                        printf("\nFunktion noch nicht vorhanden\n");
                }; break;
                default: printf("\nProgrammoption nicht vorhanden.\n"); break;
                }

        printf("\nProgramm beenden (j/n)? ");
        scanf("%c", &frage); scanf("%c", &frage);
        } while (frage == 'n');

}
```

A-3: Quellcode zum Versuch 3

```c
/* Programm zur multiplen linearen Regressionsanalyse
Version 1.8b Autor: Thomas Kaul */

/*
Releasenotes

v1.2 (2014.11.01) Codeoptimierungen, Berechnung der
Standardfehler und Teststatistiken der
Regressionskoeffizienten
v1.3 (2014.11.02) Indikatoren fuer Multikollinearitaet,
Toleranz (TOL) und Varianz-Inflations-Faktor (VIF)
v1.4 (2014.11.08) Integration Zufallszahlengenerator zur
Laufzeitdiagnose von komplexen Regressionsanalysen
v1.5 (2014.11.09) Ausgabe der Anzahl der
Matrizeninversionen zur Laufzeitdiagnose
v1.6 (2014.11.10) Erweiterung der Laufzeitdiagnose,
verfeinerte Abbildung Matrizeninversionen und
Determinantenoperationen
v1.7 (2014.11.11) Aenderung Datentypen fuer
Laufzeitdiagnose zur Darstellung sehr grosser Zahlen
v1.8 (2014.11.19) Abfrage zur Beendigung des Programms
v1.8b(2014.12.02) Mehrkern-Prozessor Verarbeitung

*/

#include <omp.h>
#include <stdio.h>
#include <math.h>
#include <stdlib.h>
#include <time.h>

#define max_n 20                    /* max. Stichprobengroesse */
#define max_m 20                    /* max. Anzahl Praediktoren
+ Kriterium */

long double ops;                    /* globale Variable: Anzahl
Matrixinversionen zur Laufzeitdiagnose */
long double ops2;                   /* globale Variable: Anzahl
Determinantenberechnungen zur Laufzeitdiagnose */

typedef struct matr                 /* Datenstruktur fuer
Matrizen */
```

```c
{
        int m;                          /* Anzahl Zeilen */
        int n;                          /* Anzahl Spalten */
        float a[max_n][max_m];          /* Matrixelement */
} matrix;

typedef struct regression               /* Datenstruktur fuer das Ergebnis einer Regressionsanalyse */
{
        float sqe;                      /* Quadratsumme erklaerte Varianz */
        float sqr;                      /* Quadratsumme Residualvarianz */
        float sqt;                      /* Quadratsumme Gesamtvarianz */
        float mqe;                      /* mittlere Quadratsumme der erklaerten Varianz */
        float mqr;                      /* mittlere Quadratsumme der Residualvarianz */
        float f;                        /* Pruefwert fuer F-Verteilung */
        float se;                       /* Standardfehler der Regression */
        float r2;                       /* Varianzaufklaerung der Regression */
        matrix b;                       /* Ergebnisvektor der Regressionskoeffizienten */
} regression_ergebnis;

void fehler(int f)

/* Umgang mit Fehlersituationen */
{
        printf("\nFehlercode (%d): ", f);
        switch (f)
        {
        case 0: printf("Stichprobengroesse muss groesser als 0 sein."); break;
```

```
        case 1: printf("Stichprobengroesse zu hoch, maximal
N= %d erlaubt.", max_n); break;
        case 2: printf("Anzahl der Praediktoren zu hoch,
maximal %d erlaubt.", max_m - 1); break;
        case 3: printf("Mindestens ein Praediktor
erforderlich."); break;
        case 4: printf("beim Anlegen einer Matrix mind. 1
Zeile und 1 Spalte erforderlich."); break;
        case 5: printf("Fehler bei Matrizenmultiplikation,
Spaltenanzahl A <> Zeilenanzahl B."); break;
        case 6: printf("Determinante nicht definiert,
zugrundeliegende Matrix ist nicht quadratisch."); break;
        case 7: printf("Fehler beim Adjungieren einer
Matrix, zu entferndne Zeile oder Spalte nicht
vorhanden."); break;
        case 8: printf("Fehler, Regressionsrechnung ohne
Praediktor."); break;
        case 9: printf("Fehler beim Versuch eine Matrix zu
invertieren, Determinante ist Null."); break;
        default:printf("unvorhergesehener Fehler.");
break;
        }
        printf("\n\n*** Programmende ***\n");
        exit(0);
}

matrix init_matrix(int m, int n)

/* liefert eine Null-Matrix vom Typ (m,n) an */
{
        int i, k;
        matrix x;
        if (m < 1 || n < 1) fehler(4);
        x.m = m;
        x.n = n;
        for (i = 1; i <= m; i++)
                        /* alle Zeilen durchlaufen */
                for (k = 1; k <= n; k++)
                        /* alle Spalten durchlaufen */
                        x.a[i - 1][k - 1] = 0;
                        /* Matrixelement auf Null setzen */
        return (x);
}

matrix transp_matrix(matrix X)
/* liefert eine transponierte Matrix Y zur Ausgangsmatrix
X */
{
        matrix Y;
        int i, k;
```

```
        Y = init_matrix(X.n, X.m);
                    /* aus Matrix vom Typ (m,n) eine
Matrix vom Typ (n,m) erzeugen */
        for (i = 1; i <= X.m; i++)
                    /* für alle Zeilen von X */
              for (k = 1; k <= X.n; k++)
                    /* für alle Spalten von X */
                    Y.a[k - 1][i - 1] = X.a[i - 1][k - 1];   /* Matrix stuerzen */
        return (Y);
}

void print_matrix(matrix X)
/* gibt eine Matrix X aus */
{
        int i, k;
        for (i = 1; i <= X.m; i++)
                    /* alle Zeilen durchlaufen */
        {
              printf("\n");
              for (k = 1; k <= X.n; k++)
                    /* alle Spalten durchlaufen */
                    printf("%4.2f ", X.a[i - 1][k - 1]);   /* Matrixelement ausgeben */
        }
}


matrix multipliziere_matrix(matrix A, matrix B)
/* liefert Produkt der Matrizen A und B */
{
        int i,k,j;
        float skalarprod;
        matrix C;
        if (A.n != B.m) fehler(5);
                    /* Spaltenanzahl von A ungleich
Zeilenanzahl B, Multiplikation nicht moeglich */
        C = init_matrix(A.m,B.n);
        for (i = 1; i <= A.m; i++)
                    /* alle Zeilen von A durchlaufen*/
              for (k = 1; k <= B.n; k++)
                    /* alle Spalten von B durchlaufen */
              {
                    skalarprod = 0;
                    for (j = 1; j <= A.n; j++)
                          skalarprod = skalarprod + (A.a[i-1][j-1] * B.a[j-1][k-1]);
                    C.a[i - 1][k - 1] = skalarprod;
              }
        return(C);
```

```
}
matrix adjungiere_matrix(matrix A, int z, int s)
/* liefert aus Matrix A die adjungierte Matrix B wobei
aus z-te Zeile und s-te Spalte entfernt wurde */
{
        int i, k;
        matrix B;
        /* print_matrix(A); */

        if (A.m < z || A.n < s) fehler(7);
                /* zu entfernende Zeile oder Spalte
nicht vorhanden */

        if (A.m == 1 || A.n == 1)
                        /* Matrix hat nur eine Zeile
oder eine Spalte */
        {
                B = init_matrix(1, 1);
                B.a[0][0] = A.a[0][0];
        }
        else
        {
                if (A.m > 1 && A.n > 1)
                                /* A hat
mind. 2 Spalten und 2 Zeilen */
                {
                        B = init_matrix(A.m - 1, A.n - 1);
                            /* B vom Typ (m-1,n-1) */
                        for (i = 1; i < z; i++)
                                        /* alle
Zeilen bis vor Zeile z durchlaufen */
                        {
                                for (k = 1; k < s; k++)
                                        /* alle
Spalten bis vor Spalte s durchlaufen */
                                {
                                        B.a[i - 1][k - 1] =
A.a[i - 1][k - 1];      /* Matrixelemente uebertragen */
                                }
                                for (k = s + 1; k <= A.n;
k++)                    /* alle Spalten ab s+1 bis n
durchlaufen */
                                {
                                        B.a[i - 1][k - 2] =
A.a[i - 1][k - 1];      /* Matrixelemente uebertragen,
Spaltenindex in B -1 */
                                }
                        }
```

```
                    for (i = z + 1; i <= A.m; i++)
                                 /* alle Zeilen ab z+1 bis m durchlaufen */
                    {
                            for (k = 1; k < s; k++)
                                       /* alle Spalten bis vor Spalte s durchlaufen */
                            {
                                    B.a[i - 2][k - 1] = A.a[i - 1][k - 1];    /* Matrixelemente uebertragen, Zeilenindex in B -1 */
                            }
                            for (k = s + 1; k <= A.n; k++)
                                       /* alle Spalten ab s+1 bis n durchlaufen */
                            {
                                    B.a[i - 2][k - 2] = A.a[i - 1][k - 1];    /* Matrixelemente uebertragen, Spaltenindex in B -1 */
                            }
                    }
                    if (A.m > 1 && A.n == 1)
                                 /* nur eine Spalte, aber mehrere Zeilen */
                    {
                            B = init_matrix(1, 1);
                            B.a[0][0] = A.a[z - 1][0];
                    }
                    if (A.m == 1 && A.n > 1)
                                 /* nur eine Zeile, aber mehrere Spalten */
                    {
                            B = init_matrix(1, 1);
                            B.a[0][0] = A.a[0][s - 1];
                    }
            }

            return (B);
}


float det_matrix (matrix A)
/* liefert Determinante einer quadratischen Matrix A */
{
        float det;
        int k, vorzeichen;
        if (A.m != A.n) fehler(6);
                /* Matrix nicht quadratisch, Determinante nicht bestimmbar */
```

```
                ops2 = ops2 + 1;
                if (A.m == 1)
                        det = A.a[0][0];
                else
                {
                        det = 0;
                        vorzeichen = -1;
                        for (k = 1; k <= A.n; k++)
                                /* Entwicklung nach der ersten
Zeile durchfuehren */
                        {
                                vorzeichen = vorzeichen * -1;
                                det = det + (vorzeichen * A.a[0][k-1] * det_matrix(adjungiere_matrix(A, 1, k)));
                        }
                }
                return (det);
}

matrix invertiere_matrix(matrix X)
/* liefert eine invertierte Matrix Y zur Matrix X */
{
        matrix Y;
        float determinante, faktor;
        int i, j, k, vorzeichen;
        determinante = det_matrix(X);
        if (determinante == 0) fehler(9);
                /* Matrix nicht invertierbar */
        else
        {
                ops = ops + 1;
                                /* Zaehler fuer
Laufzeitanalyse */


                                                        /*
experimentelle Codesequenz */

                Y = init_matrix(X.m, X.n);
                faktor = 1 / determinante;
                for (i = 1; i <= X.m; i++)
                        /* alle Zeilen durchlaufen */
                {
                        for (k = 1; k <= X.n; k++)
                        /* alle Spalten durchlaufen */
                        {
                                vorzeichen = 1;
                                for (j = 1; j <= i + k; j++)
```

```
                                    vorzeichen = vorzeichen * -1;
                                    Y.a[i - 1][k - 1] = faktor * vorzeichen * det_matrix(adjungiere_matrix(X, k, i));
                }
            }
        }
        return (Y);
}

regression_ergebnis regressionsanalyse(matrix y, matrix X, int n, int p, int ausgabe)
/* fuehrt eine Regressionsanalyse durch,
   y Kriteriumsvektor, erste Spalte von X mit Einsen, zweite bis k+1-te Spalte Preaediktoren
   n = Stichprobengroesse
   p = Anzahl der Praediktoren
   ausgabe = 0 : keine Ausgabe von Ergebnissen, ausgabe = 1 von Ergebnissen

   Datenstruktur Ergebnis
   sqe,sqr,sqt,mqe,mqr,f,se,r2,b (Ergebnisvektor)

   */
{
        regression_ergebnis
                result,                         /* Ergebnis der Regressionsanalyse */
                se_praed_berechnung;    /* Regressionsanalyse zur Berechnung des Standardfehlers der Praediktoren */
        int
                i,                              /* Zeilenindex */
                j,                              /* Spaltenindex */
                k;                              /* Spaltenindex */
        float
                sum_y,                          /* Summe des Kriteriums */
                avg_y,                          /* arithm. Mittel Kriterium */
```

```
                var_y,                  /* Varianz des Kriteriums */
                sd_y,                   /* Standardabweichung des Kriteriums */
                y_dach,                 /* aus Regressionsgleichung vorhergesagter Wert des Kriteriums */
                sqt,                    /* Quadratsumme Gesamtvarianz */
                sqe,                    /* Quadratsumme erklaerte Varianz */
                sqr,                    /* Quadratsumme Residualvarianz */
                r2,                     /* Bestimmtheitsmass R-Quadrat */
                mqe,                    /* mittlere Quadratsumme erklaerte Varianz */
                mqr,                    /* mittlere Quadratsumme Residualvarianz */
                f,                      /* Pruefstatistik zur F-Verteilung */
                se,                     /* Standardfehler der Regression */
                sum_x,                  /* Summe des Praediktors xk*/
                var_x,                  /* Varianz des Praediktors xk */
                avg_x,                  /* arithm.Mittel des Praediktors xk */
                sd_x,                   /* Standardabweichung des Praediktors xk */
                beta,                   /* standardisiertes Regressionsgewicht des Praediktors */
```

```
            se_praed,                   /* Standardfehler des
Praediktors */
            t,                           /* Pruefwert
fuer t-Verteilung */
            tol,                         /* Toleranz des
Praediktors zur Multikollinearitaet */
            vif;                         /*
Variationsinflationsfaktor des Preadiktors zur
Multikollinearität */
       matrix
            b,                           /*
Ergebnisvektor des Intercepts und der
Regressionskoeffizienten */
            X_,                          /*
transformierte Matrix */
            X_X,                         /* Produkt aus
transformierter und urspruenglicher Matrix */
            X_X_inv,                     /* Produkt mit
invertierter Matrix */
            X_X_invX_,                   /* Produkt mit
transformierter Matrix */
            y2,                          /* Praediktor
als Kriterium zur Berechnung seines Standardfehlers*/
            X2;                          /* Matrix aus
1-Spalte und den uebrigen Praediktoren */

       if (p == 0) fehler(8);
                      /* Regression mit keinem Praediktor
sinnlos */

       b = init_matrix(p + 1, 1);
                      /* Ergebnisvektor */

       X_ = transp_matrix(X);
       X_X = multipliziere_matrix(X_, X);
       X_X_inv = invertiere_matrix(X_X);
       X_X_invX_ = multipliziere_matrix(X_X_inv, X_);
       b = multipliziere_matrix(X_X_invX_, y);
       result.b = b;
```

```
                                                    /*
Bestimmtheitsmass R2 und Teststatistik der Modellguete
berechnen */
        sum_y = 0;
        avg_y = 0;
        for (i = 1; i <= n; i++)
                sum_y = sum_y + y.a[i - 1][0];
        avg_y = sum_y / n;

        sqt = 0;
                                        /* Quadratsumme total
SQT ermitteln */
        for (i = 1; i <= n; i++)
                sqt = sqt + (y.a[i - 1][0] - avg_y)*(y.a[i
- 1][0] - avg_y);
        result.sqt = sqt;

        sqe = 0;
                                        /* Quadratsumme
Vorhersagewerte SQE ermitteln */
        for (i = 1; i <= n; i++)
        {
                y_dach = b.a[0][0];
                             /* Vorhersagewert mit
Intercept initialisieren */
                for (k = 1; k <= p; k++)
                        y_dach = y_dach + b.a[k][0] * X.a[i
- 1][k];
                sqe = sqe + (y_dach - avg_y)*(y_dach -
avg_y);
        }
        result.sqe = sqe;

        sqr = sqt - sqe;
                                        /* Quadratsumme Restvarianz
SQR ermitteln */
        result.sqr = sqr;

        r2 = sqe / sqt;
                                        /* Bestimmtheitsmass
R2 berechnen */
        result.r2 = r2;

        mqe = sqe / p;
                                        /* mittlere Quadratsumme MQE
erklaerte Varianz */
        result.mqe = mqe;
```

```
            mqr = sqr / (n - p - 1);
                        /* mittlere Quadratsumme MQR
Residualvarianz */
            result.mqr = mqr;

            f = mqe / mqr;
                                /* Pruefgroesse fuer F-
Verteilung ermitteln */
            result.f = f;

            se = sqrt(sqr / (n - p - 1));
                    /* Standardfehler der Regression ermitteln
*/
            result.se = se;

            if (ausgabe == 1)
                            /* Wenn Parameter zur
Ergebnisuebergabe gesetzt wurde */
            {
                printf("\n_____
_____");
                printf("\n***                  Multiple
Regressionsanalyse V1.8b (C)2014 Thomas Kaul
***");
                printf("\n***                       Mehr-
Prozessorkern-Verarbeitung            ***");
                printf("\n***
Ergebnis                        ***");

            printf("\n_____
_____");
                printf("\nStichprobengroesse    (n) = %i
Anzahl Praediktoren (k)  = %i", n, p);

            printf("\n_____
_____");
                printf("\nBestimmtheitsmass    (R2) = %8.2f
Standardfehler SE = %4.3f ", r2, se);

            printf("\n_____
_____");
                printf("\nErklaerte Streuung (SQE)= %8.3f
(df)= %4d (MQE)= %8.3f F= %8.3f", sqe, p, mqe, f);
                printf("\nReststreuung         (SQR)= %8.3f
(df)= %4d (MQR)= %8.3f ", sqr, n - p - 1, mqr);
                printf("\nGesamtstreuung      (SQT)= %8.3f
(df)= %4d ", sqt, n - 1);
                printf("\nsignif. R2 wenn F > F(%d,%d)", p,
n - p - 1);
```

```
            printf("\n_____
_____");
SE     beta        printf("\n          unstand.B
                t      TOL     VIF");
                printf("\n    Konstante       %+8.3f",
b.a[0][0]);
        }


                        /* Standardabweichung von y
ermitteln */
        var_y = 0;
        for (i = 1; i <= n; i++)
                var_y = var_y + (y.a[i - 1][0] -
avg_y)*(y.a[i - 1][0] - avg_y);
        var_y = var_y / n;
        sd_y = sqrt(var_y);


                        /* Verarbeitung der k
Preadiktoren */
#pragma omp parallel for private (beta, se_praed, t, tol,
vif)             /* Parallelverabeitung */
        for (k = 1; k <= p; k++)
        {
                        /* Mittelwert des
Praediktors berechnen */
                sum_x = 0;
                for (i = 1; i <= n; i++)
                        sum_x = sum_x + X.a[i - 1][k];
                avg_x = sum_x / n;

                        /* Varianz und
Standardabweichung des Praediktors berechnen */
                var_x = 0;
                for (i = 1; i <= n; i++)
                        var_x = var_x + (X.a[i - 1][k] -
avg_x)*(X.a[i - 1][k] - avg_x);
                var_x = var_x / n;
                sd_x = sqrt(var_x);


                        /* standard.
Regressionskoeffizient beta berechnen */
                beta = b.a[k][0] * (sd_x / sd_y);
```

```
                                        /* Standardfehler des
Praediktors berechnen */

                y2 = init_matrix(n, 1);
                        /* Regressionsmodell Praediktor durch
uebrige Praediktoren vorhersagen */
                X2 = init_matrix(n, p);
                        /* X2 hat eine Spalte weniger als X */

                for (i = 1; i <= n; i++)
            /* y2 = Praediktor setzen */
                        y2.a[i - 1][0] = X.a[i - 1][k];


                                /* X2 aus den uebrigen
Praediktoren aufbauen */

                for (i = 1; i <= n; i++)
             /* erste Spalte mit Einsen fuellen */
                        X2.a[i - 1][0] = 1;

                for (j = 1; j < k; j++)
                        /* Spalten links vom betreffenden
Praediktor uebertragen */
                        for (i = 1; i <= n; i++)
                                X2.a[i - 1][j] = X.a[i -
1][j];

                        for (j = k + 1; j <= p; j++)   /*
Spalten rechts vom betreffenden Praediktor uebertragen */
                                for (i = 1; i <= n; i++)
                                        X2.a[i - 1][j-1] =
X.a[i - 1][j];

                if (p > 1)
                        /* Regression des Praediktors aus
den uebrigen Praediktoren */
                                se_praed_berechnung =
regressionsanalyse(y2, X2, n, p - 1, 0);

                        se_praed = sqrt(1 / (1 -
se_praed_berechnung.r2)) * sqrt(mqr / (n * var_x));

                        t = b.a[k][0] / se_praed;
            /* t-Wert berechnen */

                        tol = 1 - se_praed_berechnung.r2;   /*
Toleranz berechnen */
```

```
                vif = 1 / (tol);
                /* Variationsinflationsfaktor berechnen */
                if (ausgabe == 1)
                {
                        printf("\nberechnet von
Prozessorkern: %d)\n", omp_get_thread_num());
                        printf("\n     X%2d              %8.3f
%8.3f %8.3f %8.3f %8.3f %8.3f", k, b.a[k][0], se_praed,
beta, t, tol, vif);
                        if (vif > 10)
                                printf(" !");
                        /* Warnung vor hoher Multikollinearitaet */
                }
        }
        if (ausgabe == 1)
        {
                printf("\n_____
_____");
                        printf("\nDie ermittelte
Regressionsgleichung lautet:");
                        printf("\nY = %8.3f ", b.a[0][0]);
                        for (k = 1; k <= p; k++)
                                printf(" + (%8.3f)X%d ", b.a[k][0],
k);

                printf("\n_____
_____");
        }

        return (result);
}

main()
{
        time_t startzeit, endzeit;
                        /* fuer Laufzeitdiagnose */

        int auswahl;
                                /* Menue-Steuerung des
Programmablaufs */
        char frage;
        int n;
                                /* Stichprobengroesse
*/
        int p;
                                /* Anzahl
Praediktoren */
```

```c
        int i,                             /* Zeilenindex */
            k;                             /* Spaltenindex */
        float
            messwert;                      /* Messwert */
        matrix
            y,                             /* Kriteriumsvektor */
            X;                             /* Matrix aus 1-Spalte und Praediktorenspalten */
        regression_ergebnis                /* Ergebnisse der Regressionsanalyse */
            analyse;

        do
        {
            ops = 0;
            ops2 = 0;

            printf("\n_____");
            printf("\n***            Multiple Regressionsanalyse V1.8b (C)2014 Thomas Kaul ***");
            printf("\n***            Mehr-Prozessorkern-Verarbeitung              ***");
            printf("\n_____");
            printf("\n\n");
            printf(" 1 .......... manuelle Dateneingabe\n");
            printf(" 2 .......... Analyse von Zufallsdaten (Laufzeitsimulation)\n");
            printf(" 3 .......... Datenfile analysieren\n");
            printf("\n_____");
            printf("\n Auswahl: ");
            scanf("%d", &auswahl);
```

```c
            switch (auswahl)
            {
            case 1:
            {
printf("\n\nStichprobengroesse    N= ");
                        scanf("%d", &n);
                        if (n < 1) fehler(0);
                        if (n > max_n) fehler(1);
                        printf("\nAnzahl der
Praediktoren p= ");
                        scanf("%d", &p);
                        if (p < 1) fehler(3);
                        if (p >(max_m - 1))
fehler(2);

                        y = init_matrix(n, 1);
                        X = init_matrix(n, p + 1);

                        printf("\nEingabe der
Wertereihe der Kriteriumsvariable Y:");
                        for (i = 1; i <= n; i++)
                        {
                                printf("\n%d.Wert : ", i);
                                scanf("%f",
&messwert);
                                y.a[i - 1][0] =
messwert;
                        };

                        for (i = 1; i <= n; i++)
                                X.a[i - 1][0] = 1;

                        for (k = 1; k <= p; k++)
                        {
                                printf("\nEingabe
der Wertereihe zum Praediktor X%d:", k);
                                for (i = 1; i <= n;
i++)
                                {
printf("\n%d.Wert : ", i);
                                        scanf("%f",
&messwert);
                                        X.a[i -
1][k] = messwert;
                                }
                        }
```

```
                                analyse = regressionsanalyse(y, X, n, p, 1);
                }; break;
                case 2:
                {

printf("\n\nStichprobengroesse      N= ");
                                scanf("%d", &n);
                                if (n < 1) fehler(0);
                                if (n > max_n) fehler(1);
                                printf("\nAnzahl der Praediktoren p= ");
                                scanf("%d", &p);
                                if (p < 1) fehler(3);
                                if (p >(max_m - 1)) fehler(2);

                                time(&startzeit);

                                y = init_matrix(n, 1);
                                X = init_matrix(n, p + 1);

                                srand(1);

                                /* Kriteriumswerte zufaellig fuellen */
                                for (i = 1; i <= n; i++)
                                        y.a[i - 1][0] = rand();

                                for (i = 1; i <= n; i++)           /* erste Spalte von X mit Einsen fuellen */
                                        X.a[i - 1][0] = 1;

                                for (k = 1; k <= p; k++)           /* Praediktoren zufaellig fuellen */
                                        for (i = 1; i <= n; i++)
                                                X.a[i - 1][k] = rand();

                                analyse = regressionsanalyse(y, X, n, p, 1);

                                time(&endzeit);

                                printf("\nAnzahl invertierter Matrizen:    %f", ops);
```

```c
                                        printf("\nAnzahl
Determinantenberechnungen: %f", ops2);
                                        printf("\nLaufzeit in
Sekunden: %d \n", endzeit - startzeit);
                }; break;

                case 3:
                {
                                        printf("\nFunktion noch
nicht vorhanden\n");
                }; break;
                default: printf("\nProgrammoption nicht
vorhanden.\n"); break;
                }

        printf("\nProgramm beenden (j/n)? ");
        scanf("%c", &frage); scanf("%c", &frage);
        } while (frage == 'n');

}
```

A-4: Quellcode zum Versuch 4

```c
/* Programm zur multiplen linearen Regressionsanalyse
Version 1.9b Autor: Thomas Kaul */

/*
Releasenotes

v1.2 (2014.11.01) Codeoptimierungen, Berechnung der
Standardfehler und Teststatistiken der
Regressionskoeffizienten
v1.3 (2014.11.02) Indikatoren fuer Multikollinearitaet,
Toleranz (TOL) und Varianz-Inflations-Faktor (VIF)
v1.4 (2014.11.08) Integration Zufallszahlengenerator zur
Laufzeitdiagnose von komplexen Regressionsanalysen
v1.5 (2014.11.09) Ausgabe der Anzahl der
Matrizeninversionen zur Laufzeitdiagnose
v1.6 (2014.11.10) Erweiterung der Laufzeitdiagnose,
verfeinerte Abbildung Matrizeninversionen und
Determinantenoperationen
v1.7 (2014.11.11) Aenderung Datentypen fuer
Laufzeitdiagnose zur Darstellung sehr grosser Zahlen
v1.8 (2014.11.19) Abfrage zur Beendigung des Programms
v1.9 (2014.12.01) Performance-Optimierung
Determinantenberechnung
v1.9b(2014.12.02) Mehrkern-Prozessor-Verarbeitung

*/
#include <omp.h>
#include <stdio.h>
#include <math.h>
#include <stdlib.h>
#include <time.h>

#define max_n 20                /* max. Stichprobengroesse */
#define max_m 20                /* max. Anzahl Praediktoren + Kriterium */

long double ops;                /* globale Variable: Anzahl Matrixinversionen zur Laufzeitdiagnose */
long double ops2;               /* globale Variable: Anzahl Determinantenberechnungen zur Laufzeitdiagnose */

typedef struct matr             /* Datenstruktur fuer Matrizen */
{
    int m;                      /* Anzahl Zeilen */
    int n;                      /* Anzahl Spalten */
    float a[max_n][max_m];      /* Matrixelement */
} matrix;
```

```c
typedef struct regression         /* Datenstruktur fuer das Ergebnis einer Regressionsanalyse */
{
        float sqe;                /* Quadratsumme erklaerte Varianz */
        float sqr;                /* Quadratsumme Residualvarianz */
        float sqt;                /* Quadratsumme Gesamtvarianz */
        float mqe;                /* mittlere Quadratsumme der erklaerten Varianz */
        float mqr;                /* mittlere Quadratsumme der Residualvarianz */
        float f;                  /* Pruefwert fuer F-Verteilung */
        float se;                 /* Standardfehler der Regression */
        float r2;                 /* Varianzaufklaerung der Regression */
        matrix b;                 /* Ergebnisvektor der Regressionskoeffizienten */
} regression_ergebnis;

void fehler(int f)

/* Umgang mit Fehlersituationen */
{
        printf("\nFehlercode (%d): ", f);
        switch (f)
        {
        case 0: printf("Stichprobengroesse muss groesser als 0 sein."); break;
        case 1: printf("Stichprobengroesse zu hoch, maximal N= %d erlaubt.", max_n); break;
        case 2: printf("Anzahl der Praediktoren zu hoch, maximal %d erlaubt.", max_m - 1); break;
        case 3: printf("Mindestens ein Praediktor erforderlich."); break;
        case 4: printf("beim Anlegen einer Matrix mind. 1 Zeile und 1 Spalte erforderlich."); break;
        case 5: printf("Fehler bei Matrizenmultiplikation, Spaltenanzahl A <> Zeilenanzahl B."); break;
        case 6: printf("Determinante nicht definiert, zugrundeliegende Matrix ist nicht quadratisch."); break;
        case 7: printf("Fehler beim Adjungieren einer Matrix, zu entfernende Zeile oder Spalte nicht vorhanden."); break;
        case 8: printf("Fehler, Regressionsrechnung ohne Praediktor."); break;
```

```c
        case 9: printf("Fehler beim Versuch eine Matrix zu invertieren, Determinante ist Null."); break;
        default:printf("unvorhergesehener Fehler."); break;
        }
        printf("\n\n*** Programmende ***\n");
        exit(0);
}

matrix init_matrix(int m, int n)

/* liefert eine Null-Matrix vom Typ (m,n) an */
{
        int i, k;
        matrix x;
        if (m < 1 || n < 1) fehler(4);
        x.m = m;
        x.n = n;
        for (i = 1; i <= m; i++)            /* alle Zeilen durchlaufen */
                for (k = 1; k <= n; k++)    /* alle Spalten durchlaufen */
                        x.a[i - 1][k - 1] = 0;/* Matrixelement auf Null setzen */
        return (x);
}

matrix transp_matrix(matrix X)
/* liefert eine transponierte Matrix Y zur Ausgangsmatrix X */
{
        matrix Y;
        int i, k;

        Y = init_matrix(X.n, X.m);          /* aus Matrix vom Typ (m,n) eine Matrix vom Typ (n,m) erzeugen */
        for (i = 1; i <= X.m; i++)          /* für alle Zeilen von X */
                for (k = 1; k <= X.n; k++)  /* für alle Spalten von X */
                        Y.a[k - 1][i - 1] = X.a[i - 1][k - 1];   /* Matrix stuerzen */
        return (Y);
}

void print_matrix(matrix X)
/* gibt eine Matrix X aus */
{
        int i, k;
        for (i = 1; i <= X.m; i++)          /* alle Zeilen durchlaufen */
```

```
        {
                printf("\n");
                for (k = 1; k <= X.n; k++)    /* alle
Spalten durchlaufen */
                        printf("%4.2f ", X.a[i - 1][k -
1]);    /* Matrixelement ausgeben */
        }
}


matrix multipliziere_matrix(matrix A, matrix B)
/* liefert Produkt der Matrizen A und B */
{
        int i,k,j;
        float skalarprod;
        matrix C;
        if (A.n != B.m) fehler(5);              /*
Spaltenanzahl von A ungleich Zeilenanzahl B,
Multiplikation nicht moeglich */
        C = init_matrix(A.m,B.n);
        for (i = 1; i <= A.m; i++)              /* alle
Zeilen von A durchlaufen*/
                for (k = 1; k <= B.n; k++)    /* alle
Spalten von B durchlaufen */
                {
                        skalarprod = 0;
                        for (j = 1; j <= A.n; j++)
                                skalarprod = skalarprod +
(A.a[i-1][j-1] * B.a[j-1][k-1]);
                        C.a[i - 1][k - 1] = skalarprod;
                }
        return(C);
}

matrix adjungiere_matrix(matrix A, int z, int s)
/* liefert aus Matrix A die adjungierte Matrix B wobei
aus z-te Zeile und s-te Spalte entfernt wurde */
{
        int i, k;
        matrix B;
        /* print_matrix(A); */

        if (A.m < z || A.n < s) fehler(7);    /* zu
entfernende Zeile oder Spalte nicht vorhanden */

        if (A.m == 1 || A.n == 1)               /* Matrix hat
nur eine Zeile oder eine Spalte */
        {
                B = init_matrix(1, 1);
                B.a[0][0] = A.a[0][0];
        }
```

```
            else
            {
                    if (A.m > 1 && A.n > 1)             /* A hat mind. 2 Spalten und 2 Zeilen */
                    {
                            B = init_matrix(A.m - 1, A.n - 1);    /* B vom Typ (m-1,n-1) */
                            for (i = 1; i < z; i++)          /* alle Zeilen bis vor Zeile z durchlaufen */
                            {
                                    for (k = 1; k < s; k++)          /* alle Spalten bis vor Spalte s durchlaufen */
                                    {
                                            B.a[i - 1][k - 1] = A.a[i - 1][k - 1];    /* Matrixelemente uebertragen */
                                    }
                                    for (k = s + 1; k <= A.n; k++)   /* alle Spalten ab s+1 bis n durchlaufen */
                                    {
                                            B.a[i - 1][k - 2] = A.a[i - 1][k - 1];    /* Matrixelemente uebertragen, Spaltenindex in B -1 */
                                    }
                            }
                            for (i = z + 1; i <= A.m; i++)   /* alle Zeilen ab z+1 bis m durchlaufen */
                            {
                                    for (k = 1; k < s; k++)          /* alle Spalten bis vor Spalte s durchlaufen */
                                    {
                                            B.a[i - 2][k - 1] = A.a[i - 1][k - 1];    /* Matrixelemente uebertragen, Zeilenindex in B -1 */
                                    }
                                    for (k = s + 1; k <= A.n; k++)   /* alle Spalten ab s+1 bis n durchlaufen */
                                    {
                                            B.a[i - 2][k - 2] = A.a[i - 1][k - 1];    /* Matrixelemente uebertragen, Spaltenindex in B -1 */
                                    }
                            }
                    }
                    if (A.m > 1 && A.n == 1)            /* nur eine Spalte, aber mehrere Zeilen */
                    {
                            B = init_matrix(1, 1);
```

```
                        B.a[0][0] = A.a[z - 1][0];
                }
                if (A.m == 1 && A.n > 1)            /* nur
eine Zeile, aber mehrere Spalten */
                {
                        B = init_matrix(1, 1);
                        B.a[0][0] = A.a[0][s - 1];
                }
        }

        return (B);
}


float det_matrix (matrix A)
/* liefert Determinante einer quadratischen Matrix A */
/* optimierte Performance */
{
        float det;
        int k, vorzeichen;
        if (A.m != A.n) fehler(6);    /* Matrix nicht
quadratisch, Determinante nicht bestimmbar */

        ops2 = ops2 + 1;

        if (A.m > 3)                  /* Entwicklung nach
der ersten Zeile durchfuehren */
                {
                det = 0;
                vorzeichen = -1;
                for (k = 1; k <= A.n; k++)
                {
                        vorzeichen = vorzeichen * -1;
                        det = det + (vorzeichen * A.a[0][k-
1] * det_matrix(adjungiere_matrix(A, 1, k)));
                }
        }
        else
        {
                if (A.m == 1)
                        det = A.a[0][0];
                if (A.m == 2)           /* 2-reihige Det.
direkt berechnen */
                        det = (A.a[0][0] * A.a[1][1]) -
(A.a[0][1] * A.a[1][0]);
                if (A.m == 3)           /* 3-reihige Det.
direkt berechnen */
                        det =
(A.a[0][0]*A.a[1][1]*A.a[2][2]) +
(A.a[0][1]*A.a[1][2]*A.a[2][0]) +
(A.a[0][2]*A.a[1][0]*A.a[2][1])
```

```
                        -
(A.a[0][1]*A.a[1][0]*A.a[2][2]) -
(A.a[0][0]*A.a[1][2]*A.a[2][1]) -
(A.a[0][2]*A.a[1][1]*A.a[2][0]);
        };
        return (det);
}

matrix invertiere_matrix(matrix X)
/* liefert eine invertierte Matrix Y zur Matrix X */
{
        matrix Y;
        float determinante, faktor;
        int i, j, k, vorzeichen;
        determinante = det_matrix(X);
        if (determinante == 0) fehler(9);           /*
Matrix nicht invertierbar */
        else
        {
                ops = ops + 1;                      /*
Zaehler fuer Laufzeitanalyse */


                Y = init_matrix(X.m, X.n);
                faktor = 1 / determinante;
                for (i = 1; i <= X.m; i++)          /*
alle Zeilen durchlaufen */
                {
                        for (k = 1; k <= X.n; k++)   /*
alle Spalten durchlaufen */
                        {
                                vorzeichen = 1;
                                for (j = 1; j <= i + k; j++)
                                        vorzeichen =
vorzeichen * -1;
                                Y.a[i - 1][k - 1] = faktor *
vorzeichen * det_matrix(adjungiere_matrix(X, k, i));
                        }
                }
        }
        return (Y);
}

regression_ergebnis regressionsanalyse(matrix y, matrix
X, int n, int p, int ausgabe)
/* fuehrt eine Regressionsanalyse durch,
   y Kriteriumsvektor, erste Spalte von X mit Einsen,
zweite bis k+1-te Spalte Preaediktoren
   n = Stichprobengroesse
   p = Anzahl der Praediktoren
```

```
   ausgabe = 0 : keine Ausgabe von Ergebnissen, ausgabe =
1 von Ergebnissen

   Datenstruktur Ergebnis
   sqe,sqr,sqt,mqe,mqr,f,se,r2,b (Ergebnisvektor)

   */
{
      regression_ergebnis
               result,                 /* Ergebnis der
Regressionsanalyse */
               se_praed_berechnung;    /* Regressionsanalyse
zur Berechnung des Standardfehlers der Praediktoren */

      int
               i,                      /* Zeilenindex */
               j,                      /* Spaltenindex */
               k;                      /* Spaltenindex */
      float
               sum_y,                  /* Summe des
Kriteriums */
               avg_y,                  /* arithm. Mittel
Kriterium */
               var_y,                  /* Varianz des
Kriteriums */
               sd_y,                   /* Standardabweichung
des Kriteriums */
               y_dach,                 /* aus
Regressionsgleichung vorhergesagter Wert des Kriteriums
*/
               sqt,                    /* Quadratsumme
Gesamtvarianz */
               sqe,                    /* Quadratsumme
erklaerte Varianz */
               sqr,                    /* Quadratsumme
Residualvarianz */
               r2,                     /* Bestimmtheitsmass
R-Quadrat */
               mqe,                    /* mittlere
Quadratsumme erklaerte Varianz */
               mqr,                    /* mittlere
Quadratsumme Residualvarianz */
               f,                      /* Pruefstatistik zur
F-Verteilung */
               se,                     /* Standardfehler der
Regression */
               sum_x,                  /* Summe des
Praediktors xk*/
               var_x,                  /* Varianz des
Praediktors xk */
```

```
                    avg_x,              /* arithm.Mittel des
Praediktors xk */
                    sd_x,               /* Standardabweichung
des Praediktors xk */
                    beta,               /* standardisiertes
Regressionsgewicht des Praediktors */
                    se_praed,           /* Standardfehler des
Praediktors */
                    t,                  /* Pruefwert fuer t-
Verteilung */
                    tol,                /* Toleranz des
Praediktors zur Multikollinearitaet */
                    vif;                /*
Variationsinflationsfaktor des Preadiktors zur
Multikollinearität */
        matrix
                    b,                  /* Ergebnisvektor des
Intercepts und der Regressionskoeffizienten */
                    X_,                 /* transformierte
Matrix */
                    X_X,                /* Produkt aus
transformierter und urspruenglicher Matrix */
                    X_X_inv,            /* Produkt mit
invertierter Matrix */
                    X_X_invX_,          /* Produkt mit
transformierter Matrix */
                    y2,                 /* Praediktor als
Kriterium zur Berechnung seines Standardfehlers*/
                    X2;                 /* Matrix aus 1-
Spalte und den uebrigen Praediktoren */

        if (p == 0) fehler(8);          /* Regression mit
keinem Praediktor sinnlos */

        b = init_matrix(p + 1, 1);      /* Ergebnisvektor */

        X_ = transp_matrix(X);
        X_X = multipliziere_matrix(X_, X);
        X_X_inv = invertiere_matrix(X_X);
        X_X_invX_ = multipliziere_matrix(X_X_inv, X_);
        b = multipliziere_matrix(X_X_invX_, y);
        result.b = b;

                                        /* Bestimmtheitsmass
R2 und Teststatistik der Modellguete berechnen */
        sum_y = 0;
        avg_y = 0;
        for (i = 1; i <= n; i++)
                sum_y = sum_y + y.a[i - 1][0];
        avg_y = sum_y / n;
```

```c
        sqt = 0;                        /* Quadratsumme total
SQT ermitteln */
        for (i = 1; i <= n; i++)
                sqt = sqt + (y.a[i - 1][0] - avg_y)*(y.a[i - 1][0] - avg_y);
        result.sqt = sqt;

        sqe = 0;                        /* Quadratsumme
Vorhersagewerte SQE ermitteln */
        for (i = 1; i <= n; i++)
        {
                y_dach = b.a[0][0];     /* Vorhersagewert mit
Intercept initialisieren */
                for (k = 1; k <= p; k++)
                        y_dach = y_dach + b.a[k][0] * X.a[i - 1][k];
                sqe = sqe + (y_dach - avg_y)*(y_dach - avg_y);
        }
        result.sqe = sqe;

        sqr = sqt - sqe;                /* Quadratsumme
Restvarianz SQR ermitteln */
        result.sqr = sqr;

        r2 = sqe / sqt;                 /*
Bestimmtheitsmass R2 berechnen */
        result.r2 = r2;

        mqe = sqe / p;                  /* mittlere
Quadratsumme MQE erklaerte Varianz */
        result.mqe = mqe;

        mqr = sqr / (n - p - 1);        /* mittlere
Quadratsumme MQR Residualvarianz */
        result.mqr = mqr;

        f = mqe / mqr;                  /* Pruefgroesse fuer
F-Verteilung ermitteln */
        result.f = f;

        se = sqrt(sqr / (n - p - 1));   /* Standardfehler der
Regression ermitteln */
        result.se = se;

        if (ausgabe == 1)               /* Wenn Parameter zur
Ergebnisuebergabe gesetzt wurde */
        {
                printf("\n_____
_____");
```

```
            printf("\n***        Multiple  Regressionsanalyse V1.9b (C)2014 Thomas Kaul ***");
            printf("\n***   Mehrkern-Prozessorverarbeitung              ***");
            printf("\n***             Ergebnis                  ***");
    printf("\n_____");
            printf("\nStichprobengroesse   (n)  = %i   Anzahl Praediktoren (k)  = %i", n, p);
    printf("\n_____");
            printf("\nBestimmtheitsmass   (R2) = %8.2f   Standardfehler SE = %4.3f ", r2, se);
    printf("\n_____");
            printf("\nErklaerte Streuung (SQE)= %8.3f (df)= %4d (MQE)= %8.3f F= %8.3f", sqe, p, mqe, f);
            printf("\nReststreuung       (SQR)= %8.3f (df)= %4d (MQR)= %8.3f ", sqr, n - p - 1, mqr);
            printf("\nGesamtstreuung     (SQT)= %8.3f (df)= %4d ", sqt, n - 1);
            printf("\nsignif. R2 wenn F > F(%d,%d)", p, n - p - 1);
    printf("\n_____");
            printf("\n              unstand.B  SE   beta    t    TOL   VIF");
            printf("\n  Konstante     %+8.3f", b.a[0][0]);
    }
                    /* Standardabweichung von y ermitteln */
    var_y = 0;
    for (i = 1; i <= n; i++)
        var_y = var_y + (y.a[i - 1][0] - avg_y)*(y.a[i - 1][0] - avg_y);
    var_y = var_y / n;
    sd_y = sqrt(var_y);


                    /* Verarbeitung der k Preadiktoren */
    #pragma omp parallel for private (beta, se_praed, t, tol, vif)
```

```
            for (k = 1; k <= p; k++)
            {
                                    /* Mittelwert des
Praediktors berechnen */
                sum_x = 0;
                for (i = 1; i <= n; i++)
                    sum_x = sum_x + X.a[i - 1][k];
                avg_x = sum_x / n;

                                    /* Varianz und
Standardabweichung des Praediktors berechnen */
                var_x = 0;
                for (i = 1; i <= n; i++)
                    var_x = var_x + (X.a[i - 1][k] -
avg_x)*(X.a[i - 1][k] - avg_x);
                var_x = var_x / n;
                sd_x = sqrt(var_x);


                                    /* standard.
Regressionskoeffizient beta berechnen */

                beta = b.a[k][0] * (sd_x / sd_y);

                                    /* Standardfehler des
Praediktors berechnen */

                y2 = init_matrix(n, 1);     /*
Regressionsmodell Praediktor durch uebrige Praediktoren
vorhersagen */
                X2 = init_matrix(n, p);     /* X2 hat
eine Spalte weniger als X */

                for (i = 1; i <= n; i++)    /* y2 =
Praediktor setzen */
                    y2.a[i - 1][0] = X.a[i - 1][k];

                                    /* X2 aus den
uebrigen Praediktoren aufbauen */

                for (i = 1; i <= n; i++)    /* erste
Spalte mit Einsen fuellen */
                    X2.a[i - 1][0] = 1;

                for (j = 1; j < k; j++)             /*
Spalten links vom betreffenden Praediktor uebertragen */
                    for (i = 1; i <= n; i++)
                        X2.a[i - 1][j] = X.a[i -
1][j];
```

```
                        for (j = k + 1; j <= p; j++)   /*
Spalten rechts vom betreffenden Praediktor uebertragen */
                             for (i = 1; i <= n; i++)
                                  X2.a[i - 1][j-1] =
X.a[i - 1][j];

              if (p > 1)             /* Regression des
Praediktors aus den uebrigen Praediktoren */
                        se_praed_berechnung =
regressionsanalyse(y2, X2, n, p - 1, 0);

                   se_praed = sqrt(1 / (1 -
se_praed_berechnung.r2)) * sqrt(mqr / (n * var_x));

                   t = b.a[k][0] / se_praed;      /* t-Wert
berechnen */

                   tol = 1 - se_praed_berechnung.r2;    /*
Toleranz berechnen */

                   vif = 1 / (tol);       /*
Variationsinflationsfaktor berechnen */

              if (ausgabe == 1)
              {
                        printf("\nberechnet von
Prozessorkern: %d", omp_get_thread_num());
                        printf("\n   X%2d           %8.3f
%8.3f %8.3f %8.3f %8.3f", k, b.a[k][0], se_praed,
beta, t, tol, vif);
                   if (vif > 10)
                        printf(" !");  /* Warnung
vor hoher Multikollinearitaet */
              }
         }
         if (ausgabe == 1)
         {
              printf("\n_____
_____");
                   printf("\nDie ermittelte
Regressionsgleichung lautet:");
                   printf("\nY = %8.3f ", b.a[0][0]);
                   for (k = 1; k <= p; k++)
                        printf(" + (%8.3f)X%d ", b.a[k][0],
k);

              printf("\n_____
_____");
         }
```

```
        return (result);
}
main()
{
        time_t startzeit, endzeit;      /* fuer Laufzeitdiagnose */
        int auswahl;                    /* Menue-Steuerung des Programmablaufs */
        char frage;
        int n;                          /* Stichprobengroesse */
        int p;                          /* Anzahl Praediktoren */
        int i,                          /* Zeilenindex */
            k;                          /* Spaltenindex */
        float
            messwert;                   /* Messwert */
        matrix
            y,                          /* Kriteriumsvektor */
            X;                          /* Matrix aus 1-Spalte und Praediktorenspalten */
        regression_ergebnis             /* Ergebnisse der Regressionsanalyse */
            analyse;

        do
        {
                ops = 0;
                ops2 = 0;

                printf("\n_____");
                printf("\n***          Multiple Regressionsanalyse V1.9 (C)2014 Thomas Kaul ***");
                printf("\n***          Mehrkern-Prozessorverarbeitung                      ***");
                printf("\n_____");
                printf("\n\n");
                printf(" 1 .......... manuelle Dateneingabe\n");
```

```
                    printf(" 2 .......... Analyse von
Zufallsdaten (Laufzeitsimulation)\n");
                    printf(" 3 .......... Datenfile
analysieren\n");

        printf("\n_____
_____");
                    printf("\n Auswahl: ");
                    scanf("%d", &auswahl);

                    switch (auswahl)
                    {
                    case 1:
                    {
printf("\n\nStichprobengroesse    N= ");
                            scanf("%d", &n);
                            if (n < 1) fehler(0);
                            if (n > max_n) fehler(1);
                            printf("\nAnzahl der
Praediktoren p= ");
                            scanf("%d", &p);
                            if (p < 1) fehler(3);
                            if (p >(max_m - 1))
fehler(2);

                            y = init_matrix(n, 1);
                            X = init_matrix(n, p + 1);
                            printf("\nEingabe der
Wertereihe der Kriteriumsvariable Y:");
                            for (i = 1; i <= n; i++)
                            {
                                    printf("\n%d.Wert :
", i);
                                    scanf("%f",
&messwert);
                                    y.a[i - 1][0] =
messwert;
                            };

                            for (i = 1; i <= n; i++)
                                    X.a[i - 1][0] = 1;

                            for (k = 1; k <= p; k++)
                            {
                                    printf("\nEingabe
der Wertereihe zum Praediktor X%d:", k);
                                    for (i = 1; i <= n;
i++)
                                    {
```

```
           printf("\n%d.Wert : ", i);
                                                    scanf("%f",
       &messwert);
                                                    X.a[i -
       1][k] = messwert;
                                           }
                                   }
                               analyse =
       regressionsanalyse(y, X, n, p, 1);
                   }; break;
                   case 2:
                   {

       printf("\n\nStichprobengroesse    N= ");
                               scanf("%d", &n);
                               if (n < 1) fehler(0);
                               if (n > max_n) fehler(1);
                               printf("\nAnzahl der
       Praediktoren p= ");
                               scanf("%d", &p);
                               if (p < 1) fehler(3);
                               if (p >(max_m - 1))
       fehler(2);

                               time(&startzeit);

                               y = init_matrix(n, 1);
                               X = init_matrix(n, p + 1);

                               srand(1);

                               /* Kriteriumswerte
       zufaellig fuellen */
                               for (i = 1; i <= n; i++)
                                       y.a[i - 1][0] =
       rand();

                               for (i = 1; i <= n; i++)
           /* erste Spalte von X mit Einsen fuellen */
                                       X.a[i - 1][0] = 1;

                               for (k = 1; k <= p; k++)
               /* Praediktoren zufaellig fuellen */
                               for (i = 1; i <= n; i++)
                                       X.a[i - 1][k] =
       rand();
```

```
                        analyse = regressionsanalyse(y, X, n, p, 1);

                        time(&endzeit);

                        printf("\nAnzahl invertierter Matrizen:     %f", ops);
                        printf("\nAnzahl Determinantenberechnungen: %f", ops2)
                        printf("\nLaufzeit in Sekunden: %d \n", endzeit - startzeit);

                }; break;

                case 3:
                {
                        printf("\nFunktion noch nicht vorhanden\n");
                }; break;
                default: printf("\nProgrammoption nicht vorhanden.\n"); break;
        }

        printf("\nProgramm beenden (j/n)? ");
        scanf("%c", &frage); scanf("%c", &frage);
        } while (frage == 'n');

}
```

A-5: Quellcode zum Versuch 5

```c
/* Programm zur multiplen linearen Regressionsanalyse
Version 1.9b Autor: Thomas Kaul */

/*
Releasenotes

v1.2 (2014.11.01) Codeoptimierungen, Berechnung der
Standardfehler und Teststatistiken der
Regressionskoeffizienten
v1.3 (2014.11.02) Indikatoren fuer Multikollinearitaet,
Toleranz (TOL) und Varianz-Inflations-Faktor (VIF)
v1.4 (2014.11.08) Integration Zufallszahlengenerator zur
Laufzeitdiagnose von komplexen Regressionsanalysen
v1.5 (2014.11.09) Ausgabe der Anzahl der
Matrizeninversionen zur Laufzeitdiagnose
v1.6 (2014.11.10) Erweiterung der Laufzeitdiagnose,
verfeinerte Abbildung Matrizeninversionen und
Determinantenoperationen
v1.7 (2014.11.11) Aenderung Datentypen fuer
Laufzeitdiagnose zur Darstellung sehr grosser Zahlen
v1.8 (2014.11.19) Abfrage zur Beendigung des Programms
v1.9 (2014.12.01) Performance-Optimierung
Determinantenberechnung
v1.9b(2014.12.02) Mehrkern-Prozessor-Verarbeitung

*/
#include <omp.h>
#include <stdio.h>
#include <math.h>
#include <stdlib.h>
#include <time.h>

#define max_n 20                /* max. Stichprobengroesse */
#define max_m 20                /* max. Anzahl Praediktoren + Kriterium */

long double ops;                /* globale Variable: Anzahl Matrixinversionen zur Laufzeitdiagnose */
long double ops2;               /* globale Variable: Anzahl Determinantenberechnungen zur Laufzeitdiagnose */

typedef struct matr             /* Datenstruktur fuer Matrizen */
{
        int m;                  /* Anzahl Zeilen */
        int n;                  /* Anzahl Spalten */
        float a[max_n][max_m];  /* Matrixelement */
} matrix;
```

```c
typedef struct regression          /* Datenstruktur fuer
das Ergebnis einer Regressionsanalyse */
{
        float sqe;                 /* Quadratsumme
erklaerte Varianz */
        float sqr;                 /* Quadratsumme
Residualvarianz */
        float sqt;                 /* Quadratsumme
Gesamtvarianz */
        float mqe;                 /* mittlere
Quadratsumme der erklaerten Varianz */
        float mqr;                 /* mittlere
Quadratsumme der Residualvarianz */
        float f;                   /* Pruefwert fuer F-
Verteilung */
        float se;                  /* Standardfehler der
Regression */
        float r2;                  /* Varianzaufklaerung
der Regression */
        matrix b;                  /* Ergebnisvektor der
Regressionskoeffizienten */
} regression_ergebnis;

void fehler(int f)

/* Umgang mit Fehlersituationen */
{
        printf("\nFehlercode (%d): ", f);
        switch (f)
        {
        case 0: printf("Stichprobengroesse muss groesser
als 0 sein."); break;
        case 1: printf("Stichprobengroesse zu hoch, maximal
N= %d erlaubt.", max_n); break;
        case 2: printf("Anzahl der Praediktoren zu hoch,
maximal %d erlaubt.", max_m - 1); break;
        case 3: printf("Mindestens ein Praediktor
erforderlich."); break;
        case 4: printf("beim Anlegen einer Matrix mind. 1
Zeile und 1 Spalte erforderlich."); break;
        case 5: printf("Fehler bei Matrizenmultiplikation,
Spaltenanzahl A <> Zeilenanzahl B."); break;
        case 6: printf("Determinante nicht definiert,
zugrundeliegende Matrix ist nicht quadratisch."); break;
        case 7: printf("Fehler beim Adjungieren einer
Matrix, zu entfernde Zeile oder Spalte nicht
vorhanden."); break;
        case 8: printf("Fehler, Regressionsrechnung ohne
Praediktor."); break;
```

```
        case 9: printf("Fehler beim Versuch eine Matrix zu
invertieren, Determinante ist Null."); break;
        default:printf("unvorhergesehener Fehler.");
break;
        }
        printf("\n\n*** Programmende ***\n");
        exit(0);
}

matrix init_matrix(int m, int n)

/* liefert eine Null-Matrix vom Typ (m,n) an */
{
        int i, k;
        matrix x;
        if (m < 1 || n < 1) fehler(4);
        x.m = m;
        x.n = n;
        for (i = 1; i <= m; i++)              /* alle
Zeilen durchlaufen */
                for (k = 1; k <= n; k++)      /* alle
Spalten durchlaufen */
                        x.a[i - 1][k - 1] = 0;/*
Matrixelement auf Null setzen */
        return (x);
}

matrix transp_matrix(matrix X)
/* liefert eine transponierte Matrix Y zur Ausgangsmatrix
X */
{
        matrix Y;
        int i, k;

        Y = init_matrix(X.n, X.m);            /* aus Matrix
vom Typ (m,n) eine Matrix vom Typ (n,m) erzeugen */
        for (i = 1; i <= X.m; i++)            /* für alle
Zeilen von X */
                for (k = 1; k <= X.n; k++)    /* für alle
Spalten von X */
                        Y.a[k - 1][i - 1] = X.a[i - 1][k -
1];     /* Matrix stuerzen */
        return (Y);
}

void print_matrix(matrix X)
/* gibt eine Matrix X aus */
{
        int i, k;
        for (i = 1; i <= X.m; i++)            /* alle
Zeilen durchlaufen */
```

```c
        {
                printf("\n");
                for (k = 1; k <= X.n; k++)      /* alle Spalten durchlaufen */
                        printf("%4.2f ", X.a[i - 1][k - 1]);    /* Matrixelement ausgeben */
        }
}


matrix multipliziere_matrix(matrix A, matrix B)
/* liefert Produkt der Matrizen A und B */
{
        int i,k,j;
        float skalarprod;
        matrix C;
        if (A.n != B.m) fehler(5);              /* Spaltenanzahl von A ungleich Zeilenanzahl B, Multiplikation nicht moeglich */
        C = init_matrix(A.m,B.n);
        for (i = 1; i <= A.m; i++)              /* alle Zeilen von A durchlaufen*/
                for (k = 1; k <= B.n; k++)      /* alle Spalten von B durchlaufen */
                {
                        skalarprod = 0;
                        for (j = 1; j <= A.n; j++)
                                skalarprod = skalarprod + (A.a[i-1][j-1] * B.a[j-1][k-1]);
                        C.a[i - 1][k - 1] = skalarprod;
                }
        return(C);
}

matrix adjungiere_matrix(matrix A, int z, int s)
/* liefert aus Matrix A die adjungierte Matrix B wobei aus z-te Zeile und s-te Spalte entfernt wurde */
{
        int i, k;
        matrix B;
        /* print_matrix(A); */

        if (A.m < z || A.n < s) fehler(7);      /* zu entfernende Zeile oder Spalte nicht vorhanden */

        if (A.m == 1 || A.n == 1)               /* Matrix hat nur eine Zeile oder eine Spalte */
        {
                B = init_matrix(1, 1);
                B.a[0][0] = A.a[0][0];
        }
```

```
            else
            {
                    if (A.m > 1 && A.n > 1)               /* A hat mind. 2 Spalten und 2 Zeilen */
                    {
                            B = init_matrix(A.m - 1, A.n - 1);   /* B vom Typ (m-1,n-1) */
                            for (i = 1; i < z; i++)
                            /* alle Zeilen bis vor Zeile z durchlaufen */
                            {
                                    for (k = 1; k < s; k++)
                                    /* alle Spalten bis vor Spalte s durchlaufen */
                                    {
                                            B.a[i - 1][k - 1] = A.a[i - 1][k - 1];   /* Matrixelemente uebertragen */
                                    }
                                    for (k = s + 1; k <= A.n; k++)   /* alle Spalten ab s+1 bis n durchlaufen */
                                    {
                                            B.a[i - 1][k - 2] = A.a[i - 1][k - 1];   /* Matrixelemente uebertragen, Spaltenindex in B -1 */
                                    }
                            }
                            for (i = z + 1; i <= A.m; i++)
                            /* alle Zeilen ab z+1 bis m durchlaufen */
                            {
                                    for (k = 1; k < s; k++)
                                    /* alle Spalten bis vor Spalte s durchlaufen */
                                    {
                                            B.a[i - 2][k - 1] = A.a[i - 1][k - 1];   /* Matrixelemente uebertragen, Zeilenindex in B -1 */
                                    }
                                    for (k = s + 1; k <= A.n; k++)   /* alle Spalten ab s+1 bis n durchlaufen */
                                    {
                                            B.a[i - 2][k - 2] = A.a[i - 1][k - 1];   /* Matrixelemente uebertragen, Spaltenindex in B -1 */
                                    }
                            }
                    }
                    if (A.m > 1 && A.n == 1)              /* nur eine Spalte, aber mehrere Zeilen */
                    {
                            B = init_matrix(1, 1);
```

```
                        B.a[0][0] = A.a[z - 1][0];
                }
                if (A.m == 1 && A.n > 1)          /* nur
eine Zeile, aber mehrere Spalten */
                {
                        B = init_matrix(1, 1);
                        B.a[0][0] = A.a[0][s - 1];
                }
        }

        return (B);
}


float det_matrix (matrix A)
/* liefert Determinante einer quadratischen Matrix A */
/* optimierte Performance */
{
        float det;
        int k, vorzeichen;
        if (A.m != A.n) fehler(6);     /* Matrix nicht
quadratisch, Determinante nicht bestimmbar */

        ops2 = ops2 + 1;

        if (A.m > 3)                   /* Entwicklung nach
der ersten Zeile durchfuehren */
        {
                det = 0;
                vorzeichen = -1;
                for (k = 1; k <= A.n; k++)
                {
                        vorzeichen = vorzeichen * -1;
                        det = det + (vorzeichen * A.a[0][k-
1] * det_matrix(adjungiere_matrix(A, 1, k)));
                }
        }
        else
        {
                if (A.m == 1)
                        det = A.a[0][0];
                if (A.m == 2)          /* 2-reihige Det.
direkt berechnen */
                        det = (A.a[0][0] * A.a[1][1]) -
(A.a[0][1] * A.a[1][0]);
                if (A.m == 3)          /* 3-reihige Det.
direkt berechnen */
                        det =
(A.a[0][0]*A.a[1][1]*A.a[2][2]) +
(A.a[0][1]*A.a[1][2]*A.a[2][0]) +
(A.a[0][2]*A.a[1][0]*A.a[2][1])
```

```
                (A.a[0][1]*A.a[1][0]*A.a[2][2]) -
                (A.a[0][0]*A.a[1][2]*A.a[2][1]) -
                (A.a[0][2]*A.a[1][1]*A.a[2][0]);
            };
        return (det);
}

matrix invertiere_matrix(matrix X)
/* liefert eine invertierte Matrix Y zur Matrix X */
{
        matrix Y;
        float determinante, faktor;
        int i, j, k, vorzeichen;
        determinante = det_matrix(X);
        if (determinante == 0) fehler(9);                /*
Matrix nicht invertierbar */
        else
        {
                ops = ops + 1;                            /*
Zaehler fuer Laufzeitanalyse */


                Y = init_matrix(X.m, X.n);
                faktor = 1 / determinante;
                for (i = 1; i <= X.m; i++)                /*
alle Zeilen durchlaufen */
                {
                        for (k = 1; k <= X.n; k++)    /*
alle Spalten durchlaufen */
                        {
                                vorzeichen = 1;
                                for (j = 1; j <= i + k; j++)
                                        vorzeichen =
vorzeichen * -1;
                                Y.a[i - 1][k - 1] = faktor *
vorzeichen * det_matrix(adjungiere_matrix(X, k, i));
                        }
                }
        }
        return (Y);
}

regression_ergebnis regressionsanalyse(matrix y, matrix
X, int n, int p, int ausgabe)
/* fuehrt eine Regressionsanalyse durch,
   y Kriteriumsvektor, erste Spalte von X mit Einsen,
zweite bis k+1-te Spalte Preaediktoren
   n = Stichprobengroesse
   p = Anzahl der Praediktoren
```

```
   ausgabe = 0 : keine Ausgabe von Ergebnissen, ausgabe =
1 von Ergebnissen

   Datenstruktur Ergebnis
   sqe,sqr,sqt,mqe,mqr,f,se,r2,b (Ergebnisvektor)

   */
{
      regression_ergebnis
              result,                  /* Ergebnis der
Regressionsanalyse */
              se_praed_berechnung;   /* Regressionsanalyse
zur Berechnung des Standardfehlers der Praediktoren */

       int
              i,                /* Zeilenindex */
              j,                /* Spaltenindex */
              k;                /* Spaltenindex */
       float
              sum_y,            /* Summe des
Kriteriums */
              avg_y,            /* arithm. Mittel
Kriterium */
              var_y,            /* Varianz des
Kriteriums */
              sd_y,             /* Standardabweichung
des Kriteriums */
              y_dach,           /* aus
Regressionsgleichung vorhergesagter Wert des Kriteriums
*/
              sqt,              /* Quadratsumme
Gesamtvarianz */
              sqe,              /* Quadratsumme
erklaerte Varianz */
              sqr,              /* Quadratsumme
Residualvarianz */
              r2,               /* Bestimmtheitsmass
R-Quadrat */
              mqe,              /* mittlere
Quadratsumme erklaerte Varianz */
              mqr,              /* mittlere
Quadratsumme Residualvarianz */
              f,                /* Pruefstatistik zur
F-Verteilung */
              se,               /* Standardfehler der
Regression */
              sum_x,            /* Summe des
Praediktors xk*/
              var_x,            /* Varianz des
Praediktors xk */
```

```
                avg_x,              /* arithm.Mittel des
Praediktors xk */
                sd_x,               /* Standardabweichung
des Praediktors xk */
                beta,               /* standardisiertes
Regressionsgewicht des Praediktors */
                se_praed,           /* Standardfehler des
Praediktors */
                t,                  /* Pruefwert fuer t-
Verteilung */
                tol,                /* Toleranz des
Praediktors zur Multikollinearitaet */
                vif;                /*
Variationsinflationsfaktor des Preadiktors zur
Multikollinearität */
        matrix
                b,                  /* Ergebnisvektor des
Intercepts und der Regressionskoeffizienten */
                X_,                 /* transformierte
Matrix */
                X_X,                /* Produkt aus
transformierter und urspruenglicher Matrix */
                X_X_inv,            /* Produkt mit
invertierter Matrix */
                X_X_invX_,          /* Produkt mit
transformierter Matrix */
                y2,                 /* Praediktor als
Kriterium zur Berechnung seines Standardfehlers*/
                X2;                 /* Matrix aus 1-
Spalte und den uebrigen Praediktoren */

        if (p == 0) fehler(8);      /* Regression mit
keinem Praediktor sinnlos */

        b = init_matrix(p + 1, 1);  /* Ergebnisvektor */

        X_ = transp_matrix(X);
        X_X = multipliziere_matrix(X_, X);
        X_X_inv = invertiere_matrix(X_X);
        X_X_invX_ = multipliziere_matrix(X_X_inv, X_);
        b = multipliziere_matrix(X_X_invX_, y);
        result.b = b;

                                    /* Bestimmtheitsmass
R2 und Teststatistik der Modellguete berechnen */
        sum_y = 0;
        avg_y = 0;
        for (i = 1; i <= n; i++)
                sum_y = sum_y + y.a[i - 1][0];
        avg_y = sum_y / n;
```

```
        sqt = 0;                      /* Quadratsumme total
SQT ermitteln */
        for (i = 1; i <= n; i++)
                sqt = sqt + (y.a[i - 1][0] - avg_y)*(y.a[i
- 1][0] - avg_y);
        result.sqt = sqt;

        sqe = 0;                      /* Quadratsumme
Vorhersagewerte SQE ermitteln */
        for (i = 1; i <= n; i++)
        {
                y_dach = b.a[0][0];   /* Vorhersagewert mit
Intercept initialisieren */
                for (k = 1; k <= p; k++)
                        y_dach = y_dach + b.a[k][0] * X.a[i
- 1][k];
                sqe = sqe + (y_dach - avg_y)*(y_dach -
avg_y);
        }
        result.sqe = sqe;

        sqr = sqt - sqe;              /* Quadratsumme
Restvarianz SQR ermitteln */
        result.sqr = sqr;

        r2 = sqe / sqt;               /*
Bestimmtheitsmass R2 berechnen */
        result.r2 = r2;

        mqe = sqe / p;                /* mittlere
Quadratsumme MQE erklaerte Varianz */
        result.mqe = mqe;

        mqr = sqr / (n - p - 1);      /* mittlere
Quadratsumme MQR Residualvarianz */
        result.mqr = mqr;

        f = mqe / mqr;                /* Pruefgroesse fuer
F-Verteilung ermitteln */
        result.f = f;

        se = sqrt(sqr / (n - p - 1)); /* Standardfehler der
Regression ermitteln */
        result.se = se;

        if (ausgabe == 1)             /* Wenn Parameter zur
Ergebnisuebergabe gesetzt wurde */
        {
                printf("\n_____
_____");
```

```
            printf("\n***          Multiple
Regressionsanalyse V1.9b (C)2014 Thomas Kaul
***");
            printf("\n***
Mehrkern-Prozessorverarbeitung                  ***");
            printf("\n***
Ergebnis                        ***");

      printf("\n_____
_____");
            printf("\nStichprobengroesse  (n) = %i
Anzahl Praediktoren (k) = %i", n, p);

      printf("\n_____
_____");
            printf("\nBestimmtheitsmass  (R2) = %8.2f
Standardfehler SE = %4.3f ", r2, se);

      printf("\n_____
_____");
            printf("\nErklaerte Streuung (SQE)= %8.3f
(df)= %4d (MQE)= %8.3f F= %8.3f", sqe, p, mqe, f);
            printf("\nReststreuung       (SQR)= %8.3f
(df)= %4d (MQR)= %8.3f ", sqr, n - p - 1, mqr);
            printf("\nGesamtstreuung     (SQT)= %8.3f
(df)= %4d ", sqt, n - 1);
            printf("\nsignif. R2 wenn F > F(%d,%d)", p,
n - p - 1);

      printf("\n_____
_____");
            printf("\n            unstand.B
SE     beta     t       TOL     VIF");
            printf("\n  Konstante        %+8.3f",
b.a[0][0]);
      }
                              /* Standardabweichung
von y ermitteln */
      var_y = 0;
      for (i = 1; i <= n; i++)
            var_y = var_y + (y.a[i - 1][0] -
avg_y)*(y.a[i - 1][0] - avg_y);
      var_y = var_y / n;
      sd_y = sqrt(var_y);


                              /* Verarbeitung der k
Preadiktoren */
      #pragma omp parallel for private (beta, se_praed, t,
tol, vif)
```

```
                for (k = 1; k <= p; k++)
                {
                                        /* Mittelwert des
Praediktors berechnen */
                        sum_x = 0;
                        for (i = 1; i <= n; i++)
                                sum_x = sum_x + X.a[i - 1][k];
                        avg_x = sum_x / n;

                                        /* Varianz und
Standardabweichung des Praediktors berechnen */
                        var_x = 0;
                        for (i = 1; i <= n; i++)
                                var_x = var_x + (X.a[i - 1][k] -
avg_x)*(X.a[i - 1][k] - avg_x);
                        var_x = var_x / n;
                        sd_x = sqrt(var_x);


                                        /* standard.
Regressionskoeffizient beta berechnen */

                        beta = b.a[k][0] * (sd_x / sd_y);

                                        /* Standardfehler des
Praediktors berechnen */

                        y2 = init_matrix(n, 1);         /*
Regressionsmodell Praediktor durch uebrige Praediktoren
vorhersagen */
                        X2 = init_matrix(n, p);         /* X2 hat
eine Spalte weniger als X */

                        for (i = 1; i <= n; i++)        /* y2 =
Praediktor setzen */
                                y2.a[i - 1][0] = X.a[i - 1][k];

                                        /* X2 aus den
uebrigen Praediktoren aufbauen */

                        for (i = 1; i <= n; i++)        /* erste
Spalte mit Einsen fuellen */
                                X2.a[i - 1][0] = 1;

                        for (j = 1; j < k; j++)                 /*
Spalten links vom betreffenden Praediktor uebertragen */
                                for (i = 1; i <= n; i++)
                                        X2.a[i - 1][j] = X.a[i -
1][j];
```

```
                        for (j = k + 1; j <= p; j++)   /*
Spalten rechts vom betreffenden Praediktor uebertragen */
                            for (i = 1; i <= n; i++)
                                X2.a[i - 1][j-1] =
X.a[i - 1][j];
                    if (p > 1)              /* Regression des
Praediktors aus den uebrigen Praediktoren */
                        se_praed_berechnung =
regressionsanalyse(y2, X2, n, p - 1, 0);
                    se_praed = sqrt(1 / (1 -
se_praed_berechnung.r2)) * sqrt(mqr / (n * var_x));

                    t = b.a[k][0] / se_praed;      /* t-Wert
berechnen */

                    tol = 1 - se_praed_berechnung.r2;  /*
Toleranz berechnen */

                    vif = 1 / (tol);       /*
Variationsinflationsfaktor berechnen */

                    if (ausgabe == 1)
                    {
                        printf("\nberechnet von
Prozessorkern: %d", omp_get_thread_num());
                        printf("\n     X%2d             %8.3f
%8.3f %8.3f %8.3f %8.3f %8.3f", k, b.a[k][0], se_praed,
beta, t, tol, vif);
                        if (vif > 10)
                            printf(" !");  /* Warnung
vor hoher Multikollinearitaet */
                    }
                }
                if (ausgabe == 1)
                {

        printf("\n_____
_____");
                    printf("\nDie ermittelte
Regressionsgleichung lautet:");
                    printf("\nY = %8.3f ", b.a[0][0]);
                    for (k = 1; k <= p; k++)
                        printf(" + (%8.3f)X%d ", b.a[k][0],
k);

        printf("\n_____
_____");
                }
```

```c
        return (result);
}

main()
{

        time_t startzeit, endzeit;    /* fuer Laufzeitdiagnose */

        int auswahl;                   /* Menue-Steuerung des Programmablaufs */
        char frage;
        int n;                         /* Stichprobengroesse */
        int p;                         /* Anzahl Praediktoren */
        int i,                         /* Zeilenindex */
            k;                         /* Spaltenindex */
        float
            messwert;                  /* Messwert */
        matrix
            y,                         /* Kriteriumsvektor */
            X;                         /* Matrix aus 1-Spalte und Praediktorenspalten */
        regression_ergebnis            /* Ergebnisse der Regressionsanalyse */
            analyse;


        do
        {

            ops = 0;
            ops2 = 0;


        printf("\n_____");
            printf("\n***       Multiple Regressionsanalyse V1.9 (C)2014 Thomas Kaul ***");
            printf("\n***       Mehrkern-Prozessorverarbeitung                      ***");
        printf("\n_____");
            printf("\n\n");
            printf(" 1 .......... manuelle Dateneingabe\n");
```

```
                    printf(" 2 .......... Analyse von
Zufallsdaten (Laufzeitsimulation)\n");
                    printf(" 3 .......... Datenfile
analysieren\n");

         printf("\n_____
_____");
                    printf("\n Auswahl: ");
                    scanf("%d", &auswahl);

                    switch (auswahl)
                    {
                    case 1:
                    {
printf("\n\nStichprobengroesse       N= ");
                              scanf("%d", &n);
                              if (n < 1) fehler(0);
                              if (n > max_n) fehler(1);
                              printf("\nAnzahl der
Praediktoren p= ");
                              scanf("%d", &p);
                              if (p < 1) fehler(3);
                              if (p >(max_m - 1))
fehler(2);

                              y = init_matrix(n, 1);
                              X = init_matrix(n, p + 1);

                              printf("\nEingabe der
Wertereihe der Kriteriumsvariable Y:");
                              for (i = 1; i <= n; i++)
                              {
                                       printf("\n%d.Wert : ", i);
                                       scanf("%f", &messwert);
                                       y.a[i - 1][0] = messwert;
                              };

                              for (i = 1; i <= n; i++)
                                       X.a[i - 1][0] = 1;

                              for (k = 1; k <= p; k++)
                              {
                                       printf("\nEingabe
der Wertereihe zum Praediktor X%d:", k);
                                       for (i = 1; i <= n; i++)
                                       {
```

```
            printf("\n%d.Wert : ", i);
                                            scanf("%f", &messwert);
                                            X.a[i - 1][k] = messwert;
                                    }
                            }
                            analyse = regressionsanalyse(y, X, n, p, 1);
                    }; break;
                    case 2:
                    {
                            printf("\n\nStichprobengroesse    N= ");
                            scanf("%d", &n);
                            if (n < 1) fehler(0);
                            if (n > max_n) fehler(1);
                            printf("\nAnzahl der Praediktoren p= ");
                            scanf("%d", &p);
                            if (p < 1) fehler(3);
                            if (p >(max_m - 1)) fehler(2);

                            time(&startzeit);

                            y = init_matrix(n, 1);
                            X = init_matrix(n, p + 1);

                            srand(1);

                            /* Kriteriumswerte zufaellig fuellen */
                            for (i = 1; i <= n; i++)
                                    y.a[i - 1][0] = rand();

                            for (i = 1; i <= n; i++)
                            /* erste Spalte von X mit Einsen fuellen */
                                    X.a[i - 1][0] = 1;

                            for (k = 1; k <= p; k++)
                            /* Praediktoren zufaellig fuellen */
                                    for (i = 1; i <= n; i++)
                                            X.a[i - 1][k] = rand();
```

```
                           analyse = regressionsanalyse(y, X, n, p, 1);

                           time(&endzeit);

                           printf("\nAnzahl invertierter Matrizen:      %f", ops);
                           printf("\nAnzahl Determinantenberechnungen: %f", ops2);
                           printf("\nLaufzeit in Sekunden: %d \n", endzeit - startzeit);
              }; break;

              case 3:
              {
                           printf("\nFunktion noch nicht vorhanden\n");
              }; break;
              default: printf("\nProgrammoption nicht vorhanden.\n"); break;
              }

       printf("\nProgramm beenden (j/n)? ");
       scanf("%c", &frage); scanf("%c", &frage);
       } while (frage == 'n');

}
```

A-6: Quellcode zum Versuch 6

```
/* Programm zur multiplen linearen Regressionsanalyse
Version 2.4 multicore Autor: Thomas Kaul */

/*
Releasenotes

v1.2 (2014.11.01) Codeoptimierungen, Berechnung der
Standardfehler und Teststatistiken der
Regressionskoeffizienten
v1.3 (2014.11.02) Indikatoren fuer Multikollinearitaet,
Toleranz (TOL) und Varianz-Inflations-Faktor (VIF)
v1.4 (2014.11.08) Integration Zufallszahlengenerator zur
Laufzeitdiagnose von komplexen Regressionsanalysen
v1.5 (2014.11.09) Ausgabe der Anzahl der
Matrizeninversionen zur Laufzeitdiagnose
v1.6 (2014.11.10) Erweiterung der Laufzeitdiagnose,
verfeinerte Abbildung Matrizeninversionen und
Determinantenoperationen
v1.7 (2014.11.11) Aenderung Datentypen fuer
Laufzeitdiagnose zur Darstellung sehr grosser Zahlen
v1.8 (2014.11.19) Abfrage zur Beendigung des Programms
v1.9 (2014.12.01) Performance-Optimierung
Determinantenberechnung
v1.9b(2014.12.02) Mehrkern-Prozessor-Verarbeitung
v2.0 (2014.12.08) Weitere Performance-Optimierung
Determinantenberechnung
v2.1 (2014.12.15) Fehlerbehebung Berechnung Betas in
Parallelverarbeitung
v2.2 (2014.12.20) Optimierung Anzeige und Fehlerbhebung
Determinantenberechnung ab p>3, Bug in
Performanceoptimierung entfernt
v2.4 (2014.12.22) Determinanten-Berechnung optimiert.

*/
#include <stdio.h>
#include <omp.h>
#include <math.h>
#include <stdlib.h>
#include <time.h>

#define max_n 20                    /* max. Stichprobengroesse */
#define max_m 20                    /* max. Anzahl Praediktoren + Kriterium */

long double ops;                    /* globale Variable: Anzahl Matrixinversionen zur Laufzeitdiagnose */
long double ops2;                   /* globale Variable: Anzahl Determinantenberechnungen zur Laufzeitdiagnose */
```

```c
typedef struct matr                     /* Datenstruktur fuer Matrizen */
{
        int m;                          /* Anzahl Zeilen */
        int n;                          /* Anzahl Spalten */
        float a[max_n][max_m];          /* Matrixelement */
} matrix;

typedef struct regression               /* Datenstruktur fuer
das Ergebnis einer Regressionsanalyse */
{
        float sqe;                      /* Quadratsumme erklaerte Varianz */
        float sqr;                      /* Quadratsumme Residualvarianz */
        float sqt;                      /* Quadratsumme Gesamtvarianz */
        float mqe;                      /* mittlere Quadratsumme der erklaerten Varianz */
        float mqr;                      /* mittlere Quadratsumme der Residualvarianz */
        float f;                        /* Pruefwert fuer F-Verteilung */
        float se;                       /* Standardfehler der Regression */
        float r2;                       /* Varianzaufklaerung der Regression */
        matrix b;                       /* Ergebnisvektor der Regressionskoeffizienten */
} regression_ergebnis;

void fehler(int f)

/* Umgang mit Fehlersituationen */
{
        printf("\nFehlercode (%d): ", f);
        switch (f)
        {
        case 0: printf("Stichprobengroesse muss groesser als 0 sein."); break;
        case 1: printf("Stichprobengroesse zu hoch, maximal N= %d erlaubt.", max_n); break;
        case 2: printf("Anzahl der Praediktoren zu hoch, maximal %d erlaubt.", max_m - 1); break;
        case 3: printf("Mindestens ein Praediktor erforderlich."); break;
        case 4: printf("beim Anlegen einer Matrix mind. 1 Zeile und 1 Spalte erforderlich."); break;
        case 5: printf("Fehler bei Matrizenmultiplikation, Spaltenanzahl A <> Zeilenanzahl B."); break;
```

```
            case 6: printf("Determinante nicht definiert,
zugrundeliegende Matrix ist nicht quadratisch."); break;
            case 7: printf("Fehler beim Adjungieren einer
Matrix, zu entferndene Zeile oder Spalte nicht
vorhanden."); break;
            case 8: printf("Fehler, Regressionsrechnung ohne
Praediktor."); break;
            case 9: printf("Fehler beim Versuch eine Matrix zu
invertieren, Determinante ist Null."); break;
            case 10: printf("Nullwert beim Versuch eine
Matrix linear zu transformieren."); break;
            default:printf("unvorhergesehener Fehler.");
break;
        }
        printf("\n\n*** Programmende ***\n");
        exit(0);
}

matrix init_matrix(int m, int n)

/* liefert eine Null-Matrix vom Typ (m,n) an */
{
        int i, k;
        matrix x;
        if (m < 1 || n < 1) fehler(4);
        x.m = m;
        x.n = n;
        for (i = 1; i <= m; i++)              /* alle
Zeilen durchlaufen */
                for (k = 1; k <= n; k++)      /* alle
Spalten durchlaufen */
                        x.a[i - 1][k - 1] = 0;/*
Matrixelement auf Null setzen */
        return (x);
}

matrix transp_matrix(matrix X)
/* liefert eine transponierte Matrix Y zur Ausgangsmatrix
X */
{
        matrix Y;
        int i, k;

        Y = init_matrix(X.n, X.m);            /* aus Matrix
vom Typ (m,n) eine Matrix vom Typ (n,m) erzeugen */
        for (i = 1; i <= X.m; i++)            /* für alle
Zeilen von X */
                for (k = 1; k <= X.n; k++)    /* für alle
Spalten von X */
                        Y.a[k - 1][i - 1] = X.a[i - 1][k -
1];      /* Matrix stuerzen */
```

```
                return (Y);
}

void print_matrix(matrix X)
/* gibt eine Matrix X aus */
{
        int i, k;
        for (i = 1; i <= X.m; i++)            /* alle Zeilen durchlaufen */
        {
                printf("\n");
                for (k = 1; k <= X.n; k++)    /* alle Spalten durchlaufen */
                        printf("%4.2f ", X.a[i - 1][k - 1]);   /* Matrixelement ausgeben */
        }
}


matrix multipliziere_matrix(matrix A, matrix B)
/* liefert Produkt der Matrizen A und B */
{
        int i,k,j;
        float skalarprod;
        matrix C;
        if (A.n != B.m) fehler(5);            /* Spaltenanzahl von A ungleich Zeilenanzahl B, Multiplikation nicht moeglich */
        C = init_matrix(A.m,B.n);
        for (i = 1; i <= A.m; i++)            /* alle Zeilen von A durchlaufen*/
                for (k = 1; k <= B.n; k++)    /* alle Spalten von B durchlaufen */
                {
                        skalarprod = 0;
                        for (j = 1; j <= A.n; j++)
                                skalarprod = skalarprod + (A.a[i-1][j-1] * B.a[j-1][k-1]);
                        C.a[i - 1][k - 1] = skalarprod;
                }
        return(C);
}

matrix adjungiere_matrix(matrix A, int z, int s)
/* liefert aus Matrix A die adjungierte Matrix B wobei aus z-te Zeile und s-te Spalte entfernt wurde */
{
        int i, k;
        matrix B;
```

```
        if (A.m < z || A.n < s) fehler(7);   /* zu
entfernende Zeile oder Spalte nicht vorhanden */
        if (A.m == 1 || A.n == 1)            /* Matrix hat
nur eine Zeile oder eine Spalte */
        {
                B = init_matrix(1, 1);
                B.a[0][0] = A.a[0][0];
        }
        else
        {
                if (A.m > 1 && A.n > 1)              /* A
hat mind. 2 Spalten und 2 Zeilen */
                {
                        B = init_matrix(A.m - 1, A.n - 1);
        /* B vom Typ (m-1,n-1) */
                        for (i = 1; i < z; i++)
                        /* alle Zeilen bis vor Zeile z durchlaufen
*/
                        {
                                for (k = 1; k < s; k++)
                        /* alle Spalten bis vor Spalte s
durchlaufen */
                                {
                                        B.a[i - 1][k - 1] =
A.a[i - 1][k - 1];    /* Matrixelemente uebertragen */
                                }
                                for (k = s + 1; k <= A.n;
k++)    /* alle Spalten ab s+1 bis n durchlaufen */
                                {
                                        B.a[i - 1][k - 2] =
A.a[i - 1][k - 1];    /* Matrixelemente uebertragen,
Spaltenindex in B -1 */
                                }
                        }
                        for (i = z + 1; i <= A.m; i++)
                        /* alle Zeilen ab z+1 bis m durchlaufen */
                        {
                                for (k = 1; k < s; k++)
                        /* alle Spalten bis vor Spalte s
durchlaufen */
                                {
                                        B.a[i - 2][k - 1] =
A.a[i - 1][k - 1];    /* Matrixelemente uebertragen,
Zeilenindex in B -1 */
                                }
                                for (k = s + 1; k <= A.n;
k++)    /* alle Spalten ab s+1 bis n durchlaufen */
                                {
```

```
                                        B.a[i - 2][k - 2] =
A.a[i - 1][k - 1];    /* Matrixelemente uebertragen,
Spaltenindex in B -1 */
                                }
                        }
                }
                if (A.m > 1 && A.n == 1)            /* nur
eine Spalte, aber mehrere Zeilen */
                {
                        B = init_matrix(1, 1);
                        B.a[0][0] = A.a[z - 1][0];
                }
                if (A.m == 1 && A.n > 1)            /* nur
eine Zeile, aber mehrere Spalten */
                {
                        B = init_matrix(1, 1);
                        B.a[0][0] = A.a[0][s - 1];
                }
        }

        return (B);
}

matrix lin_transf_matrix(matrix A)
/* 20141222 liefert eine linear transformierte Matrix,
deren erste Spalte aus einem Wert in
genau einer Zeile dieser Spalte und Nullen in allen
anderen Zeilen dieser Spalte
besteht. Zweck: Reduzierung des Rechenaufwands bei der
Anwendung des
Laplaceschen Entwicklungssatzes nach der ersten Spalte,
es ist jeweils nur eine
Unterdeterminante zu berechnen.
*/
{
        matrix
                B;
        int
                i,
                        /* Zeilenindex */
                j;
                        /* Spaltenindex */
        float
                faktor;
                /* Faktor fuer lin.Transformation */
        B = init_matrix(A.m, A.n);                  /*
Matrix vom gleichen Typ wie A anlegen */

        for (i = 1; i <= A.m; i++)                  /*
alle Zeilen durchlaufen */
```

```
                for (j = 1; j <= A.n; j++)              /*
alle Spalten durchlaufen */
                    B.a[i - 1][j - 1] = A.a[i - 1][j -
1];     /* Matrix A in B kopieren */

        if (B.a[0][0] != 0)
    /* wenn erster Wert in erster Spalte <> Null */
            for (i = 2; i <= A.m; i++)              /*
dann ab zweite Zeile linear transformieren */
            {
                faktor = (B.a[i - 1][0] /
B.a[0][0]) * -1;
                for (j = 1; j <= B.n; j++)
                    B.a[i - 1][j - 1] = B.a[i -
1][j - 1] + (B.a[0][j - 1] * faktor);
            }

    return (B);
}

float det_matrix(matrix A)
/* liefert Determinante einer quadratischen Matrix A */
/* 20141222 optimierter Code */
{
    float det;
    matrix B;
    int k, i, vorzeichen;
    if (A.m != A.n) fehler(6);
                /* Matrix nicht quadratisch,
Determinante nicht bestimmbar */

    ops2 = ops2 + 1;

    if (A.m > 2)
    {
        B = lin_transf_matrix(A);
            /* Matrix linear transformieren */
        k = 1;
        det = 0;
        vorzeichen = -1;
        for (i = 1; i <= B.m; i++)
            /* Entwicklung nach der ersten
Spalte durchfuehren */
        {
            vorzeichen = vorzeichen * -1;
            if (B.a[i - 1][k - 1] != 0)
                det = det + (vorzeichen *
B.a[i - 1][k - 1] * det_matrix(adjungiere_matrix(B, i,
k)));
        }
    }
```

```
        else
        {
                if (A.m == 1)
                        det = A.a[0][0];

                if (A.m == 2)
                        det = (A.a[0][0] * A.a[1][1]) - (A.a[0][1] * A.a[1][0]);
        }

        return (det);
}

matrix invertiere_matrix(matrix X)
/* liefert eine invertierte Matrix Y zur Matrix X */
{
        matrix Y;
        float determinante, faktor;
        int i, j, k, vorzeichen;
        determinante = det_matrix(X);
        if (determinante == 0) fehler(9);                    /* Matrix nicht invertierbar */
        else
        {
                ops = ops + 1;                               /* Zaehler fuer Laufzeitanalyse */

                Y = init_matrix(X.m, X.n);
                faktor = 1 / determinante;
                for (i = 1; i <= X.m; i++)                   /* alle Zeilen durchlaufen */
                {
                        for (k = 1; k <= X.n; k++)           /* alle Spalten durchlaufen */
                        {
                                vorzeichen = 1;
                                for (j = 1; j <= i + k; j++)
                                        vorzeichen = vorzeichen * -1;
                                Y.a[i - 1][k - 1] = faktor * vorzeichen * det_matrix(adjungiere_matrix(X, k, i));
                        }
                }
        }
        return (Y);
}

regression_ergebnis regressionsanalyse(matrix y, matrix X, int n, int p, int ausgabe)
```

```
/* fuehrt eine Regressionsanalyse durch,
   y Kriteriumsvektor, erste Spalte von X mit Einsen,
zweite bis k+1-te Spalte Preaediktoren
   n = Stichprobengroesse
   p = Anzahl der Praediktoren
   ausgabe = 0 : keine Ausgabe von Ergebnissen, ausgabe =
1 von Ergebnissen

   Datenstruktur Ergebnis
   sqe,sqr,sqt,mqe,mqr,f,se,r2,b (Ergebnisvektor)

   */
{
       regression_ergebnis
                result,               /* Ergebnis der
Regressionsanalyse */
                se_praed_berechnung;  /* Regressionsanalyse
zur Berechnung des Standardfehlers der Praediktoren */

       int
                i,                    /* Zeilenindex */
                j,                    /* Spaltenindex */
                k;                    /* Spaltenindex */
       float
                sum_y,                /* Summe des
Kriteriums */
                avg_y,                /* arithm. Mittel
Kriterium */
                var_y,                /* Varianz des
Kriteriums */
                sd_y,                 /* Standardabweichung
des Kriteriums */
                y_dach,               /* aus
Regressionsgleichung vorhergesagter Wert des Kriteriums
*/
                sqt,                  /* Quadratsumme
Gesamtvarianz */
                sqe,                  /* Quadratsumme
erklaerte Varianz */
                sqr,                  /* Quadratsumme
Residualvarianz */
                r2,                   /* Bestimmtheitsmass
R-Quadrat */
                mqe,                  /* mittlere
Quadratsumme erklaerte Varianz */
                mqr,                  /* mittlere
Quadratsumme Residualvarianz */
                f,                    /* Pruefstatistik zur
F-Verteilung */
                se,                   /* Standardfehler der
Regression */
```

```
                    sum_x,              /* Summe des
Praediktors xk*/
                    var_x,              /* Varianz des
Praediktors xk */
                    avg_x,              /* arithm.Mittel des
Praediktors xk */
                    sd_x,               /* Standardabweichung
des Praediktors xk */
                    beta,               /* standardisiertes
Regressionsgewicht des Praediktors */
                    se_praed,           /* Standardfehler des
Praediktors */
                    t,                  /* Pruefwert fuer t-
Verteilung */
                    tol,                /* Toleranz des
Praediktors zur Multikollinearitaet */
                    vif;                /*
Variationsinflationsfaktor des Preadiktors zur
Multikollinearität */
            matrix
                    b,                  /* Ergebnisvektor des
Intercepts und der Regressionskoeffizienten */
                    X_,                 /* transformierte
Matrix */
                    X_X,                /* Produkt aus
transformierter und urspruenglicher Matrix */
                    X_X_inv,            /* Produkt mit
invertierter Matrix */
                    X_X_invX_,          /* Produkt mit
transformierter Matrix */
                    y2,                 /* Praediktor als
Kriterium zur Berechnung seines Standardfehlers*/
                    X2;                 /* Matrix aus 1-
Spalte und den uebrigen Praediktoren */

            if (p == 0) fehler(8);      /* Regression mit
keinem Praediktor sinnlos */

            b = init_matrix(p + 1, 1);  /* Ergebnisvektor */

            X_ = transp_matrix(X);
            X_X = multipliziere_matrix(X_, X);
            X_X_inv = invertiere_matrix(X_X);
            X_X_invX_ = multipliziere_matrix(X_X_inv, X_);
            b = multipliziere_matrix(X_X_invX_, y);
            result.b = b;

                                        /* Bestimmtheitsmass
R2 und Teststatistik der Modellguete berechnen */
            sum_y = 0;
            avg_y = 0;
```

```
        for (i = 1; i <= n; i++)
              sum_y = sum_y + y.a[i - 1][0];
        avg_y = sum_y / n;

        sqt = 0;                        /* Quadratsumme total
SQT ermitteln */
        for (i = 1; i <= n; i++)
              sqt = sqt + (y.a[i - 1][0] - avg_y)*(y.a[i
- 1][0] - avg_y);
        result.sqt = sqt;

        sqe = 0;                        /* Quadratsumme
Vorhersagewerte SQE ermitteln */
        for (i = 1; i <= n; i++)
        {
              y_dach = b.a[0][0];       /* Vorhersagewert mit
Intercept initialisieren */
              for (k = 1; k <= p; k++)
                    y_dach = y_dach + b.a[k][0] * X.a[i
- 1][k];
              sqe = sqe + (y_dach - avg_y)*(y_dach -
avg_y);
        }
        result.sqe = sqe;

        sqr = sqt - sqe;                /* Quadratsumme
Restvarianz SQR ermitteln */
        result.sqr = sqr;

        r2 = sqe / sqt;                 /*
Bestimmtheitsmass R2 berechnen */
        result.r2 = r2;

        mqe = sqe / p;                  /* mittlere
Quadratsumme MQE erklaerte Varianz */
        result.mqe = mqe;

        mqr = sqr / (n - p - 1);        /* mittlere
Quadratsumme MQR Residualvarianz */
        result.mqr = mqr;

        f = mqe / mqr;                  /* Pruefgroesse fuer
F-Verteilung ermitteln */
        result.f = f;

        se = sqrt(sqr / (n - p - 1));   /* Standardfehler der
Regression ermitteln */
        result.se = se;

        if (ausgabe == 1)               /* Wenn Parameter zur
Ergebnisuebergabe gesetzt wurde */
```

```
{
    printf("\n_____");
    printf("\n***                Multiple Regressionsanalyse V2.4 (C)2014 Thomas Kaul ***");
    printf("\n***            Multicore-Processing                        ***");
    printf("\n***                        Ergebnis                        ***");
    printf("\n_____");
    printf("\nStichprobengroesse   (n) = %i  Anzahl Praediktoren (k) = %i", n, p);
    printf("\n_____");
    printf("\nBestimmtheitsmass   (R2) = %f  Standardfehler SE = %f ", r2, se);
    printf("\n_____");
    printf("\nErklaerte Streuung (SQE)= %f  (df)= %4d (MQE)= %f F= %f", sqe, p, mqe, f);
    printf("\nReststreuung       (SQR)= %f  (df)= %4d (MQR)= %f ", sqr, n - p - 1, mqr);
    printf("\nGesamtstreuung     (SQT)= %f  (df)= %4d ", sqt, n - 1);
    printf("\nsignif. R2 wenn F > F(%d,%d)", p, n - p - 1);
    printf("\n_____");
    printf("\n                                    unstand.B    SE    beta     t      TOL      VIF");
    printf("\n    Konstante        %+8.3f", b.a[0][0]);
}
                            /* Standardabweichung von y ermitteln */
    var_y = 0;
    for (i = 1; i <= n; i++)
        var_y = var_y + (y.a[i - 1][0] - avg_y)*(y.a[i - 1][0] - avg_y);
    var_y = var_y / n;
    sd_y = sqrt(var_y);
```

```c
                                    /* Verarbeitung der k
Preadiktoren */
    #pragma omp parallel for private (beta, se_praed, t,
tol, vif)
        for (k = 1; k <= p; k++)
        {
                                    /* Mittelwert des
Praediktors berechnen */
            sum_x = 0;
            for (i = 1; i <= n; i++)
                sum_x = sum_x + X.a[i - 1][k];
            avg_x = sum_x / n;

                                    /* Varianz und
Standardabweichung des Praediktors berechnen */
            var_x = 0;
            for (i = 1; i <= n; i++)
                var_x = var_x + (X.a[i - 1][k] -
avg_x)*(X.a[i - 1][k] - avg_x);
            var_x = var_x / n;
            sd_x = sqrt(var_x);


                                    /* standard.
Regressionskoeffizient beta berechnen */

            beta = b.a[k][0] * (sd_x / sd_y);

                                    /* Standardfehler des
Praediktors berechnen */

            y2 = init_matrix(n, 1);         /*
Regressionsmodell Praediktor durch uebrige Praediktoren
vorhersagen */
            X2 = init_matrix(n, p);         /* X2 hat
eine Spalte weniger als X */

            for (i = 1; i <= n; i++)        /* y2 =
Praediktor setzen */
                y2.a[i - 1][0] = X.a[i - 1][k];

                                    /* X2 aus den
uebrigen Praediktoren aufbauen */

            for (i = 1; i <= n; i++)        /* erste
Spalte mit Einsen fuellen */
                X2.a[i - 1][0] = 1;

            for (j = 1; j < k; j++)                 /*
Spalten links vom betreffenden Praediktor uebertragen */
                for (i = 1; i <= n; i++)
```

```
                        X2.a[i - 1][j] = X.a[i - 1][j];
                for (j = k + 1; j <= p; j++)   /* Spalten rechts vom betreffenden Praediktor uebertragen */
                    for (i = 1; i <= n; i++)
                        X2.a[i - 1][j-1] = X.a[i - 1][j];
                if (p > 1)                     /* Regression des Praediktors aus den uebrigen Praediktoren */
                    se_praed_berechnung = regressionsanalyse(y2, X2, n, p - 1, 0);
                se_praed = sqrt(1 / (1 - se_praed_berechnung.r2)) * sqrt(mqr / (n * var_x));
                t = b.a[k][0] / se_praed;      /* t-Wert berechnen */
                tol = 1 - se_praed_berechnung.r2;  /* Toleranz berechnen */
                vif = 1 / (tol);               /* Variationsinflationsfaktor berechnen */
                if (ausgabe == 1)
                {
                    printf("\nProzessorkern: %d", omp_get_thread_num());
                    printf("\n   X%2d          %f %f %f %f %f %f", k, b.a[k][0], se_praed, beta, t, tol, vif);
                    if (vif > 10)
                        printf(" !");          /* Warnung vor hoher Multikollinearitaet */
                }
        }
        if (ausgabe == 1)
        {
            printf("\n_____");
            printf("\nDie ermittelte Regressionsgleichung lautet:");
            printf("\nY = %f ", b.a[0][0]);
            for (k = 1; k <= p; k++)
                printf(" + (%f)X%d ", b.a[k][0], k);
            printf("\n_____");
```

```c
        }

        return (result);
}

main()
{
        time_t startzeit, endzeit;   /* fuer Laufzeitdiagnose */

        int auswahl;                 /* Menue-Steuerung des Programmablaufs */
        char frage;
        int n;                       /* Stichprobengroesse */
        int p;                       /* Anzahl Praediktoren */
        int i,                       /* Zeilenindex */
            k;                       /* Spaltenindex */
        float
            messwert;                /* Messwert */
        matrix
            y,                       /* Kriteriumsvektor */
            X;                       /* Matrix aus 1-Spalte und Praediktorenspalten */
        regression_ergebnis          /* Ergebnisse der Regressionsanalyse */
            analyse;


        do
        {

                ops = 0;
                ops2 = 0;

        printf("\n_____");
                printf("\n***     Multiple Regressionsanalyse V2.4 (C)2014 Thomas Kaul    ***");
                printf("\n***           Multicore-Processing                              ***");
        printf("\n_____");
                printf("\n\n");
```

```
                    printf(" 1 ........... manuelle Dateneingabe\n");
                    printf(" 2 ........... Analyse von Zufallsdaten (Laufzeitsimulation)\n");
                    printf(" 3 ........... Datenfile analysieren\n");

           printf("\n_____");
                    printf("\n Auswahl: ");
                    scanf("%d", &auswahl);

                    switch (auswahl)
                    {
                    case 1:
                    {
printf("\n\nStichprobengroesse     N= ");
                                  scanf("%d", &n);
                                  if (n < 1) fehler(0);
                                  if (n > max_n) fehler(1);
                                  printf("\nAnzahl der Praediktoren p= ");
                                  scanf("%d", &p);
                                  if (p < 1) fehler(3);
                                  if (p >(max_m - 1)) fehler(2);

                                  y = init_matrix(n, 1);
                                  X = init_matrix(n, p + 1);

                                  printf("\nEingabe der Wertereihe der Kriteriumsvariable Y:");
                                  for (i = 1; i <= n; i++)
                                  {
                                        printf("\n%d.Wert : ", i);
                                        scanf("%f", &messwert);
                                        y.a[i - 1][0] = messwert;
                                  };

                                  for (i = 1; i <= n; i++)
                                        X.a[i - 1][0] = 1;

                                  for (k = 1; k <= p; k++)
                                  {
                                        printf("\nEingabe der Wertereihe zum Praediktor X%d:", k);
```

```
                                        for (i = 1; i <= n; i++)
                                        {
    printf("\n%d.Wert : ", i);
                                            scanf("%f", &messwert);
                                            X.a[i - 1][k] = messwert;
                                        }
                                    }
                                    analyse = regressionsanalyse(y, X, n, p, 1);
                }; break;
                case 2:
                {
    printf("\n\nStichprobengroesse     N= ");
                                        scanf("%d", &n);
                                        if (n < 1) fehler(0);
                                        if (n > max_n) fehler(1);
                                        printf("\nAnzahl der Praediktoren p= ");
                                        scanf("%d", &p);
                                        if (p < 1) fehler(3);
                                        if (p >(max_m - 1)) fehler(2);

                                        time(&startzeit);

                                        y = init_matrix(n, 1);
                                        X = init_matrix(n, p + 1);

                                        srand(1);

                                        /* Kriteriumswerte zufaellig fuellen */
                                        for (i = 1; i <= n; i++)
                                            y.a[i - 1][0] = rand();

                                        for (i = 1; i <= n; i++)
        /* erste Spalte von X mit Einsen fuellen */
                                            X.a[i - 1][0] = 1;

                                        for (k = 1; k <= p; k++)
        /* Praediktoren zufaellig fuellen */
                                            for (i = 1; i <= n; i++)
```

```
                                        X.a[i - 1][k] =
rand();

                                    analyse =
regressionsanalyse(y, X, n, p, 1);

                                    time(&endzeit);

                              printf("\nAnzahl
invertierter Matrizen:     %f", ops);
                              printf("\nAnzahl
Determinantenberechnungen: %f", ops2);
                              printf("\nLaufzeit in
Sekunden: %d \n", endzeit - startzeit);

                }; break;

                case 3:
                {
                                    printf("\nFunktion noch
nicht vorhanden\n");
                }; break;
                default: printf("\nProgrammoption nicht
vorhanden.\n"); break;
                }

        printf("\nProgramm beenden (j/n)? ");
        scanf("%c", &frage); scanf("%c", &frage);
        } while (frage == 'n');

}
```

A-7: Quellcode zum Versuch 7

```
/* Programm zur multiplen linearen Regressionsanalyse
Version 2.5 multicore Autor: Thomas Kaul */

/*
Releasenotes

v1.2 (2014.11.01) Codeoptimierungen, Berechnung der
Standardfehler und Teststatistiken der
Regressionskoeffizienten
v1.3 (2014.11.02) Indikatoren fuer Multikollinearitaet,
Toleranz (TOL) und Varianz-Inflations-Faktor (VIF)
v1.4 (2014.11.08) Integration Zufallszahlengenerator zur
Laufzeitdiagnose von komplexen Regressionsanalysen
v1.5 (2014.11.09) Ausgabe der Anzahl der
Matrizeninversionen zur Laufzeitdiagnose
v1.6 (2014.11.10) Erweiterung der Laufzeitdiagnose,
verfeinerte Abbildung Matrizeninversionen und
Determinantenoperationen
v1.7 (2014.11.11) Aenderung Datentypen fuer
Laufzeitdiagnose zur Darstellung sehr grosser Zahlen
v1.8 (2014.11.19) Abfrage zur Beendigung des Programms
v1.9 (2014.12.01) Performance-Optimierung
Determinantenberechnung
v1.9b(2014.12.02) Mehrkern-Prozessor-Verarbeitung
v2.0 (2014.12.08) Weitere Performance-Optimierung
Determinantenberechnung
v2.1 (2014.12.15) Fehlerbehebung Berechnung Betas in
Parallelverarbeitung
v2.2 (2014.12.20) Optimierung Anzeige und Fehlerbhebung
Determinantenberechnung ab p>3, Bug in
Performanceoptimierung entfernt
v2.4 (2014.12.22) Determinanten-Berechnung optimiert.
v2.5 (2014.12.28) Performance Unterregressionsanalysen
optimiert.

*/
#include <stdio.h>
#include <omp.h>
#include <math.h>
#include <stdlib.h>
#include <time.h>

#define max_n 25                  /* max. Stichprobengroesse */
#define max_m 25                  /* max. Anzahl Praediktoren + Kriterium */
```

```c
long double ops;                        /* globale Variable:
Anzahl Matrixinversionen zur Laufzeitdiagnose */
long double ops2;                       /* globale Variable:
Anzahl Determinantenberechnungen zur Laufzeitdiagnose */
long double hauptregr;       /* globale Variable: Anzahl
Regressionsanalysen */
long double unterregr;       /* globale Variable: Anzahl
Unterregressionsanalysen */

typedef struct matr             /* Datenstruktur fuer
Matrizen */
{
        int m;                  /* Anzahl Zeilen */
        int n;                  /* Anzahl Spalten */
        float a[max_n][max_m];  /* Matrixelement */
} matrix;

typedef struct regression       /* Datenstruktur fuer
das Ergebnis einer Regressionsanalyse */
{
        float sqe;              /* Quadratsumme
erklaerte Varianz */
        float sqr;              /* Quadratsumme
Residualvarianz */
        float sqt;              /* Quadratsumme
Gesamtvarianz */
        float mqe;              /* mittlere
Quadratsumme der erklaerten Varianz */
        float mqr;              /* mittlere
Quadratsumme der Residualvarianz */
        float f;                /* Pruefwert fuer F-
Verteilung */
        float se;               /* Standardfehler der
Regression */
        float r2;               /* Varianzaufklaerung
der Regression */
        matrix b;               /* Ergebnisvektor der
Regressionskoeffizienten */
} regression_ergebnis;

void fehler(int f)

/* Umgang mit Fehlersituationen */
{
        printf("\nFehlercode (%d): ", f);
        switch (f)
        {
        case 0: printf("Stichprobengroesse muss groesser
als 0 sein."); break;
        case 1: printf("Stichprobengroesse zu hoch, maximal
N= %d erlaubt.", max_n); break;
```

```c
        case 2: printf("Anzahl der Praediktoren zu hoch, maximal %d erlaubt.", max_m - 1); break;
        case 3: printf("Mindestens ein Praediktor erforderlich."); break;
        case 4: printf("beim Anlegen einer Matrix mind. 1 Zeile und 1 Spalte erforderlich."); break;
        case 5: printf("Fehler bei Matrizenmultiplikation, Spaltenanzahl A <> Zeilenanzahl B."); break;
        case 6: printf("Determinante nicht definiert, zugrundeliegende Matrix ist nicht quadratisch."); break;
        case 7: printf("Fehler beim Adjungieren einer Matrix, zu entferndene Zeile oder Spalte nicht vorhanden."); break;
        case 8: printf("Fehler, Regressionsrechnung ohne Praediktor."); break;
        case 9: printf("Fehler beim Versuch eine Matrix zu invertieren, Determinante ist Null."); break;
        case 10: printf("Nullwert beim Versuch eine Matrix linear zu transformieren."); break;
        default:printf("unvorhergesehener Fehler."); break;
        }
        printf("\n\n*** Programmende ***\n");
        exit(0);
}

matrix init_matrix(int m, int n)

/* liefert eine Null-Matrix vom Typ (m,n) an */
{
        int i, k;
        matrix x;
        if (m < 1 || n < 1) fehler(4);
        x.m = m;
        x.n = n;
        for (i = 1; i <= m; i++)              /* alle Zeilen durchlaufen */
                for (k = 1; k <= n; k++)      /* alle Spalten durchlaufen */
                        x.a[i - 1][k - 1] = 0;/* Matrixelement auf Null setzen */
        return (x);
}

matrix transp_matrix(matrix X)
/* liefert eine transponierte Matrix Y zur Ausgangsmatrix X */
{
        matrix Y;
        int i, k;
```

```
        Y = init_matrix(X.n, X.m);              /* aus Matrix
vom Typ (m,n) eine Matrix vom Typ (n,m) erzeugen */
        for (i = 1; i <= X.m; i++)              /* für alle
Zeilen von X */
                for (k = 1; k <= X.n; k++)      /* für alle
Spalten von X */
                        Y.a[k - 1][i - 1] = X.a[i - 1][k -
1];     /* Matrix stuerzen */
        return (Y);
}

void print_matrix(matrix X)
/* gibt eine Matrix X aus */
{
        int i, k;
        for (i = 1; i <= X.m; i++)              /* alle
Zeilen durchlaufen */
        {
                printf("\n");
                for (k = 1; k <= X.n; k++)      /* alle
Spalten durchlaufen */
                        printf("%4.2f ", X.a[i - 1][k -
1]);    /* Matrixelement ausgeben */
        }
}


matrix multipliziere_matrix(matrix A, matrix B)
/* liefert Produkt der Matrizen A und B */
{
        int i,k,j;
        float skalarprod;
        matrix C;
        if (A.n != B.m) fehler(5);              /*
Spaltenanzahl von A ungleich Zeilenanzahl B,
Multiplikation nicht moeglich */
        C = init_matrix(A.m,B.n);
        for (i = 1; i <= A.m; i++)              /* alle
Zeilen von A durchlaufen*/
                for (k = 1; k <= B.n; k++)      /* alle
Spalten von B durchlaufen */
                {
                        skalarprod = 0;
                        for (j = 1; j <= A.n; j++)
                                skalarprod = skalarprod +
(A.a[i-1][j-1] * B.a[j-1][k-1]);
                        C.a[i - 1][k - 1] = skalarprod;
                }
        return(C);
}
```

```c
matrix adjungiere_matrix(matrix A, int z, int s)
/* liefert aus Matrix A die adjungierte Matrix B wobei
aus z-te Zeile und s-te Spalte entfernt wurde */
{
        int i, k;
        matrix B;

        if (A.m < z || A.n < s) fehler(7);    /* zu
entfernende Zeile oder Spalte nicht vorhanden */

        if (A.m == 1 || A.n == 1)              /* Matrix hat
nur eine Zeile oder eine Spalte */
        {
                B = init_matrix(1, 1);
                B.a[0][0] = A.a[0][0];
        }
        else
        {

                if (A.m > 1 && A.n > 1)          /* A
hat mind. 2 Spalten und 2 Zeilen */
                {
                        B = init_matrix(A.m - 1, A.n - 1);
        /* B vom Typ (m-1,n-1) */
                        for (i = 1; i < z; i++)
                        /* alle Zeilen bis vor Zeile z durchlaufen
*/
                        {
                                for (k = 1; k < s; k++)
                        /* alle Spalten bis vor Spalte s
durchlaufen */
                                {
                                        B.a[i - 1][k - 1] =
A.a[i - 1][k - 1];     /* Matrixelemente uebertragen */
                                }
                                for (k = s + 1; k <= A.n;
k++)    /* alle Spalten ab s+1 bis n durchlaufen */
                                {
                                        B.a[i - 1][k - 2] =
A.a[i - 1][k - 1];     /* Matrixelemente uebertragen,
Spaltenindex in B -1 */
                                }
                        }
                        for (i = z + 1; i <= A.m; i++)
                        /* alle Zeilen ab z+1 bis m durchlaufen */
                        {
                                for (k = 1; k < s; k++)
                        /* alle Spalten bis vor Spalte s
durchlaufen */
                                {
```

```
                                        B.a[i - 2][k - 1] =
A.a[i - 1][k - 1];     /* Matrixelemente uebertragen,
Zeilenindex in B -1 */
                                }
                                for (k = s + 1; k <= A.n;
k++)    /* alle Spalten ab s+1 bis n durchlaufen */
                                {
                                        B.a[i - 2][k - 2] =
A.a[i - 1][k - 1];     /* Matrixelemente uebertragen,
Spaltenindex in B -1 */
                                }
                        }
                }
                if (A.m > 1 && A.n == 1)                /* nur
eine Spalte, aber mehrere Zeilen */
                {
                        B = init_matrix(1, 1);
                        B.a[0][0] = A.a[z - 1][0];
                }
                if (A.m == 1 && A.n > 1)                /* nur
eine Zeile, aber mehrere Spalten */
                {
                        B = init_matrix(1, 1);
                        B.a[0][0] = A.a[0][s - 1];
                }
        }

        return (B);
}
matrix lin_transf_matrix(matrix A)
/* 20141222 liefert eine linear transformierte Matrix,
deren erste Spalte aus einem Wert in
genau einer Zeile dieser Spalte und Nullen in allen
anderen Zeilen dieser Spalte
besteht. Zweck: Reduzierung des Rechenaufwands bei der
Anwendung des
Laplaceschen Entwicklungssatzes nach der ersten Spalte,
es ist jeweils nur eine
Unterdeterminante zu berechnen.
*/
{
        matrix
                B;
        int
                i,
                        /* Zeilenindex */
                j;
                        /* Spaltenindex */
        float
```

```
            faktor;
            /* Faktor fuer lin.Transformation */
      B = init_matrix(A.m, A.n);                /*
Matrix vom gleichen Typ wie A anlegen */

      for (i = 1; i <= A.m; i++)                /*
alle Zeilen durchlaufen */
            for (j = 1; j <= A.n; j++)          /*
alle Spalten durchlaufen */
                  B.a[i - 1][j - 1] = A.a[i - 1][j -
1];   /* Matrix A in B kopieren */

            if (B.a[0][0] != 0)
      /* wenn erster Wert in erster Spalte <> Null */
            for (i = 2; i <= A.m; i++)          /*
dann ab zweite Zeile linear transformieren */
            {
                  faktor = (B.a[i - 1][0] /
B.a[0][0]) * -1;
                  for (j = 1; j <= B.n; j++)
                        B.a[i - 1][j - 1] = B.a[i -
1][j - 1] + (B.a[0][j - 1] * faktor);
            }

      return (B);
}

float det_matrix(matrix A)
/* liefert Determinante einer quadratischen Matrix A */
/* 20141222 optimierter Code */
{
      float det;
      matrix B;
      int k, i, vorzeichen;
      if (A.m != A.n) fehler(6);
                  /* Matrix nicht quadratisch,
Determinante nicht bestimmbar */

      ops2 = ops2 + 1;

      if (A.m > 2)
      {
            B = lin_transf_matrix(A);
                  /* Matrix linear transformieren */
            k = 1;
            det = 0;
            vorzeichen = -1;
            for (i = 1; i <= B.m; i++)
                  /* Entwicklung nach der ersten
Spalte durchfuehren */
                  {
```

```
                        vorzeichen = vorzeichen * -1;
                        if (B.a[i - 1][k - 1] != 0)
                                det = det + (vorzeichen *
B.a[i - 1][k - 1] * det_matrix(adjungiere_matrix(B, i,
k)));
                        }
                }
                else
                {
                        if (A.m == 1)
                                det = A.a[0][0];

                        if (A.m == 2)
                                det = (A.a[0][0] * A.a[1][1]) -
(A.a[0][1] * A.a[1][0]);
                }

                return (det);
}


matrix invertiere_matrix(matrix X)
/* liefert eine invertierte Matrix Y zur Matrix X */
{
        matrix Y;
        float determinante, faktor;
        int i, j, k, vorzeichen;
        determinante = det_matrix(X);
        if (determinante == 0) fehler(9);                       /*
Matrix nicht invertierbar */
        else
        {
                ops = ops + 1;                                  /*
Zaehler fuer Laufzeitanalyse */

                Y = init_matrix(X.m, X.n);
                faktor = 1 / determinante;
                for (i = 1; i <= X.m; i++)                      /*
alle Zeilen durchlaufen */
                {
                        for (k = 1; k <= X.n; k++)      /*
alle Spalten durchlaufen */
                        {
                                vorzeichen = 1;
                                for (j = 1; j <= i + k; j++)
                                        vorzeichen =
vorzeichen * -1;
                                Y.a[i - 1][k - 1] = faktor *
vorzeichen * det_matrix(adjungiere_matrix(X, k, i));
                        }
```

```
                }
        }
        return (Y);
}

regression_ergebnis unterregressionsanalyse(matrix y,
matrix X, int n, int p)
/* fuehrt eine Unter-Regressionsanalyse durch,
y Kriteriumsvektor, erste Spalte von X mit Einsen, zweite
bis k+1-te Spalte Preaediktoren
n = Stichprobengroesse
p = Anzahl der Praediktoren

Datenstruktur Ergebnis
sqe,sqr,sqt,mqe,mqr,f,se,r2,b (Ergebnisvektor)

*/
{
        regression_ergebnis
                result,                 /* Ergebnis der
Regressionsanalyse */
                se_praed_berechnung;    /* Regressionsanalyse
zur Berechnung des Standardfehlers der Praediktoren */

        int
                i,                      /* Zeilenindex */
                j,                      /* Spaltenindex */
                k;                      /* Spaltenindex */
        float
                sum_y,                  /* Summe des
Kriteriums */
                avg_y,                  /* arithm. Mittel
Kriterium */
                var_y,                  /* Varianz des
Kriteriums */
                sd_y,                   /* Standardabweichung
des Kriteriums */
                y_dach,                 /* aus
Regressionsgleichung vorhergesagter Wert des Kriteriums
*/
                sqt,                    /* Quadratsumme
Gesamtvarianz */
                sqe,                    /* Quadratsumme
erklaerte Varianz */
                sqr,                    /* Quadratsumme
Residualvarianz */
                r2,                     /* Bestimmtheitsmass
R-Quadrat */
                mqe,                    /* mittlere
Quadratsumme erklaerte Varianz */
```

```
              mqr,            /* mittlere
Quadratsumme Residualvarianz */
              f,              /* Pruefstatistik zur
F-Verteilung */
              se,             /* Standardfehler der
Regression */
              sum_x,          /* Summe des
Praediktors xk*/
              var_x,          /* Varianz des
Praediktors xk */
              avg_x,          /* arithm.Mittel des
Praediktors xk */
              sd_x,           /* Standardabweichung
des Praediktors xk */
              beta,           /* standardisiertes
Regressionsgewicht des Praediktors */
              se_praed,       /* Standardfehler des
Praediktors */
              t,              /* Pruefwert fuer t-
Verteilung */
              tol,            /* Toleranz des
Praediktors zur Multikollinearitaet */
              vif;            /*
Variationsinflationsfaktor des Preadiktors zur
Multikollinearität */
       matrix
              b,              /* Ergebnisvektor des
Intercepts und der Regressionskoeffizienten */
              X_,             /* transformierte
Matrix */
              X_X,            /* Produkt aus
transformierter und urspruenglicher Matrix */
              X_X_inv,        /* Produkt mit
invertierter Matrix */
              X_X_invX_,      /* Produkt mit
transformierter Matrix */
              y2,             /* Praediktor als
Kriterium zur Berechnung seines Standardfehlers*/
              X2;             /* Matrix aus 1-
Spalte und den uebrigen Praediktoren */

       if (p == 0) fehler(8);    /* Regression mit
keinem Praediktor sinnlos */

       unterregr = unterregr + 1;

       b = init_matrix(p + 1, 1);  /* Ergebnisvektor */

       X_ = transp_matrix(X);
       X_X = multipliziere_matrix(X_, X);
```

```
        X_X_inv = invertiere_matrix(X_X);
        X_X_invX_ = multipliziere_matrix(X_X_inv, X_);
        b = multipliziere_matrix(X_X_invX_, y);
        result.b = b;

        /* Bestimmtheitsmass R2 und Teststatistik der
Modellguete berechnen */
        sum_y = 0;
        avg_y = 0;
        for (i = 1; i <= n; i++)
             sum_y = sum_y + y.a[i - 1][0];
        avg_y = sum_y / n;

        sqt = 0;                      /* Quadratsumme total
SQT ermitteln */
        for (i = 1; i <= n; i++)
             sqt = sqt + (y.a[i - 1][0] - avg_y)*(y.a[i
- 1][0] - avg_y);
        result.sqt = sqt;

        sqe = 0;                      /* Quadratsumme
Vorhersagewerte SQE ermitteln */
        for (i = 1; i <= n; i++)
        {
             y_dach = b.a[0][0];    /* Vorhersagewert mit
Intercept initialisieren */
             for (k = 1; k <= p; k++)
                  y_dach = y_dach + b.a[k][0] * X.a[i
- 1][k];
             sqe = sqe + (y_dach - avg_y)*(y_dach -
avg_y);
        }
        result.sqe = sqe;

        sqr = sqt - sqe;              /* Quadratsumme
Restvarianz SQR ermitteln */
        result.sqr = sqr;

        r2 = sqe / sqt;               /*
Bestimmtheitsmass R2 berechnen */
        result.r2 = r2;

        mqe = sqe / p;                /* mittlere
Quadratsumme MQE erklaerte Varianz */
        result.mqe = mqe;

        mqr = sqr / (n - p - 1);      /* mittlere
Quadratsumme MQR Residualvarianz */
        result.mqr = mqr;
```

```c
        f = mqe / mqr;              /* Pruefgroesse fuer
F-Verteilung ermitteln */
        result.f = f;

        se = sqrt(sqr / (n - p - 1)); /* Standardfehler der
Regression ermitteln */
        result.se = se;

        return (result);
}


regression_ergebnis regressionsanalyse(matrix y, matrix X, int n, int p)
/* fuehrt eine Regressionsanalyse durch,
   y Kriteriumsvektor, erste Spalte von X mit Einsen,
zweite bis k+1-te Spalte Preaediktoren
   n = Stichprobengroesse
   p = Anzahl der Praediktoren

   Datenstruktur Ergebnis
   sqe,sqr,sqt,mqe,mqr,f,se,r2,b (Ergebnisvektor)

   */
{
        regression_ergebnis
                result,              /* Ergebnis der
Regressionsanalyse */
                se_praed_berechnung; /* Regressionsanalyse
zur Berechnung des Standardfehlers der Praediktoren */

        int
                i,                   /* Zeilenindex */
                j,                   /* Spaltenindex */
                k;                   /* Spaltenindex */
        float
                sum_y,               /* Summe des
Kriteriums */
                avg_y,               /* arithm. Mittel
Kriterium */
                var_y,               /* Varianz des
Kriteriums */
                sd_y,                /* Standardabweichung
des Kriteriums */
                y_dach,              /* aus
Regressionsgleichung vorhergesagter Wert des Kriteriums
*/
                sqt,                 /* Quadratsumme
Gesamtvarianz */
                sqe,                 /* Quadratsumme
erklaerte Varianz */
```

```
          sqr,                /* Quadratsumme Residualvarianz */
          r2,                 /* Bestimmtheitsmass R-Quadrat */
          mqe,                /* mittlere Quadratsumme erklaerte Varianz */
          mqr,                /* mittlere Quadratsumme Residualvarianz */
          f,                  /* Pruefstatistik zur F-Verteilung */
          se,                 /* Standardfehler der Regression */
          sum_x,              /* Summe des Praediktors xk*/
          var_x,              /* Varianz des Praediktors xk */
          avg_x,              /* arithm.Mittel des Praediktors xk */
          sd_x,               /* Standardabweichung des Praediktors xk */
          beta,               /* standardisiertes Regressionsgewicht des Praediktors */
          se_praed,           /* Standardfehler des Praediktors */
          t,                  /* Pruefwert fuer t-Verteilung */
          tol,                /* Toleranz des Praediktors zur Multikollinearitaet */
          vif;                /* Variationsinflationsfaktor des Preadiktors zur Multikollinearität */
   matrix
          b,                  /* Ergebnisvektor des Intercepts und der Regressionskoeffizienten */
          X_,                 /* transformierte Matrix */
          X_X,                /* Produkt aus transformierter und urspruenglicher Matrix */
          X_X_inv,            /* Produkt mit invertierter Matrix */
          X_X_invX_,          /* Produkt mit transformierter Matrix */
          y2,                 /* Praediktor als Kriterium zur Berechnung seines Standardfehlers*/
          X2;                 /* Matrix aus 1-Spalte und den uebrigen Praediktoren */

     if (p == 0) fehler(8);   /* Regression mit keinem Praediktor sinnlos */
```

```
        hauptregr = hauptregr + 1;

        b = init_matrix(p + 1, 1);      /* Ergebnisvektor */

        X_ = transp_matrix(X);
        X_X = multipliziere_matrix(X_, X);
        X_X_inv = invertiere_matrix(X_X);
        X_X_invX_ = multipliziere_matrix(X_X_inv, X_);
        b = multipliziere_matrix(X_X_invX_, y);
        result.b = b;

                                         /* Bestimmtheitsmass
R2 und Teststatistik der Modellguete berechnen */
        sum_y = 0;
        avg_y = 0;
        for (i = 1; i <= n; i++)
                sum_y = sum_y + y.a[i - 1][0];
        avg_y = sum_y / n;

        sqt = 0;                         /* Quadratsumme total
SQT ermitteln */
        for (i = 1; i <= n; i++)
                sqt = sqt + (y.a[i - 1][0] - avg_y)*(y.a[i
- 1][0] - avg_y);
        result.sqt = sqt;

        sqe = 0;                         /* Quadratsumme
Vorhersagewerte SQE ermitteln */
        for (i = 1; i <= n; i++)
        {
                y_dach = b.a[0][0];      /* Vorhersagewert mit
Intercept initialisieren */
                for (k = 1; k <= p; k++)
                        y_dach = y_dach + b.a[k][0] * X.a[i
- 1][k];
                sqe = sqe + (y_dach - avg_y)*(y_dach -
avg_y);
        }
        result.sqe = sqe;

        sqr = sqt - sqe;                 /* Quadratsumme
Restvarianz SQR ermitteln */
        result.sqr = sqr;

        r2 = sqe / sqt;                  /*
Bestimmtheitsmass R2 berechnen */
        result.r2 = r2;

        mqe = sqe / p;                   /* mittlere
Quadratsumme MQE erklaerte Varianz */
        result.mqe = mqe;
```

```
        mqr = sqr / (n - p - 1);      /* mittlere
Quadratsumme MQR Residualvarianz */
        result.mqr = mqr;

        f = mqe / mqr;                /* Pruefgroesse fuer
F-Verteilung ermitteln */
        result.f = f;

        se = sqrt(sqr / (n - p - 1)); /* Standardfehler der
Regression ermitteln */
        result.se = se;

        printf("\n_____
_____");
        printf("\n***         Multiple
Regressionsanalyse V2.5 (C)2014 Thomas Kaul
***");
        printf("\n***                              Multicore-
Processing                    ***");
        printf("\n***
Ergebnis                                   ***");
        printf("\n_____
_____");
        printf("\nStichprobengroesse   (n) = %i  Anzahl
Praediktoren (k)   = %i", n, p);
        printf("\n_____
_____");
        printf("\nBestimmtheitsmass  (R2) = %f
Standardfehler SE = %f ", r2, se);
        printf("\n_____
_____");
        printf("\nErklaerte Streuung (SQE)= %f (df)= %4d
(MQE)= %f F= %f", sqe, p, mqe, f);
        printf("\nReststreuung       (SQR)= %f (df)= %4d
(MQR)= %f ", sqr, n - p - 1, mqr);
        printf("\nGesamtstreuung     (SQT)= %f (df)= %4d
", sqt, n - 1);
        printf("\nsignif. R2 wenn F > F(%d,%d)", p, n - p
- 1);
        printf("\n_____
_____");
        printf("\n                      unstand.B    SE
beta      t       TOL      VIF");
        printf("\n   Konstante          %+8.3f", b.a[0][0]);

                              /* Standardabweichung
von y ermitteln */
        var_y = 0;
```

```
            for (i = 1; i <= n; i++)
                    var_y = var_y + (y.a[i - 1][0] -
avg_y)*(y.a[i - 1][0] - avg_y);
            var_y = var_y / n;
            sd_y = sqrt(var_y);


                                    /* parallele
Verarbeitung der k Preadiktoren */
    #pragma omp parallel for private (beta, se_praed, t,
tol, vif)
            for (k = 1; k <= p; k++)
            {
                                    /* Mittelwert des
Praediktors berechnen */
                    sum_x = 0;
                    for (i = 1; i <= n; i++)
                            sum_x = sum_x + X.a[i - 1][k];
                    avg_x = sum_x / n;

                                    /* Varianz und
Standardabweichung des Praediktors berechnen */
                    var_x = 0;
                    for (i = 1; i <= n; i++)
                            var_x = var_x + (X.a[i - 1][k] -
avg_x)*(X.a[i - 1][k] - avg_x);
                    var_x = var_x / n;
                    sd_x = sqrt(var_x);


                                    /* standard.
Regressionskoeffizient beta berechnen */
                    beta = b.a[k][0] * (sd_x / sd_y);

                                    /* Standardfehler des
Praediktors berechnen */
                    y2 = init_matrix(n, 1);     /*
Regressionsmodell Praediktor durch uebrige Praediktoren
vorhersagen */
                    X2 = init_matrix(n, p);     /* X2 hat
eine Spalte weniger als X */

                    for (i = 1; i <= n; i++)     /* y2 =
Praediktor setzen */
                            y2.a[i - 1][0] = X.a[i - 1][k];

                                    /* X2 aus den
uebrigen Praediktoren aufbauen */
```

```
            for (i = 1; i <= n; i++)      /* erste Spalte mit Einsen fuellen */
                X2.a[i - 1][0] = 1;

            for (j = 1; j < k; j++)                  /* Spalten links vom betreffenden Praediktor uebertragen */
                for (i = 1; i <= n; i++)
                    X2.a[i - 1][j] = X.a[i - 1][j];

            for (j = k + 1; j <= p; j++)  /* Spalten rechts vom betreffenden Praediktor uebertragen */
                for (i = 1; i <= n; i++)
                    X2.a[i - 1][j-1] = X.a[i - 1][j];

            if (p > 1)           /* Regression des Praediktors aus den uebrigen Praediktoren */
                se_praed_berechnung = unterregressionsanalyse(y2, X2, n, p - 1);

            se_praed = sqrt(1 / (1 - se_praed_berechnung.r2)) * sqrt(mqr / (n * var_x));

            t = b.a[k][0] / se_praed;    /* t-Wert berechnen */

            tol = 1 - se_praed_berechnung.r2;   /* Toleranz berechnen */

            vif = 1 / (tol);     /* Variationsinflationsfaktor berechnen */


            printf("\nProzessorkern: %d", omp_get_thread_num());
            printf("\n    X%2d            %f %f %f %f %f %f", k, b.a[k][0], se_praed, beta, t, tol, vif);
            if (vif > 10)
                printf(" !");    /* Warnung vor hoher Multikollinearitaet */

        }

        printf("\n_____");
        printf("\nDie ermittelte Regressionsgleichung lautet:");
        printf("\nY = %f ", b.a[0][0]);
        for (k = 1; k <= p; k++)
            printf(" + (%f)X%d ", b.a[k][0], k);
```

```c
        printf("\n_____
_____");

        return (result);
}

main()
{
        time_t startzeit, endzeit;      /* fuer Laufzeitdiagnose */

        int auswahl;                    /* Menue-Steuerung des Programmablaufs */
        char frage;
        int n;                          /* Stichprobengroesse */
        int p;                          /* Anzahl Praediktoren */
        int i,                          /* Zeilenindex */
            k;                          /* Spaltenindex */
        float
            messwert;                   /* Messwert */
        matrix
            y,                          /* Kriteriumsvektor */
            X;                          /* Matrix aus 1-Spalte und Praediktorenspalten */
        regression_ergebnis             /* Ergebnisse der Regressionsanalyse */
            analyse;

        do
        {

                ops = 0;
                ops2 = 0;
                hauptregr = 0;
                unterregr = 0;


        printf("\n_____
_____");
                printf("\n***      Multiple Regressionsanalyse V2.5 (C)2014 Thomas Kaul     ***");
                printf("\n***               Multicore-Processing                            ***");
```

```
        printf("\n_____
_____");
                printf("\n\n");
                printf(" 1 .......... manuelle Dateneingabe\n");
                printf(" 2 .......... Analyse von Zufallsdaten (Laufzeitsimulation)\n");
                printf(" 3 .......... Datenfile analysieren\n");
        printf("\n_____
_____");
                printf("\n Auswahl: ");
                scanf("%d", &auswahl);

                switch (auswahl)
                {
                case 1:
                {
printf("\n\nStichprobengroesse    N= ");
                        scanf("%d", &n);
                        if (n < 1) fehler(0);
                        if (n > max_n) fehler(1);
                        printf("\nAnzahl der Praediktoren p= ");
                        scanf("%d", &p);
                        if (p < 1) fehler(3);
                        if (p >(max_m - 1)) fehler(2);

                        y = init_matrix(n, 1);
                        X = init_matrix(n, p + 1);

                        printf("\nEingabe der Wertereihe der Kriteriumsvariable Y:");
                        for (i = 1; i <= n; i++)
                        {
                                printf("\n%d.Wert : ", i);
                                scanf("%f", &messwert);
                                y.a[i - 1][0] = messwert;
                        };

                        for (i = 1; i <= n; i++)
                                X.a[i - 1][0] = 1;

                        for (k = 1; k <= p; k++)
```

```c
                              {
                                    printf("\nEingabe
der Wertereihe zum Praediktor X%d:", k);
                                    for (i = 1; i <= n;
i++)
                                    {

printf("\n%d.Wert : ", i);
                                          scanf("%f",
&messwert);
                                          X.a[i -
1][k] = messwert;
                                    }
                              }
                        analyse = regressionsanalyse(y,
X, n, p);
                  }; break;
                  case 2:
                  {

printf("\n\nStichprobengroesse    N= ");
                              scanf("%d", &n);
                              if (n < 1) fehler(0);
                              if (n > max_n) fehler(1);
                              printf("\nAnzahl der
Praediktoren p= ");
                              scanf("%d", &p);
                              if (p < 1) fehler(3);
                              if (p >(max_m - 1))
fehler(2);

                              time(&startzeit);

                              y = init_matrix(n, 1);
                              X = init_matrix(n, p + 1);

                              srand(1);

                              /* Kriteriumswerte
zufaellig fuellen */
                              for (i = 1; i <= n; i++)
                                    y.a[i - 1][0] =
rand();

                              for (i = 1; i <= n; i++)
            /* erste Spalte von X mit Einsen fuellen */
                                    X.a[i - 1][0] = 1;
```

```c
                                for (k = 1; k <= p; k++)
            /* Praediktoren zufaellig fuellen */
                                    for (i = 1; i <= n; i++)
                                        X.a[i - 1][k] = rand();

                                    analyse = regressionsanalyse(y, X, n, p);

                                    time(&endzeit);

                                    printf("\nAnzahl Regressionsanalysen:    %f", hauptregr);
                                    printf("\nAnzahl Unterregressionsanalysen: %f", unterregr);
                                    printf("\nAnzahl invertierter Matrizen:    %f", ops);
                                    printf("\nAnzahl Determinantenberechnungen: %f", ops2);
                                    printf("\nLaufzeit in Sekunden: %d \n", endzeit - startzeit);

                }; break;

                case 3:
                {
                                    printf("\nFunktion noch nicht vorhanden\n");
                }; break;
                default: printf("\nProgrammoption nicht vorhanden.\n"); break;
                }

        printf("\nProgramm beenden (j/n)? ");
        scanf("%c", &frage); scanf("%c", &frage);
        } while (frage == 'n');

}
```

A-8: Quellcode inklusive Dateiverwaltung

```
/* Programm zur multiplen linearen Regressionsanalyse
Version 3.0 multicore Autor: Thomas Kaul */

/*
Releasenotes

v1.2 (2014.11.01) Codeoptimierungen, Berechnung der
Standardfehler und Teststatistiken der
Regressionskoeffizienten
v1.3 (2014.11.02) Indikatoren fuer Multikollinearitaet,
Toleranz (TOL) und Varianz-Inflations-Faktor (VIF)
v1.4 (2014.11.08) Integration Zufallszahlengenerator zur
Laufzeitdiagnose von komplexen Regressionsanalysen
v1.5 (2014.11.09) Ausgabe der Anzahl der
Matrizeninversionen zur Laufzeitdiagnose
v1.6 (2014.11.10) Erweiterung der Laufzeitdiagnose,
verfeinerte Abbildung Matrizeninversionen und
Determinantenoperationen
v1.7 (2014.11.11) Aenderung Datentypen fuer
Laufzeitdiagnose zur Darstellung sehr grosser Zahlen
v1.8 (2014.11.19) Abfrage zur Beendigung des Programms
v1.9 (2014.12.01) Performance-Optimierung
Determinantenberechnung
v1.9b(2014.12.02) Mehrkern-Prozessor-Verarbeitung
v2.0 (2014.12.08) Weitere Performance-Optimierung
Determinantenberechnung
v2.1 (2014.12.15) Fehlerbehebung Berechnung Betas in
Parallelverarbeitung
v2.2 (2014.12.20) Optimierung Anzeige und Fehlerbhebung
Determinantenberechnung ab p>3, Bug in
Performanceoptimierung entfernt
v2.4 (2014.12.22) Determinanten-Berechnung optimiert.
v2.5 (2014.12.28) Performance Unterregressionsanalysen
optimiert.
v3.0 (2014.12.31) Dateiverwaltung integriert

*/
#include <stdio.h>
#include <omp.h>
#include <math.h>
#include <stdlib.h>
#include <time.h>

#define max_n 25                    /* max. Stichprobengroesse */
#define max_m 25                    /* max. Anzahl Praediktoren + Kriterium */
```

```c
long double ops;                    /* globale Variable:
Anzahl Matrixinversionen zur Laufzeitdiagnose */
long double ops2;                   /* globale Variable:
Anzahl Determinantenberechnungen zur Laufzeitdiagnose */
long double hauptregr;        /* globale Variable: Anzahl
Regressionsanalysen */
long double unterregr;        /* globale Variable: Anzahl
Unterregressionsanalysen */

FILE       *fz;                     /* Dateizeiger */

typedef struct matr                 /* Datenstruktur fuer
Matrizen */
{
       int m;                       /* Anzahl Zeilen */
       int n;                       /* Anzahl Spalten */
       float a[max_n][max_m];       /* Matrixelement */
} matrix;

typedef struct regression           /* Datenstruktur fuer
das Ergebnis einer Regressionsanalyse */
{
       float sqe;                   /* Quadratsumme
erklaerte Varianz */
       float sqr;                   /* Quadratsumme
Residualvarianz */
       float sqt;                   /* Quadratsumme
Gesamtvarianz */
       float mqe;                   /* mittlere
Quadratsumme der erklaerten Varianz */
       float mqr;                   /* mittlere
Quadratsumme der Residualvarianz */
       float f;                     /* Pruefwert fuer F-
Verteilung */
       float se;                    /* Standardfehler der
Regression */
       float r2;                    /* Varianzaufklaerung
der Regression */
       matrix b;                    /* Ergebnisvektor der
Regressionskoeffizienten */
} regression_ergebnis;

void fehler(int f)

/* Umgang mit Fehlersituationen */
{
       printf("\nFehlercode (%d): ", f);
       switch (f)
       {
```

```
        case 0: printf("Stichprobengroesse muss groesser
als 0 sein."); break;
        case 1: printf("Stichprobengroesse zu hoch, maximal
N= %d erlaubt.", max_n); break;
        case 2: printf("Anzahl der Praediktoren zu hoch,
maximal %d erlaubt.", max_m - 1); break;
        case 3: printf("Mindestens ein Praediktor
erforderlich."); break;
        case 4: printf("beim Anlegen einer Matrix mind. 1
Zeile und 1 Spalte erforderlich."); break;
        case 5: printf("Fehler bei Matrizenmultiplikation,
Spaltenanzahl A <> Zeilenanzahl B."); break;
        case 6: printf("Determinante nicht definiert,
zugrundeliegende Matrix ist nicht quadratisch."); break;
        case 7: printf("Fehler beim Adjungieren einer
Matrix, zu entfernende Zeile oder Spalte nicht
vorhanden."); break;
        case 8: printf("Fehler, Regressionsrechnung ohne
Praediktor."); break;
        case 9: printf("Fehler beim Versuch eine Matrix zu
invertieren, Determinante ist Null."); break;
        case 10: printf("Nullwert beim Versuch eine Matrix
linear zu transformieren."); break;
        default:printf("unvorhergesehener Fehler.");
break;
        }
        printf("\n\n*** Programmende ***\n");
        exit(0);
}

matrix init_matrix(int m, int n)

/* liefert eine Null-Matrix vom Typ (m,n) an */
{
        int i, k;
        matrix x;
        if (m < 1 || n < 1) fehler(4);
        x.m = m;
        x.n = n;
        for (i = 1; i <= m; i++)              /* alle
Zeilen durchlaufen */
                for (k = 1; k <= n; k++)      /* alle
Spalten durchlaufen */
                        x.a[i - 1][k - 1] = 0;/*
Matrixelement auf Null setzen */
        return (x);
}

matrix transp_matrix(matrix X)
/* liefert eine transponierte Matrix Y zur Ausgangsmatrix
X */
```

```
{
        matrix Y;
        int i, k;

        Y = init_matrix(X.n, X.m);            /* aus Matrix
vom Typ (m,n) eine Matrix vom Typ (n,m) erzeugen */
        for (i = 1; i <= X.m; i++)            /* für alle
Zeilen von X */
                for (k = 1; k <= X.n; k++)    /* für alle
Spalten von X */
                        Y.a[k - 1][i - 1] = X.a[i - 1][k -
1];     /* Matrix stuerzen */
        return (Y);
}

void print_matrix(matrix X)
/* gibt eine Matrix X aus */
{
        int i, k;
        for (i = 1; i <= X.m; i++)            /* alle
Zeilen durchlaufen */
        {
                printf("\n");
                for (k = 1; k <= X.n; k++)    /* alle
Spalten durchlaufen */
                        printf("%4.2f ", X.a[i - 1][k -
1]);    /* Matrixelement ausgeben */
        }
}


matrix multipliziere_matrix(matrix A, matrix B)
/* liefert Produkt der Matrizen A und B */
{
        int i,k,j;
        float skalarprod;
        matrix C;
        if (A.n != B.m) fehler(5);            /*
Spaltenanzahl von A ungleich Zeilenanzahl B,
Multiplikation nicht moeglich */
        C = init_matrix(A.m,B.n);
        for (i = 1; i <= A.m; i++)            /* alle
Zeilen von A durchlaufen*/
                for (k = 1; k <= B.n; k++)    /* alle
Spalten von B durchlaufen */
                {
                        skalarprod = 0;
                        for (j = 1; j <= A.n; j++)
                                skalarprod = skalarprod +
(A.a[i-1][j-1] * B.a[j-1][k-1]);
                        C.a[i - 1][k - 1] = skalarprod;
```

```
            }
        return(C);
}

matrix adjungiere_matrix(matrix A, int z, int s)
/* liefert aus Matrix A die adjungierte Matrix B wobei
aus z-te Zeile und s-te Spalte entfernt wurde */
{
        int i, k;
        matrix B;

        if (A.m < z || A.n < s) fehler(7);    /* zu
entfernende Zeile oder Spalte nicht vorhanden */

        if (A.m == 1 || A.n == 1)              /* Matrix hat
nur eine Zeile oder eine Spalte */
            {
                B = init_matrix(1, 1);
                B.a[0][0] = A.a[0][0];
            }
        else
            {
                if (A.m > 1 && A.n > 1)            /* A
hat mind. 2 Spalten und 2 Zeilen */
                    {
                        B = init_matrix(A.m - 1, A.n - 1);
        /* B vom Typ (m-1,n-1) */
                        for (i = 1; i < z; i++)
                            /* alle Zeilen bis vor Zeile z durchlaufen
*/
                            {
                                for (k = 1; k < s; k++)
                                /* alle Spalten bis vor Spalte s
durchlaufen */
                                    {
                                        B.a[i - 1][k - 1] =
A.a[i - 1][k - 1];   /* Matrixelemente uebertragen */
                                    }
                                for (k = s + 1; k <= A.n;
k++)     /* alle Spalten ab s+1 bis n durchlaufen */
                                    {
                                        B.a[i - 1][k - 2] =
A.a[i - 1][k - 1];   /* Matrixelemente uebertragen,
Spaltenindex in B -1 */
                                    }
                            }
                        for (i = z + 1; i <= A.m; i++)
                        /* alle Zeilen ab z+1 bis m durchlaufen */
                            {
```

```
                        for (k = 1; k < s; k++)
            /* alle Spalten bis vor Spalte s durchlaufen */
                        {
                                B.a[i - 2][k - 1] = A.a[i - 1][k - 1];    /* Matrixelemente uebertragen, Zeilenindex in B -1 */
                        }
                        for (k = s + 1; k <= A.n; k++)    /* alle Spalten ab s+1 bis n durchlaufen */
                        {
                                B.a[i - 2][k - 2] = A.a[i - 1][k - 1];    /* Matrixelemente uebertragen, Spaltenindex in B -1 */
                        }
                    }
                }
                if (A.m > 1 && A.n == 1)            /* nur eine Spalte, aber mehrere Zeilen */
                {
                        B = init_matrix(1, 1);
                        B.a[0][0] = A.a[z - 1][0];
                }
                if (A.m == 1 && A.n > 1)            /* nur eine Zeile, aber mehrere Spalten */
                {
                        B = init_matrix(1, 1);
                        B.a[0][0] = A.a[0][s - 1];
                }
        }
        return (B);
}

matrix lin_transf_matrix(matrix A)
/* 20141222 liefert eine linear transformierte Matrix, deren erste Spalte aus einem Wert in
genau einer Zeile dieser Spalte und Nullen in allen anderen Zeilen dieser Spalte
besteht. Zweck: Reduzierung des Rechenaufwands bei der Anwendung des
Laplaceschen Entwicklungssatzes nach der ersten Spalte, es ist jeweils nur eine
Unterdeterminante zu berechnen.
*/
{
        matrix
                B;
        int
                i,            /* Zeilenindex */
```

```
                    j;
                            /* Spaltenindex */
            float
                    faktor;
                    /* Faktor fuer lin.Transformation */
            B = init_matrix(A.m, A.n);                      /*
Matrix vom gleichen Typ wie A anlegen */

            for (i = 1; i <= A.m; i++)                      /*
alle Zeilen durchlaufen */
                    for (j = 1; j <= A.n; j++)              /*
alle Spalten durchlaufen */
                            B.a[i - 1][j - 1] = A.a[i - 1][j -
1];     /* Matrix A in B kopieren */

                    if (B.a[0][0] != 0)
            /* wenn erster Wert in erster Spalte <> Null */
                    for (i = 2; i <= A.m; i++)              /*
dann ab zweite Zeile linear transformieren */
                    {
                            faktor = (B.a[i - 1][0] /
B.a[0][0]) * -1;
                            for (j = 1; j <= B.n; j++)
                                    B.a[i - 1][j - 1] = B.a[i -
1][j - 1] + (B.a[0][j - 1] * faktor);
                    }

            return (B);
}
float det_matrix(matrix A)
/* liefert Determinante einer quadratischen Matrix A */
/* 20141222 optimierter Code */
{
        float det;
        matrix B;
        int k, i, vorzeichen;
        if (A.m != A.n) fehler(6);
                        /* Matrix nicht quadratisch,
Determinante nicht bestimmbar */

        ops2 = ops2 + 1;

        if (A.m > 2)
        {
                B = lin_transf_matrix(A);
                        /* Matrix linear transformieren */
                k = 1;
                det = 0;
                vorzeichen = -1;
```

```
                    for (i = 1; i <= B.m; i++)
                         /* Entwicklung nach der ersten
Spalte durchfuehren */
                    {
                         vorzeichen = vorzeichen * -1;
                         if (B.a[i - 1][k - 1] != 0)
                              det = det + (vorzeichen *
B.a[i - 1][k - 1] * det_matrix(adjungiere_matrix(B, i,
k)));
                    }
          }
          else
          {
               if (A.m == 1)
                    det = A.a[0][0];

               if (A.m == 2)
                    det = (A.a[0][0] * A.a[1][1]) -
(A.a[0][1] * A.a[1][0]);
          }

     return (det);
}


matrix invertiere_matrix(matrix X)
/* liefert eine invertierte Matrix Y zur Matrix X */
{
     matrix Y;
     float determinante, faktor;
     int i, j, k, vorzeichen;
     determinante = det_matrix(X);
     if (determinante == 0) fehler(9);           /*
Matrix nicht invertierbar */
     else
     {
          ops = ops + 1;                    /*
Zaehler fuer Laufzeitanalyse */


          Y = init_matrix(X.m, X.n);
          faktor = 1 / determinante;
          for (i = 1; i <= X.m; i++)          /*
alle Zeilen durchlaufen */
          {
               for (k = 1; k <= X.n; k++)     /*
alle Spalten durchlaufen */
               {
                    vorzeichen = 1;
                    for (j = 1; j <= i + k; j++)
```

```
                                    vorzeichen =
        vorzeichen * -1;
                                    Y.a[i - 1][k - 1] = faktor *
        vorzeichen * det_matrix(adjungiere_matrix(X, k, i));
                        }
                }
        }
        return (Y);
}

regression_ergebnis unterregressionsanalyse(matrix y,
matrix X, int n, int p)
/* fuehrt eine Unter-Regressionsanalyse durch,
y Kriteriumsvektor, erste Spalte von X mit Einsen, zweite
bis k+1-te Spalte Preaediktoren
n = Stichprobengroesse
p = Anzahl der Praediktoren

Datenstruktur Ergebnis
sqe,sqr,sqt,mqe,mqr,f,se,r2,b (Ergebnisvektor)

*/
{
        regression_ergebnis
                result,                  /* Ergebnis der
Regressionsanalyse */
                se_praed_berechnung;     /* Regressionsanalyse
zur Berechnung des Standardfehlers der Praediktoren */

        int
                i,                       /* Zeilenindex */
                j,                       /* Spaltenindex */
                k;                       /* Spaltenindex */
        float
                sum_y,                   /* Summe des
Kriteriums */
                avg_y,                   /* arithm. Mittel
Kriterium */
                var_y,                   /* Varianz des
Kriteriums */
                sd_y,                    /* Standardabweichung
des Kriteriums */
                y_dach,                  /* aus
Regressionsgleichung vorhergesagter Wert des Kriteriums
*/
                sqt,                     /* Quadratsumme
Gesamtvarianz */
                sqe,                     /* Quadratsumme
erklaerte Varianz */
                sqr,                     /* Quadratsumme
Residualvarianz */
```

```
              r2,                 /* Bestimmtheitsmass R-Quadrat */
              mqe,                /* mittlere Quadratsumme erklaerte Varianz */
              mqr,                /* mittlere Quadratsumme Residualvarianz */
              f,                  /* Pruefstatistik zur F-Verteilung */
              se,                 /* Standardfehler der Regression */
              sum_x,              /* Summe des Praediktors xk*/
              var_x,              /* Varianz des Praediktors xk */
              avg_x,              /* arithm.Mittel des Praediktors xk */
              sd_x,               /* Standardabweichung des Praediktors xk */
              beta,               /* standardisiertes Regressionsgewicht des Praediktors */
              se_praed,           /* Standardfehler des Praediktors */
              t,                  /* Pruefwert fuer t-Verteilung */
              tol,                /* Toleranz des Praediktors zur Multikollinearitaet */
              vif;                /* Variationsinflationsfaktor des Preadiktors zur Multikollinearität */
      matrix
              b,                  /* Ergebnisvektor des Intercepts und der Regressionskoeffizienten */
              X_,                 /* transformierte Matrix */
              X_X,                /* Produkt aus transformierter und urspruenglicher Matrix */
              X_X_inv,            /* Produkt mit invertierter Matrix */
              X_X_invX_,          /* Produkt mit transformierter Matrix */
              y2,                 /* Praediktor als Kriterium zur Berechnung seines Standardfehlers*/
              X2;                 /* Matrix aus 1-Spalte und den uebrigen Praediktoren */

      if (p == 0) fehler(8);      /* Regression mit keinem Praediktor sinnlos */

      unterregr = unterregr + 1;
```

```
        b = init_matrix(p + 1, 1);    /* Ergebnisvektor */

        X_ = transp_matrix(X);
        X_X = multipliziere_matrix(X_, X);
        X_X_inv = invertiere_matrix(X_X);
        X_X_invX_ = multipliziere_matrix(X_X_inv, X_);
        b = multipliziere_matrix(X_X_invX_, y);
        result.b = b;

        /* Bestimmtheitsmass R2 und Teststatistik der
Modellguete berechnen */
        sum_y = 0;
        avg_y = 0;
        for (i = 1; i <= n; i++)
                sum_y = sum_y + y.a[i - 1][0];
        avg_y = sum_y / n;

        sqt = 0;                      /* Quadratsumme total
SQT ermitteln */
        for (i = 1; i <= n; i++)
                sqt = sqt + (y.a[i - 1][0] - avg_y)*(y.a[i
- 1][0] - avg_y);
        result.sqt = sqt;

        sqe = 0;                      /* Quadratsumme
Vorhersagewerte SQE ermitteln */
        for (i = 1; i <= n; i++)
        {
                y_dach = b.a[0][0];   /* Vorhersagewert mit
Intercept initialisieren */
                for (k = 1; k <= p; k++)
                        y_dach = y_dach + b.a[k][0] * X.a[i
- 1][k];
                sqe = sqe + (y_dach - avg_y)*(y_dach -
avg_y);
        }
        result.sqe = sqe;

        sqr = sqt - sqe;              /* Quadratsumme
Restvarianz SQR ermitteln */
        result.sqr = sqr;

        r2 = sqe / sqt;               /*
Bestimmtheitsmass R2 berechnen */
        result.r2 = r2;

        mqe = sqe / p;                /* mittlere
Quadratsumme MQE erklaerte Varianz */
        result.mqe = mqe;
```

```
        mqr = sqr / (n - p - 1);      /* mittlere
Quadratsumme MQR Residualvarianz */
        result.mqr = mqr;

        f = mqe / mqr;                /* Pruefgroesse fuer
F-Verteilung ermitteln */
        result.f = f;

        se = sqrt(sqr / (n - p - 1)); /* Standardfehler der
Regression ermitteln */
        result.se = se;

        return (result);
}


regression_ergebnis regressionsanalyse(matrix y, matrix
X, int n, int p)
/* fuehrt eine Regressionsanalyse durch,
   y Kriteriumsvektor, erste Spalte von X mit Einsen,
zweite bis k+1-te Spalte Preaediktoren
   n = Stichprobengroesse
   p = Anzahl der Praediktoren

   Datenstruktur Ergebnis
   sqe,sqr,sqt,mqe,mqr,f,se,r2,b (Ergebnisvektor)

   */
{
        regression_ergebnis
                result,              /* Ergebnis der
Regressionsanalyse */
                se_praed_berechnung; /* Regressionsanalyse
zur Berechnung des Standardfehlers der Praediktoren */

        int
                i,                   /* Zeilenindex */
                j,                   /* Spaltenindex */
                k;                   /* Spaltenindex */
        float
                sum_y,               /* Summe des
Kriteriums */
                avg_y,               /* arithm. Mittel
Kriterium */
                var_y,               /* Varianz des
Kriteriums */
                sd_y,                /* Standardabweichung
des Kriteriums */
                y_dach,              /* aus
Regressionsgleichung vorhergesagter Wert des Kriteriums
*/
```

```
                sqt,            /* Quadratsumme Gesamtvarianz */
                sqe,            /* Quadratsumme erklaerte Varianz */
                sqr,            /* Quadratsumme Residualvarianz */
                r2,             /* Bestimmtheitsmass R-Quadrat */
                mqe,            /* mittlere Quadratsumme erklaerte Varianz */
                mqr,            /* mittlere Quadratsumme Residualvarianz */
                f,              /* Pruefstatistik zur F-Verteilung */
                se,             /* Standardfehler der Regression */
                sum_x,          /* Summe des Praediktors xk*/
                var_x,          /* Varianz des Praediktors xk */
                avg_x,          /* arithm.Mittel des Praediktors xk */
                sd_x,           /* Standardabweichung des Praediktors xk */
                beta,           /* standardisiertes Regressionsgewicht des Praediktors */
                se_praed,       /* Standardfehler des Praediktors */
                t,              /* Pruefwert fuer t-Verteilung */
                tol,            /* Toleranz des Praediktors zur Multikollinearitaet */
                vif;            /* Variationsinflationsfaktor des Preadiktors zur Multikollinearität */
        matrix
                b,              /* Ergebnisvektor des Intercepts und der Regressionskoeffizienten */
                X_,             /* transformierte Matrix */
                X_X,            /* Produkt aus transformierter und urspruenglicher Matrix */
                X_X_inv,        /* Produkt mit invertierter Matrix */
                X_X_invX_,      /* Produkt mit transformierter Matrix */
                y2,             /* Praediktor als Kriterium zur Berechnung seines Standardfehlers*/
                X2;             /* Matrix aus 1-Spalte und den uebrigen Praediktoren */
```

```
        if (p == 0) fehler(8);        /* Regression mit
keinem Praediktor sinnlos */


        hauptregr = hauptregr + 1;

        b = init_matrix(p + 1, 1);    /* Ergebnisvektor */

        X_ = transp_matrix(X);
        X_X = multipliziere_matrix(X_, X);
        X_X_inv = invertiere_matrix(X_X);
        X_X_invX_ = multipliziere_matrix(X_X_inv, X_);
        b = multipliziere_matrix(X_X_invX_, y);
        result.b = b;

                                      /* Bestimmtheitsmass
R2 und Teststatistik der Modellguete berechnen */
        sum_y = 0;
        avg_y = 0;
        for (i = 1; i <= n; i++)
                sum_y = sum_y + y.a[i - 1][0];
        avg_y = sum_y / n;

        sqt = 0;                      /* Quadratsumme total
SQT ermitteln */
        for (i = 1; i <= n; i++)
                sqt = sqt + (y.a[i - 1][0] - avg_y)*(y.a[i
- 1][0] - avg_y);
        result.sqt = sqt;

        sqe = 0;                      /* Quadratsumme
Vorhersagewerte SQE ermitteln */
        for (i = 1; i <= n; i++)
        {
                y_dach = b.a[0][0];   /* Vorhersagewert mit
Intercept initialisieren */
                for (k = 1; k <= p; k++)
                        y_dach = y_dach + b.a[k][0] * X.a[i
- 1][k];
                sqe = sqe + (y_dach - avg_y)*(y_dach -
avg_y);
        }
        result.sqe = sqe;

        sqr = sqt - sqe;              /* Quadratsumme
Restvarianz SQR ermitteln */
        result.sqr = sqr;

        r2 = sqe / sqt;               /*
Bestimmtheitsmass R2 berechnen */
        result.r2 = r2;
```

```
        mqe = sqe / p;              /* mittlere Quadratsumme MQE erklaerte Varianz */
        result.mqe = mqe;

        mqr = sqr / (n - p - 1);    /* mittlere Quadratsumme MQR Residualvarianz */
        result.mqr = mqr;

        f = mqe / mqr;              /* Pruefgroesse fuer F-Verteilung ermitteln */
        result.f = f;

        se = sqrt(sqr / (n - p - 1)); /* Standardfehler der Regression ermitteln */
        result.se = se;

        printf("\n_____");
        printf("\n***         Multiple Regressionsanalyse V3.0 (C)2014 Thomas Kaul ***");
        printf("\n***                         Multicore-Processing                ***");
        printf("\n***                            Ergebnis                         ***");
        printf("\n_____");
        printf("\nStichprobengroesse  (n) = %i  Anzahl Praediktoren (k) = %i", n, p);
        printf("\n_____");
        printf("\nBestimmtheitsmass (R2) = %f  Standardfehler SE = %f ", r2, se);
        printf("\n_____");
        printf("\nErklaerte Streuung (SQE)= %f (df)= %4d (MQE)= %f F= %f", sqe, p, mqe, f);
        printf("\nReststreuung       (SQR)= %f (df)= %4d (MQR)= %f ", sqr, n - p - 1, mqr);
        printf("\nGesamtstreuung     (SQT)= %f (df)= %4d ", sqt, n - 1);
        printf("\nsignif. R2 wenn F > F(%d,%d)", p, n - p - 1);
        printf("\n_____");
        printf("\n                   unstand.B       SE     beta       t       TOL      VIF");
        printf("\n  Konstante        %+8.3f", b.a[0][0]);
```

```
                                        /* Standardabweichung
von y ermitteln */
        var_y = 0;
        for (i = 1; i <= n; i++)
                var_y = var_y + (y.a[i - 1][0] -
avg_y)*(y.a[i - 1][0] - avg_y);
        var_y = var_y / n;
        sd_y = sqrt(var_y);


                                        /* parallele
Verarbeitung der k Preadiktoren */
    #pragma omp parallel for private (beta, se_praed, t,
tol, vif)
        for (k = 1; k <= p; k++)
        {
                                        /* Mittelwert des
Praediktors berechnen */
                sum_x = 0;
                for (i = 1; i <= n; i++)
                        sum_x = sum_x + X.a[i - 1][k];
                avg_x = sum_x / n;

                                        /* Varianz und
Standardabweichung des Praediktors berechnen */
                var_x = 0;
                for (i = 1; i <= n; i++)
                        var_x = var_x + (X.a[i - 1][k] -
avg_x)*(X.a[i - 1][k] - avg_x);
                var_x = var_x / n;
                sd_x = sqrt(var_x);


                                        /* standard.
Regressionskoeffizient beta berechnen */
                beta = b.a[k][0] * (sd_x / sd_y);

                                        /* Standardfehler des
Praediktors berechnen */
                y2 = init_matrix(n, 1);        /*
Regressionsmodell Praediktor durch uebrige Praediktoren
vorhersagen */
                X2 = init_matrix(n, p);        /* X2 hat
eine Spalte weniger als X */

                for (i = 1; i <= n; i++)       /* y2 =
Praediktor setzen */
                        y2.a[i - 1][0] = X.a[i - 1][k];
```

```
                        /* X2 aus den uebrigen Praediktoren aufbauen */

            for (i = 1; i <= n; i++)      /* erste Spalte mit Einsen fuellen */
                X2.a[i - 1][0] = 1;

            for (j = 1; j < k; j++)            /* Spalten links vom betreffenden Praediktor uebertragen */
                for (i = 1; i <= n; i++)
                    X2.a[i - 1][j] = X.a[i - 1][j];

            for (j = k + 1; j <= p; j++)  /* Spalten rechts vom betreffenden Praediktor uebertragen */
                for (i = 1; i <= n; i++)
                    X2.a[i - 1][j-1] = X.a[i - 1][j];

            if (p > 1)            /* Regression des Praediktors aus den uebrigen Praediktoren */
                se_praed_berechnung = unterregressionsanalyse(y2, X2, n, p - 1);

            se_praed = sqrt(1 / (1 - se_praed_berechnung.r2)) * sqrt(mqr / (n * var_x));

            t = b.a[k][0] / se_praed;      /* t-Wert berechnen */

            tol = 1 - se_praed_berechnung.r2;    /* Toleranz berechnen */

            vif = 1 / (tol);       /* Variationsinflationsfaktor berechnen */


            printf("\nProzessorkern: %d", omp_get_thread_num());
            printf("\n    X%2d              %f %f %f %f %f", k, b.a[k][0], se_praed, beta, t, tol, vif);
            if (vif > 10)
                printf(" !");    /* Warnung vor hoher Multikollinearitaet */

        }
        printf("\n_____");
```

```
        printf("\nDie ermittelte Regressionsgleichung lautet:");
        printf("\nY = %f ", b.a[0][0]);
        for (k = 1; k <= p; k++)
              printf(" + (%f)X%d ", b.a[k][0], k);
        printf("\n_____");

        return (result);
}

main()
{
        time_t startzeit, endzeit;    /* fuer Laufzeitdiagnose */

        int auswahl;                  /* Menue-Steuerung des Programmablaufs */
        int daten_vorh;               /* Flag ob Daten vorhanden sind */
        char dateiname[20];           /* Dateiname */
        int n;                        /* Stichprobengroesse */
        int p;                        /* Anzahl Praediktoren */
        int i,                        /* Zeilenindex */
            k;
        /* Spaltenindex */
        float
            messwert;                 /* Messwert */
        matrix
            y,
        /* Kriteriumsvektor */
            X;
        /* Matrix aus 1-Spalte und Praediktorenspalten */
        regression_ergebnis           /* Ergebnisse der Regressionsanalyse */
            analyse;


        daten_vorh = 0;

        do
        {
              ops = 0;
              ops2 = 0;
```

```c
            hauptregr = 0;
            unterregr = 0;


    printf("\n_____");
            printf("\n***          Multiple Regressionsanalyse V3.0 (C)2014 Thomas Kaul ***");
            printf("\n***   Multicore-Processing                          ***");

    printf("\n_____");
            printf("\n\n");
            printf(" 1 .......... manuelle Dateneingabe\n");
            printf(" 2 .......... Datei einlesen\n");
            printf(" 3 .......... Datei speichern\n");
            printf(" 4 .......... Daten anzeigen\n");
            printf(" 5 .......... Regressionsanalyse starten\n");
            printf(" 6 .......... Analyse von Zufallsdaten (Laufzeitsimulation)\n");
            printf(" 99.......... Programm beenden\n");

    printf("\n_____");
            printf("\n Auswahl: ");
            scanf("%d", &auswahl);

            switch (auswahl)
            {
            case 1:    /* manuelle Dateneingabe */
            {
                printf("\n\nStichprobengroesse     N= ");
                scanf("%d", &n);
                if (n < 1) fehler(0);
                if (n > max_n) fehler(1);
                printf("\nAnzahl der Praediktoren p= ");
                scanf("%d", &p);
                if (p < 1) fehler(3);
                if (p >(max_m - 1)) fehler(2);

                y = init_matrix(n, 1);
                X = init_matrix(n, p + 1);
```

```
                                        printf("\nEingabe der
Wertereihe der Kriteriumsvariable Y:");
                                        for (i = 1; i <= n; i++)
                                        {
                                                printf("\n%d.Wert :
", i);
                                                scanf("%f",
&messwert);
                                                y.a[i - 1][0] =
messwert;
                                        };

                                        for (i = 1; i <= n; i++)
                                                X.a[i - 1][0] = 1;

                                        for (k = 1; k <= p; k++)
                                        {
                                                printf("\nEingabe
der Wertereihe zum Praediktor X%d:", k);
                                                for (i = 1; i <= n;
i++)
                                                {
printf("\n%d.Wert : ", i);
                                                        scanf("%f",
&messwert);
                                                        X.a[i -
1][k] = messwert;
                                                }
                                        }
                                        daten_vorh = 1;

                }; break;

                case 2:   /* Datei einlesen */
                {
                        printf("\nDateiname :");
                        scanf("%s", &dateiname);


                        if ((fz = fopen(dateiname, "r")) ==
NULL)
                        {
                                printf("\nFehler beim Lesen
der Datei %s", dateiname);
                        }
                        else
                        {
```

```c
                                fscanf(fz, "%d %d\n", &n,
    &p);                        /* n und p aus erster Zeile
lesen */

                                if (p < 1) fehler(3);
                                if (p >(max_m - 1))
fehler(2);

                                y = init_matrix(n, 1);
                                X = init_matrix(n, p + 1);

                                for (i = 1; i <= n; i++)
                                    fscanf(fz, "%f ",
    &y.a[i - 1][0]);            /* Wertereihe Kriterium Y
aus zweiter Zeile lesen */
                                for (k = 1; k <= p; k++)
                                for (i = 1; i <= n; i++)
                                {
                                    fscanf(fz, "%f ",
    &X.a[i - 1][k]);            /* Wertereihen Praediktoren
aus Folgezeilen lesen */
                                    X.a[i - 1][0] = 1;
                                            /* und erste
Spalte X auf 1 setzen */
                                }
                                fclose(fz);
                                daten_vorh = 1;
                            };
                        }; break;
                        case 3:    /* Datei speichern */
                        {
                                    if (daten_vorh ==
1)
                                    {
printf("\nDateiname :");
                                                scanf("%s",
    &dateiname);
                                                if ((fz =
fopen(dateiname, "w")) == NULL)
                                                {
printf("\nFehler beim Schreiben in die Datei %s",
dateiname);
                                                }
                                                else
                                                {
```

```
        fprintf(fz,"%d %d\n", n, p);
            /* in die erste Zeile n und p schreiben */
                                                            for (i = 1; i <= n; i++)
                fprintf(fz,"%f ", y.a[i - 1][0]);
            /* in die zweite Zeile Wertereihe Y */
                                                            for (k = 1; k <= p; k++)
                                                            {
                fprintf(fz,"\n");
                        /* in die folgenden Zeilen Wertereihen der Praediktoren */
                for (i = 1; i <= n; i++)
                    fprintf(fz,"%f ", X.a[i - 1][k]);
                                                            }
fclose(fz);
printf("\nDaten in Datei %s erfolgreich gespeichert.", dateiname);
                                                        }
                                                    }
                                                else printf("\nNoch keine Daten erfasst oder eingelesen!\n");
                }; break;
                case 4:   /* Daten anzeigen */
                {
                                                    if (daten_vorh == 1)
                                                    {
printf("\nStichprobengroesse  N = %d , Anzahl Praediktoren p = %d", n, p);
printf("\nWertereihe Kriterium (Y):\n");
                                                        for (i = 1; i <= n; i++)
printf("%f ", y.a[i - 1][0]);
                                                        for (k = 1; k <= p; k++)
                                                        {
printf("\nWertereihe Praediktor (X%d):\n", k);
```

```
                                                         for (i = 1; i <= n; i++)
                    printf("%f ",X.a[i - 1][k]);
                                                     }
                                                 }
                                             else printf("\nNoch keine Daten erfasst oder eingelesen!\n");
                         }; break;

                    case 5:   /* Regressionanalyse starten */
                         {
                                        if (daten_vorh == 1)
                                            analyse = regressionsanalyse(y, X, n, p);
                                        else printf("\nNoch keine Daten erfasst oder eingelesen!\n");
                         }; break;

                    case 6:   /* Analyse von Zufallsdaten */
                         {
                             printf("\n\nStichprobengroesse    N= ");
                                        scanf("%d", &n);
                                        if (n < 1) fehler(0);
                                        if (n > max_n) fehler(1);
                                        printf("\nAnzahl der Praediktoren p= ");
                                        scanf("%d", &p);
                                        if (p < 1) fehler(3);
                                        if (p >(max_m - 1)) fehler(2);

                                        time(&startzeit);

                                        y = init_matrix(n, 1);
                                        X = init_matrix(n, p + 1);

                                        srand(1);

                                        /* Kriteriumswerte zufaellig fuellen */
                                        for (i = 1; i <= n; i++)
                                            y.a[i - 1][0] = rand();

                                        /* erste Spalte von X mit Einsen fuellen */
                                        for (i = 1; i <= n; i++)
                                            X.a[i - 1][0] = 1;
```

```c
                            for (k = 1; k <= p; k++)
        /* Praediktoren zufaellig fuellen */
                                for (i = 1; i <= n; i++)
                                    X.a[i - 1][k] = rand();

                            analyse = regressionsanalyse(y, X, n, p);

                            time(&endzeit);

                            printf("\nAnzahl Regressionsanalysen:        %f", hauptregr);
                            printf("\nAnzahl Unterregressionsanalysen:   %f", unterregr);
                            printf("\nAnzahl invertierter Matrizen:      %f", ops);
                            printf("\nAnzahl Determinantenberechnungen:  %f", ops2);
                            printf("\nLaufzeit in Sekunden: %d \n", endzeit - startzeit);

                        }; break;

                        case 99:        /* Programm beenden */
                        {
                            printf("\nProgramm beendet.");
                        }; break;

                        default: printf("\nProgrammoption nicht vorhanden.\n"); break;

                    }
            } while (auswahl != 99);

}
```

A-9: Quellcode zum Kommunikationsprotokoll

```c
/* Kommunikationsprotokoll zum Cluster Computing Version
1.3 Autor: Thomas Kaul */
/*
v1.2 (20141230) Statusverwaltung Messagehandling
v1.3 (20150103) Integration von dynamischen
Kommunikationsfiles und Ueberarbeitung Programmstruktur
*/


/* Dokumentation der definierten Messagetypes */
/*

Message Type        Beschreibung
------------        ------------
0                   Meldet Sender-CPU bei Empfaenger-CPU (i.d.R. Master-CPU) an
1                   Sender-CPU veranlasst Ausgabe eines Strings bei Empfaenger-CPU
99                  Sender-CPU veranlasst Beendigung Slave-Mode bei Empfaenger-CPU

*/


#include <stdio.h>
#include <stdlib.h>
#include <conio.h>
#include <string.h>

#define max_msg 20                  /* maximale Anzahl Messages */

typedef char filename [20];         /* Datentyp fuer Dateinamen */

filename datei;

typedef struct message              /* Datenstruktur fuer Nachrichten */
{
        int msg_id[max_msg];        /* eindeutige Id einer Nachricht */
        int sender[max_msg];        /* CPU-ID des sendenden Rechners */
        int receiver[max_msg];      /* CPU-ID des empfangenden Rechners */
        int msg_type[max_msg];      /* eindeutiger Identifier Nachrichtentyp */
```

```
                int msg_status[max_msg];        /* 0 = vom Empfaenger
unbearbeitet, 1 = vom Empfaenger bearbeitet */
                int n;                                          /*
Gesamte Anzahl von aufgetretenen Nachrichten */
} message_queue;

/* globale Variablen */
message_queue
Q;

int
cluster_status,
cpu_id,
master_id,
ziel,
msg_type,
nachricht_id;

message_queue init_queue(void)
/* initialisiert eine neue Message Queue */
{
        FILE    *fz;
        message_queue Q;
        int i;

        Q.n = 0;

        for (i = 0; i <= max_msg - 1; i++)
        {
                Q.msg_id[i]    = -1;
                Q.sender[i]    = -1;
                Q.receiver[i] = -1;
                Q.msg_type[i] = -1;
                Q.msg_status[i] = -1;
                Q.n = 0;
        }

        /* in Datei schreiben */

        if ((fz = fopen(datei, "w")) == NULL)
        {
                printf("\nFehler beim Schreiben in die
Queue %s", datei);
        }
        else
        {
                for (i = 0; i <= max_msg - 1; i++)
        /* i ist die Message id */
```

```
                        fprintf(fz, "%d %d %d %d %d %d\n",
i, Q.sender[i], Q.receiver[i], Q.msg_type[i],
Q.msg_status[i], Q.n);

                fclose(fz);
        }

        return (Q);
}


message_queue read_queue()
/* liest akuelle Message Queue ein */
{
        FILE    *fz;
        message_queue Q;
        int i;

        Q.n = 0;

        if ((fz = fopen(datei, "r")) == NULL)
        {
                printf("\nFehler beim Lesen der Queue %s", datei);
        }
        else
        {
                for (i = 0; i <= max_msg - 1; i++)
                {
                        fscanf(fz,"%d %d %d %d %d %d\n",
&Q.msg_id[i], &Q.sender[i], &Q.receiver[i],
&Q.msg_type[i], &Q.msg_status[i], &Q.n);
                }
                fclose(fz);
        }
        return (Q);
}

int send_message(message_queue Q, int sender, int receiver, int msg_type)
/*
nimmt eine Message entgegen und traegt diese in die
Message Queue ein
sender  : cpu_id des sendenden Rechner
receiver: cpu_id des Zielrechners
msg_type: Nachrichtentyp
liefert Id der eingetragenen Message zurueck
*/
{
```

```
        FILE     *fz;                                    /* Zeiger auf Message Queue */

        int         i;

        Q = read_queue();

        Q.n = Q.n + 1;
        Q.sender[Q.n - 1] = sender;
        Q.receiver[Q.n - 1] = receiver;
        Q.msg_type[Q.n - 1] = msg_type;
        Q.msg_status[Q.n - 1] = 0;
        /* Message noch nicht bearbeitet */


        /* in Kommunikationsqueue schreiben */

        if ((fz = fopen(datei, "w")) == NULL)
        {
                printf("\nFehler beim Schreiben in die Queue %s", datei);
        }
        else
        {

                for (i = 0; i <= max_msg - 1; i++)
        /* i ist die Message id */
                        fprintf(fz, "%d %d %d %d %d\n", i, Q.sender[i], Q.receiver[i], Q.msg_type[i], Q.msg_status[i], Q.n);

                fclose(fz);
        }

        return (Q.msg_id[Q.n - 1]);
}
void create_comfile(int msg_id, int msg_type)
/*
erzeugt Kommunikationsdatei mit eindeutigem Namen
*/
{

        FILE
                *fz2;                                    /* Zeiger auf Datei */
        filename
                comdatei;
        char
                text[255];
```

```
            strcpy (comdatei,"MSG_");
            switch (msg_id)
            {
                    case 0: strcpy(comdatei, "MSG_000"); break;
                    case 1: strcpy(comdatei, "MSG_001"); break;
                    case 2: strcpy(comdatei, "MSG_002"); break;
                    case 3: strcpy(comdatei, "MSG_003"); break;
                    case 4: strcpy(comdatei, "MSG_004"); break;
                    case 5: strcpy(comdatei, "MSG_005"); break;
                    case 6: strcpy(comdatei, "MSG_006"); break;
                    case 7: strcpy(comdatei, "MSG_007"); break;
                    case 8: strcpy(comdatei, "MSG_008"); break;
                    case 9: strcpy(comdatei, "MSG_009"); break;
                    case 10: strcpy(comdatei, "MSG_010"); break;
                    case 11: strcpy(comdatei, "MSG_011"); break;
                    case 12: strcpy(comdatei, "MSG_012"); break;
                    case 13: strcpy(comdatei, "MSG_013"); break;
                    case 14: strcpy(comdatei, "MSG_014"); break;
                    case 15: strcpy(comdatei, "MSG_015"); break;
                    case 16: strcpy(comdatei, "MSG_016"); break;
                    case 17: strcpy(comdatei, "MSG_017"); break;
                    case 18: strcpy(comdatei, "MSG_018"); break;
                    case 19: strcpy(comdatei, "MSG_019"); break;
                    case 20: strcpy(comdatei, "MSG_020"); break;
            }
            strcat(comdatei, ".DAT");
```

```
        if ((fz2 = fopen(comdatei, "w")) == NULL)
        {
                printf("\nFehler beim Schreiben in die Kommunikationsdatei %s", comdatei);
        }
        else
        {
                switch (msg_type)
                {
                        case 0:
                        {
                                fprintf(fz2, "CPU_wurde_am_Cluster_angemeldet.");
                        }; break;
                        case 1:
                        {
                                printf("zu uebermittelnder Text: ");
                                scanf("%s", &text);
                                fprintf(fz2, text);
                        }; break;
                }
        }
        fclose(fz2);
}

void read_comfile(int msg_id, int msg_type)
/*
liest Kommunikationsdatei mit eindeutigem Namen
*/
{
        FILE
                *fz2;                                           /* Zeiger auf Datei */
        filename
                comdatei;
        char
                text[80];

        strcpy(comdatei, "MSG_");

        switch (msg_id)
        {
        case 0: strcpy(comdatei, "MSG_000");  break;
        case 1: strcpy(comdatei, "MSG_001");  break;
        case 2: strcpy(comdatei, "MSG_002");  break;
        case 3: strcpy(comdatei, "MSG_003");  break;
        case 4: strcpy(comdatei, "MSG_004");  break;
        case 5: strcpy(comdatei, "MSG_005");  break;
        case 6: strcpy(comdatei, "MSG_006");  break;
```

```c
            case 7: strcpy(comdatei, "MSG_007"); break;
            case 8: strcpy(comdatei, "MSG_008"); break;
            case 9: strcpy(comdatei, "MSG_009"); break;
            case 10: strcpy(comdatei, "MSG_010"); break;
            case 11: strcpy(comdatei, "MSG_011"); break;
            case 12: strcpy(comdatei, "MSG_012"); break;
            case 13: strcpy(comdatei, "MSG_013"); break;
            case 14: strcpy(comdatei, "MSG_014"); break;
            case 15: strcpy(comdatei, "MSG_015"); break;
            case 16: strcpy(comdatei, "MSG_016"); break;
            case 17: strcpy(comdatei, "MSG_017"); break;
            case 18: strcpy(comdatei, "MSG_018"); break;
            case 19: strcpy(comdatei, "MSG_019"); break;
            case 20: strcpy(comdatei, "MSG_020"); break;
            }

            strcat(comdatei, ".DAT");

            if ((fz2 = fopen(comdatei, "r")) == NULL)
            {
                    printf("\nFehler beim Lesen in die Kommunikationsdatei %s", comdatei);
            }
            else
            {
                    fscanf(fz2, "%s", &text);
                    switch (msg_type)
                    {
                    case 0:          /* Anmeldung einer CPU */
                    {
                                printf(text);
                    }; break;
                    case 1:          /* Ausgabe eines Strings */
                    {
                                        printf(text);
                    }; break;
                    }
            }
            fclose(fz2);
}


confirm_message(message_queue Q, int message_id)
/*
bestaetigt eine bestimmte Message Id als empfangen oder
erledigt
*/
{
            int         i;
```

```
        FILE    *fz;

        Q = read_queue();

        /* in Kommunikationsqueue schreiben */

        if ((fz = fopen(datei, "w")) == NULL)
        {
                printf("\nFehler beim Schreiben in die
Queue %s", datei);
        }
        else
        {

                for (i = 0; i <= max_msg - 1; i++)
        /* i ist die Message id */
                {
                        if (i == message_id)
                                Q.msg_status[i] = 1;
                        fprintf(fz, "%d %d %d %d %d %d\n",
i, Q.sender[i], Q.receiver[i], Q.msg_type[i],
Q.msg_status[i], Q.n);
                }

                fclose(fz);
        }

}

void process_queue(message_queue Q, int own_id)
/*
prozessiert fuer die CPU bestimmte Messages in der Queue
own_id  : cpu_id des abfragenden Rechners
*/
{
        FILE    *fz;
        int i;

        /* aus Kommunikationsqueue lesen */

        if ((fz = fopen(datei, "r")) == NULL)
        {
                printf("\nFehler beim Lesen der Queue %s",
datei);
        }
        else
        {
                for (i = 0; i <= max_msg - 1; i++)
                {
```

```
                        fscanf(fz, "%d %d %d %d %d %d\n",
&Q.msg_id[i], &Q.sender[i], &Q.receiver[i],
&Q.msg_type[i], &Q.msg_status[i], &Q.n);

                    if ((Q.receiver[i] == own_id) &&
(Q.msg_status[i] == 0))     /* Nachricht fuer CPU
bestimmt und noch nicht bearbeitet */
                        {
                            printf("\nMessage Id. %d von
CPU %d an Master-CPU %d\n", i, Q.sender[i],
Q.receiver[i]);
                            switch (Q.msg_type[i])
                            {
                            case 0: /* Message-Typ 0:
Anmelden einer CPU im Cluster */
                                {
        confirm_message(Q,Q.msg_id[i]);

        read_comfile(Q.msg_id[i], Q.msg_type[i]);

                                }; break;
                            case 1: /* Message-Typ 1:
Uebertragung eines Textes */
                                {
        confirm_message(Q, Q.msg_id[i]);

        read_comfile(Q.msg_id[i], Q.msg_type[i]);

                                }; break;

                            }
                        }

            }
            fclose(fz);
        }
}


int cluster_anmeldung(void)
{
        char
                abfrage;

        printf("Eigene CPU-Id                  : ");
        scanf("%d", &cpu_id);
        printf("Master CPU-Id                  : ");
```

```
        scanf("%d", &master_id);
        /*
        printf("Dateiname Message-Queue    : ");
        scanf("%s", &datei);
        */
        strcpy(datei, "queue.msg");

        printf("\nQueue initialisieren (j/n) : ");
        abfrage = getch();

        if (abfrage == 'j')
                Q = init_queue();

        nachricht_id = send_message(Q, cpu_id, master_id,
0);          /* CPU am Cluster anmelden */
        create_comfile(nachricht_id, 0);
        return (1);

        /* am Cluster angemeldet */
}

void cluster_auftrag(void)
{
        if (cluster_status == 1)
        {
                printf("\nMessage senden an CPU : ");
                scanf("%d", &ziel);
                printf("\nMessage Type           : ");
                scanf("%d", &msg_type);

                nachricht_id = send_message(Q, cpu_id,
ziel, msg_type);
                create_comfile(nachricht_id, msg_type);
        }
        else printf("\nDieser Rechner wurde noch nicht am
Cluster angemeldet.");
}

void cluster_slave()
{
        if (cluster_status == 1)
        {
                do
                {
                        process_queue(Q, cpu_id);
                } while (msg_type != 99);
        }
        else printf("\nDieser Rechner wurde noch nicht am
Cluster angemeldet.");
}
```

```c
main()
{
        int
                auswahl;

        cluster_status = 0;

        do
        {

                printf("\n_____
_____");
                printf("\n Kommunikationsprotokoll V1.3 (C)2015 Thomas Kaul");
                printf("\n Cluster Computing");
                if (cluster_status == 1)
                        printf("\n CPU-Id: %d", cpu_id);
                else
                        printf("\n                              CPU noch nicht angemeldet");

                printf("\n_____
_____\n");
                printf("\n1 .......... am Rechnercluster anmelden");
                printf("\n2 .......... Auftrag an Cluster erteilen");
                printf("\n3 .......... Auftraege aus dem Cluster abfragen und prozessieren");
                printf("\n4 .......... Slave-Modus, Auftraege aus dem Cluster automat.prozessieren");
                printf("\n5 .......... Programm beenden");

                printf("\n_____
_____\n");

                scanf("%d", &auswahl);

                switch (auswahl)
                {
                case 1:
                {
                        cluster_status = cluster_anmeldung();
                }; break;
                case 2:
```

```
                            {
                                    cluster_auftrag();
                            }; break;
                            case 3:
                            {
                                    if (cluster_status == 1)
                                            process_queue(Q, cpu_id);
                                    else
                                            printf("\nDieser Rechner wurde noch nicht am Cluster angemeldet.");
                            }; break;
                            case 4:
                            {
                                    cluster_slave();
                            }; break;
                            };

        } while (auswahl != 5);

}
```

A-10: Quellcode zur Lösung mit Cluster Computing

```
/* Programm zur multiplen linearen Regressionsanalyse
Version 4.1 Cluster-Computing Autor: Thomas Kaul */

/*
Releasenotes

v1.2 (2014.11.01) Codeoptimierungen, Berechnung der
Standardfehler und Teststatistiken der
Regressionskoeffizienten
v1.3 (2014.11.02) Indikatoren fuer Multikollinearitaet,
Toleranz (TOL) und Varianz-Inflations-Faktor (VIF)
v1.4 (2014.11.08) Integration Zufallszahlengenerator zur
Laufzeitdiagnose von komplexen Regressionsanalysen
v1.5 (2014.11.09) Ausgabe der Anzahl der
Matrizeninversionen zur Laufzeitdiagnose
v1.6 (2014.11.10) Erweiterung der Laufzeitdiagnose,
verfeinerte Abbildung Matrizeninversionen und
Determinantenoperationen
v1.7 (2014.11.11) Aenderung Datentypen fuer
Laufzeitdiagnose zur Darstellung sehr grosser Zahlen
v1.8 (2014.11.19) Abfrage zur Beendigung des Programms
v1.9 (2014.12.01) Performance-Optimierung
Determinantenberechnung
v1.9b(2014.12.02) Mehrkern-Prozessor-Verarbeitung
v2.0 (2014.12.08) Weitere Performance-Optimierung
Determinantenberechnung
v2.1 (2014.12.15) Fehlerbehebung Berechnung Betas in
Parallelverarbeitung
v2.2 (2014.12.20) Optimierung Anzeige und Fehlerbhebung
Determinantenberechnung ab p>3, Bug in
Performanceoptimierung entfernt
v2.4 (2014.12.22) Determinanten-Berechnung optimiert.
v2.5 (2014.12.28) Performance Unterregressionsanalysen
optimiert.
v3.0 (2014.12.31) Dateiverwaltung integriert
v4.0 (2015.01.03) Cluster-Computing integriert, parallele
Verarbeitung auf mehreren Rechnern
v4.1 (2015.01.04) Laufzeitanalyse fuer Cluster
Auftragsbearbeitung und manuelle Lastverteilung
integriert

*/
#include <stdio.h>
#include <omp.h>
#include <math.h>
#include <stdlib.h>
#include <time.h>
```

```c
#include <conio.h>
#include <string.h>

/* Deklarationen fuer Cluster Computing */

/* Dokumentation der definierten Messagetypes */
/*

Message Type        Beschreibung
------------        ------------
0                           Meldet Sender-CPU bei Empfaenger-CPU (i.d.R. Master-CPU) an
1                           Sender-CPU veranlasst Ausgabe eines Strings bei Empfaenger-CPU
2                           Sender-CPU veranlasst Berechnung von x Unterregressionsanalysen durch Empfaenger-CPU
99                          Sender-CPU veranlasst Beendigung Slave-Mode bei Empfaenger-CPU

*/

#define max_n 25                /* max. Stichprobengroesse */
#define max_m 25                /* max. Anzahl Praediktoren + Kriterium */

long double ops;                /* globale Variable: Anzahl Matrixinversionen zur Laufzeitdiagnose */
long double ops2;               /* globale Variable: Anzahl Determinantenberechnungen zur Laufzeitdiagnose */
long double hauptregr;          /* globale Variable: Anzahl Regressionsanalysen */
long double unterregr;          /* globale Variable: Anzahl Unterregressionsanalysen */

FILE       *fz;                 /* Dateizeiger */


#define max_msg 25              /* maximale Anzahl Messages */

typedef char filename[20];      /* Datentyp fuer Dateinamen */

filename datei;

typedef struct message          /* Datenstruktur fuer Nachrichten */
{
```

```
        int msg_id[max_msg];         /* eindeutige Id einer Nachricht */
        int sender[max_msg];         /* CPU-ID des sendenden Rechners */
        int receiver[max_msg];       /* CPU-ID des empfangenden Rechners */
        int msg_type[max_msg];       /* eindeutiger Identifier Nachrichtentyp */
        int msg_status[max_msg];     /* 0 = vom Empfaenger unbearbeitet, 1 = vom Empfaenger bearbeitet */
        int n;                        /* Gesamte Anzahl von aufgetretenen Nachrichten */
} message_queue;

/* globale Variablen */

message_queue
Q;

int
cluster_status,
laufzeitanalyse,
cpu_id,
master_id,
ziel,
msg_type,
nachricht_id;

message_queue init_queue(void)
/* initialisiert eine neue Message Queue */
{
        FILE   *fz;
        message_queue Q;
        int i;

        Q.n = 0;

        for (i = 0; i <= max_msg - 1; i++)
        {
                Q.msg_id[i] = -1;
                Q.sender[i] = -1;
                Q.receiver[i] = -1;
                Q.msg_type[i] = -1;
                Q.msg_status[i] = -1;
                Q.n = 0;
        }

        /* in Datei schreiben */

        if ((fz = fopen(datei, "w")) == NULL)
        {
```

```
                printf("\nFehler beim Schreiben in die
Queue %s", datei);
        }
        else
        {
                for (i = 0; i <= max_msg - 1; i++)
        /* i ist die Message id */
                        fprintf(fz, "%d %d %d %d %d %d\n",
i, Q.sender[i], Q.receiver[i], Q.msg_type[i],
Q.msg_status[i], Q.n);

                fclose(fz);
        }

        return (Q);
}


message_queue read_queue()
/* liest akuelle Message Queue ein */
{
        FILE    *fz;
        message_queue Q;
        int i;

        Q.n = 0;

        if ((fz = fopen(datei, "r")) == NULL)
        {
                printf("\nFehler beim Lesen der Queue %s",
datei);
        }
        else
        {
                for (i = 0; i <= max_msg - 1; i++)
                {
                        fscanf(fz, "%d %d %d %d %d %d\n",
&Q.msg_id[i], &Q.sender[i], &Q.receiver[i],
&Q.msg_type[i], &Q.msg_status[i], &Q.n);
                }
                fclose(fz);
        }
        return (Q);
}

int send_message(message_queue Q, int sender, int
receiver, int msg_type)
/*
```

```
nimmt eine Message entgegen und traegt diese in die
Message Queue ein
sender  : cpu_id des sendenden Rechner
receiver: cpu_id des Zielrechners
msg_type: Nachrichtentyp
liefert Id der eingetragenen Message zurueck
*/
{
        FILE    *fz;                                    /*
Zeiger auf Message Queue */

            int             i;

            Q = read_queue();

            Q.n = Q.n + 1;
            Q.sender[Q.n - 1] = sender;
            Q.receiver[Q.n - 1] = receiver;
            Q.msg_type[Q.n - 1] = msg_type;
            Q.msg_status[Q.n - 1] = 0;
            /* Message noch nicht bearbeitet */


            /* in Kommunikationsqueue schreiben */

            if ((fz = fopen(datei, "w")) == NULL)
            {
                    printf("\nFehler beim Schreiben in die
Queue %s", datei);
            }
            else
            {

                    for (i = 0; i <= max_msg - 1; i++)
            /* i ist die Message id */
                            fprintf(fz, "%d %d %d %d %d %d\n",
i, Q.sender[i], Q.receiver[i], Q.msg_type[i],
Q.msg_status[i], Q.n);

                    fclose(fz);
            }

            return (Q.msg_id[Q.n - 1]);
}

void create_comfile(int msg_id, int msg_type)
/*
erzeugt Kommunikationsdatei mit eindeutigem Namen
*/
{
```

```
        FILE
                *fz2;                                           /* Zeiger auf Datei */
        filename
                comdatei;
        char
                text[255];


        strcpy(comdatei, "MSG_");

        switch (msg_id)
        {
        case 0: strcpy(comdatei, "MSG_000");   break;
        case 1: strcpy(comdatei, "MSG_001");   break;
        case 2: strcpy(comdatei, "MSG_002");   break;
        case 3: strcpy(comdatei, "MSG_003");   break;
        case 4: strcpy(comdatei, "MSG_004");   break;
        case 5: strcpy(comdatei, "MSG_005");   break;
        case 6: strcpy(comdatei, "MSG_006");   break;
        case 7: strcpy(comdatei, "MSG_007");   break;
        case 8: strcpy(comdatei, "MSG_008");   break;
        case 9: strcpy(comdatei, "MSG_009");   break;
        case 10: strcpy(comdatei, "MSG_010");   break;
        case 11: strcpy(comdatei, "MSG_011");   break;
        case 12: strcpy(comdatei, "MSG_012");   break;
        case 13: strcpy(comdatei, "MSG_013");   break;
        case 14: strcpy(comdatei, "MSG_014");   break;
        case 15: strcpy(comdatei, "MSG_015");   break;
        case 16: strcpy(comdatei, "MSG_016");   break;
        case 17: strcpy(comdatei, "MSG_017");   break;
        case 18: strcpy(comdatei, "MSG_018");   break;
        case 19: strcpy(comdatei, "MSG_019");   break;
        case 20: strcpy(comdatei, "MSG_020");   break;
        }

        strcat(comdatei, ".DAT");

        if ((fz2 = fopen(comdatei, "w")) == NULL)
        {
                printf("\nFehler beim Schreiben in die Kommunikationsdatei %s", comdatei);
        }
        else
        {
                switch (msg_type)
                {
                case 0:
                {
                        fprintf(fz2, "CPU_wurde_am_Cluster_angemeldet.");
```

```
                    }; break;
                    case 1:
                    {
                                    printf("zu uebermittelnder
Text: ");
                                    scanf("%s", &text);
                                    fprintf(fz2, text);
                    }; break;
                    }
            }
            fclose(fz2);
}


void read_comfile(int msg_id, int msg_type)
/*
erzeugt Kommunikationsdatei mit eindeutigem Namen
*/
{
            FILE
                    *fz2;                                           /*
Zeiger auf Datei */
            filename
                    comdatei;
            char
                    text[80];

            strcpy(comdatei, "MSG_");

            switch (msg_id)
            {
            case 0: strcpy(comdatei, "MSG_000");  break;
            case 1: strcpy(comdatei, "MSG_001");  break;
            case 2: strcpy(comdatei, "MSG_002");  break;
            case 3: strcpy(comdatei, "MSG_003");  break;
            case 4: strcpy(comdatei, "MSG_004");  break;
            case 5: strcpy(comdatei, "MSG_005");  break;
            case 6: strcpy(comdatei, "MSG_006");  break;
            case 7: strcpy(comdatei, "MSG_007");  break;
            case 8: strcpy(comdatei, "MSG_008");  break;
            case 9: strcpy(comdatei, "MSG_009");  break;
            case 10: strcpy(comdatei, "MSG_010");  break;
            case 11: strcpy(comdatei, "MSG_011");  break;
            case 12: strcpy(comdatei, "MSG_012");  break;
            case 13: strcpy(comdatei, "MSG_013");  break;
            case 14: strcpy(comdatei, "MSG_014");  break;
            case 15: strcpy(comdatei, "MSG_015");  break;
            case 16: strcpy(comdatei, "MSG_016");  break;
            case 17: strcpy(comdatei, "MSG_017");  break;
```

```
        case 18: strcpy(comdatei, "MSG_018");   break;
        case 19: strcpy(comdatei, "MSG_019");   break;
        case 20: strcpy(comdatei, "MSG_020");   break;
        }

        strcat(comdatei, ".DAT");

        if ((fz2 = fopen(comdatei, "r")) == NULL)
        {
                printf("\nFehler beim Lesen in die
Kommunikationsdatei %s", comdatei);
        }
        else
        {
                fscanf(fz2, "%s", &text);
                switch (msg_type)
                {
                case 0:       /* Anmeldung einer CPU */
                {
                                        printf(text);
                }; break;
                case 1:       /* Ausgabe eines Strings */
                {
                                        printf(text);
                }; break;
                }
        }
        fclose(fz2);
}

confirm_message(message_queue Q, int message_id)
/*
bestaetigt eine bestimmte Message Id als empfangen oder
erledigt
*/
{
        int             i;

        FILE    *fz;

        Q = read_queue();

        /* in Kommunikationsqueue schreiben */

        if ((fz = fopen(datei, "w")) == NULL)
        {
                printf("\nFehler beim Schreiben in die
Queue %s", datei);
        }
```

```
            else
            {
                    for (i = 0; i <= max_msg - 1; i++)
            /* i ist die Message id */
                    {
                            if (i == message_id)
                                    Q.msg_status[i] = 1;
                            fprintf(fz, "%d %d %d %d %d %d\n",
i, Q.sender[i], Q.receiver[i], Q.msg_type[i],
Q.msg_status[i], Q.n);
                    }

                    fclose(fz);
            }

}

typedef struct matr                     /* Datenstruktur fuer
Matrizen */
{
        int m;                          /* Anzahl Zeilen */
        int n;                          /* Anzahl Spalten */
        float a[max_n][max_m];          /* Matrixelement */
} matrix;

typedef struct regression               /* Datenstruktur fuer
das Ergebnis einer Regressionsanalyse */
{
        float sqe;                      /* Quadratsumme
erklaerte Varianz */
        float sqr;                      /* Quadratsumme
Residualvarianz */
        float sqt;                      /* Quadratsumme
Gesamtvarianz */
        float mqe;                      /* mittlere
Quadratsumme der erklaerten Varianz */
        float mqr;                      /* mittlere
Quadratsumme der Residualvarianz */
        float f;                        /* Pruefwert fuer F-
Verteilung */
        float se;                       /* Standardfehler der
Regression */
        float r2;                       /* Varianzaufklaerung
der Regression */
        matrix b;                       /* Ergebnisvektor der
Regressionskoeffizienten */
} regression_ergebnis;

void fehler(int f)
/* Umgang mit Fehlersituationen */
```

```c
{
        printf("\nFehlercode (%d): ", f);
        switch (f)
        {
        case 0: printf("Stichprobengroesse muss groesser als 0 sein."); break;
        case 1: printf("Stichprobengroesse zu hoch, maximal N= %d erlaubt.", max_n); break;
        case 2: printf("Anzahl der Praediktoren zu hoch, maximal %d erlaubt.", max_m - 1); break;
        case 3: printf("Mindestens ein Praediktor erforderlich."); break;
        case 4: printf("beim Anlegen einer Matrix mind. 1 Zeile und 1 Spalte erforderlich."); break;
        case 5: printf("Fehler bei Matrizenmultiplikation, Spaltenanzahl A <> Zeilenanzahl B."); break;
        case 6: printf("Determinante nicht definiert, zugrundeliegende Matrix ist nicht quadratisch."); break;
        case 7: printf("Fehler beim Adjungieren einer Matrix, zu entfernende Zeile oder Spalte nicht vorhanden."); break;
        case 8: printf("Fehler, Regressionsrechnung ohne Praediktor."); break;
        case 9: printf("Fehler beim Versuch eine Matrix zu invertieren, Determinante ist Null."); break;
        case 10: printf("Nullwert beim Versuch eine Matrix linear zu transformieren."); break;
        default:printf("unvorhergesehener Fehler."); break;
        }
        printf("\n\n*** Programmende ***\n");
        exit(0);
}

matrix init_matrix(int m, int n)
/* liefert eine Null-Matrix vom Typ (m,n) an */
{
        int i, k;
        matrix x;
        if (m < 1 || n < 1) fehler(4);
        x.m = m;
        x.n = n;
        for (i = 1; i <= m; i++)              /* alle Zeilen durchlaufen */
            for (k = 1; k <= n; k++)          /* alle Spalten durchlaufen */
                x.a[i - 1][k - 1] = 0;/* Matrixelement auf Null setzen */
        return (x);
}
```

```c
matrix transp_matrix(matrix X)
/* liefert eine transponierte Matrix Y zur Ausgangsmatrix
X */
{
        matrix Y;
        int i, k;

        Y = init_matrix(X.n, X.m);         /* aus Matrix
vom Typ (m,n) eine Matrix vom Typ (n,m) erzeugen */
        for (i = 1; i <= X.m; i++)         /* für alle
Zeilen von X */
            for (k = 1; k <= X.n; k++)     /* für alle Spalten
von X */
                Y.a[k - 1][i - 1] = X.a[i - 1][k - 1];
        /* Matrix stuerzen */
        return (Y);
}

void print_matrix(matrix X)
/* gibt eine Matrix X aus */
{
        int i, k;
        for (i = 1; i <= X.m; i++)         /* alle
Zeilen durchlaufen */
            {
                printf("\n");
                for (k = 1; k <= X.n; k++)     /* alle
Spalten durchlaufen */
                        printf("%4.2f ", X.a[i - 1][k -
1]);    /* Matrixelement ausgeben */
            }
}


matrix multipliziere_matrix(matrix A, matrix B)
/* liefert Produkt der Matrizen A und B */
{
        int i, k, j;
        float skalarprod;
        matrix C;
        if (A.n != B.m) fehler(5);         /*
Spaltenanzahl von A ungleich Zeilenanzahl B,
Multiplikation nicht moeglich */
        C = init_matrix(A.m, B.n);
        for (i = 1; i <= A.m; i++)         /* alle
Zeilen von A durchlaufen*/
            for (k = 1; k <= B.n; k++)     /* alle Spalten von B
durchlaufen */
                {
                    skalarprod = 0;
                    for (j = 1; j <= A.n; j++)
```

```
                        skalarprod = skalarprod + (A.a[i - 1][j - 1] * B.a[j - 1][k - 1]);
                        C.a[i - 1][k - 1] = skalarprod;
                }
        return(C);
}

matrix adjungiere_matrix(matrix A, int z, int s)
/* liefert aus Matrix A die adjungierte Matrix B wobei
aus z-te Zeile und s-te Spalte entfernt wurde */
{
        int i, k;
        matrix B;

        if (A.m < z || A.n < s) fehler(7);    /* zu entfernende Zeile oder Spalte nicht vorhanden */

        if (A.m == 1 || A.n == 1)             /* Matrix hat nur eine Zeile oder eine Spalte */
        {
                B = init_matrix(1, 1);
                B.a[0][0] = A.a[0][0];
        }
        else
        {
                if (A.m > 1 && A.n > 1)               /* A hat mind. 2 Spalten und 2 Zeilen */
                {
                        B = init_matrix(A.m - 1, A.n - 1);
        /* B vom Typ (m-1,n-1) */
                        for (i = 1; i < z; i++)
                /* alle Zeilen bis vor Zeile z durchlaufen */
                        {
                                for (k = 1; k < s; k++)
                /* alle Spalten bis vor Spalte s durchlaufen */
                                {
                                        B.a[i - 1][k - 1] = A.a[i - 1][k - 1];    /* Matrixelemente uebertragen */
                                }
                                for (k = s + 1; k <= A.n; k++)   /* alle Spalten ab s+1 bis n durchlaufen */
                                {
                                        B.a[i - 1][k - 2] = A.a[i - 1][k - 1];    /* Matrixelemente uebertragen, Spaltenindex in B -1 */
                                }
                        }
```

```
                    for (i = z + 1; i <= A.m; i++)
                /* alle Zeilen ab z+1 bis m durchlaufen */
                    {
                        for (k = 1; k < s; k++)
                /* alle Spalten bis vor Spalte s durchlaufen */
                        {
                                B.a[i - 2][k - 1] =
A.a[i - 1][k - 1];   /* Matrixelemente uebertragen,
Zeilenindex in B -1 */
                        }
                        for (k = s + 1; k <= A.n;
k++)    /* alle Spalten ab s+1 bis n durchlaufen */
                        {
                                B.a[i - 2][k - 2] =
A.a[i - 1][k - 1];   /* Matrixelemente uebertragen,
Spaltenindex in B -1 */
                        }
                    }
                }
                if (A.m > 1 && A.n == 1)            /* nur
eine Spalte, aber mehrere Zeilen */
                {
                        B = init_matrix(1, 1);
                        B.a[0][0] = A.a[z - 1][0];
                }
                if (A.m == 1 && A.n > 1)            /* nur
eine Zeile, aber mehrere Spalten */
                {
                        B = init_matrix(1, 1);
                        B.a[0][0] = A.a[0][s - 1];
                }
        }

        return (B);
}

matrix lin_transf_matrix(matrix A)
/* 20141222 liefert eine linear transformierte Matrix,
deren erste Spalte aus einem Wert in
genau einer Zeile dieser Spalte und Nullen in allen
anderen Zeilen dieser Spalte
besteht. Zweck: Reduzierung des Rechenaufwands bei der
Anwendung des
Laplaceschen Entwicklungssatzes nach der ersten Spalte,
es ist jeweils nur eine
Unterdeterminante zu berechnen.
*/
{
        matrix
                B;
```

```
        int
                i,              /* Zeilenindex */
                j;              /* Spaltenindex */
        float
                faktor;
                /* Faktor fuer lin.Transformation */
        B = init_matrix(A.m, A.n);                      /* Matrix vom gleichen Typ wie A anlegen */

        for (i = 1; i <= A.m; i++)                      /* alle Zeilen durchlaufen */
                for (j = 1; j <= A.n; j++)              /* alle Spalten durchlaufen */
                        B.a[i - 1][j - 1] = A.a[i - 1][j - 1];  /* Matrix A in B kopieren */

        if (B.a[0][0] != 0)                             /* wenn erster Wert in erster Spalte <> Null */
                for (i = 2; i <= A.m; i++)              /* dann ab zweite Zeile linear transformieren */
                {
                        faktor = (B.a[i - 1][0] / B.a[0][0]) * -1;
                        for (j = 1; j <= B.n; j++)
                                B.a[i - 1][j - 1] = B.a[i - 1][j - 1] + (B.a[0][j - 1] * faktor);
                }

        return (B);
}

float det_matrix(matrix A)
/* liefert Determinante einer quadratischen Matrix A */
/* 20141222 optimierter Code */
{
        float det;
        matrix B;
        int k, i, vorzeichen;
        if (A.m != A.n) fehler(6);
                        /* Matrix nicht quadratisch, Determinante nicht bestimmbar */

        ops2 = ops2 + 1;

        if (A.m > 2)
        {
                B = lin_transf_matrix(A);
                        /* Matrix linear transformieren */
                k = 1;
                det = 0;
```

```
                vorzeichen = -1;
                for (i = 1; i <= B.m; i++)
                        /* Entwicklung nach der ersten
Spalte durchfuehren */
                {
                        vorzeichen = vorzeichen * -1;
                        if (B.a[i - 1][k - 1] != 0)
                                det = det + (vorzeichen *
B.a[i - 1][k - 1] * det_matrix(adjungiere_matrix(B, i,
k)));
                }
        }
        else
        {
                if (A.m == 1)
                        det = A.a[0][0];

                if (A.m == 2)
                        det = (A.a[0][0] * A.a[1][1]) -
(A.a[0][1] * A.a[1][0]);
        }

        return (det);
}


matrix invertiere_matrix(matrix X)
/* liefert eine invertierte Matrix Y zur Matrix X */
{
        matrix Y;
        float determinante, faktor;
        int i, j, k, vorzeichen;
        determinante = det_matrix(X);

        if ((determinante == 0) && (laufzeitanalyse == 0))
fehler(9);
        else
        {
                ops = ops + 1;                          /*
Zaehler fuer Laufzeitanalyse */


                Y = init_matrix(X.m, X.n);
                faktor = 1 / determinante;
                for (i = 1; i <= X.m; i++)              /*
alle Zeilen durchlaufen */
                {
                        for (k = 1; k <= X.n; k++)      /*
alle Spalten durchlaufen */
                        {
                                vorzeichen = 1;
```

```
                                for (j = 1; j <= i + k; j++)
                                        vorzeichen =
vorzeichen * -1;
                                Y.a[i - 1][k - 1] = faktor *
vorzeichen * det_matrix(adjungiere_matrix(X, k, i));
                        }
                }
        }
        return (Y);
}

regression_ergebnis unterregressionsanalyse(matrix y,
matrix X, int n, int p)
/* fuehrt eine Unter-Regressionsanalyse durch,
y Kriteriumsvektor, erste Spalte von X mit Einsen, zweite
bis k+1-te Spalte Preaediktoren
n = Stichprobengroesse
p = Anzahl der Praediktoren

Datenstruktur Ergebnis
sqe,sqr,sqt,mqe,mqr,f,se,r2,b (Ergebnisvektor)

*/
{
        regression_ergebnis
                result,                 /* Ergebnis der
Regressionsanalyse */
                se_praed_berechnung;    /* Regressionsanalyse
zur Berechnung des Standardfehlers der Praediktoren */

        int
                i,                      /* Zeilenindex */
                j,                      /* Spaltenindex */
                k;                      /* Spaltenindex */
        float
                sum_y,                  /* Summe des
Kriteriums */
                avg_y,                  /* arithm. Mittel
Kriterium */
                var_y,                  /* Varianz des
Kriteriums */
                sd_y,                   /* Standardabweichung
des Kriteriums */
                y_dach,                 /* aus
Regressionsgleichung vorhergesagter Wert des Kriteriums
*/
                sqt,                    /* Quadratsumme
Gesamtvarianz */
                sqe,                    /* Quadratsumme
erklaerte Varianz */
```

```
            sqr,                /* Quadratsumme Residualvarianz */
            r2,                 /* Bestimmtheitsmass R-Quadrat */
            mqe,                /* mittlere Quadratsumme erklaerte Varianz */
            mqr,                /* mittlere Quadratsumme Residualvarianz */
            f,                  /* Pruefstatistik zur F-Verteilung */
            se,                 /* Standardfehler der Regression */
            sum_x,              /* Summe des Praediktors xk*/
            var_x,              /* Varianz des Praediktors xk */
            avg_x,              /* arithm.Mittel des Praediktors xk */
            sd_x,               /* Standardabweichung des Praediktors xk */
            beta,               /* standardisiertes Regressionsgewicht des Praediktors */
            se_praed,           /* Standardfehler des Praediktors */
            t,                  /* Pruefwert fuer t-Verteilung */
            tol,                /* Toleranz des Praediktors zur Multikollinearitaet */
            vif;                /* Variationsinflationsfaktor des Preadiktors zur Multikollinearität */
      matrix
            b,                  /* Ergebnisvektor des Intercepts und der Regressionskoeffizienten */
            X_,                 /* transformierte Matrix */
            X_X,                /* Produkt aus transformierter und urspruenglicher Matrix */
            X_X_inv,            /* Produkt mit invertierter Matrix */
            X_X_invX_,          /* Produkt mit transformierter Matrix */
            y2,                 /* Praediktor als Kriterium zur Berechnung seines Standardfehlers*/
            X2;                 /* Matrix aus 1-Spalte und den uebrigen Praediktoren */

      if (p == 0) fehler(8);    /* Regression mit keinem Praediktor sinnlos */
```

```
        unterregr = unterregr + 1;

        b = init_matrix(p + 1, 1);    /* Ergebnisvektor */

        X_ = transp_matrix(X);
        X_X = multipliziere_matrix(X_, X);
        X_X_inv = invertiere_matrix(X_X);
        X_X_invX_ = multipliziere_matrix(X_X_inv, X_);
        b = multipliziere_matrix(X_X_invX_, y);
        result.b = b;

        /* Bestimmtheitsmass R2 und Teststatistik der
Modellguete berechnen */
        sum_y = 0;
        avg_y = 0;
        for (i = 1; i <= n; i++)
                sum_y = sum_y + y.a[i - 1][0];
        avg_y = sum_y / n;

        sqt = 0;                      /* Quadratsumme total
SQT ermitteln */
        for (i = 1; i <= n; i++)
                sqt = sqt + (y.a[i - 1][0] - avg_y)*(y.a[i
- 1][0] - avg_y);
        result.sqt = sqt;

        sqe = 0;                      /* Quadratsumme
Vorhersagewerte SQE ermitteln */
        for (i = 1; i <= n; i++)
        {
                y_dach = b.a[0][0];   /* Vorhersagewert mit
Intercept initialisieren */
                for (k = 1; k <= p; k++)
                        y_dach = y_dach + b.a[k][0] * X.a[i
- 1][k];
                sqe = sqe + (y_dach - avg_y)*(y_dach -
avg_y);
        }
        result.sqe = sqe;

        sqr = sqt - sqe;              /* Quadratsumme
Restvarianz SQR ermitteln */
        result.sqr = sqr;

        r2 = sqe / sqt;                      /*
Bestimmtheitsmass R2 berechnen */
        result.r2 = r2;

        mqe = sqe / p;                /* mittlere
Quadratsumme MQE erklaerte Varianz */
        result.mqe = mqe;
```

```
        mqr = sqr / (n - p - 1);      /* mittlere
Quadratsumme MQR Residualvarianz */
        result.mqr = mqr;

        f = mqe / mqr;                /* Pruefgroesse fuer
F-Verteilung ermitteln */
        result.f = f;

        se = sqrt(sqr / (n - p - 1)); /* Standardfehler der
Regression ermitteln */
        result.se = se;

        return (result);
}


void process_queue(message_queue Q, int own_id)
/*
prozessiert fuer die CPU bestimmte Messages in der Queue
own_id  : cpu_id des abfragenden Rechners
*/
{
        FILE    *fz;
        int counter,
                i,
                i2,
                i3,
                n2,
                p2,
                k2,
                k3;
        float
                mqr2,
                var_x2,
                se_praed2,
                beta2,
                t2,
                tol2,
                vif2,
                b2;
        matrix
                X2z,
                y2z;
        matrix
                puffer_y[max_m],
                puffer_x[max_m];
        int
                puffer_k3[max_m],
                puffer_n[max_m],
                puffer_p[max_m];
```

```
            float
                    puffer_b2[max_m],
                    puffer_beta2[max_m],
                    puffer_mqr[max_m],
                    puffer_var_x2[max_m];

            regression_ergebnis
                    se_praed_berechnung;

            /* aus Kommunikationsqueue lesen */

            if ((fz = fopen(datei, "r")) == NULL)
            {
                    printf("\nFehler beim Lesen der Queue %s", datei);
            }
            else
            {
            counter = 1;
                    for (i = 0; i <= max_msg - 1; i++)
                    {
                            fscanf(fz, "%d %d %d %d %d %d\n",
            &Q.msg_id[i], &Q.sender[i], &Q.receiver[i],
            &Q.msg_type[i], &Q.msg_status[i], &Q.n);

                            if ((Q.receiver[i] == own_id) &&
            (Q.msg_status[i] == 0))         /* Nachricht fuer CPU
            bestimmt und noch nicht bearbeitet */
                            {
                                    printf("\nMessage Id. %d
            (Typ %d) von CPU %d an Master-CPU %d\n", i,
            Q.msg_type[i], Q.sender[i], Q.receiver[i]);
                                    switch (Q.msg_type[i])
                                    {
                                    case 0: /* Message-Typ 0:
            Anmelden einer CPU im Cluster */
                                            {

            confirm_message(Q, Q.msg_id[i]);

            read_comfile(Q.msg_id[i], Q.msg_type[i]);

                                            }; break;
                                    case 1: /* Message-Typ 1:
            Uebertragung eines Textes */
                                            {

            confirm_message(Q, Q.msg_id[i]);

            read_comfile(Q.msg_id[i], Q.msg_type[i]);
```

```
                        }; break;
                        case 2: /* Message-Typ 2:
Ausfuehrung einer Unterregressionsanalyse */
                        {
                                                    FILE
       *fz2;                          /* Zeiger auf
Datei */
        filename
        comdatei;
                                                    char
        text[80];

        strcpy(comdatei, "MSG_");
                                                    switch
(i)
                                                    {
                                                    case
0: strcpy(comdatei, "MSG_000");  break;
                                                    case
1: strcpy(comdatei, "MSG_001");  break;
                                                    case
2: strcpy(comdatei, "MSG_002");  break;
                                                    case
3: strcpy(comdatei, "MSG_003");  break;
                                                    case
4: strcpy(comdatei, "MSG_004");  break;
                                                    case
5: strcpy(comdatei, "MSG_005");  break;
                                                    case
6: strcpy(comdatei, "MSG_006");  break;
                                                    case
7: strcpy(comdatei, "MSG_007");  break;
                                                    case
8: strcpy(comdatei, "MSG_008");  break;
                                                    case
9: strcpy(comdatei, "MSG_009");  break;
                                                    case
10: strcpy(comdatei, "MSG_010");  break;
                                                    case
11: strcpy(comdatei, "MSG_011");  break;
                                                    case
12: strcpy(comdatei, "MSG_012");  break;
                                                    case
13: strcpy(comdatei, "MSG_013");  break;
```

```
                                                    case
14: strcpy(comdatei, "MSG_014"); break;
                                                    case
15: strcpy(comdatei, "MSG_015"); break;
                                                    case
16: strcpy(comdatei, "MSG_016"); break;
                                                    case
17: strcpy(comdatei, "MSG_017"); break;
                                                    case
18: strcpy(comdatei, "MSG_018"); break;
                                                    case
19: strcpy(comdatei, "MSG_019"); break;
                                                    case
20: strcpy(comdatei, "MSG_020"); break;
                                                    }

        strcat(comdatei, ".DAT");

                                                    if
((fz2 = fopen(comdatei, "r")) == NULL)
                                                    {
        printf("\nFehler beim Lesen der
Kommunikationsdatei %s", comdatei);
                                                    }
                                                    else
                                                    {
        fscanf(fz2, "%d %d\n", &n2, &p2);
                    /* in diese Zeile n und p lesen */

        y2z = init_matrix(n2, 1);

        X2z = init_matrix(n2, p2);

        puffer_y[counter].m = y2z.m;

        puffer_y[counter].n = y2z.n;

        puffer_x[counter].m = X2z.m;

        puffer_x[counter].n = X2z.n;

        puffer_n[counter] = n2;

        puffer_p[counter] = p2;
```

```
            fscanf(fz2, "%d %f %f %f %f", &k3, &mqr2, &var_x2,
&b2, &beta2);

            fscanf(fz2, "\n");


            puffer_k3[counter] = k3;

            puffer_mqr[counter] = mqr2;

            puffer_var_x2[counter] = var_x2;

            puffer_b2[counter] = b2;

            puffer_beta2[counter] = beta2;


            for (i2 = 1; i2 <= n2; i2++)

            {

                    fscanf(fz2, "%f ", &y2z.a[i2 - 1][0]);
                            /* in diese zZeile Wertereihe Y */

                    puffer_y[counter].a[i2 - 1][0] = y2z.a[i2 -
1][0];

            }

            for (k2 = 1; k2 <= p2; k2++)

            {

                    fscanf(fz2, "\n");
                                        /* in die folgenden
Zeilen Wertereihen der Praediktoren */

                    for (i2 = 1; i2 <= n2; i2++)

                    {

                            fscanf(fz2, "%f ", &X2z.a[i2 -
1][k2]);

                            puffer_x[counter].a[i2 - 1][k2] =
X2z.a[i2 - 1][k2];

                    }
```

```
            }

        for (i2 = 1; i2 <= n2; i2++)

        {

                X2z.a[i2 - 1][0] = 1;
                                /* erste Spalte von X mit 1
setzen */

                puffer_x[counter].a[i2 - 1][0] = 1;

        }


        counter = counter + 1;

        confirm_message(Q, Q.msg_id[i]);

                                                                }

        fclose(fz2);

                                }
                                }
                        }

                }
                #pragma omp parallel for private
(se_praed2, t2, tol2, vif2)
                for (i3 = 1; i3 < counter; i3++)
                {
                        se_praed_berechnung =
unterregressionsanalyse(puffer_y[i3], puffer_x[i3],
puffer_n[i3], puffer_p[i3]);

                        se_praed2 = sqrt(1 / (1 -
se_praed_berechnung.r2)) * sqrt(puffer_mqr[i3] /
(puffer_n[i3] * puffer_var_x2[i3]));
                        t2 = puffer_b2[i3] / se_praed2;
                        tol2 = 1 - se_praed_berechnung.r2;
```

```
                        vif2 = 1 / (tol2);
                        printf("\n (cpu %d core %d) X%d %f
%f %f %f %f %f", cpu_id, omp_get_thread_num(),
puffer_k3[i3], puffer_b2[i3], se_praed2,
puffer_beta2[i3], t2, tol2, vif2);
                }

                fclose(fz);
        }
}

int cluster_anmeldung(void)
{
        char
                abfrage;

        printf("Eigene CPU-Id                   : ");
        scanf("%d", &cpu_id);
        printf("Master CPU-Id                   : ");
        scanf("%d", &master_id);
        /*
        printf("Dateiname Message-Queue    : ");
        scanf("%s", &datei);
        */
        strcpy(datei, "queue.msg");

        printf("\nQueue initialisieren (j/n) : ");
        abfrage = getch();

        if (abfrage == 'j')
                Q = init_queue();

        nachricht_id = send_message(Q, cpu_id, master_id,
0);            /* CPU am Cluster anmelden */
        create_comfile(nachricht_id, 0);
        return (1);

        /* am Cluster angemeldet */
}

void cluster_auftrag(void)
{
        if (cluster_status == 1)
        {
                printf("\nMessage senden an CPU : ");
                scanf("%d", &ziel);
                printf("\nMessage Type             : ");
                scanf("%d", &msg_type);
```

```
                nachricht_id = send_message(Q, cpu_id, ziel, msg_type);
                create_comfile(nachricht_id, msg_type);
        }
        else printf("\nDieser Rechner wurde noch nicht am Cluster angemeldet.");
}

void cluster_slave()
{
        if (cluster_status == 1)
        {
                do
                {
                        process_queue(Q, cpu_id);
                } while (msg_type != 99);
        }
        else printf("\nDieser Rechner wurde noch nicht am Cluster angemeldet.");
}

void cluster_admin(void)

{

int     auswahl;

time_t  beginn,
        ende;

do
{


        printf("\n_____");
        printf("\n              Kommunikationsprotokoll V1.3 (C)2015 Thomas Kaul");
        printf("\n                        Cluster Computing");
        if (cluster_status == 1)
                printf("\n CPU-Id: %d", cpu_id);
        else
                printf("\n                        CPU noch nicht angemeldet");
        printf("\n_____\n");
```

```
        printf("\n1 ........... am Rechnercluster anmelden");
        printf("\n2 ........... Auftrag an Cluster erteilen");
        printf("\n3 ........... Auftraege aus dem Cluster abfragen und prozessieren");
        printf("\n4 ........... Slave-Modus, Auftraege aus dem Cluster automat.prozessieren");
        printf("\n5 ........... Menue verlassen");
        printf("\n_____\n");

        scanf("%d", &auswahl);

        switch (auswahl)
        {
        case 1:
        {
                        cluster_status = cluster_anmeldung();
        }; break;
        case 2:
        {
                        cluster_auftrag();
        }; break;
        case 3:
        {
                        if (cluster_status == 1)
                        {
                                time(&beginn);
                                process_queue(Q, cpu_id);
                                time(&ende);
                                printf("\nLaufzeit in Sekunden: %d", ende - beginn);
                        }
                        else
                                printf("\nDieser Rechner wurde noch nicht am Cluster angemeldet.");
        }; break;
        case 4:
        {
                        cluster_slave();
        }; break;
        };

} while (auswahl != 5);

}

/* Ende Deklarationen fuer Cluster Computing */
```

```
regression_ergebnis regressionsanalyse(matrix y, matrix
X, int n, int p)
/* fuehrt eine Regressionsanalyse durch,
   y Kriteriumsvektor, erste Spalte von X mit Einsen,
zweite bis k+1-te Spalte Preaediktoren
   n = Stichprobengroesse
   p = Anzahl der Praediktoren

   Datenstruktur Ergebnis
   sqe,sqr,sqt,mqe,mqr,f,se,r2,b (Ergebnisvektor)

*/
{
       regression_ergebnis
               result,                  /* Ergebnis der
Regressionsanalyse */
               se_praed_berechnung;  /* Regressionsanalyse
zur Berechnung des Standardfehlers der Praediktoren */

       int
               i,                       /* Zeilenindex */
               j,                       /* Spaltenindex */
               k,                       /* Spaltenindex */
               i2,
               k2,
               assign_cpu[max_m];     /* fuer manuelle
Lastverteilung */
       float
               sum_y,                   /* Summe des
Kriteriums */
               avg_y,                   /* arithm. Mittel
Kriterium */
               var_y,                   /* Varianz des
Kriteriums */
               sd_y,                    /* Standardabweichung
des Kriteriums */
               y_dach,                  /* aus
Regressionsgleichung vorhergesagter Wert des Kriteriums
*/
               sqt,                     /* Quadratsumme
Gesamtvarianz */
               sqe,                     /* Quadratsumme
erklaerte Varianz */
               sqr,                     /* Quadratsumme
Residualvarianz */
               r2,                      /* Bestimmtheitsmass
R-Quadrat */
               mqe,                     /* mittlere
Quadratsumme erklaerte Varianz */
               mqr,                     /* mittlere
Quadratsumme Residualvarianz */
```

```
                    f,              /* Pruefstatistik zur
F-Verteilung */
                    se,             /* Standardfehler der
Regression */
                    sum_x,          /* Summe des
Praediktors xk*/
                    var_x,          /* Varianz des
Praediktors xk */
                    avg_x,          /* arithm.Mittel des
Praediktors xk */
                    sd_x,           /* Standardabweichung
des Praediktors xk */
                    beta,           /* standardisiertes
Regressionsgewicht des Praediktors */
                    se_praed,       /* Standardfehler des
Praediktors */
                    t,              /* Pruefwert fuer t-
Verteilung */
                    tol,            /* Toleranz des
Praediktors zur Multikollinearitaet */
                    vif;            /*
Variationsinflationsfaktor des Preadiktors zur
Multikollinearität */
        matrix
                    b,              /* Ergebnisvektor des
Intercepts und der Regressionskoeffizienten */
                    X_,             /* transformierte
Matrix */
                    X_X,            /* Produkt aus
transformierter und urspruenglicher Matrix */
                    X_X_inv,        /* Produkt mit
invertierter Matrix */
                    X_X_invX_,      /* Produkt mit
transformierter Matrix */
                    y2,             /* Praediktor als
Kriterium zur Berechnung seines Standardfehlers*/
                    X2;             /* Matrix aus 1-
Spalte und den uebrigen Praediktoren */

        if (p == 0) fehler(8);      /* Regression mit
keinem Praediktor sinnlos */

        /* manuelle Lastverteilung, Zuordnung der
durchzufuehrenden Unterregression auf die CPU's */

        printf("\nFestlegung der Lastverteilung, es sind
%d Unterregressionen zu berechnen\n", p);
        for (i = 1; i <= p; i++)
        {
                    printf("%d. Unterregression auf welcher
CPU-Id :", i);
```

```c
                scanf("%d", &assign_cpu[i]);
        }

        /* Ende der Festlegungen zur manuellen
Lastverteilung */

        hauptregr = hauptregr + 1;

        b = init_matrix(p + 1, 1);    /* Ergebnisvektor */

        X_ = transp_matrix(X);
        X_X = multipliziere_matrix(X_, X);
        X_X_inv = invertiere_matrix(X_X);
        X_X_invX_ = multipliziere_matrix(X_X_inv, X_);
        b = multipliziere_matrix(X_X_invX_, y);
        result.b = b;

                                        /* Bestimmtheitsmass
R2 und Teststatistik der Modellguete berechnen */
        sum_y = 0;
        avg_y = 0;
        for (i = 1; i <= n; i++)
                sum_y = sum_y + y.a[i - 1][0];
        avg_y = sum_y / n;

        sqt = 0;                /* Quadratsumme total
SQT ermitteln */
        for (i = 1; i <= n; i++)
                sqt = sqt + (y.a[i - 1][0] - avg_y)*(y.a[i
- 1][0] - avg_y);
        result.sqt = sqt;

        sqe = 0;                /* Quadratsumme
Vorhersagewerte SQE ermitteln */
        for (i = 1; i <= n; i++)
        {
                y_dach = b.a[0][0];  /* Vorhersagewert mit
Intercept initialisieren */
                for (k = 1; k <= p; k++)
                        y_dach = y_dach + b.a[k][0] * X.a[i
- 1][k];
                sqe = sqe + (y_dach - avg_y)*(y_dach -
avg_y);
        }
        result.sqe = sqe;

        sqr = sqt - sqe;                /* Quadratsumme
Restvarianz SQR ermitteln */
        result.sqr = sqr;
```

```
        r2 = sqe / sqt;                   /* Bestimmtheitsmass R2 berechnen */
        result.r2 = r2;

        mqe = sqe / p;                    /* mittlere Quadratsumme MQE erklaerte Varianz */
        result.mqe = mqe;

        mqr = sqr / (n - p - 1);          /* mittlere Quadratsumme MQR Residualvarianz */
        result.mqr = mqr;

        f = mqe / mqr;                    /* Pruefgroesse fuer F-Verteilung ermitteln */
        result.f = f;

        se = sqrt(sqr / (n - p - 1));     /* Standardfehler der Regression ermitteln */
        result.se = se;

        printf("\n_____");
        printf("\n***           Multiple Regressionsanalyse V4.0 (C)2014 Thomas Kaul    ***");
        printf("\n***                                    Cluster-Processing            ***");
        printf("\n***                  Ergebnis                                        ***");
        printf("\n_____");
        printf("\nStichprobengroesse  (n) = %i  Anzahl Praediktoren (k) = %i", n, p);
        printf("\n_____");
        printf("\nBestimmtheitsmass  (R2) = %f  Standardfehler SE = %f ", r2, se);
        printf("\n_____");
        printf("\nErklaerte Streuung (SQE)= %f (df)= %4d (MQE)= %f F= %f", sqe, p, mqe, f);
        printf("\nReststreuung       (SQR)= %f (df)= %4d (MQR)= %f ", sqr, n - p - 1, mqr);
        printf("\nGesamtstreuung     (SQT)= %f (df)= %4d ", sqt, n - 1);
        printf("\nsignif. R2 wenn F > F(%d,%d)", p, n - p - 1);
        printf("\n_____");
```

```
        printf("\n              unstand.B     SE
beta    t     TOL     VIF");
        printf("\n   Konstante     %+8.3f", b.a[0][0]);


                             /* Standardabweichung
von y ermitteln */
        var_y = 0;
        for (i = 1; i <= n; i++)
                var_y = var_y + (y.a[i - 1][0] -
avg_y)*(y.a[i - 1][0] - avg_y);
        var_y = var_y / n;
        sd_y = sqrt(var_y);


        for (k = 1; k <= p; k++)
        {
                             /* Mittelwert des
Praediktors berechnen */
                sum_x = 0;
                for (i = 1; i <= n; i++)
                        sum_x = sum_x + X.a[i - 1][k];
                avg_x = sum_x / n;

                             /* Varianz und
Standardabweichung des Praediktors berechnen */
                var_x = 0;
                for (i = 1; i <= n; i++)
                        var_x = var_x + (X.a[i - 1][k] -
avg_x)*(X.a[i - 1][k] - avg_x);
                var_x = var_x / n;
                if (var_x < 0.001) var_x = 0;
                sd_x = sqrt(var_x);


                             /* standard.
Regressionskoeffizient beta berechnen */

                beta = b.a[k][0] * (sd_x / sd_y);

                             /* Standardfehler des
Praediktors berechnen */

                y2 = init_matrix(n, 1);      /*
Regressionsmodell Praediktor durch uebrige Praediktoren
vorhersagen */
                X2 = init_matrix(n, p);      /* X2 hat
eine Spalte weniger als X */

                for (i = 1; i <= n; i++)     /* y2 =
Praediktor setzen */
```

```
                        y2.a[i - 1][0] = X.a[i - 1][k];
                                    /* X2 aus den
uebrigen Praediktoren aufbauen */

                        for (i = 1; i <= n; i++)       /* erste
Spalte mit Einsen fuellen */
                            X2.a[i - 1][0] = 1;

                        for (j = 1; j < k; j++)                /*
Spalten links vom betreffenden Praediktor uebertragen */
                            for (i = 1; i <= n; i++)
                                X2.a[i - 1][j] = X.a[i -
1][j];

                        for (j = k + 1; j <= p; j++)  /*
Spalten rechts vom betreffenden Praediktor uebertragen */
                            for (i = 1; i <= n; i++)
                                X2.a[i - 1][j-1] =
X.a[i - 1][j];

                        /*
            if (p > 1)
                se_praed_berechnung =
unterregressionsanalyse(y2, X2, n, p - 1);
                        */

            if (p > 1)              /* Kommunikationsfile
fuer Unterregressionsanalysen */
            {
                    FILE
                            *fz2;
            /* Zeiger auf Datei */
                    filename
                            comdatei;
                    char
                            text[255];


                    strcpy(comdatei, "MSG_");

                    nachricht_id = send_message(Q,
cpu_id, assign_cpu[k], 2);              /*
Unterregressionen auf festgelegten CPU's ausfuehren
lassen */

                    switch (nachricht_id)
                    {
                    case 0: strcpy(comdatei,
"MSG_000"); break;
```

```c
                    case 1: strcpy(comdatei, "MSG_001"); break;
                    case 2: strcpy(comdatei, "MSG_002"); break;
                    case 3: strcpy(comdatei, "MSG_003"); break;
                    case 4: strcpy(comdatei, "MSG_004"); break;
                    case 5: strcpy(comdatei, "MSG_005"); break;
                    case 6: strcpy(comdatei, "MSG_006"); break;
                    case 7: strcpy(comdatei, "MSG_007"); break;
                    case 8: strcpy(comdatei, "MSG_008"); break;
                    case 9: strcpy(comdatei, "MSG_009"); break;
                    case 10: strcpy(comdatei, "MSG_010"); break;
                    case 11: strcpy(comdatei, "MSG_011"); break;
                    case 12: strcpy(comdatei, "MSG_012"); break;
                    case 13: strcpy(comdatei, "MSG_013"); break;
                    case 14: strcpy(comdatei, "MSG_014"); break;
                    case 15: strcpy(comdatei, "MSG_015"); break;
                    case 16: strcpy(comdatei, "MSG_016"); break;
                    case 17: strcpy(comdatei, "MSG_017"); break;
                    case 18: strcpy(comdatei, "MSG_018"); break;
                    case 19: strcpy(comdatei, "MSG_019"); break;
                    case 20: strcpy(comdatei, "MSG_020"); break;
                    }

                    strcat(comdatei, ".DAT");

                    if ((fz2 = fopen(comdatei, "w")) == NULL)
                    {
                            printf("\nFehler beim Schreiben in die Kommunikationsdatei %s", comdatei);
                    }
                    else
```

```
                    {
                            if (laufzeitanalyse == 1)
                            {
                                    mqr = 0;
                                    var_x = 0;
                                    b.a[k][0] = 0;
                                    beta = 0;
                            }

                            fprintf(fz2, "%d %d\n", n,
p-1);                               /* in diese Zeile n
und p-1 schreiben */
                            fprintf(fz2, "%d %f %f %f
%f", k, mqr, var_x, b.a[k][0], beta);
                            fprintf(fz2, "\n");
                            for (i2 = 1; i2 <= n; i2++)
                            {
                                    fprintf(fz2, "%f ",
y2.a[i2 - 1][0]);                   /* in diese zZeile
Wertereihe Y */
                            }
                            for (k2 = 1; k2 <= p-1;
k2++)
                            {
                                    fprintf(fz2, "\n");
                                            /* in
die folgenden Zeilen Wertereihen der Praediktoren */
                                    for (i2 = 1; i2 <= n;
i2++)
                                            fprintf(fz2,
"%f ", X2.a[i2 - 1][k2]);
                            }

                    }
                    fclose(fz2);


            }

    }
    printf("\n_____
_____");
        printf("\nDie ermittelte Regressionsgleichung
lautet:");
        printf("\nY = %f ", b.a[0][0]);
```

```
        for (k = 1; k <= p; k++)
            printf(" + (%f)X%d ", b.a[k][0], k);
        printf("\n_____
_____");

        return (result);
}

main()
{

        time_t startzeit, endzeit;    /* fuer Laufzeitdiagnose */

        int auswahl;                  /* Menue-Steuerung des Programmablaufs */
        int daten_vorh;               /* Flag ob Daten vorhanden sind */
        char dateiname[20];           /* Dateiname */
        int n;                        /* Stichprobengroesse */
        int p;                        /* Anzahl Praediktoren */
        int i,                        /* Zeilenindex */
            k;
        /* Spaltenindex */
        float
            messwert;                 /* Messwert */
        matrix
            y,
        /* Kriteriumsvektor */
            X;
        /* Matrix aus 1-Spalte und Praediktorenspalten */
        regression_ergebnis           /* Ergebnisse der Regressionsanalyse */
            analyse;


        daten_vorh = 0;               /* noch keine Daten erfasst oder eingelesen */
        cluster_status = 0;           /* noch nicht am Rechnercluster angemeldet */
        laufzeitanalyse = 0;          /* Modus fuer Laufzeitanalyse */

        do
        {
```

```
            ops = 0;
            ops2 = 0;
            hauptregr = 0;
            unterregr = 0;


     printf("\n_____");
            printf("\n***           Multiple Regressionsanalyse V4.0 (C)2014 Thomas Kaul ***");
            printf("\n***                   Cluster-Processing                         ***");
     printf("\n_____");
            printf("\n\n");
            printf(" 0 .......... Funktionen zum Cluster-Computing\n");
            printf(" 1 .......... manuelle Dateneingabe\n");
            printf(" 2 .......... Datei einlesen\n");
            printf(" 3 .......... Datei speichern\n");
            printf(" 4 .......... Daten anzeigen\n");
            printf(" 5 .......... Regressionsanalyse starten\n");
            printf(" 6 .......... Generieren von Zufallsdaten (Laufzeitsimulation aktivieren)\n");
            printf(" 99.......... Programm beenden\n");
     printf("\n_____");
            printf("\n Auswahl: ");
            scanf("%d", &auswahl);

            switch (auswahl)
            {
            case 0:
            {
                        cluster_admin();
            }; break;
            case 1:     /* manuelle Dateneingabe */
            {
printf("\n\nStichprobengroesse     N= ");
                        scanf("%d", &n);
                        if (n < 1) fehler(0);
                        if (n > max_n) fehler(1);
                        printf("\nAnzahl der Praediktoren p= ");
```

```c
                              scanf("%d", &p);
                              if (p < 1) fehler(3);
                              if (p >(max_m - 1)) fehler(2);

                              y = init_matrix(n, 1);
                              X = init_matrix(n, p + 1);

                              printf("\nEingabe der Wertereihe der Kriteriumsvariable Y:");
                              for (i = 1; i <= n; i++)
                              {
                                     printf("\n%d.Wert : ", i);
                                     scanf("%f", &messwert);
                                     y.a[i - 1][0] = messwert;
                              };

                              for (i = 1; i <= n; i++)
                                     X.a[i - 1][0] = 1;

                              for (k = 1; k <= p; k++)
                              {
                                     printf("\nEingabe der Wertereihe zum Praediktor X%d:", k);
                                     for (i = 1; i <= n; i++)
                                     {
                                            printf("\n%d.Wert : ", i);
                                            scanf("%f", &messwert);
                                            X.a[i - 1][k] = messwert;
                                     }
                              }
                              daten_vorh = 1;
                              laufzeitanalyse = 0;
              }; break;

              case 2:   /* Datei einlesen */
              {
                     printf("\nDateiname :");
                     scanf("%s", &dateiname);
```

```
                        if ((fz = fopen(dateiname, "r")) == NULL)
                            {
                                printf("\nFehler beim Lesen der Datei %s", dateiname);
                            }
                        else
                            {
                                fscanf(fz, "%d %d\n", &n, &p);    /* n und p aus erster Zeile lesen */

                                if (p < 1) fehler(3);
                                if (p >(max_m - 1)) fehler(2);

                                y = init_matrix(n, 1);
                                X = init_matrix(n, p + 1);

                                for (i = 1; i <= n; i++)
                                    fscanf(fz, "%f ", &y.a[i - 1][0]);    /* Wertereihe Kriterium Y aus zweiter Zeile lesen */

                                for (k = 1; k <= p; k++)
                                for (i = 1; i <= n; i++)
                                    {
                                        fscanf(fz, "%f ", &X.a[i - 1][k]);    /* Wertereihen Praediktoren aus Folgezeilen lesen */
                                        X.a[i - 1][0] = 1;                    /* und erste Spalte X auf 1 setzen */
                                    }
                                fclose(fz);
                                daten_vorh = 1;
                                laufzeitanalyse = 0;
                            };

                    }; break;

                case 3:    /* Datei speichern */
                    {
                        if (daten_vorh == 1)
                            {
                                printf("\nDateiname :");
                                scanf("%s", &dateiname);
```

```c
                                            if ((fz = fopen(dateiname, "w")) == NULL)
                                            {
printf("\nFehler beim Schreiben in die Datei %s", dateiname);
                                            }
                                            else
                                            {
fprintf(fz,"%d %d\n", n, p);   /* in die erste Zeile n und p schreiben */
                                            for (i = 1; i <= n; i++)
        fprintf(fz,"%f ", y.a[i - 1][0]);
      /* in die zweite Zeile Wertereihe Y */
                                            for (k = 1; k <= p; k++)
                                            {
         fprintf(fz,"\n");
                  /* in die folgenden Zeilen Wertereihen der Praediktoren */
         for (i = 1; i <= n; i++)
             fprintf(fz,"%f ", X.a[i - 1][k]);
                                            }
fclose(fz);
printf("\nDaten in Datei %s erfolgreich gespeichert.", dateiname);
                                            }
                                            }
                                            else printf("\nNoch keine Daten erfasst oder eingelesen!\n");
            }; break;
            case 4:   /* Daten anzeigen */
            {
                                            if (daten_vorh == 1)
                                            {
printf("\nStichprobengroesse  N = %d , Anzahl Praediktoren p = %d", n, p);
```

```
                printf("\nWertereihe Kriterium (Y):\n");
                                                        for (i = 1; i <= n; i++)
                        printf("%f ", y.a[i - 1][0]);
                                                        for (k = 1; k <= p; k++)
                                                        {
                printf("\nWertereihe Praediktor (X%d):\n", k);
                                                                for (i = 1; i <= n; i++)
                        printf("%f ",X.a[i - 1][k]);
                                                        }
                                                }
                                                else printf("\nNoch keine Daten erfasst oder eingelesen!\n");
                        }; break;

                    case 5:    /* Regressionanalyse starten */
                        {
                                        if ((daten_vorh == 1) && (cluster_status == 1))
                                                {
                time(&startzeit);
                                                analyse = regressionsanalyse(y, X, n, p);
                time(&endzeit);
                                                        if (laufzeitanalyse == 1)
                                                                {
                printf("\nAnzahl Regressionsanalysen:            %f", hauptregr);
                printf("\nAnzahl Unterregressionsanalysen:       %f", unterregr);
                printf("\nAnzahl invertierter Matrizen:          %f", ops);
                printf("\nAnzahl Determinantenberechnungen: %f", ops2);
```

```
            printf("\nLaufzeit in Sekunden: %d \n", endzeit -
startzeit);
                                            }
                                          }
                                          else
                                          {
                                              if
(daten_vorh != 1) printf("\nNoch keine Daten erfasst oder
eingelesen!\n");
                                              if
(cluster_status != 1) printf("\nNoch nicht am Cluster
angemeldet!\n");
                                          };
                  }; break;

                   case 6:   /* Generieren von Zufallsdaten */
                   {

printf("\n\nStichprobengroesse    N= ");
                                          scanf("%d", &n);
                                          if (n < 1) fehler(0);
                                          if (n > max_n) fehler(1);
                                          printf("\nAnzahl der
Praediktoren p= ");
                                          scanf("%d", &p);
                                          if (p < 1) fehler(3);
                                          if (p >(max_m - 1))
fehler(2);


                                          y = init_matrix(n, 1);
                                          X = init_matrix(n, p + 1);

                                          srand(1);

                                          /* Kriteriumswerte
zufaellig fuellen */
                                          for (i = 1; i <= n; i++)
                                                 y.a[i - 1][0] =
rand();

                                          for (i = 1; i <= n; i++)
        /* erste Spalte von X mit Einsen fuellen */
                                                 X.a[i - 1][0] = 1;

                                          for (k = 1; k <= p; k++)
        /* Praediktoren zufaellig fuellen */
```

```
                            for (i = 1; i <= n; i++)
                                X.a[i - 1][k] =
rand();

                            daten_vorh = 1;
                            laufzeitanalyse = 1;



                  }; break;

                  case 99:      /* Programm beenden */
                  {
printf("\nProgramm beendet.");
                  }; break;

                  default: printf("\nProgrammoption nicht
vorhanden.\n"); break;

                  }
         } while (auswahl != 99);

}
```

A-11: Quellcode optimiertes Cluster Computing

```
/* Programm zur multiplen linearen Regressionsanalyse
Version 4.4 Cluster-Computing Autor: Thomas Kaul */

/*
Releasenotes

v1.2 (2014.11.01) Codeoptimierungen, Berechnung der
Standardfehler und Teststatistiken der
Regressionskoeffizienten
v1.3 (2014.11.02) Indikatoren fuer Multikollinearitaet,
Toleranz (TOL) und Varianz-Inflations-Faktor (VIF)
v1.4 (2014.11.08) Integration Zufallszahlengenerator zur
Laufzeitdiagnose von komplexen Regressionsanalysen
v1.5 (2014.11.09) Ausgabe der Anzahl der
Matrizeninversionen zur Laufzeitdiagnose
v1.6 (2014.11.10) Erweiterung der Laufzeitdiagnose,
verfeinerte Abbildung Matrizeninversionen und
Determinantenoperationen
v1.7 (2014.11.11) Aenderung Datentypen fuer
Laufzeitdiagnose zur Darstellung sehr grosser Zahlen
v1.8 (2014.11.19) Abfrage zur Beendigung des Programms
v1.9 (2014.12.01) Performance-Optimierung
Determinantenberechnung
v1.9b(2014.12.02) Mehrkern-Prozessor-Verarbeitung
v2.0 (2014.12.08) Weitere Performance-Optimierung
Determinantenberechnung
v2.1 (2014.12.15) Fehlerbehebung Berechnung Betas in
Parallelverarbeitung
v2.2 (2014.12.20) Optimierung Anzeige und Fehlerbhebung
Determinantenberechnung ab p>3, Bug in
Performanceoptimierung entfernt
v2.4 (2014.12.22) Determinanten-Berechnung optimiert.
v2.5 (2014.12.28) Performance Unterregressionsanalysen
optimiert.
v3.0 (2014.12.31) Dateiverwaltung integriert
v4.0 (2015.01.03) Cluster-Computing integriert, parallele
Verarbeitung auf mehreren Rechnern
v4.1 (2015.01.04) Laufzeitanalyse fuer Cluster
Auftragsbearbeitung und manuelle Lastverteilung
integriert
v4.2 (2015.01.18) weitere Parallelisierung der
Hauptregressionsanalyse: Matrizeninversion, Bugfix t-Wert
Berechnung
v4.3 (2015.01.24) Erweiterung bis 30 Praediktoren

*/
#include <stdio.h>
```

```c
#include <omp.h>
#include <math.h>
#include <stdlib.h>
#include <time.h>
#include <conio.h>
#include <string.h>

/* Deklarationen fuer Cluster Computing */

/* Dokumentation der definierten Messagetypes */
/*

Message Type          Beschreibung
------------          ------------
0                              Meldet Sender-CPU bei
Empfaenger-CPU (i.d.R. Master-CPU) an
1                              Sender-CPU veranlasst
Ausgabe eines Strings bei Empfaenger-CPU
2                              Sender-CPU veranlasst
Berechnung von x Unterregressionsanalysen durch
Empfaenger-CPU
99                             Sender-CPU veranlasst
Beendigung Slave-Mode bei Empfaenger-CPU

*/

#define max_n 25                /* max. Stichprobengroesse */
#define max_m 31                /* max. Anzahl Praediktoren + Kriterium */

long double ops;                /* globale Variable: Anzahl Matrixinversionen zur Laufzeitdiagnose */
long double ops2;               /* globale Variable: Anzahl Determinantenberechnungen zur Laufzeitdiagnose */
long double hauptregr;          /* globale Variable: Anzahl Regressionsanalysen */
long double unterregr;          /* globale Variable: Anzahl Unterregressionsanalysen */

FILE      *fz;                  /* Dateizeiger */


#define max_msg 30              /* maximale Anzahl Messages */

typedef char filename[20];      /* Datentyp fuer Dateinamen */

filename
datei;
```

```c
typedef struct message              /* Datenstruktur fuer Nachrichten */
{
        int msg_id[max_msg];        /* eindeutige Id einer Nachricht */
        int sender[max_msg];        /* CPU-ID des sendenden Rechners */
        int receiver[max_msg];      /* CPU-ID des empfangenden Rechners */
        int msg_type[max_msg];      /* eindeutiger Identifier Nachrichtentyp */
        int msg_status[max_msg];    /* 0 = vom Empfaenger unbearbeitet, 1 = vom Empfaenger bearbeitet */
        int n;                      /* Gesamte Anzahl von aufgetretenen Nachrichten */
} message_queue;

/* globale Variablen */

message_queue Q;

int cluster_status,
laufzeitanalyse,
cpu_id,
master_id,
ziel,
msg_type,
nachricht_id;

message_queue init_queue(void)
/* initialisiert eine neue Message Queue */
{
        FILE    *fz;
        message_queue Q;
        int i;

        Q.n = 0;

        for (i = 0; i <= max_msg - 1; i++)
        {
                Q.msg_id[i] = -1;
                Q.sender[i] = -1;
                Q.receiver[i] = -1;
                Q.msg_type[i] = -1;
                Q.msg_status[i] = -1;
                Q.n = 0;
        }
```

```c
        /* in Datei schreiben */

        if ((fz = fopen(datei, "w")) == NULL)
        {
                printf("\nFehler beim Schreiben in die Queue %s", datei);
        }
        else
        {
                for (i = 0; i <= max_msg - 1; i++)
        /* i ist die Message id */
                        fprintf(fz, "%d %d %d %d %d %d\n",
i, Q.sender[i], Q.receiver[i], Q.msg_type[i],
Q.msg_status[i], Q.n);

                fclose(fz);
        }

        return (Q);
}


message_queue read_queue()
/* liest akuelle Message Queue ein */
{
        FILE    *fz;
        message_queue Q;
        int i;

        Q.n = 0;

        if ((fz = fopen(datei, "r")) == NULL)
        {
                printf("\nFehler beim Lesen der Queue %s", datei);
        }
        else
        {
                for (i = 0; i <= max_msg - 1; i++)
                {
                        fscanf(fz, "%d %d %d %d %d %d\n",
&Q.msg_id[i], &Q.sender[i], &Q.receiver[i],
&Q.msg_type[i], &Q.msg_status[i], &Q.n);
                }
                fclose(fz);
        }
        return (Q);
}
```

```c
int send_message(message_queue Q, int sender, int receiver, int msg_type)
/*
nimmt eine Message entgegen und traegt diese in die Message Queue ein
sender  : cpu_id des sendenden Rechner
receiver: cpu_id des Zielrechners
msg_type: Nachrichtentyp
liefert Id der eingetragenen Message zurueck
*/
{
        FILE    *fz;                                    /* Zeiger auf Message Queue */

        int             i;

        Q = read_queue();

        Q.n = Q.n + 1;
        Q.sender[Q.n - 1] = sender;
        Q.receiver[Q.n - 1] = receiver;
        Q.msg_type[Q.n - 1] = msg_type;
        Q.msg_status[Q.n - 1] = 0;
        /* Message noch nicht bearbeitet */


        /* in Kommunikationsqueue schreiben */

        if ((fz = fopen(datei, "w")) == NULL)
        {
                printf("\nFehler beim Schreiben in die Queue %s", datei);
        }
        else
        {
                for (i = 0; i <= max_msg - 1; i++)
        /* i ist die Message id */
                        fprintf(fz, "%d %d %d %d %d %d\n", i, Q.sender[i], Q.receiver[i], Q.msg_type[i], Q.msg_status[i], Q.n);

                fclose(fz);
        }

        return (Q.msg_id[Q.n - 1]);
}

void create_comfile(int msg_id, int msg_type)
/*
```

```c
        erzeugt Kommunikationsdatei mit eindeutigem Namen
*/
{
        FILE
                *fz2;                                           /* Zeiger auf Datei */
        filename
                comdatei;
        char
                text[255];

        strcpy(comdatei, "MSG_");

        switch (msg_id)
        {
        case  0: strcpy(comdatei, "MSG_000");  break;
        case  1: strcpy(comdatei, "MSG_001");  break;
        case  2: strcpy(comdatei, "MSG_002");  break;
        case  3: strcpy(comdatei, "MSG_003");  break;
        case  4: strcpy(comdatei, "MSG_004");  break;
        case  5: strcpy(comdatei, "MSG_005");  break;
        case  6: strcpy(comdatei, "MSG_006");  break;
        case  7: strcpy(comdatei, "MSG_007");  break;
        case  8: strcpy(comdatei, "MSG_008");  break;
        case  9: strcpy(comdatei, "MSG_009");  break;
        case 10: strcpy(comdatei, "MSG_010");  break;
        case 11: strcpy(comdatei, "MSG_011");  break;
        case 12: strcpy(comdatei, "MSG_012");  break;
        case 13: strcpy(comdatei, "MSG_013");  break;
        case 14: strcpy(comdatei, "MSG_014");  break;
        case 15: strcpy(comdatei, "MSG_015");  break;
        case 16: strcpy(comdatei, "MSG_016");  break;
        case 17: strcpy(comdatei, "MSG_017");  break;
        case 18: strcpy(comdatei, "MSG_018");  break;
        case 19: strcpy(comdatei, "MSG_019");  break;
        case 20: strcpy(comdatei, "MSG_020");  break;
        case 21: strcpy(comdatei, "MSG_021");  break;
        case 22: strcpy(comdatei, "MSG_022");  break;
        case 23: strcpy(comdatei, "MSG_023");  break;
        case 24: strcpy(comdatei, "MSG_024");  break;
        case 25: strcpy(comdatei, "MSG_025");  break;
        case 26: strcpy(comdatei, "MSG_026");  break;
        case 27: strcpy(comdatei, "MSG_027");  break;
        case 28: strcpy(comdatei, "MSG_028");  break;
        case 29: strcpy(comdatei, "MSG_029");  break;
        case 30: strcpy(comdatei, "MSG_030");  break;
        }

        strcat(comdatei, ".DAT");
```

```
        if ((fz2 = fopen(comdatei, "w")) == NULL)
        {
                printf("\nFehler beim Schreiben in die Kommunikationsdatei %s", comdatei);
        }
        else
        {
                switch (msg_type)
                {
                case 0:
                {
                                fprintf(fz2, "CPU_wurde_am_Cluster_angemeldet.");
                }; break;
                case 1:
                {
                                printf("zu uebermittelnder Text: ");
                                scanf("%s", &text);
                                fprintf(fz2, text);
                }; break;
                }
        }
        fclose(fz2);
}


void read_comfile(int msg_id, int msg_type)
/*
erzeugt Kommunikationsdatei mit eindeutigem Namen
*/
{

        FILE
                *fz2;                                              /* Zeiger auf Datei */
        filename
                comdatei;
        char
                text[80];

        strcpy(comdatei, "MSG_");

        switch (msg_id)
        {
        case 0: strcpy(comdatei, "MSG_000");  break;
        case 1: strcpy(comdatei, "MSG_001");  break;
        case 2: strcpy(comdatei, "MSG_002");  break;
        case 3: strcpy(comdatei, "MSG_003");  break;
```

```c
        case 4: strcpy(comdatei, "MSG_004"); break;
        case 5: strcpy(comdatei, "MSG_005"); break;
        case 6: strcpy(comdatei, "MSG_006"); break;
        case 7: strcpy(comdatei, "MSG_007"); break;
        case 8: strcpy(comdatei, "MSG_008"); break;
        case 9: strcpy(comdatei, "MSG_009"); break;
        case 10: strcpy(comdatei, "MSG_010"); break;
        case 11: strcpy(comdatei, "MSG_011"); break;
        case 12: strcpy(comdatei, "MSG_012"); break;
        case 13: strcpy(comdatei, "MSG_013"); break;
        case 14: strcpy(comdatei, "MSG_014"); break;
        case 15: strcpy(comdatei, "MSG_015"); break;
        case 16: strcpy(comdatei, "MSG_016"); break;
        case 17: strcpy(comdatei, "MSG_017"); break;
        case 18: strcpy(comdatei, "MSG_018"); break;
        case 19: strcpy(comdatei, "MSG_019"); break;
        case 20: strcpy(comdatei, "MSG_020"); break;
        case 21: strcpy(comdatei, "MSG_021"); break;
        case 22: strcpy(comdatei, "MSG_022"); break;
        case 23: strcpy(comdatei, "MSG_023"); break;
        case 24: strcpy(comdatei, "MSG_024"); break;
        case 25: strcpy(comdatei, "MSG_025"); break;
        case 26: strcpy(comdatei, "MSG_026"); break;
        case 27: strcpy(comdatei, "MSG_027"); break;
        case 28: strcpy(comdatei, "MSG_028"); break;
        case 29: strcpy(comdatei, "MSG_029"); break;
        case 30: strcpy(comdatei, "MSG_030"); break;
        }

        strcat(comdatei, ".DAT");

        if ((fz2 = fopen(comdatei, "r")) == NULL)
        {
                printf("\nFehler beim Lesen in die Kommunikationsdatei %s", comdatei);
        }
        else
        {
                fscanf(fz2, "%s", &text);
                switch (msg_type)
                {
                case 0:         /* Anmeldung einer CPU */
                {
                                        printf(text);
                }; break;
                case 1:         /* Ausgabe eines Strings */
                {
                                        printf(text);
                }; break;
                }
        }
```

```
            fclose(fz2);
    }


    confirm_message(message_queue Q, int message_id)
    /*
    bestaetigt eine bestimmte Message Id als empfangen oder erledigt
    */
    {

            int          i;

            FILE    *fz;

            Q = read_queue();

            /* in Kommunikationsqueue schreiben */

            if ((fz = fopen(datei, "w")) == NULL)
            {
                    printf("\nFehler beim Schreiben in die Queue %s", datei);
            }
            else
            {

                    for (i = 0; i <= max_msg - 1; i++)
            /* i ist die Message id */
                    {
                            if (i == message_id)
                                    Q.msg_status[i] = 1;
                            fprintf(fz, "%d %d %d %d %d %d\n", i, Q.sender[i], Q.receiver[i], Q.msg_type[i], Q.msg_status[i], Q.n);
                    }

                    fclose(fz);
            }

    }

    typedef struct matr                     /* Datenstruktur fuer Matrizen */
    {
            int m;                          /* Anzahl Zeilen */
            int n;                          /* Anzahl Spalten */
            float a[max_n][max_m];          /* Matrixelement */
    } matrix;
```

```c
typedef struct regression            /* Datenstruktur fuer das Ergebnis einer Regressionsanalyse */
{
        float sqe;                   /* Quadratsumme erklaerte Varianz */
        float sqr;                   /* Quadratsumme Residualvarianz */
        float sqt;                   /* Quadratsumme Gesamtvarianz */
        float mqe;                   /* mittlere Quadratsumme der erklaerten Varianz */
        float mqr;                   /* mittlere Quadratsumme der Residualvarianz */
        float f;                     /* Pruefwert fuer F-Verteilung */
        float se;                    /* Standardfehler der Regression */
        float r2;                    /* Varianzaufklaerung der Regression */
        matrix b;                    /* Ergebnisvektor der Regressionskoeffizienten */
} regression_ergebnis;

void fehler(int f)
/* Umgang mit Fehlersituationen */
{
        printf("\nFehlercode (%d): ", f);
        switch (f)
        {
        case 0: printf("Stichprobengroesse muss groesser als 0 sein."); break;
        case 1: printf("Stichprobengroesse zu hoch, maximal N= %d erlaubt.", max_n); break;
        case 2: printf("Anzahl der Praediktoren zu hoch, maximal %d erlaubt.", max_m - 1); break;
        case 3: printf("Mindestens ein Praediktor erforderlich."); break;
        case 4: printf("beim Anlegen einer Matrix mind. 1 Zeile und 1 Spalte erforderlich."); break;
        case 5: printf("Fehler bei Matrizenmultiplikation, Spaltenanzahl A <> Zeilenanzahl B."); break;
        case 6: printf("Determinante nicht definiert, zugrundeliegende Matrix ist nicht quadratisch."); break;
        case 7: printf("Fehler beim Adjungieren einer Matrix, zu entferndene Zeile oder Spalte nicht vorhanden."); break;
        case 8: printf("Fehler, Regressionsrechnung ohne Praediktor."); break;
        case 9: printf("Fehler beim Versuch eine Matrix zu invertieren, Determinante ist Null."); break;
```

```
        case 10: printf("Nullwert beim Versuch eine Matrix
linear zu transformieren."); break;
        default:printf("unvorhergesehener Fehler.");
break;
        }
        printf("\n\n*** Programmende ***\n");
        exit(0);
}

matrix init_matrix(int m, int n)
/* liefert eine Null-Matrix vom Typ (m,n) an */
{
        int i, k;
        matrix x;
        if (m < 1 || n < 1) fehler(4);
        x.m = m;
        x.n = n;
        for (i = 1; i <= m; i++)            /* alle
Zeilen durchlaufen */
        for (k = 1; k <= n; k++)     /* alle Spalten
durchlaufen */
            x.a[i - 1][k - 1] = 0;/* Matrixelement auf
Null setzen */
        return (x);
}

matrix transp_matrix(matrix X)
/* liefert eine transponierte Matrix Y zur Ausgangsmatrix
X */
{
        matrix Y;
        int i, k;

        Y = init_matrix(X.n, X.m);              /* aus Matrix
vom Typ (m,n) eine Matrix vom Typ (n,m) erzeugen */
        for (i = 1; i <= X.m; i++)           /* für alle
Zeilen von X */
        for (k = 1; k <= X.n; k++)   /* für alle Spalten
von X */
            Y.a[k - 1][i - 1] = X.a[i - 1][k - 1];
        /* Matrix stuerzen */
        return (Y);
}

void print_matrix(matrix X)
/* gibt eine Matrix X aus */
{
        int i, k;
        for (i = 1; i <= X.m; i++)            /* alle
Zeilen durchlaufen */
        {
```

```
                printf("\n");
                for (k = 1; k <= X.n; k++)      /* alle
Spalten durchlaufen */
                        printf("%4.2f ", X.a[i - 1][k -
1]);    /* Matrixelement ausgeben */
                }
}


matrix multipliziere_matrix(matrix A, matrix B)
/* liefert Produkt der Matrizen A und B */
{
        int i, k, j;
        float skalarprod;
        matrix C;
        if (A.n != B.m) fehler(5);              /*
Spaltenanzahl von A ungleich Zeilenanzahl B,
Multiplikation nicht moeglich */
        C = init_matrix(A.m, B.n);
        for (i = 1; i <= A.m; i++)              /* alle
Zeilen von A durchlaufen*/
                for (k = 1; k <= B.n; k++)    /* alle Spalten von B
durchlaufen */
                {
                        skalarprod = 0;
                        for (j = 1; j <= A.n; j++)
                                skalarprod = skalarprod + (A.a[i -
1][j - 1] * B.a[j - 1][k - 1]);
                        C.a[i - 1][k - 1] = skalarprod;
                }
        return(C);
}

matrix adjungiere_matrix(matrix A, int z, int s)
/* liefert aus Matrix A die adjungierte Matrix B wobei
aus z-te Zeile und s-te Spalte entfernt wurde */
{
        int i, k;
        matrix B;

        if (A.m < z || A.n < s) fehler(7);   /* zu
entfernende Zeile oder Spalte nicht vorhanden */

        if (A.m == 1 || A.n == 1)              /* Matrix hat
nur eine Zeile oder eine Spalte */
        {
                B = init_matrix(1, 1);
                B.a[0][0] = A.a[0][0];
        }
        else
        {
```

```c
                if (A.m > 1 && A.n > 1)                /* A hat mind. 2 Spalten und 2 Zeilen */
                {
                        B = init_matrix(A.m - 1, A.n - 1);       /* B vom Typ (m-1,n-1) */
                        for (i = 1; i < z; i++)
                                /* alle Zeilen bis vor Zeile z durchlaufen */
                        {
                                for (k = 1; k < s; k++)
                                        /* alle Spalten bis vor Spalte s durchlaufen */
                                {
                                        B.a[i - 1][k - 1] = A.a[i - 1][k - 1];   /* Matrixelemente uebertragen */
                                }
                                for (k = s + 1; k <= A.n; k++)  /* alle Spalten ab s+1 bis n durchlaufen */
                                {
                                        B.a[i - 1][k - 2] = A.a[i - 1][k - 1];   /* Matrixelemente uebertragen, Spaltenindex in B -1 */
                                }
                        }
                        for (i = z + 1; i <= A.m; i++)
                                /* alle Zeilen ab z+1 bis m durchlaufen */
                        {
                                for (k = 1; k < s; k++)
                                        /* alle Spalten bis vor Spalte s durchlaufen */
                                {
                                        B.a[i - 2][k - 1] = A.a[i - 1][k - 1];   /* Matrixelemente uebertragen, Zeilenindex in B -1 */
                                }
                                for (k = s + 1; k <= A.n; k++)  /* alle Spalten ab s+1 bis n durchlaufen */
                                {
                                        B.a[i - 2][k - 2] = A.a[i - 1][k - 1];   /* Matrixelemente uebertragen, Spaltenindex in B -1 */
                                }
                        }
                }
                if (A.m > 1 && A.n == 1)               /* nur eine Spalte, aber mehrere Zeilen */
                {
                        B = init_matrix(1, 1);
                        B.a[0][0] = A.a[z - 1][0];
                }
```

```
                    if (A.m == 1 && A.n > 1)              /* nur
eine Zeile, aber mehrere Spalten */
                    {
                            B = init_matrix(1, 1);
                            B.a[0][0] = A.a[0][s - 1];
                    }
        }

        return (B);
}

matrix lin_transf_matrix(matrix A)
/* 20141222 liefert eine linear transformierte Matrix,
deren erste Spalte aus einem Wert in
genau einer Zeile dieser Spalte und Nullen in allen
anderen Zeilen dieser Spalte
besteht. Zweck: Reduzierung des Rechenaufwands bei der
Anwendung des
Laplaceschen Entwicklungssatzes nach der ersten Spalte,
es ist jeweils nur eine
Unterdeterminante zu berechnen.
*/
{
        matrix
                B;
        int
                i,
                        /* Zeilenindex */
                j;
                        /* Spaltenindex */
        float
                faktor;
                /* Faktor fuer lin.Transformation */
        B = init_matrix(A.m, A.n);                       /*
Matrix vom gleichen Typ wie A anlegen */

        for (i = 1; i <= A.m; i++)                       /*
alle Zeilen durchlaufen */
            for (j = 1; j <= A.n; j++)          /* alle
Spalten durchlaufen */
                    B.a[i - 1][j - 1] = A.a[i - 1][j - 1];
            /* Matrix A in B kopieren */

        if (B.a[0][0] != 0)                              /*
wenn erster Wert in erster Spalte <> Null */
            for (i = 2; i <= A.m; i++)          /* dann ab
zweite Zeile linear transformieren */
            {
                    faktor = (B.a[i - 1][0] / B.a[0][0]) * -1;
                    for (j = 1; j <= B.n; j++)
```

```
                        B.a[i - 1][j - 1] = B.a[i - 1][j - 1] + (B.a[0][j - 1] * faktor);
            }

        return (B);
}

float det_matrix(matrix A)
/* liefert Determinante einer quadratischen Matrix A */
/* 20141222 optimierter Code */
{
        float det;
        matrix B;
        int k, i, vorzeichen;
        if (A.m != A.n) fehler(6);
                        /* Matrix nicht quadratisch, Determinante nicht bestimmbar */

        ops2 = ops2 + 1;

        if (A.m > 2)
        {
                B = lin_transf_matrix(A);
                        /* Matrix linear transformieren */
                k = 1;
                det = 0;
                vorzeichen = -1;
                for (i = 1; i <= B.m; i++)
                        /* Entwicklung nach der ersten Spalte durchfuehren */
                {
                        vorzeichen = vorzeichen * -1;
                        if (B.a[i - 1][k - 1] != 0)
                                det = det + (vorzeichen * B.a[i - 1][k - 1] * det_matrix(adjungiere_matrix(B, i, k)));
                }
        }
        else
        {
                if (A.m == 1)
                        det = A.a[0][0];

                if (A.m == 2)
                        det = (A.a[0][0] * A.a[1][1]) - (A.a[0][1] * A.a[1][0]);
        }

        return (det);
}
```

```
matrix invertiere_matrix(matrix X)
/* liefert eine invertierte Matrix Y zur Matrix X */
{
        matrix Y;
        float determinante, faktor;
        int i, j, k, vorzeichen;
        determinante = det_matrix(X);

        if ((determinante == 0) && (laufzeitanalyse == 0))
fehler(9);
        else
        {
                ops = ops + 1;                          /*
Zaehler fuer Laufzeitanalyse */


                Y = init_matrix(X.m, X.n);
                faktor = 1 / determinante;
                #pragma omp parallel for private (k, j,
vorzeichen)
                for (i = 1; i <= X.m; i++)              /*
alle Zeilen durchlaufen */
                {
                        for (k = 1; k <= X.n; k++)    /*
alle Spalten durchlaufen */
                        {
                                vorzeichen = 1;
                                for (j = 1; j <= i + k; j++)
                                        vorzeichen =
vorzeichen * -1;
                                Y.a[i - 1][k - 1] = faktor *
vorzeichen * det_matrix(adjungiere_matrix(X, k, i));
                        }
                }
        }
        return (Y);
}

regression_ergebnis unterregressionsanalyse(matrix y,
matrix X, int n, int p)
/* fuehrt eine Unter-Regressionsanalyse durch,
y Kriteriumsvektor, erste Spalte von X mit Einsen, zweite
bis k+1-te Spalte Preaediktoren
n = Stichprobengroesse
p = Anzahl der Praediktoren

Datenstruktur Ergebnis
sqe,sqr,sqt,mqe,mqr,f,se,r2,b (Ergebnisvektor)

*/
```

```c
{
    regression_ergebnis
            result,              /* Ergebnis der Regressionsanalyse */
            se_praed_berechnung; /* Regressionsanalyse zur Berechnung des Standardfehlers der Praediktoren */
    int
            i,                   /* Zeilenindex */
            j,                   /* Spaltenindex */
            k;                   /* Spaltenindex */
    float
            sum_y,               /* Summe des Kriteriums */
            avg_y,               /* arithm. Mittel Kriterium */
            var_y,               /* Varianz des Kriteriums */
            sd_y,                /* Standardabweichung des Kriteriums */
            y_dach,              /* aus Regressionsgleichung vorhergesagter Wert des Kriteriums */
            sqt,                 /* Quadratsumme Gesamtvarianz */
            sqe,                 /* Quadratsumme erklaerte Varianz */
            sqr,                 /* Quadratsumme Residualvarianz */
            r2,                  /* Bestimmtheitsmass R-Quadrat */
            mqe,                 /* mittlere Quadratsumme erklaerte Varianz */
            mqr,                 /* mittlere Quadratsumme Residualvarianz */
            f,                   /* Pruefstatistik zur F-Verteilung */
            se,                  /* Standardfehler der Regression */
            sum_x,               /* Summe des Praediktors xk*/
            var_x,               /* Varianz des Praediktors xk */
            avg_x,               /* arithm.Mittel des Praediktors xk */
            sd_x,                /* Standardabweichung des Praediktors xk */
            beta,                /* standardisiertes Regressionsgewicht des Praediktors */
            se_praed,            /* Standardfehler des Praediktors */
```

```
                t,                      /* Pruefwert fuer t-
Verteilung */
                tol,                    /* Toleranz des
Praediktors zur Multikollinearitaet */
                vif;                    /*
Variationsinflationsfaktor des Preadiktors zur
Multikollinearität */
        matrix
                b,                      /* Ergebnisvektor des
Intercepts und der Regressionskoeffizienten */
                X_,                     /* transformierte
Matrix */
                X_X,                    /* Produkt aus
transformierter und urspruenglicher Matrix */
                X_X_inv,                /* Produkt mit
invertierter Matrix */
                X_X_invX_,              /* Produkt mit
transformierter Matrix */
                y2,                     /* Praediktor als
Kriterium zur Berechnung seines Standardfehlers*/
                X2;                     /* Matrix aus 1-
Spalte und den uebrigen Praediktoren */

        if (p == 0) fehler(8);          /* Regression mit
keinem Praediktor sinnlos */


        unterregr = unterregr + 1;

        b = init_matrix(p + 1, 1);      /* Ergebnisvektor */

        X_ = transp_matrix(X);
        X_X = multipliziere_matrix(X_, X);
        X_X_inv = invertiere_matrix(X_X);
        X_X_invX_ = multipliziere_matrix(X_X_inv, X_);
        b = multipliziere_matrix(X_X_invX_, y);
        result.b = b;

        /* Bestimmtheitsmass R2 und Teststatistik der
Modellguete berechnen */
        sum_y = 0;
        avg_y = 0;
        for (i = 1; i <= n; i++)
                sum_y = sum_y + y.a[i - 1][0];
        avg_y = sum_y / n;

        sqt = 0;                        /* Quadratsumme total
SQT ermitteln */
        for (i = 1; i <= n; i++)
                sqt = sqt + (y.a[i - 1][0] - avg_y)*(y.a[i
- 1][0] - avg_y);
```

```
        result.sqt = sqt;

        sqe = 0;                    /* Quadratsumme
Vorhersagewerte SQE ermitteln */
        for (i = 1; i <= n; i++)
        {
                y_dach = b.a[0][0];  /* Vorhersagewert mit
Intercept initialisieren */
                for (k = 1; k <= p; k++)
                        y_dach = y_dach + b.a[k][0] * X.a[i
- 1][k];
                sqe = sqe + (y_dach - avg_y)*(y_dach -
avg_y);
        }
        result.sqe = sqe;

        sqr = sqt - sqe;            /* Quadratsumme
Restvarianz SQR ermitteln */
        result.sqr = sqr;

        r2 = sqe / sqt;             /*
Bestimmtheitsmass R2 berechnen */
        result.r2 = r2;

        mqe = sqe / p;              /* mittlere
Quadratsumme MQE erklaerte Varianz */
        result.mqe = mqe;

        mqr = sqr / (n - p - 1);    /* mittlere
Quadratsumme MQR Residualvarianz */
        result.mqr = mqr;

        f = mqe / mqr;              /* Pruefgroesse fuer
F-Verteilung ermitteln */
        result.f = f;

        se = sqrt(sqr / (n - p - 1)); /* Standardfehler der
Regression ermitteln */
        result.se = se;

        return (result);
}


void process_queue(message_queue Q, int own_id)
/*
prozessiert fuer die CPU bestimmte Messages in der Queue
own_id : cpu_id des abfragenden Rechners
*/
{
        FILE    *fz;
```

```
        int counter,
                i,
                i2,
                i3,
                n2,
                p2,
                k2,
                k3;
        float
                mqr2,
                var_x2,
                se_praed2,
                beta2,
                t2,
                tol2,
                vif2,
                b2;
        matrix
                X2z,
                y2z;
        matrix
                puffer_y[max_m],
                puffer_x[max_m];
        int
                puffer_k3[max_m],
                puffer_n[max_m],
                puffer_p[max_m];
        float
                puffer_b2[max_m],
                puffer_beta2[max_m],
                puffer_mqr[max_m],
                puffer_var_x2[max_m];

        regression_ergebnis
                se_praed_berechnung;

        /* aus Kommunikationsqueue lesen */

        if ((fz = fopen(datei, "r")) == NULL)
        {
                printf("\nFehler beim Lesen der Queue %s",
datei);
        }
        else
        {
        counter = 1;
                for (i = 0; i <= max_msg - 1; i++)
                {
                        fscanf(fz, "%d %d %d %d %d %d\n",
&Q.msg_id[i], &Q.sender[i], &Q.receiver[i],
&Q.msg_type[i], &Q.msg_status[i], &Q.n);
```

```c
            if ((Q.receiver[i] == own_id) &&
(Q.msg_status[i] == 0))     /* Nachricht fuer CPU
bestimmt und noch nicht bearbeitet */
              {
                printf("\nMessage Id. %d
(Typ %d) von CPU%d an CPU%d\n", i, Q.msg_type[i],
Q.sender[i], Q.receiver[i]);
                switch (Q.msg_type[i])
                  {
                  case 0: /* Message-Typ 0:
Anmelden einer CPU im Cluster */
                    {
       confirm_message(Q, Q.msg_id[i]);
       read_comfile(Q.msg_id[i], Q.msg_type[i]);
                    }; break;
                  case 1: /* Message-Typ 1:
Uebertragung eines Textes */
                    {
       confirm_message(Q, Q.msg_id[i]);
       read_comfile(Q.msg_id[i], Q.msg_type[i]);
                    }; break;
                  case 2: /* Message-Typ 2:
Ausfuehrung einer Unterregressionsanalyse */
                    {
                      FILE
       *fz2;                    /* Zeiger auf
Datei */
       filename
       comdatei;
                      char
       text[80];
       strcpy(comdatei, "MSG_");
                      switch
(i)
                        {
                        case
0: strcpy(comdatei, "MSG_000"); break;
```

```
case 1:  strcpy(comdatei, "MSG_001");   break;
case 2:  strcpy(comdatei, "MSG_002");   break;
case 3:  strcpy(comdatei, "MSG_003");   break;
case 4:  strcpy(comdatei, "MSG_004");   break;
case 5:  strcpy(comdatei, "MSG_005");   break;
case 6:  strcpy(comdatei, "MSG_006");   break;
case 7:  strcpy(comdatei, "MSG_007");   break;
case 8:  strcpy(comdatei, "MSG_008");   break;
case 9:  strcpy(comdatei, "MSG_009");   break;
case 10: strcpy(comdatei, "MSG_010");   break;
case 11: strcpy(comdatei, "MSG_011");   break;
case 12: strcpy(comdatei, "MSG_012");   break;
case 13: strcpy(comdatei, "MSG_013");   break;
case 14: strcpy(comdatei, "MSG_014");   break;
case 15: strcpy(comdatei, "MSG_015");   break;
case 16: strcpy(comdatei, "MSG_016");   break;
case 17: strcpy(comdatei, "MSG_017");   break;
case 18: strcpy(comdatei, "MSG_018");   break;
case 19: strcpy(comdatei, "MSG_019");   break;
case 20: strcpy(comdatei, "MSG_020");   break;
case 21: strcpy(comdatei, "MSG_021");   break;
case 22: strcpy(comdatei, "MSG_022");   break;
case 23: strcpy(comdatei, "MSG_023");   break;
case 24: strcpy(comdatei, "MSG_024");   break;
case 25: strcpy(comdatei, "MSG_025");   break;
```

```
                              case
26: strcpy(comdatei, "MSG_026");  break;
                              case
27: strcpy(comdatei, "MSG_027");  break;
                              case
28: strcpy(comdatei, "MSG_028");  break;
                              case
29: strcpy(comdatei, "MSG_029");  break;
                              case
30: strcpy(comdatei, "MSG_030");  break;
                              }

        strcat(comdatei, ".DAT");

                                      if
((fz2 = fopen(comdatei, "r")) == NULL)
                                      {

        printf("\nFehler beim Lesen der
Kommunikationsdatei %s", comdatei);

                                      }
                                      else
                                      {

        fscanf(fz2, "%d %d\n", &n2, &p2);
                /* in diese Zeile n und p lesen */

        y2z = init_matrix(n2, 1);

        X2z = init_matrix(n2, p2);

        puffer_y[counter].m = y2z.m;

        puffer_y[counter].n = y2z.n;

        puffer_x[counter].m = X2z.m;

        puffer_x[counter].n = X2z.n;

        puffer_n[counter] = n2;

        puffer_p[counter] = p2;

        fscanf(fz2, "%d %f %f %f %f", &k3, &mqr2, &var_x2,
&b2, &beta2);
```

```
            fscanf(fz2, "\n");

            puffer_k3[counter] = k3;

            puffer_mqr[counter] = mqr2;

            puffer_var_x2[counter] = var_x2;

            puffer_b2[counter] = b2;

            puffer_beta2[counter] = beta2;


            for (i2 = 1; i2 <= n2; i2++)

            {
                    fscanf(fz2, "%f ", &y2z.a[i2 - 1][0]);
                            /* in diese zZeile Wertereihe Y */

                    puffer_y[counter].a[i2 - 1][0] = y2z.a[i2 - 1][0];

            }
            for (k2 = 1; k2 <= p2; k2++)

            {
                    fscanf(fz2, "\n");
                                    /* in die folgenden
Zeilen Wertereihen der Praediktoren */

                    for (i2 = 1; i2 <= n2; i2++)

                    {
                            fscanf(fz2, "%f ", &X2z.a[i2 - 1][k2]);

                            puffer_x[counter].a[i2 - 1][k2] = X2z.a[i2 - 1][k2];

                    }

            }
```

```
        for (i2 = 1; i2 <= n2; i2++)

        {

                X2z.a[i2 - 1][0] = 1;
                                /* erste Spalte von X mit 1
setzen */
                puffer_x[counter].a[i2 - 1][0] = 1;

        }



        counter = counter + 1;

        confirm_message(Q, Q.msg_id[i]);

                                                        }

        fclose(fz2);

                                }
                                }
                        }


                }

                #pragma omp parallel for private
(se_praed2, t2, tol2, vif2)
                for (i3 = 1; i3 < counter; i3++)
                {
                        se_praed_berechnung =
unterregressionsanalyse(puffer_y[i3], puffer_x[i3],
puffer_n[i3], puffer_p[i3]);

                        se_praed2 = sqrt(1 / (1 -
se_praed_berechnung.r2)) * sqrt(puffer_mqr[i3] /
(puffer_n[i3] * puffer_var_x2[i3]));
                        t2 = puffer_b2[i3] / se_praed2;
                        tol2 = 1 - se_praed_berechnung.r2;
                        vif2 = 1 / (tol2);
                        printf("\n (cpu %d core %d) X%d %f
%f %f %f %f %f", cpu_id, omp_get_thread_num(),
```

```
                puffer_k3[i3], puffer_b2[i3], se_praed2,
                puffer_beta2[i3], t2, tol2, vif2);
                        }

                        fclose(fz);
                }
        }

        int cluster_anmeldung(void)
        {
                char
                        abfrage;

                printf("Eigene CPU-Id           : ");
                scanf("%d", &cpu_id);
                printf("Master CPU-Id           : ");
                scanf("%d", &master_id);
                /*
                printf("Dateiname Message-Queue : ");
                scanf("%s", &datei);
                */
                strcpy(datei, "queue.msg");

                printf("\nQueue initialisieren (j/n) : ");
                abfrage = getch();

                if (abfrage == 'j')
                        Q = init_queue();

                nachricht_id = send_message(Q, cpu_id, master_id,
        0);             /* CPU am Cluster anmelden */
                create_comfile(nachricht_id, 0);
                return (1);

                /* am Cluster angemeldet */
        }

        void cluster_auftrag(void)
        {
                if (cluster_status == 1)
                {
                        printf("\nMessage senden an CPU : ");
                        scanf("%d", &ziel);
                        printf("\nMessage Type          : ");
                        scanf("%d", &msg_type);

                        nachricht_id = send_message(Q, cpu_id,
        ziel, msg_type);
```

```c
                create_comfile(nachricht_id, msg_type);
        }
        else printf("\nDieser Rechner wurde noch nicht am Cluster angemeldet.");
}

void cluster_slave()
{
        if (cluster_status == 1)
        {
                do
                {
                        process_queue(Q, cpu_id);
                } while (msg_type != 99);
        }
        else printf("\nDieser Rechner wurde noch nicht am Cluster angemeldet.");
}

void cluster_admin(void)

{

int
   auswahl;

time_t
        beginn,
        ende;

do
{


        printf("\n_____");
        printf("\n                Kommunikationsprotokoll V1.3 (C)2015 Thomas Kaul");
        printf("\n                        Cluster Computing");
        if (cluster_status == 1)
                printf("\n CPU-Id: %d", cpu_id);
        else
                printf("\n                        CPU noch nicht angemeldet");
        printf("\n_____\n");
        printf("\n1 .......... am Rechnercluster anmelden");
```

```
        printf("\n2 .......... Auftrag an Cluster erteilen");
        printf("\n3 .......... Auftraege aus dem Cluster abfragen und prozessieren");
        printf("\n4 .......... Slave-Modus, Auftraege aus dem Cluster automat.prozessieren");
        printf("\n5 .......... Menue verlassen");
        printf("\n_____\n");

        scanf("%d", &auswahl);

        switch (auswahl)
        {
        case 1:
        {
                cluster_status = cluster_anmeldung();
        }; break;
        case 2:
        {
                cluster_auftrag();
        }; break;
        case 3:
        {
                if (cluster_status == 1)
                {
                        time(&beginn);
                        process_queue(Q, cpu_id);
                        time(&ende);
                        printf("\nLaufzeit in Sekunden: %d", ende - beginn);
                }
                else
                        printf("\nDieser Rechner wurde noch nicht am Cluster angemeldet.");
        }; break;
        case 4:
        {
                cluster_slave();
        }; break;
        };

} while (auswahl != 5);

}
/* Ende Deklarationen fuer Cluster Computing */

regression_ergebnis regressionsanalyse(matrix y, matrix X, int n, int p)
```

```
/* fuehrt eine Regressionsanalyse durch,
   y Kriteriumsvektor, erste Spalte von X mit Einsen,
zweite bis k+1-te Spalte Preaediktoren
   n = Stichprobengroesse
   p = Anzahl der Praediktoren

   Datenstruktur Ergebnis
   sqe,sqr,sqt,mqe,mqr,f,se,r2,b (Ergebnisvektor)

   */
{
        regression_ergebnis
                result,                  /* Ergebnis der
Regressionsanalyse */
                se_praed_berechnung;    /* Regressionsanalyse
zur Berechnung des Standardfehlers der Praediktoren */

        int
                i,                       /* Zeilenindex */
                j,                       /* Spaltenindex */
                k,                       /* Spaltenindex */
                i2,
                k2,
                assign_cpu[max_m];      /* fuer manuelle
Lastverteilung */
        float
                sum_y,                   /* Summe des
Kriteriums */
                avg_y,                   /* arithm. Mittel
Kriterium */
                var_y,                   /* Varianz des
Kriteriums */
                sd_y,                    /* Standardabweichung
des Kriteriums */
                y_dach,                  /* aus
Regressionsgleichung vorhergesagter Wert des Kriteriums
*/
                sqt,                     /* Quadratsumme
Gesamtvarianz */
                sqe,                     /* Quadratsumme
erklaerte Varianz */
                sqr,                     /* Quadratsumme
Residualvarianz */
                r2,                      /* Bestimmtheitsmass
R-Quadrat */
                mqe,                     /* mittlere
Quadratsumme erklaerte Varianz */
                mqr,                     /* mittlere
Quadratsumme Residualvarianz */
                f,                       /* Pruefstatistik zur
F-Verteilung */
```

```
                se,                 /* Standardfehler der
Regression */
                sum_x,              /* Summe des
Praediktors xk*/
                var_x,              /* Varianz des
Praediktors xk */
                avg_x,              /* arithm.Mittel des
Praediktors xk */
                sd_x,               /* Standardabweichung
des Praediktors xk */
                beta,               /* standardisiertes
Regressionsgewicht des Praediktors */
                se_praed,           /* Standardfehler des
Praediktors */
                t,                  /* Pruefwert fuer t-
Verteilung */
                tol,                /* Toleranz des
Praediktors zur Multikollinearitaet */
                vif;                /*
Variationsinflationsfaktor des Preadiktors zur
Multikollinearität */
        matrix
                b,                  /* Ergebnisvektor des
Intercepts und der Regressionskoeffizienten */
                X_,                 /* transformierte
Matrix */
                X_X,                /* Produkt aus
transformierter und urspruenglicher Matrix */
                X_X_inv,            /* Produkt mit
invertierter Matrix */
                X_X_invX_,          /* Produkt mit
transformierter Matrix */
                y2,                 /* Praediktor als
Kriterium zur Berechnung seines Standardfehlers*/
                X2;                 /* Matrix aus 1-
Spalte und den uebrigen Praediktoren */

        if (p == 0) fehler(8);      /* Regression mit
keinem Praediktor sinnlos */

        /* manuelle Lastverteilung, Zuordnung der
durchzufuehrenden Unterregression auf die CPU's */

        printf("\nFestlegung der Lastverteilung, es sind
%d Unterregressionen zu berechnen\n", p);
        for (i = 1; i <= p; i++)
        {
                printf("%d. Unterregression auf welcher
CPU-Id :", i);
                scanf("%d", &assign_cpu[i]);
        }
```

```
        /* Ende der Festlegungen zur manuellen
Lastverteilung */

        hauptregr = hauptregr + 1;

        b = init_matrix(p + 1, 1);    /* Ergebnisvektor */

        X_ = transp_matrix(X);
        X_X = multipliziere_matrix(X_, X);
        X_X_inv = invertiere_matrix(X_X);
        X_X_invX_ = multipliziere_matrix(X_X_inv, X_);
        b = multipliziere_matrix(X_X_invX_, y);
        result.b = b;

                                        /* Bestimmtheitsmass
R2 und Teststatistik der Modellguete berechnen */
        sum_y = 0;
        avg_y = 0;
        for (i = 1; i <= n; i++)
                sum_y = sum_y + y.a[i - 1][0];
        avg_y = sum_y / n;

        sqt = 0;                /* Quadratsumme total
SQT ermitteln */
        for (i = 1; i <= n; i++)
                sqt = sqt + (y.a[i - 1][0] - avg_y)*(y.a[i
- 1][0] - avg_y);
        result.sqt = sqt;

        sqe = 0;                /* Quadratsumme
Vorhersagewerte SQE ermitteln */
        for (i = 1; i <= n; i++)
        {
                y_dach = b.a[0][0];    /* Vorhersagewert mit
Intercept initialisieren */
                for (k = 1; k <= p; k++)
                        y_dach = y_dach + b.a[k][0] * X.a[i
- 1][k];
                sqe = sqe + (y_dach - avg_y)*(y_dach -
avg_y);
        }
        result.sqe = sqe;

        sqr = sqt - sqe;        /* Quadratsumme
Restvarianz SQR ermitteln */
        result.sqr = sqr;

        r2 = sqe / sqt;                 /*
Bestimmtheitsmass R2 berechnen */
        result.r2 = r2;
```

```
        mqe = sqe / p;                /* mittlere Quadratsumme MQE erklaerte Varianz */
        result.mqe = mqe;

        mqr = sqr / (n - p - 1);      /* mittlere Quadratsumme MQR Residualvarianz */
        result.mqr = mqr;

        f = mqe / mqr;                /* Pruefgroesse fuer F-Verteilung ermitteln */
        result.f = f;

        se = sqrt(sqr / (n - p - 1)); /* Standardfehler der Regression ermitteln */
        result.se = se;

        printf("\n_____");
        printf("\n***          Multiple Regressionsanalyse V4.4 (C)2014 Thomas Kaul ***");
        printf("\n***                            Cluster-Processing                ***");
        printf("\n***                            Ergebnis                          ***");
        printf("\n_____");
        printf("\nStichprobengroesse (n) = %i Anzahl Praediktoren (k) = %i", n, p);
        printf("\n_____");
        printf("\nBestimmtheitsmass (R2) = %f Standardfehler SE = %f ", r2, se);
        printf("\n_____");
        printf("\nErklaerte Streuung (SQE)= %f (df)= %4d (MQE)= %f F= %f", sqe, p, mqe, f);
        printf("\nReststreuung       (SQR)= %f (df)= %4d (MQR)= %f ", sqr, n - p - 1, mqr);
        printf("\nGesamtstreuung     (SQT)= %f (df)= %4d ", sqt, n - 1);
        printf("\nsignif. R2 wenn F > F(%d,%d)", p, n - p - 1);
        printf("\n_____");
        printf("\n                  unstand.B    SE    beta    t    TOL    VIF");
        printf("\n   Konstante      %+8.3f", b.a[0][0]);
```

```
                              /* Standardabweichung von y ermitteln */
    var_y = 0;
    for (i = 1; i <= n; i++)
        var_y = var_y + (y.a[i - 1][0] - avg_y)*(y.a[i - 1][0] - avg_y);
    var_y = var_y / n;
    sd_y = sqrt(var_y);


    for (k = 1; k <= p; k++)
    {
                              /* Mittelwert des Praediktors berechnen */
        sum_x = 0;
        for (i = 1; i <= n; i++)
            sum_x = sum_x + X.a[i - 1][k];
        avg_x = sum_x / n;

                              /* Varianz und Standardabweichung des Praediktors berechnen */
        var_x = 0;
        for (i = 1; i <= n; i++)
            var_x = var_x + (X.a[i - 1][k] - avg_x)*(X.a[i - 1][k] - avg_x);
        var_x = var_x / n;
        if (var_x < 0.001) var_x = 0;
        sd_x = sqrt(var_x);


                              /* standard. Regressionskoeffizient beta berechnen */

        beta = b.a[k][0] * (sd_x / sd_y);

                              /* Standardfehler des Praediktors berechnen */

        y2 = init_matrix(n, 1);     /* Regressionsmodell Praediktor durch uebrige Praediktoren vorhersagen */
        X2 = init_matrix(n, p);     /* X2 hat eine Spalte weniger als X */

        for (i = 1; i <= n; i++)    /* y2 = Praediktor setzen */
            y2.a[i - 1][0] = X.a[i - 1][k];
```

```
                                        /* X2 aus den
uebrigen Praediktoren aufbauen */
                for (i = 1; i <= n; i++)        /* erste
Spalte mit Einsen fuellen */
                    X2.a[i - 1][0] = 1;

                for (j = 1; j < k; j++)                  /*
Spalten links vom betreffenden Praediktor uebertragen */
                    for (i = 1; i <= n; i++)
                        X2.a[i - 1][j] = X.a[i -
1][j];

                for (j = k + 1; j <= p; j++)   /*
Spalten rechts vom betreffenden Praediktor uebertragen */
                    for (i = 1; i <= n; i++)
                        X2.a[i - 1][j-1] =
X.a[i - 1][j];

                /*
                if (p > 1)
                    se_praed_berechnung =
unterregressionsanalyse(y2, X2, n, p - 1);
                */

                if (p > 1)           /* Kommunikationsfile
fuer Unterregressionsanalysen */
                {
                    FILE
                        *fz2;
                /* Zeiger auf Datei */
                    filename
                        comdatei;
                    char
                        text[255];

                    strcpy(comdatei, "MSG_");

                    nachricht_id = send_message(Q,
cpu_id, assign_cpu[k], 2);              /*
Unterregressionen auf festgelegten CPU's ausfuehren
lassen */

                    switch (nachricht_id)
                    {
                    case 0: strcpy(comdatei,
"MSG_000"); break;
                    case 1: strcpy(comdatei,
"MSG_001"); break;
```

```
"MSG_002"); break;           case 2: strcpy(comdatei,
"MSG_003"); break;           case 3: strcpy(comdatei,
"MSG_004"); break;           case 4: strcpy(comdatei,
"MSG_005"); break;           case 5: strcpy(comdatei,
"MSG_006"); break;           case 6: strcpy(comdatei,
"MSG_007"); break;           case 7: strcpy(comdatei,
"MSG_008"); break;           case 8: strcpy(comdatei,
"MSG_009"); break;           case 9: strcpy(comdatei,
"MSG_010"); break;           case 10: strcpy(comdatei,
"MSG_011"); break;           case 11: strcpy(comdatei,
"MSG_012"); break;           case 12: strcpy(comdatei,
"MSG_013"); break;           case 13: strcpy(comdatei,
"MSG_014"); break;           case 14: strcpy(comdatei,
"MSG_015"); break;           case 15: strcpy(comdatei,
"MSG_016"); break;           case 16: strcpy(comdatei,
"MSG_017"); break;           case 17: strcpy(comdatei,
"MSG_018"); break;           case 18: strcpy(comdatei,
"MSG_019"); break;           case 19: strcpy(comdatei,
"MSG_020"); break;           case 20: strcpy(comdatei,
"MSG_021"); break;           case 21: strcpy(comdatei,
"MSG_022"); break;           case 22: strcpy(comdatei,
"MSG_023"); break;           case 23: strcpy(comdatei,
"MSG_024"); break;           case 24: strcpy(comdatei,
"MSG_025"); break;           case 25: strcpy(comdatei,
"MSG_026"); break;           case 26: strcpy(comdatei,
```

```
                        case 27: strcpy(comdatei,
"MSG_027");    break;
                        case 28: strcpy(comdatei,
"MSG_028");    break;
                        case 29: strcpy(comdatei,
"MSG_029");    break;
                        case 30: strcpy(comdatei,
"MSG_030");    break;
                        }

                        strcat(comdatei, ".DAT");

                        if ((fz2 = fopen(comdatei, "w")) ==
NULL)
                        {
                                printf("\nFehler beim
Schreiben in die Kommunikationsdatei %s", comdatei);
                        }
                        else
                        {
                                if (laufzeitanalyse == 1)
                                {
                                        mqr = 0;
                                        var_x = 0;
                                        b.a[k][0] = 0;
                                        beta = 0;

                                }

                                fprintf(fz2, "%d %d\n", n,
p-1);                           /* in diese Zeile n
und p-1 schreiben */
                                fprintf(fz2, "%d %f %f %f
%f", k, mqr, var_x, b.a[k][0], beta);
                                fprintf(fz2, "\n");
                                for (i2 = 1; i2 <= n; i2++)
                                {
                                        fprintf(fz2, "%f ",
y2.a[i2 - 1][0]);               /* in diese zZeile
Wertereihe Y */
                                }
                                for (k2 = 1; k2 <= p-1;
k2++)
                                {
                                        fprintf(fz2, "\n");
                                                      /* in
die folgenden Zeilen Wertereihen der Praediktoren */
```

```
                                for (i2 = 1; i2 <= n; i2++)
                                        fprintf(fz2, "%f ", X2.a[i2 - 1][k2]);
                        }
                }
                fclose(fz2);


            }
        }
        printf("\n_____");
        printf("\nDie ermittelte Regressionsgleichung lautet:");
        printf("\nY = %f ", b.a[0][0]);
        for (k = 1; k <= p; k++)
                printf(" + (%f)X%d ", b.a[k][0], k);
        printf("\n_____");

        return (result);
}

main()
{
        time_t startzeit, endzeit;      /* fuer Laufzeitdiagnose */

        int auswahl;                    /* Menue-Steuerung des Programmablaufs */
        int daten_vorh;                 /* Flag ob Daten vorhanden sind */
        char dateiname[20];             /* Dateiname */
        int n;                          /* Stichprobengroesse */
        int p;                          /* Anzahl Praediktoren */
        int i,                          /* Zeilenindex */
            k;
        /* Spaltenindex */
        float   messwert;               /* Messwert */
```

```
            matrix
                y,          /* Kriteriumsvektor */
                X;          /* Matrix aus 1-Spalte und Praediktorenspalten */
            regression_ergebnis             /* Ergebnisse der Regressionsanalyse */
                analyse;


            daten_vorh = 0;                 /* noch keine Daten erfasst oder eingelesen */
            cluster_status = 0;             /* noch nicht am Rechnercluster angemeldet */
            laufzeitanalyse = 0;            /* Modus fuer Laufzeitanalyse */

            do
            {
                ops = 0;
                ops2 = 0;
                hauptregr = 0;
                unterregr = 0;


                printf("\n_____");
                printf("\n***         Multiple Regressionsanalyse V4.4 (C)2014 Thomas Kaul        ***");
                printf("\n***              Cluster-Processing                          ***");
                printf("\n_____");
                printf("\n\n");
                printf(" 0 .......... Funktionen zum Cluster-Computing\n");
                printf(" 1 .......... manuelle Dateneingabe\n");
                printf(" 2 .......... Datei einlesen\n");
                printf(" 3 .......... Datei speichern\n");
                printf(" 4 .......... Daten anzeigen\n");
                printf(" 5 .......... Regressionsanalyse starten\n");
                printf(" 6 .......... Generieren von Zufallsdaten (Laufzeitsimulation aktivieren)\n");
                printf(" 99.......... Programm beenden\n");
```

```
         printf("\n_____
_____");
                  printf("\n Auswahl: ");
                  scanf("%d", &auswahl);

                  switch (auswahl)
                  {
                  case 0:
                  {
                              cluster_admin();
                  }; break;
                  case 1:    /* manuelle Dateneingabe */
                  {
printf("\n\nStichprobengroesse    N= ");
                              scanf("%d", &n);
                              if (n < 1) fehler(0);
                              if (n > max_n) fehler(1);
                              printf("\nAnzahl der
Praediktoren p= ");
                              scanf("%d", &p);
                              if (p < 1) fehler(3);
                              if (p >(max_m - 1))
fehler(2);

                              y = init_matrix(n, 1);
                              X = init_matrix(n, p + 1);

                              printf("\nEingabe der
Wertereihe der Kriteriumsvariable Y:");
                              for (i = 1; i <= n; i++)
                              {
                                    printf("\n%d.Wert :
", i);
                                    scanf("%f",
&messwert);
                                    y.a[i - 1][0] =
messwert;
                              };

                              for (i = 1; i <= n; i++)
                                    X.a[i - 1][0] = 1;

                              for (k = 1; k <= p; k++)
                              {
                                    printf("\nEingabe
der Wertereihe zum Praediktor X%d:", k);
                                    for (i = 1; i <= n;
i++)
                                    {
```

```
                printf("\n%d.Wert : ", i);
                                                scanf("%f", &messwert);
                                                X.a[i - 1][k] = messwert;
                                        }
                                }
                                daten_vorh = 1;
                                laufzeitanalyse = 0;
                        }; break;
                        case 2:   /* Datei einlesen */
                        {
                                printf("\nDateiname :");
                                scanf("%s", &dateiname);


                                if ((fz = fopen(dateiname, "r")) == NULL)
                                {
                                        printf("\nFehler beim Lesen der Datei %s", dateiname);
                                }
                                else
                                {
                                        fscanf(fz, "%d %d\n", &n, &p);  /* n und p aus erster Zeile lesen */

                                        if (p < 1) fehler(3);
                                        if (p >(max_m - 1)) fehler(2);

                                        y = init_matrix(n, 1);
                                        X = init_matrix(n, p + 1);

                                        for (i = 1; i <= n; i++)
                                                fscanf(fz, "%f ", &y.a[i - 1][0]);   /* Wertereihe Kriterium Y aus zweiter Zeile lesen */

                                        for (k = 1; k <= p; k++)
                                        for (i = 1; i <= n; i++)
                                        {
```

```
                                        fscanf(fz, "%f ",
&X.a[i - 1][k]);            /* Wertereihen Praediktoren
aus Folgezeilen lesen */
                            X.a[i - 1][0] = 1;
                                       /* und erste
Spalte X auf 1 setzen */
                            }
                            fclose(fz);
                            daten_vorh = 1;
                            laufzeitanalyse = 0;
                    };

                }; break;

                case 3:   /* Datei speichern */
                {
                            if (daten_vorh ==
1)
                            {
printf("\nDateiname :");
                                        scanf("%s",
&dateiname);

                                        if ((fz =
fopen(dateiname, "w")) == NULL)
                                        {
printf("\nFehler beim Schreiben in die Datei %s",
dateiname);
                                        }
                                        else
                                        {
fprintf(fz,"%d %d\n", n, p);
        /* in die erste Zeile n und p schreiben */
                                                for
(i = 1; i <= n; i++)

        fprintf(fz,"%f ", y.a[i - 1][0]);
                    /* in die zweite Zeile Wertereihe Y */
                                                for
(k = 1; k <= p; k++)
                                                {

        fprintf(fz,"\n");
                    /* in die folgenden Zeilen
Wertereihen der Praediktoren */
        for (i = 1; i <= n; i++)
```

```c
                         fprintf(fz,"%f ", X.a[i - 1][k]);
                                                            }
   fclose(fz);

   printf("\nDaten in Datei %s erfolgreich gespeichert.",
   dateiname);
                                                            }
                                                        }
                                      else printf("\nNoch
   keine Daten erfasst oder eingelesen!\n");
                    }; break;

                    case 4:   /* Daten anzeigen */
                    {
                                         if (daten_vorh ==
   1)
                                           {
   printf("\nStichprobengroesse   N = %d , Anzahl
   Praediktoren p = %d", n, p);
   printf("\nWertereihe Kriterium (Y):\n");
                                             for (i = 1;
   i <= n; i++)
   printf("%f ", y.a[i - 1][0]);
                                             for (k = 1;
   k <= p; k++)
                                              {
   printf("\nWertereihe Praediktor (X%d):\n", k);
                                                        for
   (i = 1; i <= n; i++)
           printf("%f ",X.a[i - 1][k]);
                                                }
                                            }
                                      else printf("\nNoch
   keine Daten erfasst oder eingelesen!\n");
                    }; break;

                    case 5:   /* Regressionanalyse starten */
                    {
                                         if ((daten_vorh ==
   1) && (cluster_status == 1))
                                           {
   time(&startzeit);
```

```
                                        analyse = regressionsanalyse(y, X, n, p);

time(&endzeit);

                                        if (laufzeitanalyse == 1)
                                        {

printf("\nAnzahl Regressionsanalysen:     %f", hauptregr);

printf("\nAnzahl Unterregressionsanalysen: %f", unterregr);

printf("\nAnzahl invertierter Matrizen:    %f", ops);

printf("\nAnzahl Determinantenberechnungen: %f", ops2);

printf("\nLaufzeit in Sekunden: %d \n", endzeit - startzeit);

                                        }
                                        }
                                        else
                                        {
                                        if (daten_vorh != 1) printf("\nNoch keine Daten erfasst oder eingelesen!\n");
                                        if (cluster_status != 1) printf("\nNoch nicht am Cluster angemeldet!\n");
                                        };
                    }; break;

                    case 6:  /* Generieren von Zufallsdaten */
                    {

printf("\n\nStichprobengroesse    N= ");
                                        scanf("%d", &n);
                                        if (n < 1) fehler(0);
                                        if (n > max_n) fehler(1);
                                        printf("\nAnzahl der Praediktoren p= ");
                                        scanf("%d", &p);
                                        if (p < 1) fehler(3);
                                        if (p >(max_m - 1)) fehler(2);
```

```
                                y = init_matrix(n, 1);
                                X = init_matrix(n, p + 1);

                                srand(1);

                                /* Kriteriumswerte
zufaellig fuellen */
                                for (i = 1; i <= n; i++)
                                    y.a[i - 1][0] =
rand();

                                for (i = 1; i <= n; i++)
        /* erste Spalte von X mit Einsen fuellen */
                                    X.a[i - 1][0] = 1;

                                for (k = 1; k <= p; k++)
        /* Praediktoren zufaellig fuellen */
                                    for (i = 1; i <= n; i++)
                                        X.a[i - 1][k] =
rand();

                                daten_vorh = 1;
                                laufzeitanalyse = 1;


                }; break;

                case 99:        /* Programm beenden */
                {
printf("\nProgramm beendet.");
                }; break;

                default: printf("\nProgrammoption nicht
vorhanden.\n"); break;

                }
        } while (auswahl != 99);

}
```

A-12: Quellcode mit Bootstrapping und Modelldiagnose

```
/* Programm zur multiplen linearen Regressionsanalyse
Version 5.5 Cluster-Computing Autor: Thomas Kaul */

/*
Releasenotes

v1.2 (2014.11.01) Codeoptimierungen, Berechnung der
Standardfehler und Teststatistiken der
Regressionskoeffizienten
v1.3 (2014.11.02) Indikatoren fuer Multikollinearitaet,
Toleranz (TOL) und Varianz-Inflations-Faktor (VIF)
v1.4 (2014.11.08) Integration Zufallszahlengenerator zur
Laufzeitdiagnose von komplexen Regressionsanalysen
v1.5 (2014.11.09) Ausgabe der Anzahl der
Matrizeninversionen zur Laufzeitdiagnose
v1.6 (2014.11.10) Erweiterung der Laufzeitdiagnose,
verfeinerte Abbildung Matrizeninversionen und
Determinantenoperationen
v1.7 (2014.11.11) Aenderung Datentypen fuer
Laufzeitdiagnose zur Darstellung sehr grosser Zahlen
v1.8 (2014.11.19) Abfrage zur Beendigung des Programms
v1.9 (2014.12.01) Performance-Optimierung
Determinantenberechnung
v1.9b(2014.12.02) Mehrkern-Prozessor-Verarbeitung
v2.0 (2014.12.08) Weitere Performance-Optimierung
Determinantenberechnung
v2.1 (2014.12.15) Fehlerbehebung Berechnung Betas in
Parallelverarbeitung
v2.2 (2014.12.20) Optimierung Anzeige und Fehlerbehebung
Determinantenberechnung ab p>3, Bug in
Performanceoptimierung entfernt
v2.4 (2014.12.22) Determinanten-Berechnung optimiert.
v2.5 (2014.12.28) Performance Unterregressionsanalysen
optimiert.
v3.0 (2014.12.31) Dateiverwaltung integriert
v4.0 (2015.01.03) Cluster-Computing integriert, parallele
Verarbeitung auf mehreren Rechnern
v4.1 (2015.01.04) Laufzeitanalyse fuer Cluster
Auftragsbearbeitung und manuelle Lastverteilung
integriert
v4.2 (2015.01.18) weitere Parallelisierung der
Hauptregressionsanalyse: Matrizeninversion, Bugfix t-Wert
Berechnung
v4.3 (2015.01.24) Erweiterung bis 30 Praediktoren
v5.0 (2015.02.21) Erweiterung mit Bootstrapping
v5.1 (2015.02.22) Erweiterung um Programmausgabe in eine
Textdatei
```

```c
v5.2 (2015.02.22) Codeoptimierungen
v5.3 (2015.03.01) Residualanalyse und Mahalanobis-
Distanzen
v5.4 (2015.03.05) Fehlerbehebung Berechnung Schaetzfehler
der Praediktoren im Fall p=2
v5.5 (2015.03.28) Optimierung Laufzeitanalyse mit
Zufallsdaten

*/
#include <stdio.h>
#include <omp.h>
#include <math.h>
#include <stdlib.h>
#include <time.h>
#include <conio.h>
#include <string.h>

/* Deklarationen fuer Cluster Computing */

/* Dokumentation der definierten Messagetypes */
/*

Message Type        Beschreibung
------------        ------------
0                        Meldet Sender-CPU bei
Empfaenger-CPU (i.d.R. Master-CPU) an
1                        Sender-CPU veranlasst
Ausgabe eines Strings bei Empfaenger-CPU
2                        Sender-CPU veranlasst
Berechnung von x Unterregressionsanalysen durch
Empfaenger-CPU
99                       Sender-CPU veranlasst
Beendigung Slave-Mode bei Empfaenger-CPU

*/

#define version_prog 5.5      /* Programmversion */
#define version_comm 1.3      /* Version
Kommunikationsprotokoll Cluster Computing */

#define max_n 25              /* max.
Stichprobengroesse */
#define max_m 31              /* max. Anzahl
Praediktoren + Kriterium */

#define max_samples 500       /* max. Anzahl
resamples fuer bootstrapping */

int bootstrapping;            /* Flag ob im
Bootstrapping Modus */
```

```c
int     details_anzeigen;           /* Details zu einzelnen Resamples anzeigen */

long ops;                   /* globale Variable: Anzahl Matrixinversionen zur Laufzeitdiagnose */
long ops2;                  /* globale Variable: Anzahl Determinantenberechnungen zur Laufzeitdiagnose */
long hauptregr;             /* globale Variable: Anzahl Regressionsanalysen */
long unterregr;             /* globale Variable: Anzahl Unterregressionsanalysen */

FILE        *fz;                    /* Dateizeiger */


#define max_msg 30                  /* maximale Anzahl Messages */

typedef char filename[20];          /* Datentyp fuer Dateinamen */
char ausgabe_dateiname[20];         /* Dateiname */

filename datei;

typedef struct message              /* Datenstruktur fuer Nachrichten */
{
      int msg_id[max_msg];          /* eindeutige Id einer Nachricht */
      int sender[max_msg];          /* CPU-ID des sendenden Rechners */
      int receiver[max_msg];        /* CPU-ID des empfangenden Rechners */
      int msg_type[max_msg];        /* eindeutiger Identifier Nachrichtentyp */
      int msg_status[max_msg];      /* 0 = vom Empfaenger unbearbeitet, 1 = vom Empfaenger bearbeitet */
      int n;                        /* Gesamte Anzahl von aufgetretenen Nachrichten */
} message_queue;

/* globale Variablen */

message_queue Q;

int
cluster_status,
laufzeitanalyse,
zufallsdaten,
```

```c
        cpu_id,
        master_id,
        ziel,
        msg_type,
        nachricht_id;

message_queue init_queue(void)
/* initialisiert eine neue Message Queue */
{
        FILE    *fz;
        message_queue Q;
        int i;

        Q.n = 0;

        for (i = 0; i <= max_msg - 1; i++)
        {
                Q.msg_id[i] = -1;
                Q.sender[i] = -1;
                Q.receiver[i] = -1;
                Q.msg_type[i] = -1;
                Q.msg_status[i] = -1;
                Q.n = 0;
        }

        /* in Datei schreiben */

        if ((fz = fopen(datei, "w")) == NULL)
        {
                printf("\nFehler beim Schreiben in die Queue %s", datei);
        }
        else
        {
                for (i = 0; i <= max_msg - 1; i++)
        /* i ist die Message id */
                        fprintf(fz, "%d %d %d %d %d %d\n",
i, Q.sender[i], Q.receiver[i], Q.msg_type[i],
Q.msg_status[i], Q.n);

                fclose(fz);
        }

        return (Q);
}


message_queue read_queue()
/* liest akuelle Message Queue ein */
```

```
{
        FILE    *fz;
        message_queue Q;
        int i;

        Q.n = 0;

        if ((fz = fopen(datei, "r")) == NULL)
        {
                printf("\nFehler beim Lesen der Queue %s", datei);
        }
        else
        {
                for (i = 0; i <= max_msg - 1; i++)
                {
                        fscanf(fz, "%d %d %d %d %d %d\n",
&Q.msg_id[i], &Q.sender[i], &Q.receiver[i],
&Q.msg_type[i], &Q.msg_status[i], &Q.n);
                }
                fclose(fz);
        }
        return (Q);
}

int send_message(message_queue Q, int sender, int receiver, int msg_type)
/*
nimmt eine Message entgegen und traegt diese in die
Message Queue ein
sender  : cpu_id des sendenden Rechner
receiver: cpu_id des Zielrechners
msg_type: Nachrichtentyp
liefert Id der eingetragenen Message zurueck
*/
{
        FILE    *fz;                                    /* Zeiger auf Message Queue */

        int             i;

        Q = read_queue();

        Q.n = Q.n + 1;
        Q.sender[Q.n - 1] = sender;
        Q.receiver[Q.n - 1] = receiver;
        Q.msg_type[Q.n - 1] = msg_type;
        Q.msg_status[Q.n - 1] = 0;
        /* Message noch nicht bearbeitet */
```

```c
        /* in Kommunikationsqueue schreiben */
        if ((fz = fopen(datei, "w")) == NULL)
        {
                printf("\nFehler beim Schreiben in die Queue %s", datei);
        }
        else
        {
                for (i = 0; i <= max_msg - 1; i++)
                /* i ist die Message id */
                        fprintf(fz, "%d %d %d %d %d %d\n", i, Q.sender[i], Q.receiver[i], Q.msg_type[i], Q.msg_status[i], Q.n);

                fclose(fz);
        }

        return (Q.msg_id[Q.n - 1]);
}

void create_comfile(int msg_id, int msg_type)
/*
erzeugt Kommunikationsdatei mit eindeutigem Namen
*/
{
        FILE
                *fz2;                                   /* Zeiger auf Datei */
        filename
                comdatei;
        char
                text[255];

        strcpy(comdatei, "MSG_");

        switch (msg_id)
        {
        case 0: strcpy(comdatei, "MSG_000"); break;
        case 1: strcpy(comdatei, "MSG_001"); break;
        case 2: strcpy(comdatei, "MSG_002"); break;
        case 3: strcpy(comdatei, "MSG_003"); break;
        case 4: strcpy(comdatei, "MSG_004"); break;
        case 5: strcpy(comdatei, "MSG_005"); break;
        case 6: strcpy(comdatei, "MSG_006"); break;
        case 7: strcpy(comdatei, "MSG_007"); break;
        case 8: strcpy(comdatei, "MSG_008"); break;
```

```
            case 9: strcpy(comdatei, "MSG_009");  break;
            case 10: strcpy(comdatei, "MSG_010");  break;
            case 11: strcpy(comdatei, "MSG_011");  break;
            case 12: strcpy(comdatei, "MSG_012");  break;
            case 13: strcpy(comdatei, "MSG_013");  break;
            case 14: strcpy(comdatei, "MSG_014");  break;
            case 15: strcpy(comdatei, "MSG_015");  break;
            case 16: strcpy(comdatei, "MSG_016");  break;
            case 17: strcpy(comdatei, "MSG_017");  break;
            case 18: strcpy(comdatei, "MSG_018");  break;
            case 19: strcpy(comdatei, "MSG_019");  break;
            case 20: strcpy(comdatei, "MSG_020");  break;
            case 21: strcpy(comdatei, "MSG_021");  break;
            case 22: strcpy(comdatei, "MSG_022");  break;
            case 23: strcpy(comdatei, "MSG_023");  break;
            case 24: strcpy(comdatei, "MSG_024");  break;
            case 25: strcpy(comdatei, "MSG_025");  break;
            case 26: strcpy(comdatei, "MSG_026");  break;
            case 27: strcpy(comdatei, "MSG_027");  break;
            case 28: strcpy(comdatei, "MSG_028");  break;
            case 29: strcpy(comdatei, "MSG_029");  break;
            case 30: strcpy(comdatei, "MSG_030");  break;
            }

            strcat(comdatei, ".DAT");

            if ((fz2 = fopen(comdatei, "w")) == NULL)
            {
                    printf("\nFehler beim Schreiben in die Kommunikationsdatei %s", comdatei);
            }
            else
            {
                    switch (msg_type)
                    {
                    case 0:
                    {
                                    fprintf(fz2, "CPU_wurde_am_Cluster_angemeldet.");
                    }; break;
                    case 1:
                    {
                                    printf("zu uebermittelnder Text: ");
                                    scanf("%s", &text);
                                    fprintf(fz2, text);
                    }; break;
                    }
            }
            fclose(fz2);
}
```

```c
void read_comfile(int msg_id, int msg_type)
/*
erzeugt Kommunikationsdatei mit eindeutigem Namen
*/
{
        FILE
                *fz2;                                           /*
Zeiger auf Datei */
        filename
                comdatei;
        char
                text[80];

        strcpy(comdatei, "MSG_");

        switch (msg_id)
        {
        case 0: strcpy(comdatei, "MSG_000");  break;
        case 1: strcpy(comdatei, "MSG_001");  break;
        case 2: strcpy(comdatei, "MSG_002");  break;
        case 3: strcpy(comdatei, "MSG_003");  break;
        case 4: strcpy(comdatei, "MSG_004");  break;
        case 5: strcpy(comdatei, "MSG_005");  break;
        case 6: strcpy(comdatei, "MSG_006");  break;
        case 7: strcpy(comdatei, "MSG_007");  break;
        case 8: strcpy(comdatei, "MSG_008");  break;
        case 9: strcpy(comdatei, "MSG_009");  break;
        case 10: strcpy(comdatei, "MSG_010");  break;
        case 11: strcpy(comdatei, "MSG_011");  break;
        case 12: strcpy(comdatei, "MSG_012");  break;
        case 13: strcpy(comdatei, "MSG_013");  break;
        case 14: strcpy(comdatei, "MSG_014");  break;
        case 15: strcpy(comdatei, "MSG_015");  break;
        case 16: strcpy(comdatei, "MSG_016");  break;
        case 17: strcpy(comdatei, "MSG_017");  break;
        case 18: strcpy(comdatei, "MSG_018");  break;
        case 19: strcpy(comdatei, "MSG_019");  break;
        case 20: strcpy(comdatei, "MSG_020");  break;
        case 21: strcpy(comdatei, "MSG_021");  break;
        case 22: strcpy(comdatei, "MSG_022");  break;
        case 23: strcpy(comdatei, "MSG_023");  break;
        case 24: strcpy(comdatei, "MSG_024");  break;
        case 25: strcpy(comdatei, "MSG_025");  break;
        case 26: strcpy(comdatei, "MSG_026");  break;
        case 27: strcpy(comdatei, "MSG_027");  break;
        case 28: strcpy(comdatei, "MSG_028");  break;
        case 29: strcpy(comdatei, "MSG_029");  break;
```

```
        case 30: strcpy(comdatei, "MSG_030");  break;
        }

        strcat(comdatei, ".DAT");

        if ((fz2 = fopen(comdatei, "r")) == NULL)
        {
                printf("\nFehler beim Lesen in die
Kommunikationsdatei %s", comdatei);
        }
        else
        {
                fscanf(fz2, "%s", &text);
                switch (msg_type)
                {
                case 0:         /* Anmeldung einer CPU */
                {
                                        printf(text);
                }; break;
                case 1:         /* Ausgabe eines Strings */
                {
                                        printf(text);
                }; break;
                }
        }
        fclose(fz2);
}


confirm_message(message_queue Q, int message_id)
/*
bestaetigt eine bestimmte Message Id als empfangen oder
erledigt
*/
{

        int             i;

        FILE    *fz;

        Q = read_queue();

        /* in Kommunikationsqueue schreiben */

        if ((fz = fopen(datei, "w")) == NULL)
        {
                printf("\nFehler beim Schreiben in die
Queue %s", datei);
        }
        else
        {
```

```
                for (i = 0; i <= max_msg - 1; i++)
        /* i ist die Message id */
                {
                        if (i == message_id)
                                Q.msg_status[i] = 1;
                        fprintf(fz, "%d %d %d %d %d %d\n",
i, Q.sender[i], Q.receiver[i], Q.msg_type[i],
Q.msg_status[i], Q.n);
                }
                fclose(fz);
        }
}

typedef struct matr                     /* Datenstruktur fuer
Matrizen */
{
        int m;                          /* Anzahl
Zeilen */
        int n;                          /* Anzahl
Spalten */
        float a[max_n][max_m];/* Matrixelement */
} matrix;

typedef struct regression               /* Datenstruktur fuer
das Ergebnis einer Regressionsanalyse */
{
        float sqe;                      /* Quadratsumme
erklaerte Varianz */
        float sqr;                      /* Quadratsumme
Residualvarianz */
        float sqt;                      /* Quadratsumme
Gesamtvarianz */
        float mqe;                      /* mittlere
Quadratsumme der erklaerten Varianz */
        float mqr;                      /* mittlere
Quadratsumme der Residualvarianz */
        float f;                        /* Pruefwert fuer F-
Verteilung */
        float se;                       /* Standardfehler der
Regression */
        float r2;                       /* Varianzaufklaerung
der Regression */
        matrix b;                       /* Ergebnisvektor der
Regressionskoeffizienten */
} regression_ergebnis;

void fehler(int f)
/* Umgang mit Fehlersituationen */
```

```
{
        printf("\nFehlercode (%d): ", f);
        switch (f)
        {
        case 0: printf("Stichprobengroesse muss groesser als 0 sein."); break;
        case 1: printf("Stichprobengroesse zu hoch, maximal N= %d erlaubt.", max_n); break;
        case 2: printf("Anzahl der Praediktoren zu hoch, maximal %d erlaubt.", max_m - 1); break;
        case 3: printf("Mindestens ein Praediktor erforderlich."); break;
        case 4: printf("beim Anlegen einer Matrix mind. 1 Zeile und 1 Spalte erforderlich."); break;
        case 5: printf("Fehler bei Matrizenmultiplikation, Spaltenanzahl A <> Zeilenanzahl B."); break;
        case 6: printf("Determinante nicht definiert, zugrundeliegende Matrix ist nicht quadratisch."); break;
        case 7: printf("Fehler beim Adjungieren einer Matrix, zu entferndene Zeile oder Spalte nicht vorhanden."); break;
        case 8: printf("Fehler, Regressionsrechnung ohne Praediktor."); break;
        case 9: printf("Fehler beim Versuch eine Matrix zu invertieren, Determinante ist Null."); break;
        case 10: printf("Nullwert beim Versuch eine Matrix linear zu transformieren."); break;
        default:printf("unvorhergesehener Fehler."); break;
        }
        printf("\n\n*** Programmende ***\n");
        exit(0);
}

matrix init_matrix(int m, int n)
/* liefert eine Null-Matrix vom Typ (m,n) an */
{
        int i, k;
        matrix x;
        if (m < 1 || n < 1) fehler(4);
        x.m = m;
        x.n = n;
        for (i = 1; i <= m; i++)            /* alle Zeilen durchlaufen */
            for (k = 1; k <= n; k++)        /* alle Spalten durchlaufen */
                x.a[i - 1][k - 1] = 0;/* Matrixelement auf Null setzen */
        return (x);
}
```

```
matrix transp_matrix(matrix X)
/* liefert eine transponierte Matrix Y zur Ausgangsmatrix
X */
{
        matrix Y;
        int i, k;

        Y = init_matrix(X.n, X.m);           /* aus Matrix
vom Typ (m,n) eine Matrix vom Typ (n,m) erzeugen */
        for (i = 1; i <= X.m; i++)           /* für alle
Zeilen von X */
            for (k = 1; k <= X.n; k++)    /* für alle Spalten
von X */
                    Y.a[k - 1][i - 1] = X.a[i - 1][k - 1];
        /* Matrix stuerzen */
        return (Y);
}

void print_matrix(matrix X)
/* gibt eine Matrix X aus */
{
        int i, k;
        for (i = 1; i <= X.m; i++)            /* alle
Zeilen durchlaufen */
        {
                printf("\n");
                for (k = 1; k <= X.n; k++)     /* alle
Spalten durchlaufen */
                        printf("%4.2f ", X.a[i - 1][k - 1]);   /* Matrixelement ausgeben */
        }
}


matrix multipliziere_matrix(matrix A, matrix B)
/* liefert Produkt der Matrizen A und B */
{
        int i, k, j;
        float skalarprod;
        matrix C;
        if (A.n != B.m) fehler(5);            /*
Spaltenanzahl von A ungleich Zeilenanzahl B,
Multiplikation nicht moeglich */
        C = init_matrix(A.m, B.n);
        for (i = 1; i <= A.m; i++)            /* alle
Zeilen von A durchlaufen*/
            for (k = 1; k <= B.n; k++)    /* alle Spalten von B
durchlaufen */
            {
                    skalarprod = 0;
                    for (j = 1; j <= A.n; j++)
```

```
                    skalarprod = skalarprod + (A.a[i -
1][j - 1] * B.a[j - 1][k - 1]);
                    C.a[i - 1][k - 1] = skalarprod;
        }
        return(C);
}

matrix adjungiere_matrix(matrix A, int z, int s)
/* liefert aus Matrix A die adjungierte Matrix B wobei
aus z-te Zeile und s-te Spalte entfernt wurde */
{
        int i, k;
        matrix B;

        if (A.m < z || A.n < s) fehler(7);   /* zu
entfernende Zeile oder Spalte nicht vorhanden */

        if (A.m == 1 || A.n == 1)            /* Matrix hat
nur eine Zeile oder eine Spalte */
        {
                B = init_matrix(1, 1);
                B.a[0][0] = A.a[0][0];
        }
        else
        {

            if (A.m > 1 && A.n > 1)              /* A
hat mind. 2 Spalten und 2 Zeilen */
                {
                    B = init_matrix(A.m - 1, A.n - 1);
        /* B vom Typ (m-1,n-1) */
                    for (i = 1; i < z; i++)
            /* alle Zeilen bis vor Zeile z durchlaufen
*/
                    {
                        for (k = 1; k < s; k++)
            /* alle Spalten bis vor Spalte s
durchlaufen */
                        {
                            B.a[i - 1][k - 1] =
A.a[i - 1][k - 1];     /* Matrixelemente uebertragen */
                        }
                        for (k = s + 1; k <= A.n;
k++)   /* alle Spalten ab s+1 bis n durchlaufen */
                        {
                            B.a[i - 1][k - 2] =
A.a[i - 1][k - 1];     /* Matrixelemente uebertragen,
Spaltenindex in B -1 */
                        }
                    }
```

```
                        for (i = z + 1; i <= A.m; i++)
                /* alle Zeilen ab z+1 bis m durchlaufen */
                        {
                                for (k = 1; k < s; k++)
                        /* alle Spalten bis vor Spalte s
durchlaufen */
                                {
                                        B.a[i - 2][k - 1] =
A.a[i - 1][k - 1];     /* Matrixelemente uebertragen,
Zeilenindex in B -1 */
                                }
                                for (k = s + 1; k <= A.n;
k++)     /* alle Spalten ab s+1 bis n durchlaufen */
                                {
                                        B.a[i - 2][k - 2] =
A.a[i - 1][k - 1];     /* Matrixelemente uebertragen,
Spaltenindex in B -1 */
                                }
                        }
                }
                if (A.m > 1 && A.n == 1)                /* nur
eine Spalte, aber mehrere Zeilen */
                {
                        B = init_matrix(1, 1);
                        B.a[0][0] = A.a[z - 1][0];
                }
                if (A.m == 1 && A.n > 1)                /* nur
eine Zeile, aber mehrere Spalten */
                {
                        B = init_matrix(1, 1);
                        B.a[0][0] = A.a[0][s - 1];
                }
        }

        return (B);
}

matrix lin_transf_matrix(matrix A)
/* 20141222 liefert eine linear transformierte Matrix,
deren erste Spalte aus einem Wert in
genau einer Zeile dieser Spalte und Nullen in allen
anderen Zeilen dieser Spalte
besteht. Zweck: Reduzierung des Rechenaufwands bei der
Anwendung des
Laplaceschen Entwicklungssatzes nach der ersten Spalte,
es ist jeweils nur eine
Unterdeterminante zu berechnen.
*/
{
        matrix
                B;
```

```
        int
                i,
                        /* Zeilenindex */
                j;
                        /* Spaltenindex */
        float
                faktor;
                /* Faktor fuer lin.Transformation */
        B = init_matrix(A.m, A.n);                    /* 
Matrix vom gleichen Typ wie A anlegen */

        for (i = 1; i <= A.m; i++)                    /* 
alle Zeilen durchlaufen */
                for (j = 1; j <= A.n; j++)      /* alle 
Spalten durchlaufen */
                        B.a[i - 1][j - 1] = A.a[i - 1][j - 1];  
/* Matrix A in B kopieren */

        if (B.a[0][0] != 0)                           /* 
wenn erster Wert in erster Spalte <> Null */
                for (i = 2; i <= A.m; i++)         /* dann ab 
zweite Zeile linear transformieren */
                {
                        faktor = (B.a[i - 1][0] / B.a[0][0]) * -1;
                        for (j = 1; j <= B.n; j++)
                                B.a[i - 1][j - 1] = B.a[i - 1][j - 
1] + (B.a[0][j - 1] * faktor);
                }

        return (B);
}

float det_matrix(matrix A)
/* liefert Determinante einer quadratischen Matrix A */
/* 20141222 optimierter Code */
{
        float det;
        matrix B;
        int k, i, vorzeichen;
        if (A.m != A.n) fehler(6);
                        /* Matrix nicht quadratisch, 
Determinante nicht bestimmbar */

        ops2 = ops2 + 1;

        if (A.m > 2)
        {
                B = lin_transf_matrix(A);
                        /* Matrix linear transformieren */
                k = 1;
                det = 0;
```

```
                    vorzeichen = -1;
                    for (i = 1; i <= B.m; i++)
                            /* Entwicklung nach der ersten
Spalte durchfuehren */
                    {
                            vorzeichen = vorzeichen * -1;
                            if (B.a[i - 1][k - 1] != 0)
                                    det = det + (vorzeichen *
B.a[i - 1][k - 1] * det_matrix(adjungiere_matrix(B, i,
k)));
                    }
            }
            else
            {
                    if (A.m == 1)
                            det = A.a[0][0];

                    if (A.m == 2)
                            det = (A.a[0][0] * A.a[1][1]) -
(A.a[0][1] * A.a[1][0]);
            }

            return (det);
}


matrix invertiere_matrix(matrix X)
/* liefert eine invertierte Matrix Y zur Matrix X */
{
        matrix Y;
        float determinante, faktor;
        int i, j, k, vorzeichen;
        determinante = det_matrix(X);

        if ((determinante == 0) && (laufzeitanalyse == 0))
fehler(9);
        else
        {
                ops = ops + 1;                              /*
Zaehler fuer Laufzeitanalyse */


                Y = init_matrix(X.m, X.n);
                faktor = 1 / determinante;
                #pragma omp parallel for private (k, j,
vorzeichen)
                for (i = 1; i <= X.m; i++)                  /*
alle Zeilen durchlaufen */
                {
                        for (k = 1; k <= X.n; k++)    /*
alle Spalten durchlaufen */
```

```
                    {
                        vorzeichen = 1;
                        for (j = 1; j <= i + k; j++)
                            vorzeichen = vorzeichen * -1;
                        Y.a[i - 1][k - 1] = faktor * vorzeichen * det_matrix(adjungiere_matrix(X, k, i));
                    }
                }
            }
        return (Y);
}

regression_ergebnis unterregressionsanalyse(matrix y, matrix X, int n, int p)
/* fuehrt eine Unter-Regressionsanalyse durch,
y Kriteriumsvektor, erste Spalte von X mit Einsen, zweite bis k+1-te Spalte Preadiktoren
n = Stichprobengroesse
p = Anzahl der Praediktoren

Datenstruktur Ergebnis
sqe,sqr,sqt,mqe,mqr,f,se,r2,b (Ergebnisvektor)

*/
{
        regression_ergebnis
                result,              /* Ergebnis der Regressionsanalyse */
                se_praed_berechnung; /* Regressionsanalyse zur Berechnung des Standardfehlers der Praediktoren */

        int
                i,                   /* Zeilenindex */
                j,                   /* Spaltenindex */
                k;                   /* Spaltenindex */
        float
                sum_y,               /* Summe des Kriteriums */
                avg_y,               /* arithm. Mittel Kriterium */
                var_y,               /* Varianz des Kriteriums */
                sd_y,                /* Standardabweichung des Kriteriums */
                y_dach,              /* aus Regressionsgleichung vorhergesagter Wert des Kriteriums */
                sqt,                 /* Quadratsumme Gesamtvarianz */
```

```
                sqe,            /* Quadratsumme
erklaerte Varianz */
                sqr,            /* Quadratsumme
Residualvarianz */
                r2,             /* Bestimmtheitsmass
R-Quadrat */
                mqe,            /* mittlere
Quadratsumme erklaerte Varianz */
                mqr,            /* mittlere
Quadratsumme Residualvarianz */
                f,              /* Pruefstatistik zur
F-Verteilung */
                se,             /* Standardfehler der
Regression */
                sum_x,          /* Summe des
Praediktors xk*/
                var_x,          /* Varianz des
Praediktors xk */
                avg_x,          /* arithm.Mittel des
Praediktors xk */
                sd_x,           /* Standardabweichung
des Praediktors xk */
                beta,           /* standardisiertes
Regressionsgewicht des Praediktors */
                se_praed,       /* Standardfehler des
Praediktors */
                t,              /* Pruefwert fuer t-
Verteilung */
                tol,            /* Toleranz des
Praediktors zur Multikollinearitaet */
                vif;            /*
Variationsinflationsfaktor des Preadiktors zur
Multikollinearität */
        matrix
                b,              /* Ergebnisvektor des
Intercepts und der Regressionskoeffizienten */
                X_,             /* transformierte
Matrix */
                X_X,            /* Produkt aus
transformierter und urspruenglicher Matrix */
                X_X_inv,        /* Produkt mit
invertierter Matrix */
                X_X_invX_,      /* Produkt mit
transformierter Matrix */
                y2,             /* Praediktor als
Kriterium zur Berechnung seines Standardfehlers*/
                X2;             /* Matrix aus 1-
Spalte und den uebrigen Praediktoren */

        if (p == 0) fehler(8);  /* Regression mit
keinem Praediktor sinnlos */
```

```
        unterregr = unterregr + 1;

        b = init_matrix(p + 1, 1);    /* Ergebnisvektor */

        X_ = transp_matrix(X);
        X_X = multipliziere_matrix(X_, X);
        X_X_inv = invertiere_matrix(X_X);
        X_X_invX_ = multipliziere_matrix(X_X_inv, X_);
        b = multipliziere_matrix(X_X_invX_, y);
        result.b = b;

        /* Bestimmtheitsmass R2 und Teststatistik der
Modellguete berechnen */
        sum_y = 0;
        avg_y = 0;
        for (i = 1; i <= n; i++)
            sum_y = sum_y + y.a[i - 1][0];
        avg_y = sum_y / n;

        sqt = 0;                  /* Quadratsumme total
SQT ermitteln */
        for (i = 1; i <= n; i++)
            sqt = sqt + (y.a[i - 1][0] - avg_y)*(y.a[i
- 1][0] - avg_y);
        result.sqt = sqt;

        sqe = 0;                  /* Quadratsumme
Vorhersagewerte SQE ermitteln */
        for (i = 1; i <= n; i++)
        {
            y_dach = b.a[0][0];   /* Vorhersagewert mit
Intercept initialisieren */
            for (k = 1; k <= p; k++)
                y_dach = y_dach + b.a[k][0] * X.a[i
- 1][k];
            sqe = sqe + (y_dach - avg_y)*(y_dach -
avg_y);
        }
        result.sqe = sqe;

        sqr = sqt - sqe;          /* Quadratsumme
Restvarianz SQR ermitteln */
        result.sqr = sqr;

        r2 = sqe / sqt;                    /*
Bestimmtheitsmass R2 berechnen */
        result.r2 = r2;
```

```
        mqe = sqe / p;                  /* mittlere
Quadratsumme MQE erklaerte Varianz */
        result.mqe = mqe;

        mqr = sqr / (n - p - 1);        /* mittlere
Quadratsumme MQR Residualvarianz */
        result.mqr = mqr;

        f = mqe / mqr;                  /* Pruefgroesse fuer
F-Verteilung ermitteln */
        result.f = f;

        se = sqrt(sqr / (n - p - 1)); /* Standardfehler der
Regression ermitteln */
        result.se = se;

        return (result);
}


void process_queue(message_queue Q, int own_id)
/*
prozessiert fuer die CPU bestimmte Messages in der Queue
own_id  : cpu_id des abfragenden Rechners
*/
{
        FILE    *fz, *fz_aus;
        int counter,
                i,
                i2,
                i3,
                n2,
                p2,
                k2,
                k3;
        float
                mqr2,
                var_x2,
                se_praed2,
                beta2,
                t2,
                tol2,
                vif2,
                b2;
        matrix
                X2z,
                y2z;
        matrix
                puffer_y[max_m],
                puffer_x[max_m];
        int
```

```
                    puffer_k3[max_m],
                    puffer_n[max_m],
                    puffer_p[max_m];
        float
                    puffer_b2[max_m],
                    puffer_beta2[max_m],
                    puffer_mqr[max_m],
                    puffer_var_x2[max_m];

        regression_ergebnis
                    se_praed_berechnung;

        /* aus Kommunikationsqueue lesen */

        if ((fz = fopen(datei, "r")) == NULL)
        {
                    printf("\nFehler beim Lesen der Queue %s",
datei);
        }
        else
        {
        counter = 1;
                for (i = 0; i <= max_msg - 1; i++)
                {
                            fscanf(fz, "%d %d %d %d %d %d\n",
&Q.msg_id[i], &Q.sender[i], &Q.receiver[i],
&Q.msg_type[i], &Q.msg_status[i], &Q.n);

                            if ((Q.receiver[i] == own_id) &&
(Q.msg_status[i] == 0))     /* Nachricht fuer CPU
bestimmt und noch nicht bearbeitet */
                            {
                                    printf("\nMessage Id. %d
(Typ %d) von CPU%d an CPU%d\n", i, Q.msg_type[i],
Q.sender[i], Q.receiver[i]);
                                    switch (Q.msg_type[i])
                                    {
                                    case 0: /* Message-Typ 0:
Anmelden einer CPU im Cluster */
                                    {

        confirm_message(Q, Q.msg_id[i]);

        read_comfile(Q.msg_id[i], Q.msg_type[i]);

                                    }; break;
                                    case 1: /* Message-Typ 1:
Uebertragung eines Textes */
                                    {

        confirm_message(Q, Q.msg_id[i]);
```

```
                read_comfile(Q.msg_id[i], Q.msg_type[i]);
                                }; break;
                                case 2: /* Message-Typ 2:
Ausfuehrung einer Unterregressionsanalyse */
                                {
                                                        FILE
        *fz2;                                   /* Zeiger auf
Datei */
                filename
                comdatei;
                                                        char
                text[80];

                strcpy(comdatei, "MSG_");
                                                        switch
(i)
                                                        {
                                                        case
0: strcpy(comdatei, "MSG_000");  break;
                                                        case
1: strcpy(comdatei, "MSG_001");  break;
                                                        case
2: strcpy(comdatei, "MSG_002");  break;
                                                        case
3: strcpy(comdatei, "MSG_003");  break;
                                                        case
4: strcpy(comdatei, "MSG_004");  break;
                                                        case
5: strcpy(comdatei, "MSG_005");  break;
                                                        case
6: strcpy(comdatei, "MSG_006");  break;
                                                        case
7: strcpy(comdatei, "MSG_007");  break;
                                                        case
8: strcpy(comdatei, "MSG_008");  break;
                                                        case
9: strcpy(comdatei, "MSG_009");  break;
                                                        case
10: strcpy(comdatei, "MSG_010");  break;
                                                        case
11: strcpy(comdatei, "MSG_011");  break;
                                                        case
12: strcpy(comdatei, "MSG_012");  break;
```

```
13: strcpy(comdatei, "MSG_013"); break;       case
14: strcpy(comdatei, "MSG_014"); break;       case
15: strcpy(comdatei, "MSG_015"); break;       case
16: strcpy(comdatei, "MSG_016"); break;       case
17: strcpy(comdatei, "MSG_017"); break;       case
18: strcpy(comdatei, "MSG_018"); break;       case
19: strcpy(comdatei, "MSG_019"); break;       case
20: strcpy(comdatei, "MSG_020"); break;       case
21: strcpy(comdatei, "MSG_021"); break;       case
22: strcpy(comdatei, "MSG_022"); break;       case
23: strcpy(comdatei, "MSG_023"); break;       case
24: strcpy(comdatei, "MSG_024"); break;       case
25: strcpy(comdatei, "MSG_025"); break;       case
26: strcpy(comdatei, "MSG_026"); break;       case
27: strcpy(comdatei, "MSG_027"); break;       case
28: strcpy(comdatei, "MSG_028"); break;       case
29: strcpy(comdatei, "MSG_029"); break;       case
30: strcpy(comdatei, "MSG_030"); break;       case
                                              }

        strcat(comdatei, ".DAT");

                                              if
((fz2 = fopen(comdatei, "r")) == NULL)
                                              {
        printf("\nFehler beim Lesen der
Kommunikationsdatei %s", comdatei);
                                              }
                                              else
                                              {
```

```
            fscanf(fz2, "%d %d\n", &n2, &p2);
                      /* in diese Zeile n und p lesen */

            y2z = init_matrix(n2, 1);

            X2z = init_matrix(n2, p2);

            puffer_y[counter].m = y2z.m;

            puffer_y[counter].n = y2z.n;

            puffer_x[counter].m = X2z.m;

            puffer_x[counter].n = X2z.n;

            puffer_n[counter] = n2;

            puffer_p[counter] = p2;

            fscanf(fz2, "%d %f %f %f %f", &k3, &mqr2, &var_x2,
&b2, &beta2);
            fscanf(fz2, "\n");

            puffer_k3[counter] = k3;

            puffer_mqr[counter] = mqr2;

            puffer_var_x2[counter] = var_x2;

            puffer_b2[counter] = b2;

            puffer_beta2[counter] = beta2;


            for (i2 = 1; i2 <= n2; i2++)

            {
                  fscanf(fz2, "%f ", &y2z.a[i2 - 1][0]);
                        /* in diese zZeile Wertereihe Y */
```

```
                puffer_y[counter].a[i2 - 1][0] = y2z.a[i2 - 1][0];
        }

        for (k2 = 1; k2 <= p2; k2++)

        {
                fscanf(fz2, "\n");
                                        /* in die folgenden Zeilen Wertereihen der Praediktoren */
                for (i2 = 1; i2 <= n2; i2++)

                {
                        fscanf(fz2, "%f ", &X2z.a[i2 - 1][k2]);

                        puffer_x[counter].a[i2 - 1][k2] = X2z.a[i2 - 1][k2];

                }
        }

        for (i2 = 1; i2 <= n2; i2++)

        {
                X2z.a[i2 - 1][0] = 1;
                                /* erste Spalte von X mit 1 setzen */
                puffer_x[counter].a[i2 - 1][0] = 1;
        }



        counter = counter + 1;

        confirm_message(Q, Q.msg_id[i]);
                                                }
```

```
            fclose(fz2);

                              }
                              }

                     }

            }

            if ((fz_aus = fopen(ausgabe_dateiname,
"a")) == NULL)
                     {
                     printf("\nFehler beim Schreiben in
die Datei %s", ausgabe_dateiname);
                     }

            #pragma omp parallel for private
(se_praed2, t2, tol2, vif2)
            for (i3 = 1; i3 < counter; i3++)
                     {
                     se_praed_berechnung =
unterregressionsanalyse(puffer_y[i3], puffer_x[i3],
puffer_n[i3], puffer_p[i3]);


                     se_praed2 = sqrt(1 / (1 -
se_praed_berechnung.r2)) * sqrt(puffer_mqr[i3] /
(puffer_n[i3] * puffer_var_x2[i3]));
                     t2 = puffer_b2[i3] / se_praed2;

                     tol2 = 1 - se_praed_berechnung.r2;
                     vif2 = 1 / (tol2);

                     if (puffer_p[i3] > 1)
                              printf("\n (cpu %d core %d)
X%d %f %f %f %f %f %f", cpu_id, omp_get_thread_num(),
puffer_k3[i3], puffer_b2[i3], se_praed2,
puffer_beta2[i3], t2, tol2, vif2);
                     else
                              printf("\n (cpu %d core %d)
X%d %f (unstand.) %f (standardisiert) ", cpu_id,
omp_get_thread_num(), puffer_k3[i3], puffer_b2[i3],
puffer_beta2[i3]);

                     /* Output in Textdatei */

                     if (puffer_p[i3] > 1)
```

```
                              fprintf(fz_aus,"\n (cpu %d core %d) X%d %f %f %f %f %f %f", cpu_id, omp_get_thread_num(), puffer_k3[i3], puffer_b2[i3], se_praed2, puffer_beta2[i3], t2, tol2, vif2);
                    else
                              fprintf(fz_aus,"\n (cpu %d core %d) X%d %f (unstand.) %f (standardisiert) ", cpu_id, omp_get_thread_num(), puffer_k3[i3], puffer_b2[i3], puffer_beta2[i3]);
                    }
                    fclose(fz_aus); /* Ende Output Textdatei */

                    fclose(fz);
          }
}


int cluster_anmeldung(void)
{

          char
                    abfrage;

          printf("Eigene CPU-Id              : ");
          scanf("%d", &cpu_id);
          printf("Master CPU-Id              : ");
          scanf("%d", &master_id);
          /*
          printf("Dateiname Message-Queue     : ");
          scanf("%s", &datei);
          */
          strcpy(datei, "queue.msg");

          printf("\nQueue initialisieren (j/n) : ");
          abfrage = getch();

          if (abfrage == 'j')
                    Q = init_queue();

          nachricht_id = send_message(Q, cpu_id, master_id, 0);          /* CPU am Cluster anmelden */
          create_comfile(nachricht_id, 0);
          return (1);

          /* am Cluster angemeldet */
}

void cluster_auftrag(void)
{
```

```c
        if (cluster_status == 1)
        {
                printf("\nMessage senden an CPU : ");
                scanf("%d", &ziel);
                printf("\nMessage Type            : ");
                scanf("%d", &msg_type);

                nachricht_id = send_message(Q, cpu_id, ziel, msg_type);
                create_comfile(nachricht_id, msg_type);
        }
        else printf("\nDieser Rechner wurde noch nicht am Cluster angemeldet.");
}

void cluster_slave()
{
        if (cluster_status == 1)
        {
                do
                {
                        process_queue(Q, cpu_id);
                } while (msg_type != 99);
        }
        else printf("\nDieser Rechner wurde noch nicht am Cluster angemeldet.");
}

void cluster_admin(void)

{

int
   auswahl;

time_t
        beginn,
        ende;

do
{

        printf("\n_____");
        printf("\n               Kommunikationsprotokoll V%1.1f (C)2015 Thomas Kaul", version_comm);
        printf("\n                    Cluster Computing");
        if (cluster_status == 1)
```

```c
                    printf("\n                              CPU-Id: %d", cpu_id);
        else
                    printf("\n                              CPU noch nicht angemeldet");
        printf("\n_____\n");
        printf("\n1 .......... am Rechnercluster anmelden");
        printf("\n2 .......... Auftrag an Cluster erteilen");
        printf("\n3 .......... Auftraege aus dem Cluster abfragen und prozessieren");
        printf("\n4 .......... Slave-Modus, Auftraege aus dem Cluster automat.prozessieren");
        printf("\n5 .......... Menue verlassen");
        printf("\n_____\n");

        scanf("%d", &auswahl);

        switch (auswahl)
        {
        case 1:
        {
                    cluster_status = cluster_anmeldung();
        }; break;
        case 2:
        {
                    cluster_auftrag();
        }; break;
        case 3:
        {
                    if (cluster_status == 1)
                    {
                        ops = 0;
                        ops2 = 0;
                        time(&beginn);
                        process_queue(Q, cpu_id);
                        time(&ende);

                        printf("\n\n*** Ergebnisse der Laufzeitanalyse Unterregressionen ***");
                        printf("\nAnzahl Unterregressionsanalysen:   %d", unterregr);
                        printf("\nAnzahl invertierter Matrizen:      %d", ops);
                        printf("\nAnzahl Determinantenberechnungen:  %d", ops2);
```

```c
                            printf("\nLaufzeit in Sekunden: %d", ende - beginn);


                        printf("\nLaufzeit in Sekunden: %d", ende - beginn);
                        /* Output in Textdatei */
                        if ((fz = fopen(ausgabe_dateiname, "a")) == NULL)
                        {
                            printf("\nFehler beim Schreiben in die Datei %s", ausgabe_dateiname);
                        }
                        else
                        {

                            fprintf(fz, "\n\n*** Ergebnisse der Laufzeitanalyse Unterregressionen ***");
                            fprintf(fz, "\nAnzahl Unterregressionsanalysen:  %d", unterregr);
                            fprintf(fz, "\nAnzahl invertierter Matrizen:   %d", ops);
                            fprintf(fz, "\nAnzahl Determinantenberechnungen: %d", ops2);

                            fprintf(fz,"\nLaufzeit in Sekunden: %d", ende - beginn);
                            fprintf(fz, "\n_____");
                            fprintf(fz, "\nDISCLAIMER. Copyright 2014, 2015 Thomas Kaul. This software comes with");
                            fprintf(fz, "\nabsolutely no warranty. Any damage, harm or consequences by using this");
                            fprintf(fz, "\nsoftware is beyond liability of the author.");
                            fprintf(fz, "\n_____");
                            fclose(fz);
                        }

                        /* Ende Output Textdatei */
```

```
                            }
                            else
                                    printf("\nDieser Rechner
wurde noch nicht am Cluster angemeldet.");
            }; break;
            case 4:
            {
                            cluster_slave();
            }; break;
            };

} while (auswahl != 5);

}

/* Ende Deklarationen fuer Cluster Computing */

void ausreisser_analyse(matrix y, matrix X, matrix b, int
n, int p)

/* Residualanalyse und Mahalonobis-Distanzen */
{
        int i, i2, j;
        float y_dach;
        float residuum;
        float mittelwert;
        float varianz;
        float mahal;

        printf("\n_____
_____");
        printf("\n*** Ergebnisse der Residualanalyse
***");
        printf("\n_____
_____");
        printf("\n Vpn    y           Schaetzwert Residuum");
        for (i = 1; i <= n; i++)
        {
                printf("\n %d     %f ", i, y.a[i - 1][0]);

                y_dach = b.a[0][0];
                for (j = 1; j <= p; j++)
                {
                        y_dach = y_dach + (b.a[j][0] *
X.a[i - 1][j]);
                }
                residuum = y.a[i - 1][0] - y_dach;
                printf("%f     %f ", y_dach, residuum);
        }
```

```
        printf("\n_____
_____");
        printf("\n*** Mahalanobis-Distanzen zu den
Praediktoren ***");
        printf("\n_____
_____");
        printf("\n Vpn ");
        for (j = 1; j <= p; j++)
                printf("X%2d     ", j);
        for (i = 1; i <= n; i++)
        {
                printf("\n %d   ", i);
                for (j = 1; j <= p; j++)
                {
                        mittelwert = 0;
                        for (i2 = 1; i2 <= n; i2++)
                                mittelwert = mittelwert +
X.a[i2 - 1][j];
                        mittelwert = mittelwert / n;


                        varianz = 0;
                        for (i2 = 1; i2 <= n; i2++)
                                varianz = varianz + ((X.a[i2
- 1][j] - mittelwert)*(X.a[i2 - 1][j] - mittelwert));
                        varianz = varianz / n;


                        mahal = sqrt(((X.a[i - 1][j] -
mittelwert) * (X.a[i - 1][j] - mittelwert)) / varianz);

                        printf("%f ", mahal);


                }
        }
        printf("\n_____
_____");



        if ((fz = fopen(ausgabe_dateiname, "a")) == NULL)
        {
                printf("\nFehler beim Schreiben in die
Datei %s", ausgabe_dateiname);
        }
        else
        {
```

```
            fprintf(fz,
"\n_____
_____");
            fprintf(fz, "\n*** Ergebnisse der
Residualanalyse ***");
            fprintf(fz,
"\n_____
_____");
            fprintf(fz, "\n Vpn    y           Schaetzwert
Residuum");
            for (i = 1; i <= n; i++)
            {
                    fprintf(fz, "\n %d    %f ", i,
y.a[i - 1][0]);

                    y_dach = b.a[0][0];
            /* Intercept */
                    for (j = 1; j <= p; j++)
                    {
                            y_dach = y_dach + (b.a[j][0]
* X.a[i - 1][j]);

                    }
                    residuum = y.a[i - 1][0] - y_dach;
                    fprintf(fz, "%f    %f ", y_dach,
residuum);
            }

            fprintf(fz,
"\n_____
_____");
            fprintf(fz, "\n*** Mahalanobis-Distanzen zu
den Praediktoren ***");
            fprintf(fz,
"\n_____
_____");
            fprintf(fz, "\n Vpn ");
            for (j = 1; j <= p; j++)
                    fprintf(fz, "X%2d      ", j);
            for (i = 1; i <= n; i++)
            {
                    fprintf(fz, "\n %d    ", i);
                    for (j = 1; j <= p; j++)
                    {
                            mittelwert = 0;
                            for (i2 = 1; i2 <= n; i2++)
                                    mittelwert =
mittelwert + X.a[i2 - 1][j];
                            mittelwert = mittelwert / n;
```

```
                                varianz = 0;
                                for (i2 = 1; i2 <= n; i2++)
                                    varianz = varianz +
((X.a[i2 - 1][j] - mittelwert)*(X.a[i2 - 1][j] -
mittelwert));
                                varianz = varianz / n;


                                mahal = sqrt(((X.a[i - 1][j]
 - mittelwert) * (X.a[i - 1][j] - mittelwert)) / varianz);

                                fprintf(fz, "%f ", mahal);


                            }
                        }
                        fprintf(fz,
"\n_____
_____");
                        fclose(fz);
            }
} /* Ende der Funktion */

regression_ergebnis regressionsanalyse(matrix y, matrix
X, int n, int p)
/* fuehrt eine Regressionsanalyse durch,
   y Kriteriumsvektor, erste Spalte von X mit Einsen,
zweite bis k+1-te Spalte Praediktoren
   n = Stichprobengroesse
   p = Anzahl der Praediktoren

   Datenstruktur Ergebnis
   sqe,sqr,sqt,mqe,mqr,f,se,r2,b (Ergebnisvektor)

   */
{
        regression_ergebnis
                    result,             /* Ergebnis der
Regressionsanalyse */
                    se_praed_berechnung; /* Regressionsanalyse
zur Berechnung des Standardfehlers der Praediktoren */

        int
                    i,                  /* Zeilenindex */
                    j,                  /* Spaltenindex */
                    k,                  /* Spaltenindex */
                    i2,
                    k2,
                    assign_cpu[max_m];  /* fuer manuelle
Lastverteilung */
        float
```

```
            sum_y,              /* Summe des Kriteriums */
            avg_y,              /* arithm. Mittel Kriterium */
            var_y,              /* Varianz des Kriteriums */
            sd_y,               /* Standardabweichung des Kriteriums */
            y_dach,             /* aus Regressionsgleichung vorhergesagter Wert des Kriteriums */
            sqt,                /* Quadratsumme Gesamtvarianz */
            sqe,                /* Quadratsumme erklaerte Varianz */
            sqr,                /* Quadratsumme Residualvarianz */
            r2,                 /* Bestimmtheitsmass R-Quadrat */
            mqe,                /* mittlere Quadratsumme erklaerte Varianz */
            mqr,                /* mittlere Quadratsumme Residualvarianz */
            f,                  /* Pruefstatistik zur F-Verteilung */
            se,                 /* Standardfehler der Regression */
            sum_x,              /* Summe des Praediktors xk*/
            var_x,              /* Varianz des Praediktors xk */
            avg_x,              /* arithm.Mittel des Praediktors xk */
            sd_x,               /* Standardabweichung des Praediktors xk */
            beta,               /* standardisiertes Regressionsgewicht des Praediktors */
            se_praed,           /* Standardfehler des Praediktors */
            t,                  /* Pruefwert fuer t-Verteilung */
            tol,                /* Toleranz des Praediktors zur Multikollinearitaet */
            vif;                /* Variationsinflationsfaktor des Preadiktors zur Multikollinearität */
    matrix
            b,                  /* Ergebnisvektor des Intercepts und der Regressionskoeffizienten */
            X_,                 /* transformierte Matrix */
```

```
                X_X,                    /* Produkt aus
transformierter und urspruenglicher Matrix */
                X_X_inv,                /* Produkt mit
invertierter Matrix */
                X_X_invX_,              /* Produkt mit
transformierter Matrix */
                y2,                     /* Praediktor als
Kriterium zur Berechnung seines Standardfehlers*/
                X2;                     /* Matrix aus 1-
Spalte und den uebrigen Praediktoren */

        if (p == 0) fehler(8);          /* Regression mit
keinem Praediktor sinnlos */

        /* manuelle Lastverteilung, Zuordnung der
durchzufuehrenden Unterregression auf die CPU's */

        if (bootstrapping == 0)          /* bei
Bootstrapping keine Unterregressionen durchfuehren */
        {
                printf("\nFestlegung der Lastverteilung, es
sind %d Unterregressionen zu berechnen\n", p);
                for (i = 1; i <= p; i++)
                {
                        printf("%d. Unterregression auf
welcher CPU-Id :", i);
                        scanf("%d", &assign_cpu[i]);
                }
        }

        /* Ende der Festlegungen zur manuellen
Lastverteilung */

        hauptregr = hauptregr + 1;

        b = init_matrix(p + 1, 1);    /* Ergebnisvektor */

        X_ = transp_matrix(X);
        X_X = multipliziere_matrix(X_, X);
        X_X_inv = invertiere_matrix(X_X);
        X_X_invX_ = multipliziere_matrix(X_X_inv, X_);
        b = multipliziere_matrix(X_X_invX_, y);
        result.b = b;

                                /* Bestimmtheitsmass
R2 und Teststatistik der Modellguete berechnen */
        sum_y = 0;
        avg_y = 0;
        for (i = 1; i <= n; i++)
                sum_y = sum_y + y.a[i - 1][0];
        avg_y = sum_y / n;
```

```
        sqt = 0;                        /* Quadratsumme total 
SQT ermitteln */
        for (i = 1; i <= n; i++)
            sqt = sqt + (y.a[i - 1][0] - avg_y)*(y.a[i 
- 1][0] - avg_y);
        result.sqt = sqt;

        sqe = 0;                        /* Quadratsumme 
Vorhersagewerte SQE ermitteln */
        for (i = 1; i <= n; i++)
        {
            y_dach = b.a[0][0];  /* Vorhersagewert mit 
Intercept initialisieren */
            for (k = 1; k <= p; k++)
                y_dach = y_dach + b.a[k][0] * X.a[i 
- 1][k];
            sqe = sqe + (y_dach - avg_y)*(y_dach - 
avg_y);
        }
        result.sqe = sqe;

        sqr = sqt - sqe;             /* Quadratsumme 
Restvarianz SQR ermitteln */
        result.sqr = sqr;

        r2 = sqe / sqt;                    /* 
Bestimmtheitsmass R2 berechnen */
        result.r2 = r2;

        mqe = sqe / p;              /* mittlere 
Quadratsumme MQE erklaerte Varianz */
        result.mqe = mqe;

        mqr = sqr / (n - p - 1);       /* mittlere 
Quadratsumme MQR Residualvarianz */

        result.mqr = mqr;

        f = mqe / mqr;               /* Pruefgroesse fuer 
F-Verteilung ermitteln */
        result.f = f;

        se = sqrt(sqr / (n - p - 1)); /* Standardfehler der 
Regression ermitteln */
        result.se = se;

        if (bootstrapping == 0)
        {
```

```c
            printf("\n_____
_____");
            printf("\n***         Multiple        Regressionsanalyse V%1.1f (C)2015 Thomas Kaul ***", version_prog);
            printf("\n***                         Cluster-Processing                          ***");
            printf("\n***                              Ergebnis                               ***");
            printf("\n_____
_____");
            printf("\nStichprobengroesse   (n) = %i   Anzahl Praediktoren (k) = %i", n, p);
            printf("\n_____
_____");
            printf("\nBestimmtheitsmass    (R2) = %f   Standardfehler SE = %f ", r2, se);
            printf("\n_____
_____");
            printf("\nErklaerte Streuung   (SQE)= %f   (df)= %4d (MQE)= %f F= %f", sqe, p, mqe, f);
            printf("\nReststreuung         (SQR)= %f   (df)= %4d (MQR)= %f ", sqr, n - p - 1, mqr);
            printf("\nGesamtstreuung       (SQT)= %f   (df)= %4d ", sqt, n - 1);
            printf("\nsignif. R2 wenn F > F(%d,%d)", p, n - p - 1);
            printf("\n_____
_____");
            printf("\n                                       unstand.B       SE      beta       t      TOL     VIF");
            printf("\n    Konstante      %+8.3f", b.a[0][0]);

            /* Output in Textdatei */

            if ((fz = fopen(ausgabe_dateiname, "a")) == NULL)
            {
                printf("\nFehler beim Schreiben in die Datei %s", ausgabe_dateiname);
            }
            else
            {
```

```
        fprintf(fz,"\n_____
_____");
                        fprintf(fz, "\n*** 
Multiple Regressionsanalyse V%1.1f (C)2015 Thomas Kaul
***", version_prog);
                        fprintf(fz,"\n***
Cluster-Processing                          ***");
                        fprintf(fz,"\n***
Ergebnis                                    ***");

            fprintf(fz,"\n_____
_____");
                        fprintf(fz,"\nStichprobengroesse
(n) = %i  Anzahl Praediktoren (k)  = %i", n, p);

            fprintf(fz,"\n_____
_____");
                        fprintf(fz,"\nBestimmtheitsmass
(R2) = %f  Standardfehler SE = %f ", r2, se);

            fprintf(fz,"\n_____
_____");
                        fprintf(fz,"\nErklaerte Streuung
(SQE)= %f  (df)= %4d (MQE)= %f F= %f", sqe, p, mqe, f);
                        fprintf(fz,"\nReststreuung
(SQR)= %f  (df)= %4d (MQR)= %f ", sqr, n - p - 1, mqr);
                        fprintf(fz,"\nGesamtstreuung
(SQT)= %f  (df)= %4d ", sqt, n - 1);
                        fprintf(fz,"\nsignif. R2 wenn F >
F(%d,%d)", p, n - p - 1);

            fprintf(fz,"\n_____
_____");
                        fprintf(fz,"\n
unstand.B       SE       beta      t      TOL      VIF");
                        fprintf(fz,"\n   Konstante
%+8.3f", b.a[0][0]);
                        fclose(fz);
                }

                /* Ende Output Textdatei */
        }

                                /* Standardabweichung
von y ermitteln */
        var_y = 0;
        for (i = 1; i <= n; i++)
                var_y = var_y + (y.a[i - 1][0] -
avg_y)*(y.a[i - 1][0] - avg_y);
        var_y = var_y / n;
```

```
            sd_y = sqrt(var_y);


            for (k = 1; k <= p; k++)
            {
                                        /* Mittelwert des
Praediktors berechnen */
                sum_x = 0;
                for (i = 1; i <= n; i++)
                    sum_x = sum_x + X.a[i - 1][k];
                avg_x = sum_x / n;

                                        /* Varianz und
Standardabweichung des Praediktors berechnen */
                var_x = 0;
                for (i = 1; i <= n; i++)
                    var_x = var_x + (X.a[i - 1][k] -
avg_x)*(X.a[i - 1][k] - avg_x);
                var_x = var_x / n;
                if (var_x < 0.001) var_x = 0;
                sd_x = sqrt(var_x);


                                        /* standard.
Regressionskoeffizient beta berechnen */
                beta = b.a[k][0] * (sd_x / sd_y);

                                        /* Standardfehler des
Praediktors berechnen */
                y2 = init_matrix(n, 1);         /*
Regressionsmodell Praediktor durch uebrige Praediktoren
vorhersagen */
                X2 = init_matrix(n, p);         /* X2 hat
eine Spalte weniger als X */

                for (i = 1; i <= n; i++)        /* y2 =
Praediktor setzen */
                    y2.a[i - 1][0] = X.a[i - 1][k];

                                        /* X2 aus den
uebrigen Praediktoren aufbauen */
                for (i = 1; i <= n; i++)        /* erste
Spalte mit Einsen fuellen */
                    X2.a[i - 1][0] = 1;

                for (j = 1; j < k; j++)                 /*
Spalten links vom betreffenden Praediktor uebertragen */
                    for (i = 1; i <= n; i++)
```

```
                            X2.a[i - 1][j] = X.a[i - 1][j];

                    for (j = k + 1; j <= p; j++)   /* Spalten rechts vom betreffenden Praediktor uebertragen */
                            for (i = 1; i <= n; i++)
                                    X2.a[i - 1][j-1] = X.a[i - 1][j];


                if ((p > 1) && (bootstrapping == 0))
      /* Kommunikationsfile fuer Unterregressionsanalysen, nicht bei bootstrapping */
                {
                        FILE
                                *fz2;
                /* Zeiger auf Datei */
                        filename
                                comdatei;
                        char
                                text[255];


                        strcpy(comdatei, "MSG_");

                        nachricht_id = send_message(Q, cpu_id, assign_cpu[k], 2);               /* Unterregressionen auf festgelegten CPU's ausfuehren lassen */

                        switch (nachricht_id)
                        {
                        case 0: strcpy(comdatei, "MSG_000");  break;
                        case 1: strcpy(comdatei, "MSG_001");  break;
                        case 2: strcpy(comdatei, "MSG_002");  break;
                        case 3: strcpy(comdatei, "MSG_003");  break;
                        case 4: strcpy(comdatei, "MSG_004");  break;
                        case 5: strcpy(comdatei, "MSG_005");  break;
                        case 6: strcpy(comdatei, "MSG_006");  break;
                        case 7: strcpy(comdatei, "MSG_007");  break;
                        case 8: strcpy(comdatei, "MSG_008");  break;
```

```c
                        case 9: strcpy(comdatei,
"MSG_009"); break;
                        case 10: strcpy(comdatei,
"MSG_010"); break;
                        case 11: strcpy(comdatei,
"MSG_011"); break;
                        case 12: strcpy(comdatei,
"MSG_012"); break;
                        case 13: strcpy(comdatei,
"MSG_013"); break;
                        case 14: strcpy(comdatei,
"MSG_014"); break;
                        case 15: strcpy(comdatei,
"MSG_015"); break;
                        case 16: strcpy(comdatei,
"MSG_016"); break;
                        case 17: strcpy(comdatei,
"MSG_017"); break;
                        case 18: strcpy(comdatei,
"MSG_018"); break;
                        case 19: strcpy(comdatei,
"MSG_019"); break;
                        case 20: strcpy(comdatei,
"MSG_020"); break;
                        case 21: strcpy(comdatei,
"MSG_021"); break;
                        case 22: strcpy(comdatei,
"MSG_022"); break;
                        case 23: strcpy(comdatei,
"MSG_023"); break;
                        case 24: strcpy(comdatei,
"MSG_024"); break;
                        case 25: strcpy(comdatei,
"MSG_025"); break;
                        case 26: strcpy(comdatei,
"MSG_026"); break;
                        case 27: strcpy(comdatei,
"MSG_027"); break;
                        case 28: strcpy(comdatei,
"MSG_028"); break;
                        case 29: strcpy(comdatei,
"MSG_029"); break;
                        case 30: strcpy(comdatei,
"MSG_030"); break;
                        }
                        strcat(comdatei, ".DAT");
                        if ((fz2 = fopen(comdatei, "w")) ==
NULL)
                        {
```

```
                              printf("\nFehler beim
    Schreiben in die Kommunikationsdatei %s", comdatei);
                           }
                           else
                           {

                              if (zufallsdaten == 1)
                              {
                                 mqr = 0;
                                 var_x = 0;
                                 b.a[k][0] = 0;
                                 beta = 0;

                              }


                              fprintf(fz2, "%d %d\n", n,
    p-1);                            /* in diese Zeile n
    und p-1 schreiben */
                              fprintf(fz2, "%d %f %f %f
    %f", k, mqr, var_x, b.a[k][0], beta);
                              fprintf(fz2, "\n");
                              for (i2 = 1; i2 <= n; i2++)
                              {
                                 fprintf(fz2, "%f ",
    y2.a[i2 - 1][0]);        /* in diese zZeile
    Wertereihe Y */
                              }
                              for (k2 = 1; k2 <= p-1;
    k2++)
                              {
                                 fprintf(fz2, "\n");
                                                 /* in
    die folgenden Zeilen Wertereihen der Praediktoren */
                                 for (i2 = 1; i2 <= n;
    i2++)
                                             fprintf(fz2,
    "%f ", X2.a[i2 - 1][k2]);
                              }

                           }
                           fclose(fz2);


                }

         }
```

```
        if (bootstrapping == 0)
        {
            printf("\n_____
_____");
                printf("\nDie ermittelte
Regressionsgleichung lautet:");
                printf("\nY = %f ", b.a[0][0]);
                for (k = 1; k <= p; k++)
                    printf(" + (%f)X%d ", b.a[k][0],
k);

            printf("\n_____
_____");

                /* Output in Textdatei */
                if ((fz = fopen(ausgabe_dateiname, "a")) ==
NULL)
                {
                    printf("\nFehler beim Schreiben in
die Datei %s", ausgabe_dateiname);
                }
                else
                {

            fprintf(fz,"\n_____
_____");
                    fprintf(fz,"\nDie ermittelte
Regressionsgleichung lautet:");
                    fprintf(fz,"\nY = %f ", b.a[0][0]);
                    for (k = 1; k <= p; k++)
                        fprintf(fz," + (%f)X%d ",
b.a[k][0], k);

            fprintf(fz,"\n_____
_____");
                    fclose(fz);
                }

                /* Ende Output Textdatei */
        }

        return (result);
}
main()
{
```

```c
        time_t startzeit, endzeit;    /* fuer Laufzeitdiagnose */

        int auswahl;                   /* Menue-Steuerung des Programmablaufs */
        int daten_vorh;                /* Flag ob Daten vorhanden sind */
        int samples;                   /* Anzahl resamples fuer Bootstrapping */
        int j;                         /* Index fuer resamples fuer Bootstrapping */
        int ziehung;                   /* Zufallsauswahl Vpn fuer Bootstrapping */
        char dateiname[20];            /* Dateiname */
        int n;                         /* Stichprobengroesse */
        int p;                         /* Anzahl Praediktoren */
        int i,                         /* Zeilenindex */
            k;                         /* Spaltenindex */
        float
            messwert;                  /* Messwert */
        matrix
            y,                         /* Kriteriumsvektor */
            X,                         /* Matrix aus 1-Spalte und Praediktorenspalten */
            y_resample,                /* Kriteriumsvektor fuer resample */
            X_resample;                /* Resample fuer X, muss synchron zu y aufgebaut werden! */
        regression_ergebnis            /* Ergebnisse der Regressionsanalyse */
            analyse;


        daten_vorh = 0;                /* noch keine Daten erfasst oder eingelesen */
        cluster_status = 0;            /* noch nicht am Rechnercluster angemeldet */
        laufzeitanalyse = 1;           /* Modus fuer Laufzeitanalyse */



        do
        {
```

```c
        ops = 0;
        ops2 = 0;
        hauptregr = 0;
        unterregr = 0;

   printf("\n_____");
            printf("\n***          Multiple Regressionsanalyse V%1.1f (C)2015 Thomas Kaul ***", version_prog);
            printf("\n***  Cluster-Processing                        ***");
   printf("\n_____");
            printf("\n\n");
            printf(" 0 .......... Funktionen zum Cluster-Computing\n");
            printf(" 1 .......... manuelle Dateneingabe\n");
            printf(" 2 .......... Datei einlesen\n");
            printf(" 3 .......... Datei speichern\n");
            printf(" 4 .......... Daten anzeigen\n");
            printf(" 5 .......... Regressionsanalyse starten\n");
            printf(" 6 .......... Regressionsanalysen mit Bootstrapping\n");
            printf(" 7 .......... Generieren von Zufallsdaten\n");
            printf(" 8 .......... Zufallszahlenmodus aktivieren\n");
            printf(" 9 .......... Zufallszahlenmodus deaktivieren\n");
            printf(" 10 ......... Information Programmparameter\n");
            printf(" 99.......... Programm beenden\n");

      printf("\n_____");
            printf("\n Auswahl: ");
            scanf("%d", &auswahl);

            switch (auswahl)
            {
            case 0:
            {
                        cluster_admin();
            }; break;
```

```
                    case 1:    /* manuelle Dateneingabe */
                    {
printf("\n\nStichprobengroesse    N= ");
                              scanf("%d", &n);
                              if (n < 1) fehler(0);
                              if (n > max_n) fehler(1);
                              printf("\nAnzahl der
Praediktoren p= ");
                              scanf("%d", &p);
                              if (p < 1) fehler(3);
                              if (p >(max_m - 1))
fehler(2);

                              y = init_matrix(n, 1);
                              X = init_matrix(n, p + 1);
                              printf("\nEingabe der
Wertereihe der Kriteriumsvariable Y:");
                              for (i = 1; i <= n; i++)
                              {
                                     printf("\n%d.Wert :
", i);
                                     scanf("%f",
&messwert);
                                     y.a[i - 1][0] =
messwert;
                              };

                              for (i = 1; i <= n; i++)
                                     X.a[i - 1][0] = 1;

                              for (k = 1; k <= p; k++)
                              {
                                     printf("\nEingabe
der Wertereihe zum Praediktor X%d:", k);
                                     for (i = 1; i <= n;
i++)
                                     {
printf("\n%d.Wert : ", i);
                                            scanf("%f",
&messwert);
                                            X.a[i -
1][k] = messwert;
                                     }
                              }
                              daten_vorh = 1;
                              laufzeitanalyse = 1;
```

```
            };  break;
            case 2:    /* Datei einlesen */
            {
                    printf("\nDateiname :");
                    scanf("%s", &dateiname);


                    if ((fz = fopen(dateiname, "r")) == NULL)
                    {
                            printf("\nFehler beim Lesen der Datei %s", dateiname);
                    }
                    else
                    {
                            fscanf(fz, "%d %d\n", &n, &p);  /* n und p aus erster Zeile lesen */

                            if (p < 1) fehler(3);
                            if (p >(max_m - 1)) fehler(2);

                            y = init_matrix(n, 1);
                            X = init_matrix(n, p + 1);

                            for (i = 1; i <= n; i++)
                                    fscanf(fz, "%f ", &y.a[i - 1][0]);  /* Wertereihe Kriterium Y aus zweiter Zeile lesen */

                            for (k = 1; k <= p; k++)
                            for (i = 1; i <= n; i++)
                            {
                                    fscanf(fz, "%f ", &X.a[i - 1][k]);  /* Wertereihen Praediktoren aus Folgezeilen lesen */
                                    X.a[i - 1][0] = 1;
                                            /* und erste Spalte X auf 1 setzen */
                            }
                            fclose(fz);
                            daten_vorh = 1;
                            laufzeitanalyse = 1;
                    };
            };  break;
```

```c
                        case 3:   /* Datei speichern */
                        {
                                            if (daten_vorh == 1)
                                            {
printf("\nDateiname :");
                                                scanf("%s", &dateiname);
                                                if ((fz = fopen(dateiname, "w")) == NULL)
                                                {
printf("\nFehler beim Schreiben in die Datei %s", dateiname);
                                                }
                                                else
                                                {
fprintf(fz,"%d %d\n", n, p);
        /* in die erste Zeile n und p schreiben */
                                                    for (i = 1; i <= n; i++)
            fprintf(fz,"%f ", y.a[i - 1][0]);
        /* in die zweite Zeile Wertereihe Y */
                                                    for (k = 1; k <= p; k++)
                                                    {
            fprintf(fz,"\n");
                    /* in die folgenden Zeilen Wertereihen der Praediktoren */
            for (i = 1; i <= n; i++)
                fprintf(fz,"%f ", X.a[i - 1][k]);
                                                    }
fclose(fz);
printf("\nDaten in Datei %s erfolgreich gespeichert.", dateiname);
                                                }
                                            }
                                            else printf("\nNoch keine Daten erfasst oder eingelesen!\n");
                        }; break;
```

```
                    case 4:   /* Daten anzeigen */
                    {
                                    if (daten_vorh == 1)
                                    {
printf("\nStichprobengroesse  N = %d , Anzahl Praediktoren p = %d", n, p);
printf("\nWertereihe Kriterium (Y):\n");
                                    for (i = 1; i <= n; i++)
printf("%f ", y.a[i - 1][0]);
                                    for (k = 1; k <= p; k++)
                                    {
printf("\nWertereihe Praediktor (X%d):\n", k);
                                    for (i = 1; i <= n; i++)
           printf("%f ",X.a[i - 1][k]);
                                    }
                                    }
                                    else printf("\nNoch keine Daten erfasst oder eingelesen!\n");
                    }; break;

                    case 5:   /* Regressionanalyse starten */
                    {
                                    if ((daten_vorh == 1) && (cluster_status == 1))
                                    {

printf("\nDateiname der Ausgabedatei:");
                                    scanf("%s", &ausgabe_dateiname);


time(&startzeit);


bootstrapping = 0;    /* Bootstrapping Modus aus */
                                    analyse = regressionsanalyse(y, X, n, p);
```

```
ausreisser_analyse(y, X, analyse.b, n, p);

time(&endzeit);

printf("\n*** Ergebnisse der Laufzeitanalyse Hauptregression ***");

printf("\nAnzahl Regressionsanalysen:      %d", hauptregr);

printf("\nAnzahl invertierter Matrizen:    %d", ops);

printf("\nAnzahl Determinantenberechnungen: %d", ops2);

printf("\nLaufzeit in Sekunden: %d \n", endzeit - startzeit);

                                        /* Output in Textdatei */

                                        if ((fz = fopen(ausgabe_dateiname, "a")) == NULL)
                                        {

printf("\nFehler beim Schreiben in die Datei %s", ausgabe_dateiname);
                                        }
                                        else
                                        {

fprintf(fz, "\n*** Ergebnisse der Laufzeitanalyse Hauptregression ***");

fprintf(fz, "\nAnzahl Regressionsanalysen:      %d", hauptregr);

fprintf(fz, "\nAnzahl invertierter Matrizen:    %d", ops);

fprintf(fz, "\nAnzahl Determinantenberechnungen: %d", ops2);

fprintf(fz, "\nLaufzeit in Sekunden: %d \n", endzeit - startzeit);
```

```c
                fclose(fz);
                                                        }
                                                /* Ende Output in Textdatei */
                                        }
                                        else
                                        {
                                                if (daten_vorh != 1) printf("\nNoch keine Daten erfasst oder eingelesen!\n");
                                                if (cluster_status != 1) printf("\nNoch nicht am Cluster angemeldet!\n");
                                        };
                                }; break;

                                case 6:   /* Bootstrapping */
                                {
                                        time_t     t;        /* zur Initialisierung Zufallszahlengenerator */
                                        int i2;              /* Zeilenindex */
                                        int k2;              /* Spaltenindex */
                                        int getauscht;       /* zum Sortieren der Parameterschätzungen */
                                        int anzahl_elemente; /* zur Bestimmung der Konfidenzintervalle*/
                                        int ug_index;
                                        int og_index;

                                        matrix sample_b,     /* enthaelt alle b-Vektoren der samples */
                                               sample_avg_b; /* durchschnittl. Schaetzungen Regressionskoeffizienten */

                                        float sample_r2[max_samples],
```

```
             sample_f[max_samples],
             sample_se[max_samples],
             sample_avg_r2,
             sample_avg_f,
             sample_avg_se,
                                              tausch;     /* zum Sortieren dr Parameterschätzungen */

                                    if (daten_vorh == 1)
                                      {
             bootstrapping = 1;   /* Bootstrapping Modus ein */

             printf("\nDateiname der Ausgabedatei:");              scanf("%s", &ausgabe_dateiname);

             printf("\nAnzahl der Resamples    : ");               scanf("%d", &samples);
             printf("\nDetails anzeigen (0/1)  : ");               scanf("%d", &details_anzeigen);

             time(&startzeit);

                                              if (samples <= max_samples)
                                                {
             printf("\n_____");
             printf("\n***          Multiple Regressionsanalyse V%1.1f (C)2015 Thomas Kaul        ***", version_prog);
             printf("\n***                    Cluster-Processing                ***");
```

```c
          printf("\n***                    Ergebnis -
Bootstrapping                    ***");
          printf("\n_____
_____");
          printf("\n                         %d Resamples
berechnet", samples);
          printf("\n_____
_____");
                                                        /*
Output in Textdatei */
                                                        if
((fz = fopen(ausgabe_dateiname, "a")) == NULL)
                                                        {
                  printf("\nFehler beim Schreiben in die Datei
%s", ausgabe_dateiname);
                                                        }
                                                        else
                                                        {


          fprintf(fz,"\n_____
_____");
                    fprintf(fz,"\n***            Multiple
Regressionsanalyse V%1.1f (C)2015 Thomas Kaul
***", version_prog);
                    fprintf(fz,"\n***
Cluster-Processing                        ***");
                    fprintf(fz,"\n***
Ergebnis - Bootstrapping                        ***");

          fprintf(fz,"\n_____
_____");
                    fprintf(fz,"\n
%d Resamples berechnet", samples);

          fprintf(fz,"\n_____
_____");
```

```
                fclose(fz);
                                                        }
                                                /* Ende Output in Textdatei */

                                                        if (details_anzeigen == 1)
                                                        {
                        printf("\nSample R2      F       SE Regressionskoeffizienten");

                        /* Output in Textdatei */

                        if ((fz = fopen(ausgabe_dateiname, "a")) == NULL)
                        {
                                printf("\nFehler beim Schreiben in die Datei %s", ausgabe_dateiname);
                        }
                        else
                        {
                                fprintf(fz,"\nSample R2       F       SE Regressionskoeffizienten");
                                fclose(fz);
                        }

                        /* Ende Output in Textdatei */
                                                        }

y_resample = init_matrix(n, 1);        /* Matrizen fuer resample bereitstellen */
X_resample = init_matrix(n, p + 1);
```

```
sample_b = init_matrix(p + 1 , samples);           /* b-
Vektor fuer resamples bereitstellen */

time(&t); srand((unsigned int)t);

sample_avg_r2 = 0;

sample_avg_f = 0;

sample_avg_se = 0;

sample_avg_b = init_matrix(p + 1, 1);
        /* durchschnittl. Koeffizientenschätzung ueber
alle samples */


                                                   for
(j = 0; j < samples; j++)
                                                   {

        for (i2 = 0; i2 < n; i2++)
        /* resample generieren */

            {

                ziehung = rand() % n;
                    /* Vpn zufaellig ziehen */

                y_resample.a[i2][0] = y.a[ziehung][0];
                    /* Kriteriumsvektor setzen */

                for (k2 = 0; k2 < p + 1; k2++)

                        X_resample.a[i2][k2] =
X.a[ziehung][k2]; /* Resample fuer Matrix X*/

            }
        analyse = regressionsanalyse(y_resample,
X_resample, n, p);

        for (i2 = 0; i2 < p + 1; i2++)
            /* b-Vektor fuer Resample merken und
aufsummieren */

            {

                sample_b.a[i2][j] = analyse.b[i2][0];
```

```
                    sample_avg_b.a[i2][j] =
sample_avg_b.a[i2][j] + analyse.b.a[i2][0];

            }



        sample_r2[j] = analyse.r2;

        sample_avg_r2 = sample_avg_r2 + sample_r2[j];
        /* aufaddieren zur Durchschnittsbildung */

        sample_f[j] = analyse.f;

        sample_avg_f = sample_avg_f + sample_f[j]; /*
aufaddieren zur Durchschnittsbildung */

        sample_se[j] = analyse.se;

        sample_avg_se = sample_avg_se + sample_se[j];
        /* aufaddieren zur Durchschnittsbildung */


        if (details_anzeigen == 1)

            {

                printf("\n%6d %3.3f %3.3f %3.3f",j,
sample_r2[j], sample_f[j], sample_se[j]);

                for (i = 0; i < p+1; i++)    /*
Regressionskoeffizienten ausgeben */

                    printf("%f ", sample_b.a[i][j]);

                /* Output in Textdatei */

                if ((fz = fopen(ausgabe_dateiname, "a"))
== NULL)

                    {

                        printf("\nFehler beim Schreiben
in die Datei %s", ausgabe_dateiname);

                    }
```

```
             else
             {
                     fprintf(fz,"\n%6d %3.3f %3.3f %3.3f", j, sample_r2[j], sample_f[j], sample_se[j]);
                     for (i = 0; i < p + 1; i++) /* Regressionskoeffizienten ausgeben */
                             fprintf(fz,"%f ", sample_b.a[i][j]);
                     fclose(fz);
             }

             /* Ende Output in Textdatei */

      }
                                                                                          }
sample_avg_r2 = sample_avg_r2 / samples;

sample_avg_f = sample_avg_f / samples;

sample_avg_se = sample_avg_se / samples;

                                                                               for (i2 = 0; i2 < p + 1; i2++)       /* b-Vektor der Durchschnittswerte */
                                                                               {
         sample_avg_b.a[i2][0] = sample_avg_b.a[i2][0] / samples;
                                                                               }
                                                                               /* Parameterschaetzungen der Resamples sortieren */
                                                                               do
                                                                               {
             getauscht = 0;
             for (j = 1; j < samples; j++)
             if (sample_r2[j] < sample_r2[j - 1])
```

```
            {
                    getauscht = 1;
                    tausch = sample_r2[j];
                    sample_r2[j] = sample_r2[j - 1];
                    sample_r2[j - 1] = tausch;
            }
                                                                    }
while (getauscht != 0);
                                                                    do
                                                                    {
            getauscht = 0;
            for (j = 1; j < samples; j++)
            if (sample_f[j] < sample_f[j - 1])
            {
                    getauscht = 1;
                    tausch = sample_f[j];
                    sample_f[j] = sample_f[j - 1];
                    sample_f[j - 1] = tausch;
            }
                                                                    }
while (getauscht != 0);
                                                                    do
                                                                    {
            getauscht = 0;
            for (j = 1; j < samples; j++)
            if (sample_se[j] < sample_se[j - 1])
            {
                    getauscht = 1;
```

```
                        tausch = sample_se[j];
                        sample_se[j] = sample_se[j - 1];
                        sample_se[j - 1] = tausch;
            }
                                                            }
while (getauscht != 0);


                                                        for
(i = 0; i < (p + 1); i++);
                                                        do
                                                        {
            getauscht = 0;
            for (j = 1; j < samples; j++)
            if (sample_b.a[3][j] < sample_b.a[3][j - 1])
            {
                        getauscht = 1;
                        tausch = sample_b.a[3][j];
                        sample_b.a[3][j] = sample_b.a[3][j - 1];
                        sample_b.a[3][j - 1] = tausch;
            }
                                                            }
while (getauscht != 0);



printf("\n_____
_____");
printf("\n              Durchschnittliche Parameterschaetzungen");
printf("\nSample R2       F        SE       Regressionskoeffizienten");
```

```c
        printf("\n_____
_____");

        printf("\n%6d %3.3f %3.3f %3.3f ", samples,
sample_avg_r2, sample_avg_f, sample_avg_se);
                                                         for
(i2 = 0; i2 < p + 1; i2++)                              /* b-
Vektor der Durchschnittswerte    */
                                                         {
                printf("%3.3f ",sample_avg_b.a[i2][0]);
                                                         }
        printf("\n_____
_____");

        printf("\n                        90%% 
Konfidenzintervalle ");

        printf("\n_____
_____");

                                                         /*
Output in Textdatei */

                                                         if
((fz = fopen(ausgabe_dateiname, "a")) == NULL)
                                                         {
                printf("\nFehler beim Schreiben in die Datei
%s", ausgabe_dateiname);
                                                         }
                                                         else
                                                         {

fprintf(fz,"\n_____
_____");

                fprintf(fz,"\n
Durchschnittliche Parameterschaetzungen");

                fprintf(fz,"\nSample R2        F         SE
Regressionskoeffizienten");

        fprintf(fz,"\n_____
_____");
```

```
           fprintf(fz,"\n%6d %3.3f %3.3f %3.3f ", samples,
sample_avg_r2, sample_avg_f, sample_avg_se);
           for (i2 = 0; i2 < p + 1; i2++)
                /* b-Vektor der Durchschnittswerte   */

               {
                   fprintf(fz,"%3.3f ",
sample_avg_b.a[i2][0]);

               }

   fprintf(fz,"\n_____
_____");

           fprintf(fz,"\n                          90%%
Konfidenzintervalle ");

   fprintf(fz,"\n_____
_____");

           fclose(fz);
                                                         }
                                                         /*
Ende Output in Textdatei */

   anzahl_elemente = samples / 10;

   ug_index = anzahl_elemente / 2;

   og_index = (samples - 1) - (anzahl_elemente / 2);

   printf("\nR2  : [%3.3f .. %3.3f]", sample_r2[ug_index],
   sample_r2[og_index]);

   printf("\nF   : [%3.3f .. %3.3f]", sample_f[ug_index],
   sample_f[og_index]);

   printf("\nSE  : [%3.3f .. %3.3f]", sample_se[ug_index],
   sample_se[og_index]);
```

```c
                                                for
(i = 0; i < p + 1; i++)         /* KI's fuer
Regressionskoeffizienten ausgeben */
                                                {
        printf("\nb%d : [%3.3f .. %3.3f]", i,
sample_b.a[i][ug_index], sample_b.a[i][og_index]);

        /* Output in Textdatei */

        if ((fz = fopen(ausgabe_dateiname, "a")) ==
NULL)
        {
                printf("\nFehler beim Schreiben in die
Datei %s", ausgabe_dateiname);
        }
        else
        {
                fprintf(fz, "\nb%d : [%3.3f .. %3.3f]",
i, sample_b.a[i][ug_index], sample_b.a[i][og_index]);

                fclose(fz);
        }

        /* Ende Output in Textdatei */

                                                }
                                        }
                                else
printf("\nmax.Anzahl Resamples %d ueberschritten!\n",
max_samples);

time(&endzeit);



printf("\n\nLaufzeitanalyse:");
```

```c
        printf("\nAnzahl Regressionsanalysen:      %d", hauptregr);

        printf("\nAnzahl invertierter Matrizen:    %d", ops);

        printf("\nAnzahl Determinantenberechnungen: %d", ops2);

        printf("\nLaufzeit in Sekunden: %d \n", endzeit - startzeit);

                                                /* Output in Textdatei */

                                                if ((fz = fopen(ausgabe_dateiname, "a")) == NULL)
                                                {
        printf("\nFehler beim Schreiben in die Datei %s", ausgabe_dateiname);
                                                }
                                                else
                                                {
        fprintf(fz,"\n\nLaufzeitanalyse:");

        fprintf(fz,"\nAnzahl Regressionsanalysen:      %d", hauptregr);

        fprintf(fz,"\nAnzahl invertierter Matrizen:    %d", ops);

        fprintf(fz,"\nAnzahl Determinantenberechnungen: %d", ops2);

        fprintf(fz,"\nLaufzeit in Sekunden: %d \n", endzeit - startzeit);

        fclose(fz);
                                                }
                                                /* Ende Output in Textdatei */


                                                /* Output in Textdatei */
                                                if ((fz = fopen(ausgabe_dateiname, "a")) == NULL)
```

```
                                        {
    printf("\nFehler beim Schreiben in die Datei %s",
    ausgabe_dateiname);
                                        }
                                        else
                                        {
    fprintf(fz,"\n_____
    _____");

    fprintf(fz,"\n DISCLAIMER. Copyright 2014, 2015 Thomas
    Kaul. This software comes with");

    fprintf(fz,"\n absolutely no warranty. Any damage, harm
    or consequences by using this");

    fprintf(fz,"\n software is beyond liability of the
    author.");

    fprintf(fz,"\n_____
    _____");

    fclose(fz);
                                        }
                                        /* Ende
    Output in Textdatei */

                                        }
                                        else
                                        {
                                        if
    (daten_vorh != 1) printf("\nNoch keine Daten erfasst oder
    eingelesen!\n");
                                        };
                    }; break;

                    case 7:   /* Generieren von Zufallsdaten */
                    {

    printf("\n\nStichprobengroesse      N= ");
                                scanf("%d", &n);
                                if (n < 1) fehler(0);
                                if (n > max_n) fehler(1);
                                printf("\nAnzahl der
    Praediktoren p= ");
                                scanf("%d", &p);
                                if (p < 1) fehler(3);
```

```c
                                if (p >(max_m - 1))
fehler(2);


                                y = init_matrix(n, 1);
                                X = init_matrix(n, p + 1);

                                srand(1);

                                /* Kriteriumswerte
zufaellig fuellen */
                                for (i = 1; i <= n; i++)
                                    y.a[i - 1][0] =
rand();

                                for (i = 1; i <= n; i++)
    /* erste Spalte von X mit Einsen fuellen */
                                    X.a[i - 1][0] = 1;

                                for (k = 1; k <= p; k++)
        /* Praediktoren zufaellig fuellen */
                                    for (i = 1; i <= n; i++)
                                        X.a[i - 1][k] =
rand();

                                daten_vorh = 1;
                                laufzeitanalyse = 1;



                }; break;

                case 8:    /* Zufallsdatenmodus aktivieren
*/
                {
                                zufallsdaten = 1;
                }; break;

                case 9:    /* Zufallsdatenmodus aktivieren
*/
                {
                                zufallsdaten = 0;
                }; break;

                case 10:       /* Programminfo */
                {
printf("\nProgrammparameter:");
```

```c
            printf("\n_____
_____");
                                    printf("\nProgrammversion                    : V%1.1f", version_prog);
                                    printf("\nVersion Kommun.protokoll Cluster Computing    : V%1.1f", version_comm);
            printf("\nmax.Stichprobengroesse                   : %d", max_n);
                                    printf("\nmax.Anzahl Praediktoren                 : %d", max_m - 1);
                                    printf("\nmax.Anzahl Resamples im Bootstrapping       : %d", max_samples);
                                    printf("\nZufallsdaten-Modus aktiviert            : %d\n", zufallsdaten);
            printf("\n_____
_____");
                                    printf("\n DISCLAIMER. Copyright 2014, 2015 Thomas Kaul. This software comes with");
                                    printf("\n absolutely no warranty. Any damage, harm or consequences by using this");
                                    printf("\n software is beyond liability of the author.");
            printf("\n_____
_____");

                }; break;

                case 99:         /* Programm beenden */
                {
printf("\nProgramm beendet.");
                }; break;

                default: printf("\nProgrammoption nicht vorhanden.\n"); break;

            }
        } while (auswahl != 99);

    }
```

A-13: Testdaten

```
10 20
41.000000 18467.000000 6334.000000 26500.000000 19169.000000 15724.000000
11478.000000 29358.000000 26962.000000 24464.000000
5705.000000 28145.000000 23281.000000 16827.000000 9961.000000 491.000000
2995.000000 11942.000000 4827.000000 5436.000000
32391.000000 14604.000000 3902.000000 153.000000 292.000000 12382.000000
17421.000000 18716.000000 19718.000000 19895.000000
5447.000000 21726.000000 14771.000000 11538.000000 1869.000000 19912.000000
25667.000000 26299.000000 17035.000000 9894.000000
28703.000000 23811.000000 31322.000000 30333.000000 17673.000000 4664.000000
15141.000000 7711.000000 28253.000000 6868.000000
25547.000000 27644.000000 32662.000000 32757.000000 20037.000000 12859.000000
8723.000000 9741.000000 27529.000000 778.000000
12316.000000 3035.000000 22190.000000 1842.000000 288.000000 30106.000000
9040.000000 8942.000000 19264.000000 22648.000000
27446.000000 23805.000000 15890.000000 6729.000000 24370.000000 15350.000000
15006.000000 31101.000000 24393.000000 3548.000000
19629.000000 12623.000000 24084.000000 19954.000000 18756.000000 11840.000000
4966.000000 7376.000000 13931.000000 26308.000000
16944.000000 32439.000000 24626.000000 11323.000000 5537.000000 21538.000000
16118.000000 2082.000000 22929.000000 16541.000000
4833.000000 31115.000000 4639.000000 29658.000000 22704.000000 9930.000000
13977.000000 2306.000000 31673.000000 22386.000000
5021.000000 28745.000000 26924.000000 19072.000000 6270.000000 5829.000000
26777.000000 15573.000000 5097.000000 16512.000000
23986.000000 13290.000000 9161.000000 18636.000000 22355.000000 24767.000000
23655.000000 15574.000000 4031.000000 12052.000000
27350.000000 1150.000000 16941.000000 21724.000000 13966.000000 3430.000000
31107.000000 30191.000000 18007.000000 11337.000000
15457.000000 12287.000000 27753.000000 10383.000000 14945.000000 8909.000000
32209.000000 9758.000000 24221.000000 18588.000000
6422.000000 24946.000000 27506.000000 13030.000000 16413.000000 29168.000000
900.000000 32591.000000 18762.000000 1655.000000
17410.000000 6359.000000 27624.000000 20537.000000 21548.000000 6483.000000
27595.000000 4041.000000 3602.000000 24350.000000
10291.000000 30836.000000 9374.000000 11020.000000 4596.000000 24021.000000
27348.000000 23199.000000 19668.000000 24484.000000
8281.000000 4734.000000 53.000000 1999.000000 26418.000000 27938.000000
6900.000000 3788.000000 18127.000000 467.000000
3728.000000 14893.000000 24648.000000 22483.000000 17807.000000 2421.000000
14310.000000 6617.000000 22813.000000 9514.000000
14309.000000 7616.000000 18935.000000 17451.000000 20600.000000 5249.000000
16519.000000 31556.000000 22798.000000 30303.000000
```

B-1: Bootstrapping zur Hypothese 1a (vollst.Datensatz)

```
***
***         Multiple Regressionsanalyse V5.4 (C)2015 Thomas Kaul
***
***                      Cluster-Processing
***
***                    Ergebnis - Bootstrapping
***

                        500 Resamples berechnet

Sample  R2      F       SE      Regressionskoeffizienten
    0  0.446  1.607  0.356-0.066317 0.044611 -0.230122  0.015214
    1  0.821  9.166  0.152 0.051134 -0.008341 -0.213576 -0.065399
    2  0.700  4.670  0.210-0.029638 0.043569 -0.119437  0.013500
    3  0.839 10.448  0.139 0.015064 -0.003426 -0.221904 -0.058446
    4  0.741  5.709  0.163-0.024879 -0.004704 -0.096012 -0.078214
    5  0.836 10.170  0.166 0.032788 0.042616 -0.705866  0.052111
    6  0.220  0.565  0.322 0.093205 0.017795 0.035111 -0.005581
    7  0.822  9.246  0.168-0.120971 0.001288 -0.751300  0.144018
    8  0.851 11.466  0.183-0.110477 0.057580 -0.261168  0.011359
    9  0.509  2.072  0.314 0.013425 0.005293 -0.283307 -0.048175
   10  0.868 13.119  0.229-0.066839 0.058925 -0.230892  0.009063
   11  0.581  2.772  0.260 0.062766 0.036899 -0.136096 -0.008185
   12  0.743  5.773  0.191 0.101184 0.038614 -0.084195 -0.003223
   13  0.922 23.548  0.176-0.312426 0.090570 0.182861 -0.032405
   14  0.466  1.743  0.319 0.079723 0.034788 -0.257076 -0.007274
   15  0.978 88.048  0.079-0.119733 -0.008697 -0.725662  0.136662
   16  0.541  2.356  0.201-0.024488 0.001623 -0.135201  0.056839
   17  0.595  2.933  0.268-0.024839 0.002451 -0.332811  0.079974
   18  0.942 32.571  0.084-0.027694 0.017241 -0.252460 -0.042043
   19  0.669  4.038  0.283 0.061703 0.040271 -0.304003  0.022740
   20  0.865 12.806  0.205-0.109057 0.061297 -0.280930  0.010585
   21  0.895 17.027  0.165 0.005855 0.047927 -0.194828 -0.003018
   22  0.898 17.681  0.185 0.083191 0.094004 -0.590793 -0.021084
   23  0.537  2.319  0.381 0.044437 0.047034 -0.300912  0.010224
   24  0.511  2.088  0.265 0.050423 0.034806 -0.136721 -0.004013
   25  0.574  2.699  0.328-0.007286 0.047437 -0.333125  0.003280
   26  0.845 10.874  0.198-0.031241 0.034918 -0.748632  0.055098
   27  0.744  5.805  0.189 0.120222 0.037781 -0.074891 -0.002213
   28  0.144  0.337  0.286 0.061983 0.015911 -0.019815  0.003861
   29  0.592  2.906  0.300-0.019804 0.044862 -0.205547  0.009875
   30  0.890 16.256  0.122 0.177836 0.033535 -0.269248  0.014496
   31  0.916 21.858  0.186-0.128466 0.062032 -0.358042  0.015736
   32  0.484  1.877  0.291 0.010536 0.039174 -0.144531  0.012648
   33  0.322  0.950  0.276 0.203011 0.058704 -0.414107 -0.031855
   34  0.731  5.432  0.239 0.180303 0.027187 -0.522841  0.029879
   35  0.555  2.496  0.323-0.091332 0.031522 -0.349687 -0.020678
   36  0.804  8.198  0.141 0.132485 0.076068 -0.499501 -0.026788
   37  0.657  3.832  0.316 0.026509 0.015899 -0.281018 -0.032097
   38  0.822  9.209  0.176 0.119358 0.036518 -0.178536  0.011586
   39  0.245  0.649  0.401 0.001812 0.036742 -0.647180 -0.056255
   40  0.719  5.123  0.208-0.028282 0.041766 -0.341195  0.017160
   41  0.196  0.488  0.314-0.073728 0.001227 -0.221125 -0.034981
   42  0.844 10.835  0.199-0.150728 0.059558 -0.405447  0.012822
   43  0.487  1.899  0.374 0.114633 0.036475 -0.179757  0.002602
   44  0.779  7.055  0.218-0.089324 0.028096 -0.223092  0.045490
   45  0.620  3.260  0.344-0.059696 0.051707 -0.316413  0.011161
   46  0.466  1.745  0.369-0.099001 0.003386 -0.455012 -0.043891
   47  0.796  7.799  0.224-0.039860 0.035650 -0.268465 -0.017250
   48  0.648  3.684  0.208 1.223487 0.193619 -1.653834 -0.176849
   49  0.818  8.981  0.226-0.071551 0.056150 -0.269591  0.009359
   50  0.632  3.432  0.286 0.056306 0.026658 -0.470623  0.017883
   51  0.996 464.100 0.036-0.041954 0.051546 -0.726977  0.053260
```

```
52  0.956  43.317    0.078-2.735549 -0.286291 -7.271084 -0.082889
53  0.717   5.068    0.2580.084738  0.042919 -0.136731 -0.007108
54  0.562   2.562    0.3130.230572  0.105331 -0.839637 -0.046123
55  0.220   0.565    0.3000.128544  0.006745  0.133816 -0.007004
56  0.688   4.412    0.179-0.039384 0.038214 -0.122794  0.004016
57  0.826   9.513    0.175-0.162961 0.009138 -0.680517  0.115616
58  0.682   4.287    0.316-0.006859 0.047744 -0.243469  0.000181
59  0.772   6.790    0.231-0.081054 0.051352 -0.242859  0.007606
60  0.811   8.601    0.228-0.080011 0.056985 -0.182258  0.005293
61  0.363   1.138    0.262-0.070400 0.001055 -0.304788  0.035589
62  0.708   4.860    0.150-0.062124 -0.021495 0.011747  0.089107
63  0.991  214.457   0.021-0.016348 -0.045504 -0.141771 -0.083520
64  0.954  41.866    0.133-0.186627 0.067648 -0.378204  0.014846
65  0.841  10.591    0.208-0.120393 0.060486 -0.270578  0.011004
66  0.548   2.430    0.1760.037574  0.023619  0.041438  0.010492
67  0.804   8.183    0.201-0.006431 0.044194 -0.386795  0.023605
68  0.044   0.092    0.3860.095257  0.042197 -0.496534 -0.045641
69  0.834  10.051    0.199-0.067876 0.050444 -0.241881 -0.000412
70  0.457   1.684    0.316-0.073703 -0.003603 -0.361268 -0.053284
71  0.632   3.432    0.1780.065738  0.026191  0.050837  0.006999
72  0.556   2.500    0.292-0.045116 0.014242 -0.258952 -0.033619
73  0.611   3.148    0.3020.093115  0.032882 -0.437560  0.036248
74  0.760   6.324    0.204-0.089441 0.035060 -0.326366 -0.021171
75  0.815   8.817    0.184-0.060998 0.033567 -0.174759  0.036953
76  0.744   5.814    0.2020.016145  0.054259 -0.302870  0.041004
77  0.927  25.235    0.1040.223599  0.037783  0.524606 -0.056878
78  0.701   4.698    0.250-0.098537 0.031214 -0.296237  0.051106
79  0.797   7.860    0.2520.140371  0.032822 -0.745977  0.055902
80  0.123   0.280    0.2830.105408  0.048626 -0.341998 -0.031206
81  0.847  11.109    0.1710.020758  0.043654 -0.298274  0.016847
82  0.663   3.940    0.169-0.006464 0.027373 -0.158468  0.024846
83  0.955  42.110    0.089-0.002767 0.011400 -0.224373 -0.044998
84  0.590   2.877    0.209-0.072388 0.042931 -0.259994  0.007477
85  0.571   2.662    0.299-0.043082 0.016497 -0.383102 -0.031982
86  0.883  15.077    0.200-0.152549 0.065466 -0.397817  0.012161
87  0.470   1.771    0.3350.013803 -0.009230 -0.323842 -0.054211
88  1.000 -9127097.000 -1.#IO-0.219221 -0.076310 -0.650310 -0.149474
89  0.639   3.546    0.156-0.159843 0.026713 -0.311861 -0.011385
90  0.737   5.605    0.2780.018624  0.041416 -0.504653  0.044530
91  0.896  17.261    0.175-0.159342 0.066828 -0.357124  0.015106
92  0.651   3.735    0.3080.045949  0.037489 -0.376283  0.024672
93  0.873  13.700    0.202-0.020892 0.039094 -0.775906  0.066276
94  0.458   1.693    0.3630.124394  0.039290 -0.209433  0.002485
95  0.883  15.110    0.196-0.084112 0.059422 -0.368151  0.013660
96  0.818   9.010    0.1710.224571  0.034796  0.271106 -0.032725
97  0.997 743.077    0.0260.078468  0.046291 -0.098306 -0.003888
98  0.819   9.080    0.1720.082513  0.027052  0.058071  0.007411
99  0.459   1.695    0.3020.126298  0.032827 -0.124703 -0.002681
100 1.000 -3686739.250 -1.#IO-0.219219 -0.076310 -0.650313 -0.149474
101 0.767   6.580    0.314-0.112310 0.058115 -0.374593  0.016943
102 0.791   7.554    0.175-0.039607 0.038112 -0.070628  0.009685
103 0.566   2.607    0.2150.178308  0.025809 -0.250879  0.020425
104 0.331   0.989    0.2560.020110  0.026745 -0.074844  0.004765
105 0.568   2.633    0.306-0.046580 0.006637 -0.312652 -0.045820
106 0.735   5.557    0.1740.011972 -0.015459 -0.174806 -0.067282
107 0.806   8.300    0.261-0.006762 0.080373 -0.197078  0.040055
108 1.000 6294.392   0.0070.119698 -0.051758  0.251416 -0.164506
109 1.000 15539.524  0.007-0.066161 0.053963 -0.717769  0.051507
110 0.194   0.480    0.344-0.097133 0.023744 -0.274091 -0.010898
111 0.857  11.944    0.2260.020835  0.034897 -0.873260  0.077824
112 0.959  46.225    0.0900.011542  0.025308 -0.169096 -0.028248
113 0.419   1.441    0.320-0.073987 0.038552 -0.148709  0.010097
114 0.947  35.540    0.1480.016939  0.042656 -0.880877  0.069731
115 0.824   9.338    0.177-0.141449 0.034622 -0.383571 -0.019264
116 0.948  36.591    0.138-0.199475 0.070359 -0.391676  0.016321
117 0.952  39.320    0.0970.003029  0.046086 -0.083401  0.003052
118 0.205   0.516    0.277-0.033235 0.006876 -0.207578  0.036246
119 0.549   2.435    0.2280.155659  0.030401 -0.063316 -0.005973
```

```
120 0.938 30.465 0.1310.224551 0.100629 -0.326119 0.114669
121 0.088 0.193 0.3250.028089 0.017728 -0.105529 0.002696
122 1.000 20117.404 0.006-0.131538 0.028880 -0.648866 0.084532
123 0.512 2.098 0.184-0.017278 -0.011157 -0.139727 -0.050704
124 0.537 2.317 0.3150.106365 0.030428 -0.225959 -0.009740
125 0.930 26.398 0.091-0.007423 -0.051856 -0.278078 -0.115528
126 0.834 10.079 0.2550.087367 0.045128 -0.692797 0.059173
127 0.979 92.498 0.0510.094705 0.046483 -0.128116 -0.003486
128 0.669 4.047 0.2700.026788 0.037161 -0.477619 0.037337
129 0.331 0.990 0.1560.004133 0.002977 -0.096265 -0.033288
130 0.810 8.541 0.206-0.012416 0.047236 -0.266385 -0.001378
131 0.951 38.522 0.116-0.065308 0.051664 -0.638320 0.047334
132 0.786 7.367 0.1920.033977 -0.001307 -0.206120 -0.057191
133 0.906 19.305 0.1830.045502 0.039129 -0.932650 0.075922
134 0.914 21.317 0.196-0.180200 0.066556 -0.325270 0.011465
135 0.589 2.861 0.2630.142005 0.059771 -0.298330 0.066528
136 0.608 3.101 0.319-0.056994 0.045784 -0.345704 0.008016
137 0.965 55.388 0.0830.098600 0.044054 -0.058352 -0.005744
138 0.806 8.297 0.186-0.025353 0.048922 -0.201196 0.000522
139 0.749 5.973 0.242-0.012970 0.051604 -0.249898 0.003121
140 0.901 18.122 0.159105.490479 -11.075844 -131.606262 13.837016
141 0.710 4.902 0.2920.027335 0.048220 -0.181203 0.005565
142 0.965 55.159 0.092-0.162515 -0.004394 -0.617888 0.126919
143 0.661 3.897 0.328-0.105481 0.056192 -0.346400 0.009184
144 0.530 2.252 0.264-0.007427 0.031385 -0.031455 0.007876
145 0.599 2.991 0.268-0.028216 0.020585 -0.418244 0.002277
146 0.999 1626.720 0.013-0.166845 0.022270 -0.600093 0.089769
147 0.653 3.769 0.245-0.062064 0.032359 -0.239663 -0.021650
148 0.569 2.638 0.284-0.061345 0.016946 -0.299981 -0.030534
149 0.606 3.080 0.3440.098131 0.044409 -0.136014 -0.002940
150 0.917 22.166 0.142-0.192458 0.076474 -0.464483 0.011919
151 0.868 13.173 0.198-0.141085 0.064332 -0.370329 0.009416
152 0.780 7.097 0.168-0.040834 0.003599 -0.102587 -0.073719
153 0.376 1.204 0.2510.061621 0.046591 -0.573696 -0.051020
154 0.840 10.520 0.181-0.011265 0.049890 -0.181862 0.001316
155 0.411 1.396 0.3860.174124 0.084547 -0.682869 -0.031082
156 0.960 47.519 0.0790.058651 0.045199 -0.107433 0.001460
157 0.742 5.756 0.293-0.000185 0.039377 -0.469707 0.044319
158 0.552 2.467 0.2660.034480 0.035153 -0.075253 0.002260
159 0.815 8.783 0.1810.010798 0.046630 -0.143965 0.000723
160 0.814 8.739 0.2990.127310 0.038434 -0.642224 0.052069
161 0.712 4.937 0.2920.025371 0.048086 -0.208640 0.005590
162 0.505 2.038 0.383-0.053046 0.038003 -0.219498 0.025907
163 0.775 6.903 0.231-0.074596 0.047687 -0.401625 0.025173
164 0.143 0.334 0.286-0.091654 0.009242 -0.189659 -0.026197
165 1.000 182516.281 0.002-0.311043 0.043317 -0.526462 -0.016875
166 0.775 6.873 0.248-0.019793 0.013285 -0.690169 0.013353
167 0.807 8.337 0.219-0.071603 0.025986 -0.642056 0.019508
168 0.895 17.113 0.174-0.061276 0.057927 -0.266696 0.011858
169 0.984 125.573 0.062-0.060117 0.018528 -0.269644 -0.040873
170 0.795 7.750 0.2820.042924 0.043575 -0.537664 0.041610
171 0.669 4.036 0.2020.146133 0.017691 0.151117 0.001194
172 0.691 4.475 0.280-0.061180 0.019762 -0.301638 -0.033320
173 0.792 7.619 0.229-0.081167 0.036564 -0.272243 -0.018331
174 0.347 1.065 0.2540.008835 0.026847 -0.070943 0.005704
175 0.864 12.715 0.175-0.028883 0.121851 -0.002179 0.087033
176 1.004 -465.519 -1.#IO0.273573 -0.716964 -1.312295 -0.859695
177 0.749 5.958 0.092-0.020330 0.000344 -0.162419 -0.043612
178 0.522 2.188 0.383-0.002119 0.046075 -0.325595 0.013588
179 0.472 1.788 0.348-0.069568 0.044856 -0.275446 0.015800
180 0.894 16.876 0.157-0.113197 0.057887 -0.257860 0.010496
181 0.486 1.890 0.199-0.020607 -0.015122 -0.174956 -0.030567
182 0.216 0.551 0.284-0.061813 0.012676 -0.258685 -0.023147
183 0.751 6.032 0.247-0.078635 0.057241 -0.273320 0.003042
184 0.790 7.540 0.219-0.153265 0.058281 -0.312028 0.006314
185 0.683 4.315 0.284-0.072443 0.042919 -0.113399 0.016408
186 0.481 1.854 0.313-0.017608 0.012032 -0.346414 -0.038402
187 0.899 17.896 0.171-0.131563 0.077009 -0.471310 0.007031
```

```
188 0.865 12.764 0.213-0.093210 0.058117 -0.264864 0.009056
189 0.666 3.988 0.323-0.044580 0.058211 -0.306767 0.005525
190 0.758 6.257 0.259-0.094103 0.022205 -0.349754 -0.030579
191 0.810 8.541 0.206-0.012416 0.047236 -0.266385 -0.001378
192 0.746 5.880 0.2790.074610 0.057358 -0.482338 0.063476
193 0.714 4.992 0.2540.088226 0.043854 -0.188621 -0.000335
194 0.773 6.823 0.281-0.003010 0.052809 -0.220169 0.005626
195 0.525 2.213 0.157-0.166498 0.008610 -0.750755 0.145542
196 0.378 1.216 0.332-0.072182 0.036436 -0.226860 0.012257
197 0.328 0.976 0.3600.182069 0.069245 -0.518700 -0.028594
198 0.396 1.311 0.268-0.055360 -0.002639 -0.293278 0.064260
199 0.935 28.834 0.104-0.528597 -0.061450 -1.415863 -0.191008
200 0.242 0.638 0.3300.042087 0.010230 -0.371365 -0.046359
201 0.831 9.835 0.145-0.110596 0.021193 0.299429 0.413224
202 0.503 2.024 0.2850.018135 0.032739 -0.267914 0.017149
203 0.956 43.437 0.0820.055296 0.045155 -0.092160 -0.001859
204 0.825 9.454 0.2000.106926 0.098089 -0.663950 -0.028484
205 0.815 8.790 0.209-0.004346 0.045160 -0.221720 -0.004508
206 0.805 8.241 0.2800.049139 0.043253 -0.553834 0.043359
207 0.876 14.106 0.1870.089423 0.035264 -0.961666 0.077906
208 0.392 1.287 0.384-0.045131 0.037066 -0.240624 0.022865
209 0.814 8.748 0.193-0.041068 0.031291 -0.147915 0.035923
210 0.635 3.474 0.3080.021102 0.023357 -0.600611 0.035574
211 0.840 10.495 0.2300.084708 0.091318 -0.601363 -0.017133
212 0.342 1.040 0.2860.107520 0.067577 -0.745277 -0.053676
213 0.658 3.844 0.341-0.114131 0.015595 -0.472673 -0.029124
214 0.774 6.860 0.157-0.149631 -0.019664 -0.462716 -0.082505
215 0.948 36.434 0.119-0.067590 0.047972 -0.668690 0.053591
216 0.544 2.389 0.384-0.005477 0.047685 -0.407357 0.011107
217 0.555 2.492 0.2950.098930 0.033210 -0.496549 0.025702
218 0.357 1.108 0.251-0.010499 0.025855 -0.052399 0.007725
219 0.201 0.502 0.289-0.062188 0.008046 -0.214253 -0.031944
220 0.801 8.056 0.1610.043096 -0.011324 -0.195610 -0.065965
221 0.609 3.110 0.2820.128445 0.032940 -0.179250 -0.008294
222 0.378 1.217 0.2320.137964 0.092418 -0.507061 -0.014568
223 0.312 0.905 0.414-0.063806 0.040100 -0.211916 0.010404
224 0.932 27.426 0.086-0.012922 0.009252 -0.141371 -0.065868
225 0.670 4.064 0.2830.024307 0.040454 -0.234166 -0.008069
226 0.786 7.353 0.130-0.269640 0.009805 -0.959342 0.147075
227 0.866 12.957 0.212-0.026102 0.049360 -0.403238 0.022512
228 0.758 6.275 0.255-0.058863 0.022382 -0.389868 -0.026578
229 0.696 4.588 0.228-0.062278 0.036620 -0.249107 -0.015655
230 0.620 3.258 0.2750.148828 0.014330 -0.549848 0.019697
231 0.655 3.799 0.241-0.008163 0.039064 -0.255724 -0.014834
232 0.788 7.429 0.204-0.052273 0.049224 -0.142118 0.012670
233 0.850 11.355 0.224-0.154925 0.066087 -0.329591 0.014392
234 0.711 4.924 0.2520.058973 0.035426 -0.452257 0.024950
235 0.595 2.937 0.3760.009650 0.046060 -0.361036 0.010915
236 0.818 9.003 0.243-0.119959 0.001149 -0.474568 0.112559
237 0.716 5.035 0.2980.204854 0.109249 -0.920989 -0.036410
238 0.847 11.083 0.2000.009203 0.034953 -0.861283 0.061090
239 0.938 30.272 0.147-0.105960 0.047554 -0.622215 0.050836
240 0.212 0.537 0.2440.023191 0.038839 -0.345493 -0.029752
241 0.481 1.857 0.3010.105178 0.031017 -0.106523 -0.011848
242 0.525 2.211 0.149-0.004556 -0.019291 -0.138671 -0.040425
243 0.643 3.608 0.321-0.014801 0.047864 -0.249827 0.008750
244 0.860 12.279 0.209-0.084272 0.059120 -0.236976 0.006227
245 0.630 3.408 0.288-0.007738 0.039061 -0.145729 0.016044
246 15.823 -2.135 -1.#IO2011.077515 309.237701 -2528.933350 -389.361633
247 0.750 6.014 0.261-0.062711 0.020767 -0.357913 -0.033067
248 0.719 5.128 0.290-0.029219 0.052310 -0.193006 0.005314
249 0.810 8.545 0.226-0.085447 0.053744 -0.243483 0.013166
250 0.850 11.337 0.1740.039245 0.048068 -0.187132 -0.001218
251 0.886 15.514 0.207-0.059366 0.056409 -0.393870 0.025272
252 0.338 1.022 0.3450.002992 0.030515 -0.037528 0.011272
253 0.836 10.204 0.201-0.027671 0.056246 -0.237806 0.008208
254 0.516 2.130 0.296-0.007987 0.015696 -0.246998 -0.032850
255 0.801 8.030 0.206-0.078971 0.054131 -0.307465 0.012644
```

```
256 0.530 2.252 0.264-0.007427 0.031385 -0.031455 0.007876
257 0.840 10.494 0.192-0.032883 0.048636 -0.319962 0.002473
258 0.659 3.864 0.272-0.078362 0.018531 -0.269258 0.071575
259 0.849 11.254 0.211-0.108034 0.062119 -0.335397 0.011719
260 0.386 1.255 0.3300.320530 0.073494 -0.532977 -0.044668
261 0.667 4.014 0.169-0.043560 0.036016 -0.057633 0.006221
262 0.794 7.729 0.1630.006362 0.002442 -0.196497 -0.053739
263 0.909 20.066 0.1440.188258 0.110364 -0.820739 -0.040876
264 0.646 3.649 0.262-0.099639 0.017349 -0.362051 -0.037497
265 0.741 5.727 0.242-0.052134 0.054495 -0.200085 0.004172
266 0.589 2.869 0.279-0.020975 0.017522 -0.316218 -0.037560
267 0.866 12.978 0.1440.117695 0.067399 -0.082969 0.284953
268 0.735 5.549 0.3040.192028 0.089120 -0.698615 -0.022289
269 0.654 3.788 0.1580.003170 -0.023460 -0.144323 -0.040234
270 1.001 -1505.965 -1.#IO13.881650 2.307815 -21.295040 -1.921881
271 0.920 22.949 0.1060.052137 0.043513 -0.071332 -0.001155
272 0.642 3.594 0.332-0.014403 0.049995 -0.317167 0.007841
273 0.885 15.385 0.207-0.010491 0.041853 -0.784412 0.062129
274 1.000 43502.043 0.004-0.158221 0.018294 -0.614815 0.097855
275 0.796 7.826 0.1930.103459 0.039724 -0.062120 -0.003744
276 0.861 12.371 0.1420.147580 0.037873 -0.214737 0.009628
277 0.680 4.251 0.3240.022629 0.029070 -0.501066 0.017620
278 0.590 2.874 0.2780.013757 0.014963 -0.380558 -0.009295
279 0.449 1.629 0.1990.048856 0.059377 -0.535185 -0.040238
280 0.671 4.081 0.252-0.004765 0.002667 -0.722416 0.028892
281 0.602 3.028 0.1990.189012 0.029477 -0.236554 0.014576
282 0.956 43.496 0.1251.545930 0.307631 -2.929029 -0.250580
283 0.765 6.521 0.1210.029846 0.010454 -0.100842 0.048110
284 0.889 15.941 0.1450.146459 0.038727 -0.244999 0.011839
285 0.885 15.337 0.1500.017017 0.043172 -0.833749 0.064891
286 0.883 15.080 0.1220.371597 0.016310 0.266339 -0.023736
287 0.923 23.864 0.094-0.016631 0.017538 -0.225007 -0.040094
288 0.189 0.465 0.323-0.150166 0.027869 -0.271280 -0.013544
289 0.521 2.172 0.3500.723219 0.170153 -1.543475 -0.112707
290 5.620 -2.433 -1.#IO19.454575 2.921509 -22.980457 -3.702702
291 0.930 26.448 0.143-0.093369 0.053778 -0.540460 0.039648
292 0.640 3.549 0.2600.051721 0.037883 -0.128151 -0.008469
293 0.212 0.538 0.304-0.111841 0.004640 -0.312351 -0.037400
294 0.966 57.690 0.0590.014168 0.032089 -0.135375 -0.019164
295 0.871 13.445 0.1680.022695 0.046705 -0.177116 -0.004596
296 0.727 5.321 0.2920.006644 0.050209 -0.179049 0.004306
297 0.649 3.697 0.279-0.047287 0.058937 -0.263385 0.006462
298 0.836 10.174 0.195-0.003867 0.053972 -0.176463 0.003762
299 0.478 1.834 0.3370.028465 0.031806 -0.094841 0.016765
300 0.808 8.424 0.1800.003242 0.045236 -0.173784 -0.003074
301 0.747 5.918 0.1980.147674 0.088661 -0.657484 -0.031038
302 0.285 0.795 0.382-0.060259 0.034026 -0.313588 0.012318
303 0.487 1.897 0.2920.014315 0.041500 -0.191206 0.011482
304 0.759 6.307 0.258-0.043311 0.003856 -0.332387 0.086819
305 0.601 3.015 0.345-0.077437 0.049449 -0.278176 0.017757
306 0.824 9.350 0.197-0.025909 0.056009 -0.159769 0.006856
307 0.875 14.055 0.1740.019216 0.044138 -0.431692 0.020277
308 0.667 4.010 0.175-0.135948 0.035619 -0.372252 -0.011088
309 0.686 4.373 0.2730.836328 0.165533 -1.379660 -0.125735
310 0.388 1.268 0.2730.231832 0.069990 -0.510735 -0.040952
311 0.745 5.838 0.333-0.085902 0.059415 -0.339153 0.012568
312 0.986 141.383 0.076-0.137530 -0.011939 -0.704343 0.140949
313 0.943 32.956 0.131-0.137100 -0.000777 -0.694497 0.126078
314 0.769 6.645 0.2500.023101 0.065502 -0.294518 -0.001015
315 0.678 4.207 0.320-0.139262 0.056356 -0.331710 0.011410
316 0.591 2.894 0.3300.103755 0.041282 -0.205793 0.003166
317 0.528 2.240 0.344-0.107953 0.045517 -0.268461 0.017076
318 0.734 5.507 0.2580.098227 0.041108 -0.120249 -0.007903
319 0.375 1.202 0.3180.179277 0.018751 0.012614 -0.018243
320 0.872 13.667 0.214-0.112013 0.061169 -0.255831 0.012407
321 0.691 4.464 0.2340.099715 0.033907 -0.301386 0.012921
322 0.609 3.112 0.2820.023653 0.016284 -0.508790 0.010728
323 0.760 6.340 0.2610.117134 0.035381 -0.636626 0.047144
```

```
324 0.839 10.425 0.2250.087382 0.042631 -0.511327 0.036965
325 0.612 3.151 0.2910.133296 0.032236 -0.369275 0.034377
326 0.799 7.963 0.207-0.036417 0.044904 -0.146588 0.014028
327 0.948 36.157 0.0750.035852 0.030949 -0.139915 -0.019803
328 0.808 8.392 0.1500.127702 0.039027 -0.203248 0.008830
329 0.828 9.605 0.183-0.208124 0.060025 -0.243049 0.020076
330 0.363 1.142 0.390-0.014899 0.036191 -0.171191 0.020568
331 0.975 78.130 0.0730.080613 0.044313 -0.058052 -0.004751
332 0.832 9.891 0.120-0.293466 -0.027438 -0.514633 0.162595
333 0.877 14.258 0.1190.044698 0.041737 -0.066951 0.000832
334 0.862 12.477 0.218-0.058959 0.055242 -0.285184 0.007051
335 0.821 9.171 0.2001.313843 0.221521 -1.974596 -0.198961
336 0.893 16.633 0.1690.013917 0.050139 -0.197606 0.001985
337 0.910 20.256 0.191-0.028071 0.054331 -0.453918 0.029073
338 0.733 5.496 0.2870.012564 0.039360 -0.563979 0.047008
339 0.701 4.686 0.3070.064556 0.030960 -0.640053 0.057377
340 0.918 22.262 0.161-0.116135 0.063216 -0.312228 0.012204
341 0.897 17.358 0.1680.005508 0.049605 -0.202263 0.000087
342 0.800 8.012 0.242-0.102004 0.008079 -0.445184 0.092284
343 0.905 18.974 0.144-0.216429 0.068796 -0.422830 0.016809
344 0.570 2.648 0.2680.044943 0.035927 -0.120671 -0.006507
345 0.952 39.292 0.121-0.277325 -0.026341 -0.491232 0.156743
346 0.578 2.739 0.368-0.102719 0.003799 -0.457243 -0.044785
347 0.904 18.897 0.201-0.027933 0.032480 -0.793204 0.042115
348 0.818 9.012 0.254-0.102830 0.061373 -0.217754 0.007404
349 0.556 2.505 0.3140.206110 0.090104 -0.785838 -0.030142
350 0.343 1.042 0.3360.000502 0.027951 -0.066481 0.018472
351 0.830 9.731 0.203-0.010789 0.045288 -0.249225 -0.002761
352 1.000 7425809.500 0.000-0.067840 -0.049532 -0.040775 -0.016307
353 0.821 9.192 0.1840.096327 0.033749 -0.905057 0.074233
354 0.844 10.825 0.1740.128575 0.040042 -0.087902 -0.007651
355 0.779 7.052 0.244-0.082198 0.075047 -0.226039 0.034402
356 0.382 1.236 0.202-0.003814 -0.015458 -0.121326 -0.053819
357 0.716 5.038 0.326-0.001082 0.051300 -0.287023 0.010939
358 1.000 5980239.500 0.000-0.614508 -0.121197 -1.672009 -0.186938
359 0.534 2.293 0.3660.020200 0.040709 -0.297605 0.005178
360 0.803 8.160 0.2160.198546 0.075585 -0.445428 0.092962
361 0.663 3.937 0.3190.097950 0.038794 -0.486936 0.036553
362 0.669 4.045 0.2350.152833 0.033508 -0.082767 -0.006422
363 0.395 1.304 0.364-0.216135 0.021290 0.044420 0.038350
364 0.881 14.873 0.173-0.099884 0.030637 -0.408854 -0.020508
365 0.832 9.885 0.1800.025735 0.045235 -0.224450 0.010130
366 0.937 29.691 0.0810.053927 -0.020086 -0.187394 -0.075350
367 0.658 3.840 0.1660.001154 -0.010370 -0.278850 0.081022
368 0.650 3.722 0.3190.025674 0.048140 -0.248648 0.005154
369 0.374 1.194 0.262-0.135638 0.047923 -0.273947 -0.000826
370 0.621 3.276 0.299-0.001807 0.045957 -0.152680 0.004714
371 0.913 20.871 0.180-2.013533 -0.321588 2.107527 0.489939
372 0.806 8.300 0.209-0.032345 0.049782 -0.179266 0.008074
373 0.675 4.162 0.2500.074230 0.040043 -0.149700 -0.010679
374 0.085 0.187 0.2930.026341 0.025638 -0.288734 -0.035927
375 0.856 11.846 0.185-0.684232 -0.097208 -1.252493 -0.186413
376 0.718 5.087 0.3000.077513 0.042404 -0.537221 0.040032
377 0.543 2.379 0.354-0.078495 0.048584 -0.270734 0.021586
378 0.663 3.928 0.1910.039387 -0.000674 -0.178886 -0.054636
379 0.978 90.732 0.0730.046944 0.047988 -0.107151 -0.002268
380 0.938 30.413 0.127-0.116977 -0.004269 -0.734912 0.132390
381 0.869 13.285 0.2060.004046 0.040961 -0.780476 0.063004
382 0.716 5.047 0.215-0.006361 -0.010816 -0.262143 0.097074
383 0.740 5.687 0.236-0.093443 0.009888 -0.149713 0.068312
384 0.890 16.224 0.193-0.108557 0.037177 -0.322071 -0.017879
385 0.396 1.309 0.3830.002658 0.040641 -0.186487 0.006989
386 0.769 6.664 0.227-0.116548 0.047619 -0.138392 0.014792
387 0.409 1.383 0.3910.096903 0.036737 -0.283969 0.000686
388 0.613 3.163 0.254-0.029151 0.008848 -0.235714 0.073361
389 1.000 -9371.522 -1.#IO11.907913 2.003686 -14.224736 -0.837969
390 0.652 3.743 0.130-0.021825 -0.012694 -0.115129 -0.050059
391 0.965 55.104 0.124-0.170717 0.070384 -0.379218 0.014895
```

```
392 0.639   3.546 0.331-0.098085  0.059156 -0.345863  0.011256
393 0.619   3.252 0.278-0.055248  0.018143 -0.305329 -0.030644
394 0.935  28.683 0.0910.047445  -0.020043 -0.133978 -0.079811
395 0.807   8.343 0.2070.011728  -0.002145 -0.291684  0.082967
396 0.651   3.738 0.262-0.091614  0.019941 -0.359461 -0.026416
397 0.983 114.176 0.0370.114754   0.084003 -0.053444  0.263759
398 0.676   4.164 0.2310.206741   0.078140 -0.333700  0.092123
399 0.905  19.121 0.169-0.130410  0.036088 -0.406244 -0.014871
400 0.906  19.354 0.1310.048238  -0.001490 -0.210849 -0.059058
401 0.822   9.264 0.1860.034713   0.027542 -0.672167  0.027451
402 0.729   5.393 0.2900.098897   0.035837 -0.459849  0.030482
403 0.941  31.963 0.119-0.071639  0.047297 -0.678000  0.053033
404 0.785   7.308 0.237-0.091090  0.047244 -0.494997  0.026110
405 0.503   2.022 0.255-0.153286  0.048632 -0.359973  0.001429
406 0.507   2.057 0.2870.133760   0.032479 -0.142660 -0.014623
407 0.706   4.803 0.281-0.039777  0.015022 -0.328976 -0.035528
408 0.624   3.317 0.171-0.154195  0.028943 -0.350462 -0.021534
409 0.344   1.046 0.268-0.110764  0.045506 -0.244437  0.000916
410 0.738   5.629 0.2990.076745   0.023680 -0.702868  0.042218
411 0.861  12.431 0.183-0.190282  0.050239 -0.442342 -0.007521
412 0.677   4.198 0.2600.060477   0.038046 -0.142303 -0.008501
413 0.742   5.752 0.253-0.079076  -0.002681 -0.431379  0.108749
414 0.785   7.311 0.2580.113709   0.034741 -0.657976  0.045300
415 1.000 37471.719 0.003-0.220180 -0.079050 -0.656921 -0.152632
416 0.171   0.413 0.393-0.146085  -0.006926 -0.402031 -0.040055
417 0.380   1.223 0.334-0.051993  0.040002 -0.261283  0.009383
418 0.198   0.494 0.4010.009197   0.037420 -0.659400 -0.057818
419 0.666   3.985 0.1810.030590   0.029860  0.006241  0.008743
420 0.886  15.534 0.202-0.035977  0.052858 -0.484833  0.029521
421 0.880  14.686 0.1600.022599   0.043165 -0.754823  0.055638
422 0.463   1.727 0.296-0.032902  0.038955 -0.240357  0.001580
423 0.953  40.257 0.120-0.073731  0.047522 -0.687639  0.054197
424 0.873  13.780 0.2030.012835   0.042411 -0.788426  0.060311
425 0.796   7.821 0.1480.167174   0.031994  0.073145 -0.007061
426 0.709   4.862 0.2310.082589   0.035234 -0.366412  0.028001
427 0.851  11.433 0.228-0.041145  0.038378 -0.715458  0.066114
428 0.712   4.944 0.284-0.057257  0.012200 -0.233262  0.070632
429 0.861  12.406 0.194-0.040301  0.050384 -0.275350  0.019138
430 0.440   1.570 0.3770.014692   0.041039 -0.235810 -0.001173
431 0.331   0.990 0.2760.152828   0.054025 -0.371514 -0.024421
432 0.792   7.633 0.178-0.065405  0.050448 -0.190080  0.003268
433 1.000 5120238.000 0.000-0.177745 -0.008973  0.337631  0.412456
434 0.561   2.556 0.3010.123035   0.026954 -0.343223  0.036640
435 0.870  13.403 0.1310.049959  -0.001701 -0.211578 -0.059175
436 0.424   1.474 0.327-0.055999  0.053508 -0.356268  0.000681
437 0.530   2.251 0.328-0.121457  0.041501 -0.288165  0.022099
438 0.694   4.541 0.1930.090144   0.034897 -0.142343  0.009581
439 1.000 -5576077.500 -1.#IO-0.037860 -0.064367 -0.159757 -0.160007
440 0.918  22.328 0.163-0.178514  0.054319 -0.438966  0.003354
441 0.632   3.439 0.334-0.048915  0.050005 -0.246122  0.013285
442 0.732   5.463 0.212-0.107547  0.034295 -0.303692 -0.008536
443 0.701   4.694 0.253-0.088535  0.029911 -0.314256  0.053696
444 0.321   0.944 0.335-0.000243  0.026814 -0.059909  0.019041
445 1.000 40197.918 0.003-0.220976 -0.079448 -0.658234 -0.153074
446 0.864  12.759 0.214-0.091664  0.055810 -0.394680  0.018595
447 0.822   9.226 0.2020.011080   0.054404 -0.214873  0.003262
448 0.842  10.653 0.222-0.099105  0.054752 -0.423983  0.020397
449 0.622   3.288 0.337-0.016272  0.050334 -0.227266  0.011269
450 0.832   9.896 0.225-0.142853  0.064833 -0.343469  0.009660
451 0.609   3.109 0.302-0.000524  0.050032 -0.360230  0.006665
452 0.800   8.022 0.0800.035315   0.024936 -0.337119 -0.050403
453 0.556   2.509 0.3240.022277  -0.005294 -0.327724 -0.055324
454 0.860  12.279 0.1720.036168   0.047460 -0.179335 -0.001149
455 0.913  21.002 0.180-0.173644  0.070112 -0.304998  0.017276
456 0.789   7.482 0.1480.021845  -0.004425 -0.178923 -0.056896
457 0.434   1.535 0.322-0.001463  0.010159 -0.272174 -0.036404
458 0.795   7.779 0.222-0.140075  0.059723 -0.303585  0.009529
459 0.753   6.085 0.269-0.069681  0.060277 -0.244249  0.007249
```

```
460 0.647  3.668 0.2880.086545 0.036769 -0.470521 0.035610
461 0.572  2.672 0.2870.171011 0.068615 -0.458091 -0.020624
462 0.723  5.230 0.2040.133195 0.016195 0.175430 0.004267
463 0.817  8.921 0.208-0.270456 -0.048451 -0.206434 0.157644
464 0.583  2.796 0.1820.041063 0.025624 0.025898 0.009692
465 0.950 37.931 0.111-0.479921 -0.041449 -0.923776 -0.114354
466 0.658  3.843 0.316-0.057239 0.053765 -0.283155 0.007833
467 0.440  1.574 0.3240.102719 0.031672 -0.188340 -0.016132
468 0.688  4.401 0.2920.031875 0.046753 -0.203021 0.005530
469 0.482  1.863 0.315-0.019017 0.015335 -0.337038 -0.034735
470 0.828  9.652 0.194-0.074089 0.051826 -0.329172 0.005654
471 0.181  0.441 0.3130.250727 0.041768 -0.610241 -0.079930
472 0.730  5.410 0.2830.077324 0.044460 -0.471362 0.038236
473 0.809  8.471 0.256-0.110037 0.060659 -0.235246 0.016281
474 0.528  2.238 0.356-0.150876 0.048391 -0.297286 0.020361
475 0.464  1.734 0.3020.132419 0.026888 -0.086043 -0.011947
476 0.877 14.285 0.182-0.128104 0.061069 -0.272332 0.007316
477 0.894 16.853 0.160-0.015775 0.040402 -0.814802 0.057026
478 0.586  2.828 0.2750.036515 0.040766 -0.285992 -0.003783
479 0.920 22.860 0.168-0.188982 0.063755 -0.351133 0.018243
480 0.515  2.124 0.3610.141208 0.039705 -0.206677 0.003791
481 0.574  2.692 0.321-0.077889 0.045827 -0.161409 0.010904
482 0.677  4.195 0.285-0.016009 0.029731 -0.561324 0.028957
483 0.577  2.726 0.284-0.042834 0.015501 -0.299956 -0.036683
484 0.973 72.386 0.0717.931972 1.304766 -12.180028 -1.124393
485 0.732  5.455 0.256-0.011314 0.047313 -0.428776 0.019306
486 0.600  2.995 0.0920.019991 0.018372 -0.205823 -0.038979
487 0.848 11.168 0.238-0.030710 0.040925 -0.735272 0.059174
488 0.780  7.100 0.228-0.045189 0.037658 -0.677947 0.059942
489 0.807  8.337 0.219-0.071604 0.025986 -0.642056 0.019508
490 0.930 26.682 0.142-0.367707 -0.024003 -0.795382 -0.089789
491 0.856 11.923 0.1620.044420 -0.010296 -0.210407 -0.066843
492 0.652  3.752 0.3190.061468 0.046475 -0.558932 0.050992
493 0.413  1.407 0.2510.002711 0.029124 -0.078877 0.005152
494 0.760  6.347 0.251-0.056343 0.019761 -0.761700 0.045296
495 0.895 17.036 0.193-0.134682 0.066709 -0.417643 0.017821
496 0.244  0.645 0.286-0.053427 0.029652 -0.167550 0.008903
497 0.576  2.714 0.323-0.024769 0.047792 -0.236624 0.001912
498 0.758  6.269 0.2060.218604 0.029765 0.092665 -0.012823
499 0.812  8.634 0.199-0.063319 0.040780 -0.079726 0.017310
```

			Durchschnittliche Parameterschaetzungen
Sample	R2	F	SE	Regressionskoeffizienten

```
500 0.746 957.255 -1.#IO -0.000 -0.000 -0.000 -0.001
```

90% Konfidenzintervalle

b0 : [-0.007 .. 0.047]
b1 : [-0.039 .. 0.078]
b2 : [0.014 .. 0.117]
b3 : [-0.297 .. 0.188]

Laufzeitanalyse:
Anzahl Regressionsanalysen: 500
Anzahl invertierter Matrizen: 500
Anzahl Determinantenberechnungen: 34825
Laufzeit in Sekunden: 6

DISCLAIMER. Copyright 2014, 2015 Thomas Kaul. This software comes with absolutely no warranty. Any damage, harm or consequences by using this software is beyond liability of the author.

B-2: Bootstrapping zur Hypothese 1a (bereinigter Datensatz)

```
***           Multiple Regressionsanalyse V5.4 (C)2015 Thomas Kaul      ***
***                         Cluster-Processing                          ***
***                       Ergebnis - Bootstrapping                      ***
                          ─────────────────────────────
                             500 Resamples berechnet
─────────────────────────────────────────────────────────────────────────
Sample R2       F        SE        Regressionskoeffizienten
     0 126212680712192.000 -0.333 -1.#IO135762.687500 65139.011719 -
381836.000000 909070.500000
     1 2.245 -0.601 -1.#IO-0.072759 0.022693 -0.015902 -0.088724
     2 1.000 -894785.313 -1.#IO0.063950 0.056689 -0.054825 0.153509
     3 864230841176064.000 -0.333 -1.#IO-15510521.000000 -1375842.250000 -
252225.109375 13471318.000000
     4 1.000 932067.250 0.0000.004867 0.061322 0.099638 0.307971
     5 2.156 -0.622 -1.#IO0.244457 0.055031 -0.638973 0.065906
     6 7.540 -0.384 -1.#IO-0.002817 0.109637 -1.271653 -0.440669
     7 1.409 -1.147 -1.#IO0.131320 0.049848 -0.398953 0.221564
     8 63.094 -0.339 -1.#IO-0.321653 0.029443 0.205380 -0.043970
     9 7.964 -0.381 -1.#IO-0.147846 0.024357 0.316850 0.840393
    10 1.000 -401954.469 -1.#IO-0.101716 0.035841 -0.480288 0.132236
    11 1.519 -0.975 -1.#IO-0.016688 -0.027461 -0.150589 -0.054784
    12 2657929236840448.000 -0.333 -1.#IO1550487.625000 -439339.125000 -
9447995.000000 -355635.281250
    13 796032459866112.000 -0.333 -1.#IO-8210805.500000 679956.937500
4098463.500000 1041608.000000
    14 1.000 950708.625 0.0000.096474 0.096546 -0.019615 0.255616
    15 47532616974336.000 -0.333 -1.#IO7217805.500000 3474984.250000
24932.132813 -1384780.750000
    16 38.597 -0.342 -1.#IO1.186850 -0.064254 0.999884 0.694849
    17 29.690 -0.345 -1.#IO-0.005865 0.098451 1.727272 0.058727
    18 63.094 -0.339 -1.#IO-0.321653 0.029443 0.205380 -0.043970
    19 2.750 -0.524 -1.#IO0.131365 0.089312 1.118827 0.464950
    20 0.613 0.528 0.4400.017969 0.039592 0.040745 0.304430
    21 1.221 -1.842 -1.#IO0.024373 0.056814 -0.168228 0.157931
    22 0.434 0.256 0.1880.185522 0.021223 -0.453381 -0.396399
    23 1.000 -3215633.250 -1.#IO-0.101714 0.035841 -0.480291 0.132234
    24 3.700 -0.457 -1.#IO-0.228451 0.012835 0.039776 0.134933
    25 2.750 -0.524 -1.#IO0.131365 0.089312 1.118827 0.464950
    26 23.428 -0.348 -1.#IO-1.049515 0.171384 1.050090 0.667183
    27 1.000 908765.563 0.0000.004868 0.061322 0.099638 0.307971
    28 11861461303296.000 -0.333 -1.#IO136197.687500 -390242.312500 -
1885587.500000 924614.500000
    29 1.000 4334114.000 0.0000.146989 0.084513 -0.071387 0.294289
    30 1215.699 -0.334 -1.#IO5.997271 -0.081448 4.368272 0.313099
    31 14.800 -0.357 -1.#IO0.184179 -0.020774 -0.068830 -0.002162
    32 1.000 -301129.875 -1.#IO0.063950 0.056689 -0.054825 0.153509
    33 3.732 -0.455 -1.#IO0.005351 0.033413 -0.129430 0.002210
    34 1.000 223695.875 0.0010.004867 0.061322 0.099638 0.307971
    35 1.000 1048575.688 0.000-0.101716 0.035841 -0.480289 0.132236
    36 17.117 -0.354 -1.#IO0.191503 0.016503 -0.241697 -0.327721
    37 1.000 114843.703 0.001-0.101715 0.035841 -0.480287 0.132236
    38 1.000 -399457.844 -1.#IO0.063950 0.056689 -0.054825 0.153509
    39 10.925 -0.367 -1.#IO1.423994 0.202199 0.023154 0.236736
    40 423.333 -0.334 -1.#IO-0.380030 0.353702 -0.394818 -0.438579
    41 1.000 -594193.438 -1.#IO-0.101716 0.035841 -0.480289 0.132236
    42 1.000 -301129.875 -1.#IO0.063950 0.056689 -0.054825 0.153509
    43 0.381 0.205 0.482-0.178159 0.001625 -0.385350 0.078890
    44 1.000 -3635064.000 -1.#IO0.146989 0.084513 -0.071387 0.294289
    45 0.867 2.179 0.050-0.002780 -0.013437 -0.104371 -0.019076
    46 11467337236480.000 -0.333 -1.#IO-4046759.500000 -1039331.125000 -
1898772.500000 -192259.359375
    47 1.000 1.#IO 0.0000.004868 0.061322 0.099637 0.307971
```

```
    48 603395459121152.000 -0.333 -1.#IO-644493.125000 510566.250000 -
608878.875000 302900.750000
    49 1.000 932067.250 0.0000.146989 0.084513 -0.071387 0.294289
    50 1.262 -1.606 -1.#IO-0.175586 0.036035 -0.693359 0.047946
    51 1.000 -1922389.625 -1.#IO0.146989 0.084513 -0.071387 0.294289
    52 395904553427402750.000 -0.333 -1.#IO3641431.000000 -21037148.000000
51031196.000000 -13454540.000000
    53 0.838 1.720 0.055-0.002068 -0.004838 -0.097933 -0.007037
    54 0.980 16.698 0.0870.102724 0.081470 -0.052508 0.263852
    55 136.144 -0.336 -1.#IO-1.062496 -0.031176 0.272618 0.113268
    56 1.000 264085.469 0.001-0.101716 0.035841 -0.480289 0.132236
    57 1.000 541763.938 0.0000.004868 0.061322 0.099638 0.307971
    58 27.124 -0.346 -1.#IO0.836818 -0.053207 0.949723 0.524200
    59 320904521318400.000 -0.333 -1.#IO-139643.875000 414725.406250 -
632573.750000 115189.296875
    60 1.000 1584514.500 0.0000.096474 0.096546 -0.019615 0.255616
    61 1.911 -0.699 -1.#IO-0.019629 0.028056 -0.081503 -0.025795
    62 1.000 -594193.375 -1.#IO-0.101716 0.035841 -0.480290 0.132235
    63 1.249 -1.673 -1.#IO-0.113682 0.124186 0.067276 0.182357
    64 120.913 -0.336 -1.#IO-2.723695 0.152651 1.815793 0.884801
    65 950.079 -0.334 -1.#IO4.864318 -0.134783 -6.566648 -4.744387
    66 1.000 -1922389.625 -1.#IO0.146989 0.084513 -0.071387 0.294289
    67 2.179 -0.616 -1.#IO-0.032897 0.059112 -0.033581 0.160010
    68 1.000 -4753545.000 -1.#IO0.096474 0.096546 -0.019615 0.255616
    69 0.254 0.113 0.193-0.099646 0.035997 0.256658 0.349148
    70 273.911 -0.335 -1.#IO-1.938796 0.330586 -2.537274 0.097862
    71 3.128 -0.490 -1.#IO-0.112975 0.026302 -0.163366 -0.047750
    72 55.502 -0.339 -1.#IO-0.949571 0.382487 -1.587263 -0.091903
    73 4.351 -0.433 -1.#IO-0.563524 -0.008181 0.462385 0.569047
    74 35.109 -0.343 -1.#IO-1.116891 0.068398 -0.934808 0.695622
    75 69.816 -0.338 -1.#IO0.458886 0.174078 2.034772 -1.630084
    76 1.000 2376772.250 0.0000.096474 0.096546 -0.019615 0.255616
    77 9.759 -0.371 -1.#IO-0.189052 0.027131 -0.015879 -0.198828
    78 1.000 -961195.000 -1.#IO0.146989 0.084513 -0.071387 0.294289
    79 1.779 -0.761 -1.#IO-1.501018 0.313119 0.731355 -1.251235
    80 18991306000826368.000 -0.333 -1.#IO15374496.000000 -3105603.500000
12828168.000000 -670768.750000
    81 1866295148544.000 -0.333 -1.#IO-42829.476563 -58313.406250 -
395491.750000 -653539.250000
    82 1.000 264085.469 0.001-0.101716 0.035841 -0.480289 0.132236
    83 0.165 0.066 0.228-0.034191 0.010537 -0.019577 0.004242
    84 1.000 -1398101.625 -1.#IO0.146989 0.084513 -0.071387 0.294289
    85 14498.314 -0.333 -1.#IO20.245731 -2.803670 -2.486501 -7.976490
    86 1.000 2236962.000 0.0000.063950 0.056689 -0.054825 0.153509
    87 1.000 4334114.000 0.0000.004868 0.061322 0.099638 0.307971
    88 449.313 -0.334 -1.#IO5.941959 1.540585 4.289485 -2.074169
    89 94.752 -0.337 -1.#IO-1.656138 0.092723 0.457601 1.263341
    90 1.992 -0.669 -1.#IO-0.180169 -0.116824 -0.345634 -0.074257
    91 1.000 2796202.250 0.0000.146989 0.084513 -0.071387 0.294289
    92 1.299 -1.447 -1.#IO-0.022026 0.004485 -0.091669 -0.044298
    93 1.000 -4334114.500 -1.#IO0.146989 0.084513 -0.071387 0.294289
    94 1.585 -0.903 -1.#IO-0.118785 0.039432 -0.677960 0.151736
    95 141321519104.000 -0.333 -1.#IO-175.440262 -3070.575928 11396.590820 -
31699.482422
    96 1.000 -264086.125 -1.#IO-0.101716 0.035841 -0.480289 0.132236
    97 20.363 -0.351 -1.#IO-1.614750 -0.269235 -0.385195 0.966652
    98 1.000 -264086.125 -1.#IO-0.101716 0.035841 -0.480291 0.132235
    99 1.000 -894785.313 -1.#IO0.063950 0.056689 -0.054825 0.153509
   100 1.000 -640796.813 -1.#IO0.004868 0.061323 0.099638 0.307971
   101 7.110 -0.388 -1.#IO0.024139 0.245176 -1.080134 0.073400
   102 1.000 68758.750 0.001-0.101716 0.035841 -0.480288 0.132235
   103 16.277 -0.355 -1.#IO-0.221165 0.272766 -0.861595 -0.466275
   104 2.750 -0.524 -1.#IO0.131365 0.089312 1.118827 0.464950
   105 22.400 -0.349 -1.#IO-0.560953 0.365969 -0.065595 0.329816
   106 1.143 -2.669 -1.#IO-0.113172 0.126292 0.082902 -0.078036
   107 56.652 -0.339 -1.#IO-0.159949 0.157464 -0.540173 0.156152
   108 19.217 -0.352 -1.#IO-0.008333 0.085443 1.347401 0.053942
   109 0.660 0.648 0.122-0.073684 0.014394 -0.018400 -0.032467
```

```
110 27.567 -0.346 -1.#IO0.664226 -0.080461 -0.016611 0.176246
111 1.000 -454383.281 -1.#IO0.004868 0.061322 0.099637 0.307971
112 25402683392.000 -0.333 -1.#IO-18479.531250 89.538437 3857.344727
5169.444824
113 1.836 -0.732 -1.#IO-0.025299 0.014081 -0.009628 -0.097786
114 7.756 -0.383 -1.#IO1.120353 0.169315 0.244201 0.659441
115 238.637 -0.335 -1.#IO0.594801 -0.089130 -0.500706 0.353400
116 1.000 428168.219 0.0010.096474 0.096546 -0.019615 0.255616
117 3.131 -0.490 -1.#IO-0.240779 0.112493 0.364104 0.370810
118 1.000 950708.688 0.0000.096474 0.096546 -0.019615 0.255616
119 1.000 -213599.156 -1.#IO0.004868 0.061323 0.099638 0.307971
120 150.326 -0.336 -1.#IO0.181053 0.335832 -1.279721 0.515769
121 539.716 -0.334 -1.#IO-5.227212 0.682297 2.102307 1.627240
122 0.335 0.168 0.0910.017451 -0.005462 -0.065439 -0.009123
123 1.000 3844778.250 0.0000.146989 0.084513 -0.071387 0.294289
124 1.000 -734003.500 -1.#IO0.096474 0.096546 -0.019615 0.255616
125 1.000 -1083528.875 -1.#IO0.146989 0.084513 -0.071387 0.294289
126 1.639 -0.855 -1.#IO-0.395846 0.001547 0.796773 -0.125441
127 1.000 -932067.938 -1.#IO0.146989 0.084513 -0.071387 0.294289
128 1.000 -559240.875 -1.#IO0.004868 0.061322 0.099637 0.307971
129 1.000 357292.219 0.001-0.101715 0.035841 -0.480290 0.132235
130 7.756 -0.383 -1.#IO1.120353 0.169315 0.244201 0.659441
131 2.423 -0.568 -1.#IO0.128340 -0.031135 -0.198960 0.020971
132 0.980 16.698 0.0870.102724 0.081470 -0.052508 0.263852
133 7.709 -0.383 -1.#IO0.434276 0.048869 0.472965 0.150446
134 1.501 -0.999 -1.#IO0.055847 0.142156 0.370321 0.299977
135 26299928150016.000 -0.333 -1.#IO-202802.781250 581088.875000
2807722.500000 -1376792.625000
136 1.777 -0.763 -1.#IO0.048404 0.014729 -0.123641 0.083394
137 1.000 -640796.813 -1.#IO0.004868 0.061322 0.099638 0.307971
138 1.219 -1.858 -1.#IO0.027822 0.058874 -0.021427 0.164430
139 0.980 16.698 0.0870.102724 0.081470 -0.052508 0.263852
140 1.299 -1.447 -1.#IO-0.022026 0.004485 -0.091669 -0.044298
141 186782087905280.000 -0.333 -1.#IO-2157615.000000 -2576769.000000
831006.500000 1299228.250000
142 3567954960580608.000 -0.333 -1.#IO-10324639.000000 -120261.640625
4377602.500000 8202171.000000
143 49.635 -0.340 -1.#IO1.356513 -0.004606 3.338698 -0.458798
144 2448491867537408.000 -0.333 -1.#IO1715126.500000 -770859.250000 -
370158.500000 -1680079.750000
145 0.569 0.441 0.1800.069456 0.052906 0.118454 0.176967
146 44.965 -0.341 -1.#IO-0.412733 0.087759 -0.004048 0.216678
147 1.000 2376772.250 0.0000.096474 0.096546 -0.019615 0.255616
148 216.312 -0.335 -1.#IO-2.122746 0.211442 -1.099814 0.945066
149 1.000 -599186.625 -1.#IO-0.101716 0.035841 -0.480289 0.132236
150 33.279 -0.344 -1.#IO0.795957 0.342641 -0.520287 -0.749667
151 46593652062945280.000 -0.333 -1.#IO-43762000.000000 28925.574219
11683772.000000 2938731.750000
152 1.000 519294.469 0.0000.146989 0.084513 -0.071387 0.294289
153 1.000 2796202.250 0.0000.063950 0.056689 -0.054825 0.153509
154 7.844 -0.382 -1.#IO1.651117 0.540595 -1.535527 0.206139
155 1.000 1584514.500 0.000-0.101715 0.035841 -0.480288 0.132236
156 1.000 1584514.625 0.0000.096474 0.096546 -0.019615 0.255616
157 10951116800.000 -0.333 -1.#IO-16585.994141 -6003.761719 7035.591797 -
36224.144531
158 4.196 -0.438 -1.#IO0.121194 0.033874 -0.014791 -0.054307
159 1.647 -0.849 -1.#IO0.183977 0.099556 -0.219118 0.315461
160 115.753 -0.336 -1.#IO2.204584 -0.192402 1.133937 0.341532
161 5851362816.000 -0.333 -1.#IO1704664.875000 372467.468750 -
1490490.000000 827189.125000
162 1.000 -1281593.250 -1.#IO0.004868 0.061323 0.099638 0.307971
163 186782087905280.000 -0.333 -1.#IO-2157615.000000 -2576769.000000
831006.500000 1299228.250000
164 116.232 -0.336 -1.#IO-2.055630 0.248618 0.343311 1.135461
165 1.000 -932067.938 -1.#IO0.146989 0.084513 -0.071387 0.294289
166 1.000 978670.688 0.0000.063950 0.056689 -0.054825 0.153509
167 1.#IO -0.333 -1.#IO105220.468750 10738.456055 537914.437500 -
14207.869141
```

```
168  1.000 -466034.125 -1.#IO-0.101716 0.035841 -0.480290 0.132235
169  2946158034944.000 -0.333 -1.#IO-199013.437500 963.680786 41540.953125
55670.679688
170  201.977 -0.335 -1.#IO-0.751779 1.026283 1.999570 0.565793
171  1.000 2236962.250 0.0000.063950 0.056689 -0.054825 0.153509
172  3671196042264576.000 -0.333 -1.#IO2072403.250000 -7102073.500000 -
4367311.000000 1446182.000000
173  55.502 -0.339 -1.#IO-0.949571 0.382487 -1.587263 -0.091903
174  1.701 -0.809 -1.#IO0.215082 0.206112 -1.036763 -0.788009
175  1.000 2236961.750 0.0000.063950 0.056689 -0.054825 0.153509
176  14.491 -0.358 -1.#IO0.725669 0.109281 -1.829255 -0.861705
177  150.326 -0.336 -1.#IO0.181053 0.335832 -1.279721 0.515769
178  3567955229016064.000 -0.333 -1.#IO-10324639.000000 -120261.640625
4377602.500000 8202171.000000
179  1.000 391468.063 0.0000.063950 0.056689 -0.054825 0.153509
180  1.000 594192.750 0.0000.096474 0.096546 -0.019615 0.255616
181  0.935 4.813 0.0280.008079 -0.002987 -0.105874 -0.006235
182  1.963 -0.679 -1.#IO-0.024695 0.062987 -0.315462 0.170531
183  1784899829760.000 -0.333 -1.#IO272730.031250 58180.304688
950335.875000 104947.703125
184  2448491867537408.000 -0.333 -1.#IO1715126.500000 -770859.250000 -
370158.500000 -1680079.750000
185  6032.730 -0.333 -1.#IO4.554416 -4.453968 1.632923 0.181540
186  8.534 -0.378 -1.#IO-0.500595 0.120563 0.301466 0.470330
187  1.000 -301129.875 -1.#IO0.063950 0.056689 -0.054825 0.153509
188  1.000 -99032.508 -1.#IO-0.101716 0.035841 -0.480292 0.132235
189  40.923 -0.342 -1.#IO-2.142362 -0.189980 2.652239 -0.180405
190  288177642274816.000 -0.333 -1.#IO-88444.312500 181393.593750 -
991552.625000 181448.296875
191  1.000 264085.469 0.001-0.101715 0.035841 -0.480289 0.132235
192  1.000 110547.211 0.001-0.101716 0.035841 -0.480289 0.132235
193  1.000 950708.625 0.0000.096546 0.096546 -0.019615 0.255616
194  1.000 4753544.500 0.0000.096474 0.096546 -0.019615 0.255616
195  1.000 908765.563 0.0000.146989 0.084513 -0.071387 0.294289
196  1.000 44049.434 0.002-0.101716 0.035841 -0.480286 0.132235
197  8.534 -0.378 -1.#IO-0.500595 0.120563 0.301466 0.470330
198  8109688356864.000 -0.333 -1.#IO-64480.035156 123684.437500 -
968084.437500 -60395.066406
199  6.446 -0.395 -1.#IO-0.789789 0.062637 -0.623380 -0.056830
200  25.056 -0.347 -1.#IO-0.197638 0.022259 0.084629 0.008873
201  20.758 -0.350 -1.#IO-0.969324 0.258799 0.039448 0.336426
202  2.004 -0.665 -1.#IO-0.021420 0.036991 -0.530239 0.142231
203  1.000 559240.188 0.0010.004868 0.061322 0.099637 0.307971
204  15.257 -0.357 -1.#IO0.854236 0.001112 -0.878599 0.163173
205  1.923 -0.694 -1.#IO0.035094 0.048099 0.114482 0.366104
206  1.498 -1.003 -1.#IO0.003902 0.028083 -0.095532 0.049052
207  1.000 3425348.000 0.0000.096474 0.096546 -0.019615 0.255616
208  1.071 -5.005 -1.#IO-0.061809 0.120252 0.128271 0.211668
209  19.137 -0.352 -1.#IO1.369821 0.099042 -0.610241 0.132042
210  378.532 -0.334 -1.#IO1.616879 -0.060010 -0.279036 -0.039224
211  1.000 123361.555 0.001-0.101716 0.035841 -0.480288 0.132235
212  1.000 1468006.125 0.0000.096474 0.096546 -0.019615 0.255616
213  1.562 -0.927 -1.#IO-0.009327 -0.011155 0.135065 0.097898
214  1.000 -2236962.750 -1.#IO0.063950 0.056689 -0.054825 0.153509
215  1.000 -466034.125 -1.#IO0.004868 0.061322 0.099637 0.307971
216  1.000 -519295.156 -1.#IO0.004868 0.061322 0.099638 0.307971
217  1.000 2376772.250 0.0000.096474 0.096546 -0.019615 0.255616
218  5.297 -0.411 -1.#IO-0.095569 0.039482 -0.102558 -0.088829
219  2.959 -0.503 -1.#IO-0.064508 0.081754 -0.577162 0.264994
220  1.000 932067.250 0.0000.004867 0.061322 0.099637 0.307971
221  4.194 -0.438 -1.#IO0.027413 0.034207 0.118437 -0.103804
222  5527819404705792.000 -0.333 -1.#IO2481444.000000 -922890.125000
2338321.500000 626186.250000
223  1.000 908765.563 0.0000.004868 0.061322 0.099638 0.307971
224  1.000 -399457.844 -1.#IO0.146989 0.084513 -0.071387 0.294289
225  2.496 -0.556 -1.#IO0.037114 0.004042 -0.084623 -0.063913
226  1.000 -559240.938 -1.#IO0.063950 0.056689 -0.054825 0.153509
227  1.180 -2.180 -1.#IO0.021866 0.002644 -0.093545 0.063920
```

```
228 1142259034619904.000 -0.333 -1.#IO939051.250000 895622.750000
6433706.000000 3191653.250000
229 0.980 16.698 0.0870.102724 0.081470 -0.052508 0.263852
230 5.876 -0.402 -1.#IO-0.976214 -0.094677 -1.464963 0.173267
231 2.774 -0.521 -1.#IO-0.004382 0.010617 -0.000309 -0.149551
232 3.478 -0.468 -1.#IO-0.196719 0.124526 0.222477 0.404832
233 1.021 -16.397 -1.#IO0.050868 0.051034 -0.161746 0.154979
234 1.000 -699051.063 -1.#IO0.063950 0.056689 -0.054825 0.153509
235 1.000 2236961.750 0.0000.063950 0.056689 -0.054825 0.153509
236 1.000 1.#IO 0.0000.146989 0.084513 -0.071387 0.294289
237 2.214 -0.608 -1.#IO-0.570654 -0.013100 -1.023018 0.024026
238 1.000 -52817.496 -1.#IO-0.101716 0.035841 -0.480290 0.132236
239 38.597 -0.342 -1.#IO1.186850 -0.064254 0.999884 0.694849
240 1.000 5592405.000 0.0000.004868 0.061323 0.099637 0.307971
241 1.382 -1.207 -1.#IO0.073369 0.066036 -0.042412 0.153484
242 57.435 -0.339 -1.#IO3.524127 1.223330 -3.548483 0.693045
243 1.000 -745654.438 -1.#IO0.063950 0.056689 -0.054825 0.153509
244 7.146 -0.388 -1.#IO-0.558947 -0.105325 -0.798352 0.526755
245 4.848 -0.420 -1.#IO0.019303 -0.012751 -0.118818 -0.154476
246 1.000 -391468.719 -1.#IO0.063950 0.056689 -0.054825 0.153509
247 1.000 -1398101.625 -1.#IO0.146989 0.084513 -0.071387 0.294289
248 1.219 -1.858 -1.#IO0.027822 0.058874 -0.021427 0.164430
249 126.289 -0.336 -1.#IO3.965788 0.700166 5.259246 -1.209857
250 1.000 2376772.250 0.0000.096474 0.096546 -0.019615 0.255616
251 4.489 -0.429 -1.#IO-2.697263 -0.377391 -6.935436 -0.378026
252 27.124 -0.346 -1.#IO0.836818 -0.053207 0.949723 0.524200
253 1.963 -0.679 -1.#IO-0.024695 0.062987 -0.315462 0.170531
254 8.477 -0.378 -1.#IO0.524330 0.078294 0.913496 0.506152
255 1.000 -391468.719 -1.#IO0.063950 0.056689 -0.054825 0.153509
256 66.027 -0.338 -1.#IO1.901366 0.464436 0.965590 -0.206427
257 1.432 -1.106 -1.#IO-0.065003 0.011873 -0.213957 0.017347
258 0.669 0.673 0.102-0.227515 -0.029540 0.309760 0.196587
259 1.000 1188385.875 0.0000.096474 0.096546 -0.019615 0.255616
260 1.000 2236962.000 0.0000.063950 0.056689 -0.054825 0.153509
261 1.806 -0.747 -1.#IO0.191381 0.095504 0.067060 0.028369
262 1.000 727012.375 0.0000.146989 0.084513 -0.071387 0.294289
263 3567955229016064.000 -0.333 -1.#IO-10324639.000000 -120261.640625
4377602.500000 8202171.000000
264 1.000 2796202.250 0.0000.146989 0.084513 -0.071387 0.294289
265 1.153 -2.510 -1.#IO-0.127065 0.123085 0.542646 0.095230
266 113.369 -0.336 -1.#IO-0.666330 0.147421 0.051805 0.265965
267 5.637 -0.405 -1.#IO-0.229178 0.078296 -0.121253 0.498846
268 1.000 -1922389.625 -1.#IO0.146989 0.084513 -0.071387 0.294289
269 1.143 -2.669 -1.#IO-0.113172 0.126292 0.082902 -0.078036
270 1.000 -1398101.625 -1.#IO0.004867 0.061322 0.099637 0.307971
271 21.972 -0.349 -1.#IO-1.272491 0.111059 0.956942 0.217024
272 3614.996 -0.333 -1.#IO11.571949 -2.763671 -1.092648 0.991844
273 809885376.000 -0.333 -1.#IO106183.312500 -22843.972656 -90008.085938
86650.164063
274 17203311115501568.000 -0.333 -1.#IO-27856092.000000 -1725825.375000 -
1662189.500000 14749374.000000
275 472.212 -0.334 -1.#IO-3.188088 0.712364 -2.043366 0.481806
276 1.109 -3.391 -1.#IO0.112232 0.061324 -0.255979 0.142353
277 8.063 -0.381 -1.#IO-0.034132 0.139412 -1.615258 0.185882
278 3.029 -0.498 -1.#IO-0.122608 -0.070293 -1.286074 -0.059311
279 14498.314 -0.333 -1.#IO20.245733 -2.803670 -2.486501 -7.976490
280 0.980 16.698 0.0870.102724 0.081470 -0.052508 0.263852
281 1.000 2097151.625 0.000-0.101715 0.035841 -0.480290 0.132235
282 1.000 123361.555 0.001-0.101715 0.035841 -0.480289 0.132235
283 297.258 -0.334 -1.#IO0.641366 -0.126226 0.762241 0.173190
284 1.000 5592405.000 0.0000.004868 0.061323 0.099637 0.307971
285 14873864735555584.000 -0.333 -1.#IO-6486078.500000 98872.773438
34462408.000000 -6138455.000000
286 1.000 67649.727 0.001-0.101716 0.035841 -0.480288 0.132235
287 1.000 -3635064.000 -1.#IO0.004868 0.061322 0.099637 0.307971
288 1.000 1.#IO 0.0000.063950 0.056689 -0.054825 0.153509
289 53.874 -0.340 -1.#IO-0.387260 0.723501 -0.978838 0.126912
290 1.000 1.#IO 0.0000.096474 0.096546 -0.019615 0.255616
```

```
    291 796032459866112.000 -0.333 -1.#IO-8210805.500000 679956.937500
4098463.500000 1041608.000000
    292 1.000 118838.273 0.001-0.101716 0.035841 -0.480288 0.132236
    293 1.000 1304894.375 0.0000.063950 0.056689 -0.054825 0.153509
    294 1.359 -1.261 -1.#IO0.010032 -0.018055 0.028433 -0.009668
    295 1.000 -81958.000 -1.#IO-0.101715 0.035841 -0.480292 0.132235
    296 1.000 908765.563 0.0000.146989 0.084513 -0.071387 0.294289
    297 280500011008.000 -0.333 -1.#IO-2044024.500000 -277893.250000
2854618.500000 834997.687500
    298 2752.071 -0.333 -1.#IO-5.068499 2.213772 6.263676 9.983558
    299 1.000 -3635064.000 -1.#IO0.146989 0.084513 -0.071387 0.294289
    300 3.191 -0.485 -1.#IO-0.417695 0.026102 -1.113719 0.107602
    301 0.980 16.698 0.0870.102724 0.081470 -0.052508 0.263852
    302 1.000 1584514.500 0.000-0.101715 0.035841 -0.480288 0.132236
    303 1.201 -1.990 -1.#IO0.167546 0.087845 -0.111490 0.242158
    304 691.829 -0.334 -1.#IO-2.346234 -0.206027 0.078074 4.942409
    305 168.007 -0.335 -1.#IO-0.249989 -0.059363 -10.822264 -1.731865
    306 9.900 -0.371 -1.#IO0.662949 0.022754 -0.305602 0.353695
    307 1.000 -2376772.750 -1.#IO0.096474 0.096546 -0.019615 0.255616
    308 303.679 -0.334 -1.#IO1.336590 0.312929 0.603649 -3.579041
    309 1.000 1.#IO 0.0000.096474 0.096546 -0.019615 0.255616
    310 4.848 -0.420 -1.#IO0.019303 -0.012751 -0.118818 -0.154476
    311 116.232 -0.336 -1.#IO-2.055630 0.248618 0.343311 1.135461
    312 1.000 1.#IO 0.0000.004868 0.061322 0.099638 0.307971
    313 1.000 792257.063 0.000-0.101717 0.035841 -0.480289 0.132236
    314 19636640808960.000 -0.333 -1.#IO466105.937500 156729.812500
388003.031250 1194057.750000
    315 107.411 -0.336 -1.#IO-3.204313 0.521529 1.232371 -0.783815
    316 1.000 629145.313 0.0000.096474 0.096546 -0.019615 0.255616
    317 1.000 -399457.844 -1.#IO0.146989 0.084513 -0.071387 0.294289
    318 0.888 2.651 0.0840.047071 0.046371 0.192623 0.189426
    319 1.000 264085.469 0.001-0.101715 0.035841 -0.480290 0.132235
    320 8957239658283008.000 -0.333 -1.#IO-2483157.750000 1967153.500000 -
2345941.000000 1167043.750000
    321 1.000 55187.879 0.002-0.101716 0.035841 -0.480288 0.132235
    322 2906.147 -0.333 -1.#IO-8.711773 0.546571 -4.731740 1.365821
    323 13.221 -0.361 -1.#IO-0.841358 -0.004098 -1.603185 0.173661
    324 1729.354 -0.334 -1.#IO-7.161839 2.077042 -1.079100 1.027011
    325 0.980 16.698 0.0870.102724 0.081470 -0.052508 0.263852
    326 1.000 1468006.125 0.0000.096474 0.096546 -0.019615 0.255616
    327 0.980 16.698 0.0870.102724 0.081470 -0.052508 0.263852
    328 1.000 178645.938 0.001-0.101716 0.035841 -0.480287 0.132236
    329 1.000 139809.797 0.001-0.101716 0.035841 -0.480289 0.132235
    330 0.918 3.746 0.064-0.006116 0.039204 -0.323078 0.150268
    331 0.753 1.017 0.136-0.026716 0.045615 -0.181826 0.177361
    332 44.842 -0.341 -1.#IO1.312259 -0.257474 -0.897268 -0.572428
    333 1.000 -2202010.000 -1.#IO0.096474 0.096546 -0.019615 0.255616
    334 19.995 -0.351 -1.#IO-0.137555 0.083057 0.570461 0.166744
    335 0.669 0.673 0.102-0.227515 -0.029540 0.309760 0.196587
    336 9.122 -0.374 -1.#IO-0.003943 0.127240 -0.029009 0.169581
    337 1.000 1101004.375 0.0000.096474 0.096546 -0.019615 0.255616
    338 212.199 -0.335 -1.#IO0.465680 -0.016325 -4.318347 0.594679
    339 1.000 3425348.000 0.0000.096474 0.096546 -0.019615 0.255616
    340 24.073 -0.348 -1.#IO-0.091316 0.199480 -1.988837 0.711594
    341 6.118 -0.398 -1.#IO-0.634018 0.003071 1.076238 0.806662
    342 35.910 -0.343 -1.#IO-0.243228 0.064169 1.504252 -0.028079
    343 977.214 -0.334 -1.#IO-0.049674 1.309925 -8.330924 0.181565
    344 1.000 -1398101.625 -1.#IO0.146989 0.084513 -0.071387 0.294289
    345 212.199 -0.335 -1.#IO0.465680 -0.016325 -4.318347 0.594679
    346 13292135654621184.000 -0.333 -1.#IO323325.312500 -216826.390625
3115296.250000 18629568.000000
    347 449.313 -0.334 -1.#IO5.941959 1.540585 4.289485 -2.074169
    348 1.000 248551.031 0.0000.063950 0.056689 -0.054825 0.153509
    349 1.299 -1.449 -1.#IO-0.094546 0.018765 -0.679941 0.097644
    350 1.000 866822.500 0.0000.146989 0.084513 -0.071387 0.294289
    351 73.444 -0.338 -1.#IO1.470952 -0.359615 -2.572906 -0.297970
    352 1.000 629145.313 0.0000.096474 0.096546 -0.019615 0.255616
    353 4.822 -0.421 -1.#IO-0.015625 0.026001 -0.021651 -0.161094
```

354 16361813180416.000 -0.333 -1.#IO76445.445313 -9814.229492
381821.218750 345150.968750
355 348.204 -0.334 -1.#IO0.766567 -0.079382 -0.725940 -0.128077
356 1.183 -2.156 -1.#IO0.010307 0.000446 -0.098242 0.033114
357 1.000 -71458.844 -1.#IO-0.101715 0.035841 -0.480292 0.132235
358 1.000 3635063.250 0.0000.146989 0.084513 -0.071387 0.294289
359 2.423 -0.568 -1.#IO0.128340 -0.031135 -0.198960 0.020971
360 1.000 1922389.000 0.0000.146989 0.084513 -0.071387 0.294289
361 1.000 3844778.250 0.0000.146989 0.084513 -0.071387 0.294289
362 38.597 -0.342 -1.#IO1.186850 -0.064254 0.999884 0.694849
363 1.000 -549254.438 -1.#IO0.004868 0.061323 0.099638 0.307971
364 572.741 -0.334 -1.#IO-3.083028 0.576991 -2.294234 -0.185183
365 4.619 -0.425 -1.#IO0.261394 0.070721 0.544869 0.193939
366 9.759 -0.371 -1.#IO-0.189052 0.027131 -0.015879 -0.198828
367 1.000 3635063.250 0.0000.146989 0.084513 -0.071387 0.294289
368 21.495 -0.350 -1.#IO-1.335518 0.048175 -0.071929 0.229722
369 1.000 -961195.000 -1.#IO0.004868 0.061323 0.099638 0.307971
370 1.000 127099.789 0.001-0.101715 0.035841 -0.480289 0.132235
371 8259.226 -0.333 -1.#IO14.176541 -4.650121 11.891487 -2.997019
372 12.827 -0.362 -1.#IO0.142437 -0.078686 -1.664087 0.870366
373 6.896 -0.390 -1.#IO0.042316 0.121942 -1.586368 0.143333
374 0.980 16.698 0.0870.102724 0.081470 -0.052508 0.263852
375 1.000 1584514.500 0.000-0.101715 0.035841 -0.480288 0.132236
376 2.567 -0.546 -1.#IO0.511045 0.152990 -0.105515 -0.103262
377 1.000 1584514.500 0.000-0.101715 0.035841 -0.480288 0.132236
378 0.480 0.308 0.470-0.268300 -0.008389 -0.569519 0.031175
379 3.191 -0.485 -1.#IO-0.417695 0.026102 -1.113719 0.107602
380 146.701 -0.336 -1.#IO7.947959 1.536041 2.345585 -0.476295
381 1.000 3844778.250 0.0000.146989 0.084513 -0.071387 0.294289
382 54149844992.000 -0.333 -1.#IO898089.625000 122098.882813 -
1254242.625000 -366876.062500
383 27.567 -0.346 -1.#IO0.664226 -0.080461 -0.016611 0.176246
384 378.532 -0.334 -1.#IO1.616879 -0.060010 -0.279036 -0.039224
385 5851362816.000 -0.333 -1.#IO1704664.875000 372467.468750 -
1490490.000000 827189.125000
386 6.602 -0.393 -1.#IO0.038454 0.169867 -0.633716 0.266892
387 25621816968288.000 -0.333 -1.#IO1360793.125000 196940.296875 -
3897847.250000 -2154093.250000
388 1.000 2796202.750 0.0000.063950 0.056689 -0.054825 0.153509
389 1.295 -1.464 -1.#IO0.104376 0.060228 -0.179564 0.068065
390 1.000 950708.688 0.0000.096474 0.096546 -0.019615 0.255616
391 3.029 -0.498 -1.#IO-0.122608 -0.070293 -1.286074 -0.059311
392 2.750 -0.524 -1.#IO0.131365 0.089312 1.118827 0.464950
393 76.238 -0.338 -1.#IO-1.907666 0.312087 -0.523358 0.955316
394 1.000 950708.688 0.0000.096474 0.096546 -0.019615 0.255616
395 1.000 734002.813 0.0000.096474 0.096546 -0.019615 0.255616
396 1.000 -65117.375 -1.#IO-0.101716 0.035841 -0.480291 0.132236
397 1.000 -326224.000 -1.#IO0.063950 0.056689 -0.054825 0.153509
398 0.437 0.258 0.188-0.038349 0.003771 -0.049930 0.112771
399 5.124 -0.414 -1.#IO-0.222597 0.017904 -1.014409 0.464170
400 0.030 0.010 0.809-0.030010 0.101432 0.616350 0.194579
401 6.147 -0.398 -1.#IO0.111262 0.031314 -0.678028 0.104433
402 4.817 -0.421 -1.#IO0.285449 0.068382 -0.516223 0.096233
403 1.000 932067.250 0.0000.004867 0.061322 0.099637 0.307971
404 1.000 248551.031 0.0000.063950 0.056689 -0.054825 0.153509
405 8.235 -0.379 -1.#IO0.735125 -0.029628 -0.964213 -1.253283
406 22.400 -0.349 -1.#IO-0.560953 0.365969 -0.065595 0.329816
407 19.217 -0.352 -1.#IO-0.008333 0.085443 1.347401 0.053942
408 120.913 -0.336 -1.#IO-2.723695 0.152651 1.815793 0.884801
409 365.292 -0.334 -1.#IO0.726483 -0.206582 1.443059 0.729859
410 1.000 1141782.375 0.0000.096474 0.096546 -0.019615 0.255616
411 2.750 -0.524 -1.#IO0.131365 0.089312 1.118827 0.464950
412 7.702 -0.383 -1.#IO-0.115626 -0.068144 -1.708092 -0.054379
413 1.965 -0.679 -1.#IO-0.044961 0.034179 -0.095860 0.004964
414 16113.008 -0.333 -1.#IO-12.605871 1.177658 11.127388 18.321308
415 1.000 -1118481.500 -1.#IO0.063950 0.056689 -0.054825 0.153509
416 18.260 -0.353 -1.#IO0.144864 -0.006047 -0.143067 -0.091949
417 1.000 1584514.625 0.0000.096474 0.096546 -0.019615 0.255616

```
418  1.000  950708.688  0.0000.096474  0.096546 -0.019615  0.255616
419  1.000  2376772.250  0.0000.096474  0.096546 -0.019615  0.255616
420  0.013  0.005  0.666-0.060594  0.005842  0.141853  0.029120
421  1.000  433411.094  0.0010.004868  0.061322  0.099638  0.307971
422  0.013  0.005  0.666-0.060594  0.005842  0.141853  0.029120
423  1.000  135299.797  0.001-0.101716  0.035841 -0.480289  0.132235
424  1.000  1864135.000  0.0000.063950  0.056689 -0.054825  0.153509
425  127.156 -0.336 -1.#IO0.216822  0.283523 -1.506766  0.839234
426  1.000 -908766.250 -1.#IO0.004868  0.061322  0.099637  0.307971
427  1.000 -52817.496 -1.#IO-0.101716  0.035841 -0.480290  0.132236
428  1.000  123361.555  0.001-0.101716  0.035841 -0.480288  0.132235
429  1.000 -1101005.125 -1.#IO0.096474  0.096546 -0.019615  0.255616
430  1.684 -0.820 -1.#IO2.731600  0.505123  3.636453  1.911044
431  1.000 -4404019.500 -1.#IO0.096474  0.096546 -0.019615  0.255616
432  1.000 -66021.781 -1.#IO-0.101716  0.035841 -0.480291  0.132236
433  0.980  16.698  0.0870.102724  0.081470 -0.052508  0.263852
434  96.917 -0.337 -1.#IO2.294747  0.315128  0.913670 -0.605747
435  0.980  16.698  0.0870.102724  0.081470 -0.052508  0.263852
436  64.115 -0.339 -1.#IO0.006588 -0.127573  0.721929  0.127674
437  204.622 -0.335 -1.#IO0.672723 -0.162984  6.094399  1.756360
438  1.000 -240299.000 -1.#IO0.004868  0.061323  0.099638  0.307971
439  1.000 -399457.844 -1.#IO0.146989  0.084513 -0.071387  0.294289
440  18991303853342720.000 -0.333 -1.#IO15374496.000000 -3105603.500000
12828167.000000 -670768.750000
441  0.673  0.686  0.341-0.119284  0.115946  0.045450  0.042917
442  25.559 -0.347 -1.#IO-1.835802 -0.308028  0.241142  1.271068
443  8077903396864.000 -0.333 -1.#IO290517.531250  54930.316406 -
680958.312500 -262296.812500
444  9069.598 -0.333 -1.#IO30.279652  2.826944 -12.724185  11.284569
445  1.636 -0.858 -1.#IO-0.739995 -0.119807 -0.635220  0.088725
446  1.000 -519295.156 -1.#IO0.004868  0.061322  0.099638  0.307971
447  1.000  950708.625  0.0000.096474  0.096546 -0.019615  0.255616
448  7.540 -0.384 -1.#IO-0.002817  0.109637 -1.271653 -0.440669
449  950.079 -0.334 -1.#IO4.864318 -0.134783 -6.566648 -4.744387
450  1.000 -1118481.375 -1.#IO0.063950  0.056689 -0.054825  0.153509
451  1.000 -202357.109 -1.#IO0.004868  0.061323  0.099638  0.307971
452  9.371 -0.373 -1.#IO-0.659946  0.039118 -1.731677  0.228750
453  7.995 -0.381 -1.#IO-1.562417 -0.042659 -0.782483 -0.306044
454  1.000  1398101.125  0.0000.063950  0.056689 -0.054825  0.153509
455  1.000 -301129.875 -1.#IO0.063950  0.056689 -0.054825  0.153509
456  1.000 -699051.000 -1.#IO0.146989  0.084513 -0.071387  0.294289
457  1.000  299592.813  0.001-0.101715  0.035841 -0.480288  0.132236
458  1.000 -264086.125 -1.#IO-0.101717  0.035841 -0.480291  0.132235
459  3.460 -0.469 -1.#IO-0.016420  0.058607 -0.243140 -0.239986
460  14.561 -0.358 -1.#IO0.117052 -0.082500  0.269893 -0.017988
461  572.741 -0.334 -1.#IO-3.083028  0.576991 -2.294234 -0.185183
462  1.000  727012.438  0.0000.146989  0.084513 -0.071387  0.294289
463  1.000  339538.563  0.001-0.101715  0.035841 -0.480287  0.132236
464  1.000 -745654.438 -1.#IO0.063950  0.056689 -0.054825  0.153509
465  1.409 -1.147 -1.#IO0.131320  0.049848 -0.398953  0.221564
466  3.005 -0.500 -1.#IO0.115946  0.077041 -0.355802  0.020956
467  1.000  1.#IO  0.0000.004868  0.061322  0.099638  0.307971
468  49.635 -0.340 -1.#IO1.356513 -0.004606  3.338698 -0.458798
469  507.980 -0.334 -1.#IO-6.079325  0.124105  3.138851  1.443893
470  1.000  2376772.250  0.0000.096474  0.096546 -0.019615  0.255616
471  1.000 -466034.156 -1.#IO0.063950  0.056689 -0.054825  0.153509
472  1.000 -274627.375 -1.#IO0.004868  0.061323  0.099638  0.307971
473  1.000  3425348.000  0.0000.096474  0.096546 -0.019615  0.255616
474  288.506 -0.334 -1.#IO-1.087431  0.067168  1.504257  0.125927
475  449.313 -0.334 -1.#IO5.941959  1.540585  4.289485 -2.074169
476  8.235 -0.379 -1.#IO0.735125 -0.029628 -0.964213 -1.253283
477  1.000  2236962.250  0.0000.063950  0.056689 -0.054825  0.153509
478  2805.128 -0.333 -1.#IO-11.043649  0.882638  5.861577  2.917407
479  20.677 -0.350 -1.#IO-0.329023  0.047607 -0.056238 -0.060765
480  22.400 -0.349 -1.#IO-0.560953  0.365969 -0.065595  0.329816
481  4.189 -0.438 -1.#IO-0.266672 -0.007741 -1.089548  0.289050
482  35.109 -0.343 -1.#IO-1.116891  0.068398 -0.934808  0.695622
483  2.423 -0.568 -1.#IO-0.085645  0.028926 -0.016921 -0.057929
```

```
484 1112.273 -0.334 -1.#IO1.635346 -0.466829 -0.426422 -0.445446
485 53.138 -0.340 -1.#IO-0.601838 -0.032189 -0.899644 1.412642
486 19.217 -0.352 -1.#IO-0.008333 0.085443 1.347401 0.053942
487 39905715552560.000 -0.333 -1.#IO435970.593750 42337.937500 -
9070631.000000 1953715.250000
488 1.000 -932067.938 -1.#IO0.146989 0.084513 -0.071387 0.294289
489 178.549 -0.335 -1.#IO5.082988 -0.362809 3.466153 2.037741
490 1.000 1864134.875 0.0000.146989 0.084513 -0.071387 0.294289
491 2.758 -0.523 -1.#IO-0.045609 0.059954 -0.820848 0.203811
492 1.000 -202357.109 -1.#IO0.004868 0.061323 0.099638 0.307971
493 1.000 -3844779.000 -1.#IO0.146989 0.084513 -0.071387 0.294289
494 0.980 16.698 0.0870.102724 0.081470 -0.052508 0.263852
495 23.699 -0.348 -1.#IO-0.941040 -0.610332 -3.701363 -0.733724
496 1.000 2796202.750 0.0000.063950 0.056689 -0.054825 0.153509
497 39.735 -0.342 -1.#IO-2.638930 -1.037442 6.072073 1.270444
498 0.980 16.698 0.0870.102724 0.081470 -0.052508 0.263852
499 126.289 -0.336 -1.#IO3.965788 0.700166 5.259246 -1.209857
```

				Durchschnittliche Parameterschaetzungen
Sample	R2	F	SE	Regressionskoeffizienten
500	1.#IO	1.#IO	-1.#IO	271.525 130.278 -763.672 1818.141

90% Konfidenzintervalle

b0 : [0.131 .. 0.147]
b1 : [-0.102 .. 0.366]
b2 : [0.005 .. 1.357]
b3 : [-5.068 .. 6.072]

Laufzeitanalyse:
Anzahl Regressionsanalysen: 500
Anzahl invertierter Matrizen: 500
Anzahl Determinantenberechnungen: 36651
Laufzeit in Sekunden: 4

DISCLAIMER. Copyright 2014, 2015 Thomas Kaul. This software comes with
absolutely no warranty. Any damage, harm or consequences by using this
software is beyond liability of the author.